Wolfgang Thierse · Ilse Spittmann-Rühle ·
Johannes L. Kuppe (Hrsg.)
Zehn Jahre Deutsche Einheit

AF125552

Für Gisela Helwig

Wolfgang Thierse · Ilse Spittmann-Rühle ·
Johannes L. Kuppe (Hrsg.)

Zehn Jahre
Deutsche Einheit

Eine Bilanz

Leske + Budrich, Opladen 2000

Redaktion: Hans-Georg Golz
           Rüdiger Thomas

Die Deutsche Bibliothek – CIP-Einheitsaufnahme
Ein Titeldatensatz für die Publikation ist bei
Der Deutschen Bibliothek erhältlich

ISBN 978-3-322-94959-2   ISBN 978-3-322-94958-5 (eBook)
DOI 10.1007/978-3-322-94958-5

© 2000 Leske + Budrich, Opladen

Satz: Leske + Budrich, Opladen

Inhalt

Vorwort

Dieses Buch soll nicht nur zurückblicken; es soll informieren, es soll die Meinungsvielfalt wiedergeben, die es zur Geschichte der Teilung Deutschlands und zum Stand der Einheit nach zehn Jahren gibt.

Das geschieht aus einem besonderen Anlass: dem 60. Geburtstag der leitenden Redakteurin des Deutschland Archiv. Dr. Gisela Helwig stammt aus einer sehr westlichen Stadt und sie hat die persönlich, beruflich und politisch prägenden Stationen ihres Lebensweges am Rhein erlebt. Das ist erwähnenswert, weil mir nur wenige Menschen begegnet sind, die ohne DDR-Erfahrung und ohne DDR-Verwandtschaft so viel Engagement für die „deutsche Frage", für die Lage der Ostdeutschen in der DDR, für eine vorurteilsfreie Information darüber entwickelt haben. Das Deutschland Archiv hat Brücken über die Mauer hinweg geschlagen, also mitgeholfen, dass die Grundlagen für das Zusammenwachsen dessen, was zusammen gehört, nicht wirklich zerstört werden konnten.

Gisela Helwig hat diese Zeitschrift zusammen mit Ilse Spittmann gegründet und zum Forum der Deutschlandpolitik, des Streits darüber, zum Forum der Information über die Politik der DDR und – wichtiger noch: über das Leben in der DDR gemacht. Wenn man weiß und sich erinnert, wie erbittert dieser Streit politisch, ideologisch, wissenschaftlich in Westdeutschland geführt wurde, wie unversöhnlich sich Lager gegenüberstanden, die sich an der Deutschland- und Entspannungspolitik Willy Brandts rieben, sie bekämpften, sie leidenschaftlich unterstützten, wie sie sich schieden an der Frage, wie radikal und unversöhnlich der Kommunismus zu bekämpfen oder wie viel verstehende Empathie und Abgeklärtheit nötig sei, dann erst weiß man diese Leistung des Deutschland Archiv (DA) hoch zu schätzen.

Das DA hatte stets eine Gratwanderung zwischen den Anforderungen an eine sozialwissenschaftliche Zeitschrift und an eine der politischen Bildung verpflichtete, also auch Tagesereignisse aufgreifende, sie kommentierende und interpretierende allgemeine Publikumszeitschrift zu vollziehen. Dass dies im Wesentlichen unter den besonders schwierigen deutschen Bedingungen vor der Einigung und auch nach 1990 gelungen ist, das ist nicht zuletzt auf den vorurteilsfreien Blick der Redaktion, auf ihr Gespür für Publikumsinteresse und auf ihre Fairness und ihre Ausgewogenheit in der Darstellung zurückzuführen.

Das DA hat frühzeitig und seit der Vereinigung in vergleichsweise großem Umfang ostdeutsche Autoren publiziert. Was heute bei manchen Publikationsplätzen sich Gott sei Dank langsam einbürgert, war und ist beim DA schon lange die Regel: Wenn ein kompetenter „Ostler" zur Verfügung steht, erhält er auch den erforderlichen Platz. So bildet das DA, nicht zuletzt auch auf Grund der vielen persönlichen Kontakte von Gisela Helwig, eine kaum zu überschätzende Klammer im inneren Vereinigungsprozess unseres Landes.

Gisela Helwig, die gelernte Politologin, hat sich selbst über die Jahrzehnte insbesondere auf engagierte Weise der Lage der Frauen in der Gesellschaft gewidmet. Sie hat die Gleichstellung der Frauen offensiv eingefordert, sie hat sich dabei nie die angebliche Alternative Beruf ODER Familie aufdrängen lassen, sondern sich der Lage der Familien ebenso gewidmet wie der Gleichstellung der Frauen. Die sicher gut beschäftigte Redakteurin hat sich als Wissenschaftlerin und Publizistin auch in der Politischen Bildung engagiert. Mancher Minister, manche Ministerin für Frauen, Familie und Jugend hätten bei Gisela Helwig nachlesen können, was politisch zu tun war und ist – und sie haben es vielleicht auch getan.

Es war naheliegend, dass die Enquete-Kommission des Deutschen Bundestages, die sich der „Aufarbeitung von Geschichte und Folgen der SED-Diktatur in Deutschland" widmete, Gisela Helwig damit beauftragte, die Lage, die Rolle, auch die politische Instrumentalisierung der „Frauen im SED-Staat" darzulegen. Es lohnt, diese Expertise in den vom Bundestag herausgegebenen Materialien der Kommission nachzulesen. Da gibt es keine Schwarz-Weiß-Malerei, sondern Differenzierung, Sachlichkeit, das Bemühen, möglichst alle Aspekte zu berücksichtigen. In gleicher Weise hat sich die Jubilarin auch mit Westdeutschland, der alten Bundesrepublik, auseinandergesetzt. Man sollte auch jetzt auf ihren Rat hören, da wir die gesellschaftlichen Probleme haben, die wir uns während der Teilung Deutschlands immer gewünscht haben, Probleme des Zusammenlebens in einem gemeinsamen demokratischen Staat.

Das alles ist nicht immer erfreulich: In den meisten ostdeutschen Regionen sind die Aussichten auf ökonomischen Erfolg, auf Vollbeschäftigung und ausreichende Ausbildungsplätze immer noch gering. Die Kluft zum Westen ist groß; es stimmt, dass die Inseln des wirtschaftlichen Erfolgs hinsichtlich der Arbeitslosigkeit einen Stand erreicht haben, der in Westdeutschland vergleichsweise schon als krisenhaft betrachtet wird. Nach zehn Jahren tief greifender Wandlung – ja nicht nur eines relativ abstrakten ökonomischen und politischen Systems, sondern der alltäglichen, individuellen Anforderungen und Lebensweisen, die die Ostdeutschen bravourös bewältigt haben – sind Erfolge noch nicht die Regel. Die Instrumente der Politik: Förderprogramme,

Solidarpakt, Länderfinanzausgleich, aktive Arbeitsmarktpolitik sind begrenzt. Es geht noch lange nicht ohne diese Instrumente, aber mit ihnen alleine wird eine dem Westen vergleichbare ökonomische Struktur jedenfalls nicht in kurzer Zeit entstehen. Vor diesem Hintergrund ist das Gefühl der Enttäuschung sehr lebendig in Ostdeutschland und überlagert leider zu oft das Glücksgefühl über die gewonnene persönliche und politische Freiheit.

Schnell ist da der Vorwurf der „Ostalgie" oder mangelnder Zustimmung zur Demokratie zur Hand. Ebenso schnell wird das als westdeutsche Hochnäsigkeit abgetan. Mir begegnet aber schon lange kein Ostdeutscher mehr, der ernsthaft der DDR nachtrauert. Ostalgie gibt es in diesem Sinne nicht. Dass die Demokratie nach erst zehn Jahren Erfahrung und angesichts der noch immer nicht zufriedenstellenden Lebensbedingungen weniger Begeisterung weckt, weniger selbstverständlich ist – soweit das Demoskopen messen können – scheint mir jedoch nicht verwunderlich. An anderer Stelle habe ich in diesem Zusammenhang von einer Bringschuld der Politik gesprochen. Sie wird allmählich erbracht. So steigt, jüngsten Untersuchungen zur Folge, auch die Zufriedenheit, das Einverständnis mit dem Erreichten in Ostdeutschland. In den jetzt möglichen Blickwechsel setze ich zusätzliche Hoffnung. Ostdeutschland wird mit der EU-Osterweiterung von einer Region am Rande zu einer inmitten der Union, von einer Grenzregion zu einer europäischen Verbindungsregion werden. Das verlangt einerseits eine größere Öffnung in alle Himmelsrichtungen, ermöglicht andererseits aber eine Besinnung auf die eigenen Fähigkeiten. Dienstleistungen, Forschungsinstitutionen können davon profitieren. Der ewig vergleichende Blick nach Westen kann einem Wettbewerb um die bessere Idee, das bessere Produkt, die intelligentere Innovation weichen, die auf dem Boden der eigenen Fähigkeiten, Erfahrungen, der örtlichen Besonderheiten und Aufgaben entstehen.

EU-Osterweiterung, Voranschreiten der europäischen Integration, Globalisierung, neue Kommunikationstechniken (für die Ostdeutschland herausragend gut ausgerüstet ist) bieten darüber hinaus eine weitere Chance: Auch der Westen, wo in den ersten Jahren der Einheit kaum jemand an Veränderungen dachte, steht vor großen Reform- und Modernisierungsnotwendigkeiten. Nun muss Ostdeutschland nicht mehr nur nachholen, was der Westen vorgemacht hatte, sondern wir können gemeinsam Voraussetzungen für zukünftigen Erfolg schaffen. Die gleiche Augenhöhe zwischen Ost und West wird vom Anspruch zur Wirklichkeit, und der Osten hat die Erfahrung voraus, wie spürbarer gesellschaftlicher Wandel bewältigt und gestaltet werden kann.

Dem steht offene Ausländerfeindlichkeit bis hin zu örtlich dominantem Rechtsextremismus entgegen. Wohlgemerkt: Es ist falsch, Rechtsextremismus nur als ostdeutsches Problem zu betrachten. Er gewinnt auch im Westen mehr Anhänger. Aber es ist kein Zufall, dass rechtsextreme Organisationen ihre Betätigungsfelder – und auch Geschäftsstellen – nach Ostdeutschland verlegt haben. Sie wissen, dass Enttäuschung und Überforderung der beste

Nährboden sind für plump-einfache Antworten, für den Sündenbock-Reflex und für schieren Hass und Gewalt. Das autoritäre Erbe der SED-Diktatur, die künstliche Abschottung und Geschlossenheit einer eingemauerten Gesellschaft wirken nach. Freiheit kann man genießen, wenn man gelernt hat, sie auszuhalten; Internationalität und Weltoffenheit lernt man zu schätzen, wenn man das Fremde als Bereicherung statt als Bedrohung des eigenen kleinen Idylls begreift. Viele werden sich erinnern, dass das auch im „freien Westen" nicht über Nacht gelang.

Trotzdem ist Rechtsextremismus in Ostdeutschland anders als im Westen: brutaler, offensiver, er bezieht sich auf real existierende Überforderungen, trifft auf eine Bereitschaft zu seiner Duldung und auch zu klammheimlicher Zustimmung. Auf diese Weise dringt er in die Alltagskultur ein, bedarf nicht der Organisation, nimmt nicht immer Rücksicht auf die Taktik rechtsextremer Parteien. Die Gewaltausbrüche sind oft spontan, aber brutal bis zum Mord Andersfarbiger und Anders-(bzw. überhaupt) Denkender. Die in Ostdeutschland noch junge Demokratie muss sich verteidigen, muss das Gewaltverbot als gesellschaftliches Tabu wieder errichten, muss der Verwechslung von demokratischer Toleranz mit Ignoranz und Duldung rechtsextremer antidemokratischer Umtriebe entgegenwirken.

Auch in Westdeutschland nimmt der Rechtsextremismus zu, die Zahl einschlägiger Straftaten steigt; auch dort kommt er aus der Mitte der Gesellschaft, auch dort ist er ein Symptom für Überforderung und dafür, dass es offenbar schwieriger wird, sich einen angemessenen Platz in der Gesellschaft zu sichern. Aber die Demokratie konnte in 50 Jahren tiefere Wurzeln schlagen, und der Umgang mit Fremdem und Fremden ist selbstverständlicher – wenn auch nicht reibungslos und konfliktfrei.

Die Debatte darüber seit dem Sommer dieses Jahres ist – hoffentlich – heilsam. Nach viel zu langer Beschönigung oder Unterschätzung wird die Gefahr endlich ernst genommen – im Osten wie im Westen. Natürlich ist der Eindruck falsch, die Ostdeutschen seien nun alle rechts. Es gibt Gegenwehr, es gibt Initiativen von Jugendlichen und Bürgern aller Altersklassen, es gibt engagierte Polizisten und Polizeipräsidentinnen, Sozialarbeiter und Lehrerinnen. Das reicht aber noch nicht, um der extremistischen Minderheit klar zu signalisieren, dass Ausländerfeindlichkeit, Menschenverachtung und Gewalt nicht hingenommen werden.

Das Deutschland Archiv und seine leitende Redakteurin sind wichtige Akteure der Politischen Bildung. Diese muss wieder einen höheren Stellenwert erhalten, auch wenn klar ist, dass sie allein mit der Aufgabe überfordert ist. Erfolgreiche Abwehr der rechten Gefahr ist nur durch ein ganzes Bündel von Maßnahmen und mit langem Atem möglich. Sicher gehört dazu konsequente Ahndung durch Polizei und Justiz, wie im Falle des Urteils von Naumburg gegen die Mörder von Dessau im August dieses Jahres. Sicher gehören dazu Verbote von Organisationen und Parteien, sobald dazu Anlass geboten wird. Wesentlich ist aber eine geistige, auch selbstkritische Auseinandersetzung. Ob es einer neuerlichen Selbstvergewisserung bedarf, dass und warum wir die Demokratie wollen, ob es einer neuerlichen Vertiefung unseres aufklärerischen, humanistischen und christlichen Menschenbildes bedarf, ob Politische Bildung – und Politiker – mehr zu den Menschen gehen müssen, statt sich darauf zu verlassen, sie würden Seminare und Parteiveranstaltungen schon von sich aus aufsuchen oder darauf, dass Kommunikation über Medien ausreiche, müssen sich alle fragen und der Antwort Taten folgen lassen. Wilhelm Heitmeyer hat sicher Recht, wenn er auf die Spuren einer Ideologie der Ungleichwertigkeit verweist, die sich bis in Äußerungen verantwortlicher Politiker und Manager finden lassen. Es ist noch nicht lange her, da wäre jede Andeutung einer Unterscheidung zwischen mehr oder minder „nützlichen" Menschen auf Protest gestoßen. Zu lange ist solcher Protest eher leise geäußert worden, so dass Rechtsextremisten vermeintliche Ungleichwertigkeitsbehauptungen nur noch zu radikalisieren brauchten. Daher war es ein notwendiges und ermutigendes Zeichen, dass am 9. November 2000 in Berlin etwa 200.000 Menschen unter dem Motto „Wir stehen auf für Menschlichkeit und Toleranz" jeder Art von Rechtsextremismus, Antisemitismus und Fremdenfeindlichkeit eine entschiedene Absage erteilt haben. Ein Ausdruck von demokratischer Gesinnung und ein Beweis, dass Zivilcourage in unserem Land weiter verbreitet ist, als manche Kommentatoren wahrhaben wollen.

Es verwundert schon, wenn, wie im Sommer in einem politischen Magazin in der ARD geschehen, mit dem Hinweis auf Gewaltopfer vor Zivilcourage gewarnt wird. Zivilcourage ist doch nicht das Gebot, Gewalttätern mit Gewalt, mit Gefährdung der eigenen Gesundheit entgegenzutreten. Es reicht doch schon, nicht einfach wegzusehen, sondern die Polizei zu rufen, es reicht doch schon der Widerspruch gegen ausländerfeindliche und antidemokratische Aussagen und Parolen. Viele Parolen und Symbole der Rechtsextremisten sind verboten. Wenn solche verbotenen Symbole öffentlich gezeigt werden, kann man statt wegzusehen Anzeige erstatten. Diese Liste ist unvollständig, aber sie zeigt, dass jeder etwas tun kann, sie zeigt, dass neue Herausforderungen an die Politische Bildung gestellt sind.

Der Osten bleibt anders, in vielerlei Hinsicht. Eine Zeitschrift, die Brücken schlägt, bleibt sinnvoll. Die Eigenheiten der ostdeutschen Bundesländer bestehen noch auch aus ökonomischen Nachteilen, einer problematischen Vergangenheit und mentalen Folgen der schnellen Transformation. Die Ansätze für demokratisches Engagement, für eine Kultur der Gleichberechtigung sind aber unübersehbar. Sie zu fördern ist eine gemeinsame, gesamtdeutsche Aufgabe. Gisela Helwig wird daran mitwirken.

Wolfgang Thierse
Präsident des Deutschen Bundestages

„Willkommen in Deutschland"

Peter Bender

Am 4. Oktober 1990, am Tag nach dem „Beitritt" der DDR zur Bundesrepublik, besuchte ein Leipziger seine Bekannten in Nürnberg und wurde besonders freundlich empfangen: *„Nun seid ihr auch Deutsche."* Die Mischung aus Gutwilligkeit und Ignoranz beschränkte sich nicht auf die Familie in Nürnberg. Als Wolfgang Schäuble die Verhandlungen mit der DDR über den Einigungsvertrag aufnahm, war seine „ständige Rede" schon in den Vorgesprächen: *„Liebe Leute, es handelt sich um einen Beitritt der DDR zur Bundesrepublik, nicht um die umgekehrte Veranstaltung. Wir haben ein gutes Grundgesetz, das sich bewährt hat. Wir tun alles für euch. Ihr seid herzlich willkommen. Wir wollen nicht kaltschnäuzig über eure Wünsche und Interessen hinweggehen. Aber hier findet nicht die Vereinigung zweier gleicher Staaten statt. Wir fangen nicht ganz vorn bei gleichberechtigten Ausgangspositionen an. Es gibt das Grundgesetz, und es gibt die Bundesrepublik Deutschland. Laßt uns von der Voraussetzung ausgehen, daß ihr vierzig Jahre lang von beidem ausgeschlossen wart. Jetzt habt ihr Anspruch auf Teilnahme, und wir nehmen darauf Rücksicht."*

„Willkommen in Deutschland", sagte der Vertreter des westdeutschen Staates und meinte die Bundesrepublik. Lothar de Maizière, der Vertreter des ostdeutschen Staates, fragte schon in der ersten offiziellen Verhandlungsrunde nach dem künftigen, dem vereinten Deutschland: Welchen Namen und welche Flagge es haben solle, welchen Text und welche Melodie die Nationalhymne. *„Auferstanden aus Ruinen"* lasse sich ebenso nach Haydn singen wie *„Einigkeit und Recht und Freiheit"*, warum nicht beides zu einer Hymne vereinen? Schäuble war überrascht, welche Bedeutung de Maizière den *„symbolischen Fragen der Einheit"* zumaß, und nahm die *„Anregungen unterschiedlich ernst"*, was hieß: Er wies sie sämtlich zurück und bestand darauf, auch im vereinten Land alles so zu lassen, wie es in der Bundesrepublik war. Er verstand, aber empfand nicht und unterschätzte daher, was für sein Gegenüber wesentlich war: den Ostdeutschen eine emotionale Brücke zu bauen, damit sie in dem neuen Staat eine Heimat finden könnten.

Die Unterschätzung der nicht-materiellen Seiten der Einheit wurde zum Markenzeichen der Bonner Vereinigungspolitik – durchaus im Einklang mit der großen Mehrheit der Westdeutschen, die sich „die Wiedervereinigung" niemals anders hatte vorstellen können als durch Angliederung der DDR an die Bundesrepublik. So wurde aus der „so genannten" DDR die „ehemalige" DDR, als ob der Leiche noch ein Fußtritt gebühre. So heißt Ostdeutschland das „Beitrittsgebiet" oder „die neuen Länder". Rechtlich stimmt es, die DDR ist der Bundesrepublik „beigetreten", und politisch stimmt auch, dass die ostdeutschen Länder neu sind im Bundesrat, aber sind sie deshalb neue Länder? Wer ist als Land wohl früher auf die historische Bühne getreten, das Königreich Sachsen oder das Kunstgebilde Nordrhein-Westfalen? In beiden Bezeichnungen steckt die anmaßende Egozentrik der gerade 50 Jahre alten Bundesrepublik, die alles von sich aus sieht und alles auf sich bezieht und nicht bemerkt oder ignoriert, dass sie alle Deutschen kränkt, die nicht das Glück hatten, Bundesbürger zu sein.

Nachdem die Ostdeutschen durch „Beitritt" Deutsche geworden waren, wurden sie wie Westdeutsche behandelt. Bonn betrieb die Vereinigung in der naiven Vorstellung: Was für uns gut war, muss es auch für die Deutschen dort sein, also richten wir bei ihnen alles so ein, wie es bei uns ist. Dazu einige kräftige Finanzspritzen, wie wir sie seinerzeit mit dem Marshallplan bekamen, dazu einige Lektionen in Westökonomie, Westverwaltung und Westunternehmertum, und schon springt die Wirtschaft drüben an, alles kommt in Ordnung, und alle sind zufrieden.

Tatsächlich hat die Einführung des West-Systems viel in Ordnung gebracht. Sie befreite Unternehmertalente von den Fesseln der Planwirtschaft und gab ihnen Gelegenheit, ihre Tüchtigkeit zu nutzen. Sie rettete Städte vor dem Verfall oder verspricht es. Schon jetzt ist es eine Freude, Leipzig, Erfurt, Weimar oder Meißen zu sehen, in einigen Jahren werden sie Schmuckstücke sein. Das West-System hat die ewigen, elenden Versorgungs-„Engpässe" beendet und viele Straßen in einen Zustand gebracht, der keinen Achsenbruch mehr befürchten lässt. Es hat dafür gesorgt, dass man beim Gespräch von Halle nach Leipzig nicht mehr den Eindruck hat, mit Ulan Bator verbunden zu sein. Wer will, erhält einen Telefonanschluss, und wer wenig Geld hat, bekommt trotzdem billige Möglichkeiten, die Welt kennenzulernen. Nur wer die DDR kannte, kann ermessen, wie viele Wünsche sich erfüllten.

Den meisten Westdeutschen fällt es schwer zu verstehen, weshalb sich dennoch im Osten Unzufriedenheit ausbreitete und der Graben zwischen beiden Teilen nicht schmaler, sondern breiter wurde: Die Ostler haben doch den Systemwechsel gewollt und die Vereinigung betrieben, sie bekamen viele Wünsche erfüllt und leben größtenteils besser als früher, weshalb müssen sie den Westlern misstrauen, schließen sich ab oder wählen sogar PDS? Aber kein Westdeutscher weiß, was ein Systemwechsel bedeutet. Keiner hat erlebt, wie verwirrt und hilflos man ist, wenn sich über Nacht alles ändert und außer der Tages- und Jahreszeit fast nichts mehr ist, wie es war. Die Umstellung und der Zwang, überall umzulernen, waren noch nicht das Schlimmste, größtenteils sind sie heute bewältigt. Was verstörte, war das Gefühl, einer neuen Gewalt ausgeliefert zu sein, gegen die es keine Mittel zu geben scheint. In der DDR herrschte die Partei- und Staatsgewalt, der man gehorchte und sich anpasste, widersetzte oder zu entziehen versuchte. Die Gewalt war benennbar und greifbar, die Übermacht des neuen Systems aber erscheint unfassbar. Bei Honecker machte man eine Eingabe, die manchmal sogar half, jetzt wissen die meisten nicht, wo sie ansetzen sollen. In der DDR veränderten sich die Verhältnisse durch plumpen, zuweilen brutalen Druck, jetzt verändern sie sich leise, fast unmerklich durch undurchschaubare Vorgänge hoch oben in der Welt der Finanzen und Politik. Erkennbar ist nur die Veränderung durch Verführung, man sieht es im nächsten Bekanntenkreis: *„Über Geld haben wir früher kaum geredet, jetzt geschieht es dauernd."*

Was am tiefsten traf und immer noch trifft, ist die Demütigung. Wenn nur noch gilt, was im Westen gilt, wird damit alles verdammt, was im Osten galt. Nicht nur, was ideologisch verbogen und ökonomisch gescheitert war und politisch verheerend gewirkt hatte, sondern auch unpolitische Einrichtungen, Gewohnheiten, Lebensstile und Wertmaßstäbe. Als es die DDR noch gab, hielten in der Bundesrepublik nicht nur linksnaive Schwärmer manches dort für diskutabel: das Abtreibungsrecht, einige soziale Einrichtungen, ebenso Polikliniken, vielleicht auch die Einheitsversicherung und manche Methoden der Kulturförderung. Auch wenn man nichts davon übernehmen wollte – die Ostdeutschen hatten sich daran gewöhnt, waren damit meist zufrieden, einige sogar ein wenig stolz darauf. So hielt man für akzeptabel, was „drüben" akzeptiert wurde, bis der Westen mit der Vereinigung Macht über den Osten bekam und nun alles werden sollte wie im Westen. Kurz zuvor war die Bundesrepublik des Lobes voll gewesen für die Landsleute, die ihr Selbstbestimmungsrecht selbst erkämpft hatten, doch nun bestimmten die Westdeutschen, und die Ostdeutschen wurden nicht mehr gefragt. Ob man ihnen Gewohntes lassen solle, um den Schock der Umstellung zu mildern, ob man ihre nicht diskreditierten Einrichtungen weiterführen könne, um die Selbstachtung der Landsleute nicht ganz und gar niederzutreten – kein Verantwortlicher in Bonn nahm Rücksicht.

Doch es ging nicht nur um Institutionen und Gewohnheiten, es ging um den Respekt vor dem Leben der Menschen. Ihr Staat hatte versagt, da schien es, als hätten auch sie versagt. Nur wenige im Westen zogen diese Folgerung ausdrücklich, aber sie stellte sich ein: Wo alles falsch war, konnte es da ein richtiges Leben gegeben haben? Wolfgang Thierse sagt mit Nachdruck Ja und kämpft seit Jahren um Verständnis für dieses Ja. Mein Zahnarzt-Freund in Leipzig hat von Anfang bis Ende der DDR diesen Staat verachtet und ihm sogar die geringsten formalen Konzessionen verweigert, aber er versorgte seine Patienten mit Fleiß und Sorgfalt und fragt sich, ob seine Arbeit weniger

wert gewesen sein soll als die seiner Kollegen im Westen. Er musste die
Diktatur westdeutscher Normen kennenlernen, um ein wenig zu werden, was
er nie war: ein DDR-Bürger.

Was als „innere Einheit" beschworen wird, besteht aus zwei Problemen,
der Entfremdung durch 40 Jahre Trennung und der Überfremdung durch ein
anderes System. Das zweite traf allein die Ostdeutschen, und sie reagierten
darauf, wie Menschen nur reagieren können, trotzig und unsicher schwan-
kend zwischen Selbstaufgabe und Selbstbehauptung, zwischen Anpassung
und Anmaßung. Die Bonner Deutschlandpolitik ist nach 1990 viel kritisiert
worden, weil sie den Verfall der DDR-Wirtschaft nicht bemerkt habe; weit
folgenreicher ist jedoch, dass den Verantwortlichen die Mentalitätsunterschiede verborgen blieben, die sich mit dem Leben in ganz unterschiedlichen
Welten entwickelten. Wenn sie nur ein wenig hingesehen und hingehört hätten, dann hätten sie gewusst, dass die Ostdeutschen in vieler Hinsicht anders
dachten und empfanden, weil sie aus anderen Erfahrungen lebten, sich anderen Notwendigkeiten beugen mussten und dann andere Wertmaßstäbe setzten. Die Verantwortlichen hätten sich auch klar machen können, dass nicht
nur die Ostdeutschen sich verändert hatten, sondern die Westdeutschen es
ebenfalls getan hatten. Genau betrachtet sogar mehr, sonst hätten Bundesbürger früher bei Besuchen in der DDR nicht das Gefühl gehabt, ins alte
Deutschland der Vorkriegszeit zurückzukehren.

Aber man wusste und dachte zu wenig und begriff daher nicht, dass Menschen keine Computer sind, die man nur neu zu programmieren braucht. Man
betrachtete und beschrieb die DDR als eine Diktatur, aber macht sich nicht
hinreichend klar, was das Leben in einer Diktatur bedeutete: nicht nur Anpassung, Obrigkeitsgehorsam und Horizontverengung, sondern auch viele Fähigkeiten und Techniken, um trotzdem ein eigenes Leben führen zu können.
Vor allem verstand fast niemand in der Bundesrepublik, dass die pauschale
Verordnung westlicher Normen das Selbstgefühl der Landsleute verletzen
musste.

Man sprach viel von der Demokratie, die nun auch im Osten einziehe, aber
sah nicht, dass dort nach 40 Jahren Funktionärsmacht hohe Erwartungen daran gestellt wurden, oft zu hohe und manchmal auch falsche. Aber kein Verantwortlicher im Westen scheint auf den Gedanken gekommen zu sein, dass
es nach der „Wende" galt, den Landsleuten die Bonner Demokratie in vor-
bildlicher Form vorzuführen. Was die Bundespolitiker den Ostdeutschen bei-
brachten, war die Technik der parlamentarischen Demokratie, aber wenig
von ihrem Geist. *„Gelernt haben wir von dem Mann aus Frankfurt am Main
nur, wie man einen gerade gefassten Beschluss wieder kippt"* – Äußerung eines neuen Sozialdemokraten 1990 in Weimar. Alle Parteien, am wenigsten
die Grünen, kannten damals nur ein Interesse, sie wollten sich, im Blick auf
die Bundestagswahl Ende 1990, im Osten Wähler und Anhänger schaffen,
und das geschah mit den gleichen rüden Methoden, wie sie im Westen üblich

sind. *„Ein Saarländer ist genug"* wurde plakatiert, das hieß: Lafontaine gleich Honecker.

Im Kampf um die Macht hat sich wohl auch niemand die Frage gestellt, ob das westdeutsche Parteiensystem den ostdeutschen Verhältnissen entsprach. Da alle Deutsche sind wie wir, haben sie dort die gleichen Grundanschauungen und Gegensätze, die gleichen Interessenunterschiede und politischen Fronten. So wurde das bundesdeutsche System den Ostdeutschen übergestülpt. Und da die Westparteien ihre Ostflügel fest in der Hand hatten, herrscht dieses System nun auch dort. Aber mit einem schweren Mangel: In allen Parteien fühlen sich die Ostflügel dominiert, missverstanden, missachtet, bis in den Wortlaut gleichen sich die Klagen: Ostinteressen kommen gegen Westvorstellungen nicht zur Geltung, auch die politischen Themen, Schwerpunkte und Ziele werden im Westen festgelegt. Manches davon interessiert im Osten keinen Menschen.

Erst nach fast zehn Jahren könnte sich hier ein Wandel anbahnen. Die CDU musste nach siebzehnjähriger Regierung eine herbe Wahlniederlage erleiden, um eine Frau und Ostdeutsche zur Generalsekretärin zu machen. Und sie musste in die tiefste Krise ihrer Geschichte geraten und ihr gesamtes männliches Führungspersonal beschädigt sehen, um Angela Merkel auf den Schild des Parteivorsitzenden zu heben. Immerhin, sie tat es mit der Folge, dass nun auch die West-SPD Ausschau hält, ob sie ebenfalls ein paar tüchtige Ossis hat.

Aber die Politiker sind nicht an allem Schuld, auch sie waren – großenteils – nur Ausdruck der Verfassung, in der sich die gesamte Bundesrepublik befand. Die Westdeutschen hatten allezeit des Glück, sich selbst genügen zu können und die Ostdeutschen nicht zu brauchen. Daher interessierten sie sich wenig für sie, wussten wenig von ihnen und machten Fehler im Umgang mit ihnen. *„Ihr habt uns abgeschrieben"*, war die Klage der Ostdeutschen, solange die DDR bestand und sogar schon vorher. Als sich die Vereinigung abzeichnete, stimmten 80 Prozent der Bundesbürger dafür, sie waren auch dafür, aber nicht allzu sehr, die meisten hatten Wichtigeres im Kopf. Sie verfolgten die spannenden Vorgänge der Jahre 1989 und 1990 mit Aufmerksamkeit, Staunen und oft mit Freude. Aber als der gesamtdeutsche Alltag begann, sank das Interesse beinahe wieder auf den Stand der Teilungszeit.

Wo wenig Kenntnis herrscht, haben Übertreibungen und Zerrbilder ihre Chance. Seit die Stasi-Akten offen sind, hat sich vieles, was die Mielke-Truppe tat, als noch übler erwiesen als angenommen. Kaum beachtet aber blieb über all den Enthüllungen, was sie in den Köpfen vieler Bundesbürger anrichteten. *„Nur wenige"* seien es, *„die nicht denunziert haben"*, meint eine bekannte westdeutsche Publizistin. Und da die Stasi-Geschichten um Personen gingen, was spannender ist als Sachverhalte, oft sogar um bekannte Personen, was die Geschichten noch spannender machte, überwucherten die Spitzel- und Verrats-Erzählungen das meiste, das sonst aus Ostdeutschland zu berichten war. Manche Redaktionen machten daraus ein Geschäft, manche Reporter und Staatsanwälte wurden vom Jagdfieber gepackt.

So befestigte sich in allzu vielen West-Köpfen das alte, manchmal schon halb vergessene, Horrorbild vom Osten. Was passiert mir, wenn ich dort einen Verkehrsunfall habe? Komme ich vor einen Richter, der gewohnt ist, Unrechtsurteile zu fällen? Kann ich, wenn ich eine Arbeit in Rostock annehme, meine Kinder einem früheren SED-Lehrer anvertrauen? Fast umzingelt fühlten sich Westberliner: Rundherum ist Osten, den keine Mauer mehr fern hält – droht da nicht „Verostung"? Gerät nicht sogar die bewährte Bundesrepublik in Gefahr? Die Ostler sind seit dem Kindergarten totalitär indoktriniert, werden sie nicht unsere Demokratie ruinieren? Mancher gibt seinen Landsleuten nicht einmal die Chance, die ihm gleich nach Hitler sogar die Besatzungsmächte gaben.

Viele Ostdeutsche verfielen wieder ihrem alten Antikommunismus, diesmal ohne Kommunisten; die Ostdeutschen sahen sich wieder einer ideologischen Front gegenüber. Nicht nur ihr Staat wurde verdammt, den kaum einer sich zurückwünschte, auch ihr eigenes, ganz persönliches Leben geriet in die Schusslinie westlichen Verdachts. Und da die meisten, unvermeidlich, ihre Kompromisse mit den SED-Verhältnissen gemacht hatten, waren sie ihrer selbst nicht mehr sicher. Sie wurden anfällig gegen die Unterstellungen der Westler, reagierten wütend gegen die moralische Überlegenheit von Leuten, denen jede Probe auf ihre politische Moral erspart geblieben war. Fast alle Ostdeutschen (97 Prozent) meinen, über ihr Leben könne nur urteilen, wer es geteilt habe, es könne nicht deshalb wertlos sein, weil ihr Staat nichts taugte. Und wer diesen Staat schon immer verabscheut hatte, will nicht für ein Regime bestraft werden, unter dem er selbst gelitten hat.

Was helfen könnte, ist seit langem bekannt, wird aber kaum getan. West- und Ostdeutsche sollen einander ihre Biographien erzählen, die Neugier auf Menschen ist größer als das Interesse an anderen Verhältnissen, über das Persönliche wird dann auch das Allgemeine vermittelt. Die Friedrich-Ebert-Stiftung in Berlin probiert das Verfahren seit Jahren. Sie brachte jeweils etwa sieben Ost- und Westdeutsche zusammen, zwang sie zwei Tage und zwei Abende in die Klausur eines abgelegenen Hotels, damit keiner weglaufen konnte. Jeder erzählte, wo und wie er aufgewachsen war, wohin er im Leben gewollt hatte und wohin er gekommen war, wozu die Verhältnisse ihn zwangen und was sie ihm ermöglichten. Zu erklären war auch, wie man zu dieser oder jener politischen Überzeugung gelangt war und weshalb man daran festhielt oder davon abging. Aus den Erzählungen ergaben sich Diskussionen, zuweilen auch Streit, mancher trug Wunden davon. Entscheidend aber war, dass man einander zuhörte, Interesse aneinander entwickelte und zu verstehen begann, warum der andere anders ist und meist gar nicht anders sein kann, weil andere Verhältnisse ihn geprägt haben.

Das Beispiel zeigt, was die Medien sträflich versäumten. Vor allem Funk und Fernsehen hatten große Möglichkeiten, die Deutschen nach 45 Jahren

Trennung einander bekannt und verständlich zu machen. Sie konnten Gesprächspartner zusammenführen, die Gemeinsamkeiten hatten, gleiche Jahrgänge, Berufe, persönliche Schicksale oder Liebhabereien. Wie erging es einem Arbeiter, Betriebsleiter, Ingenieur, Verwaltungsangestellten, Richter, Lehrer, Arzt oder Wissenschaftler und Künstler, auch einem Kommunalpolitiker oder Parteifunktionär in der Bundesrepublik und in der DDR? Welche Chancen und Nöte hatten Frauen hier und dort? Krasse Unterschiede und unerwartete Ähnlichkeiten wären zu Tage gekommen.

Man hätte erfahren, was die jeweils anderen geprägt hat: ein Studium in Amerika oder Besuche in Warschau, dem Westen im Osten. Das Jahr 1968 mit der Hoffnung auf eine neue Welt oder dem Ende der Hoffnung auf einen „Sozialismus mit menschlichem Antlitz". Das Bauernsterben durch ökonomisch-technische Rationalisierung oder durch erzwungene Kollektivierung. Lektüre, Musik, Theater, Film, die zu Erlebnissen wurden. Im Fernsehen hätten Millionen Deutsche die anderen Deutschen vor Augen gehabt, hätten ein wenig nachempfinden können, wie und weshalb die anderen so wurden, wie sie sind. Aber wo sich Programmdirektoren vornehmlich als Unternehmer begreifen, verkümmert auch in öffentlich-rechtlichen Sendern der Sinn dafür, dass es Pflichten gegenüber Staat und Gesellschaft gibt. Man talkt lieber.

Zu den Merkwürdigkeiten der letzten zehn Jahre gehört die Sprachlosigkeit beim Wichtigsten. Das meiste, das Ost- und Westdeutsche grundsätzlich trennt, wird auf jeder Seite gelegentlich benannt, meist mit Kopfschütteln über die absurden Vorstellungen der anderen Seite, aber nie gemeinsam mit Argument und Gegenargument debattiert: Ost- und Westdeutsche denken unterschiedlich über das Verhältnis zwischen Freiheit und Gleichheit. Für die einen genügt es keineswegs zu sagen, Ungleichheit sei der Preis der Freiheit. Und die anderen können die Augen nicht davor verschließen, dass Gleichheit als herrschendes Prinzip die Freiheit einschränken muss. Für viele Ostdeutsche ist die wachsende Kluft zwischen großem Reichtum und zunehmender Armut unerträglich. Ein System, das dies duldet oder gar fördert, lehnen sie ab. Für viele Westdeutsche ist der Gedanke unerträglich, ihre wirtschaftliche Bewegungsfreiheit solle von Gleichheitsidealen eingeengt werden. Ein System, in dem das möglich wird, halten sie für kommunistisch. Für beide Seiten geht es hier nicht nur um Ökonomie, sondern auch um Moral – ein Grund mehr, darüber zu reden.

Das Gleiche gilt für das verwandte Problem, dass die Westdeutschen primär wirtschaftlich und die Ostdeutschen primär sozial denken. Die DDR scheiterte nicht zuletzt daran, dass sie gar nicht oder falsch rechnete, der Staat bezahlte alles und ging pleite. In der Bundesrepublik muss sich heute alles „rechnen", aber wohin führt es, fragen Ostdeutsche, wenn es kaum mehr einen Lebensbereich gibt, der nicht ökonomisch bestimmt wird. Kultur, Bildung, Ausbildung, Gesundheit, Wohnen – darf das alles den Marktgesetzen unterworfen werden? Auch diese Fragen reichen über die Politik hinaus in die Moral.

Wie soll das Verhältnis zwischen Eigeninteresse und Gemeinwohl sein? Im Westen hat eher das erste Vorrang, im Osten eher das zweite. Was erwarten wir vom Staat? Soll er wie die DDR für alle und alles sorgen oder wie die alte Bundesrepublik so viel Freiheit lassen wie möglich? Soll er stark sein oder „schlank“? Identifizieren wir uns mit ihm oder erscheint er uns nur als notwendiges Übel? Wie halten wir es mit der Demokratie? Die Westdeutschen wissen besser, wie man sie handhabt, aber in den Ostdeutschen lebt, so scheint es, noch mehr Sinn für das Warum und Wozu. Und wie steht es mit dem berühmten Satz von Bärbel Bohley: „*Wir wollten Gerechtigkeit und bekamen den Rechtsstaat*“? Spricht daraus nur Unverständnis dessen, was Rechtsstaat ist, wie man im Westen meint? Oder äußert sich da eine unterschiedliche Auffassung von Recht und Gesetz, über die ernsthaft geredet werden muss? Eine bedeutende Juristin spricht von zwei „*Rechtskulturen*“.

Wie stehen wir zu Krieg und Frieden? Natürlich sind alle für den Frieden, aber wann müssen wir dennoch Krieg auf uns nehmen? Unter keinen Umständen? Oder um Menschen zu retten? Oder um dem Bündnis treu zu bleiben? Oder um mit Waffen Frieden zu schaffen? Im Allgemeinen schließt ein Krieg eine Nation zusammen; der Kosovo-Krieg hat Ost- und Westdeutsche mehr getrennt als geeint.

Lässt sich aus der Erfahrung von Erfolg und Scheitern etwas gewinnen? Die Erfolgreichen können vielerlei Technik im Krisenmanagement vermitteln und wissen, dass man aus schwierigen Situationen durchaus einen Ausweg finden kann. Aber sie sind außerstande, sich vorzustellen, dass ihr System scheitern kann. Die anderen, die das Scheitern eines Systems schon erlebten, haben ein feineres Gefühl für existenzbedrohende Alarmzeichen und halten es durchaus für möglich, dass auch Kapitalismus und Demokratie einmal ein Ende finden. Der Erfolg steigert Energie und Selbstbewusstsein, das Scheitern schärft den Realitätssinn, kann sogar weise machen. Ob Menschen mit so gegensätzlichen Erfahrungen einander nichts zu sagen haben?

Wie kommen wir zu einer deutschen Nachkriegsgeschichte, in der sich Ost und West wiedererkennen? Also nicht nur neue Quellen aus DDR-Archiven raffen! Nicht nur die Bundesrepublik loben und die SED-Diktatur entlarven, so nötig das alles ist, sondern zum Beispiel auch die westdeutsche Verantwortung für Teilung und Trennung zum Thema machen! Die Geschichtsdebatte hat bereits angefangen, immer mehr Ostdeutsche beteiligen sich an ihr, aber eine Institution mit dem Auftrag zu gemeinsamer Arbeit gibt es nicht. Vor zehn Jahren schon beriefen der deutsche und der tschechoslowakische Außenminister eine Historikerkommission aus beiden Ländern und stellten ihr die Aufgabe, „*die gemeinsame Geschichte der Völker beider Länder (...) gemeinsam zu erforschen und zu bewerten*“. Die westdeutsch-polnische Schulbuchkommission arbeitet bereits seit 1972. Was im Verhältnis zu Tsche-

chen und Polen nötig erschien, ist im eigenen Hause noch dringlicher, denn
es sind die unterschiedlich erlebten und anders beurteilten Jahrzehnte seit
dem Kriege, die West- und Ostdeutsche einander entfremdeten.

Eine Nation lebt nicht zuletzt aus ihrem kulturellen Erbe. Bundesrepublik
und DDR haben heftig gestritten, was zu diesem Erbe gehört und wie es zu
beurteilen, zu beleben und zu nutzen ist. Staatliche Vereinigung schafft noch
keine kulturelle Einmütigkeit, deshalb sollte darüber gesprochen werden, was
die Deutschen von der deutschen und von der Weltliteratur kennen müssen –
als festen geistigen Besitz, der ihnen gemeinsam ist und der Gemeinsamkeit
schafft. Es wäre lehrreich zu erfahren, wieweit Ost und West sich über mehr
als über Goethe und Schiller einigen können.

Schon ein Streit über das Trennende brächte Fortschritt, weil Streit besser
ist als Sprachlosigkeit. Vor allem würde sich beim Streit herausstellen, dass
keineswegs alles, das zu trennen scheint, wirklich trennt, denn die Unterschiede sind nicht klar auf Ost und West verteilt. Beide Seiten haben auf der
anderen Seite viel mehr Verbündete, als sie meist wissen.

Aber das Zusammenwachsen der Deutschen ist heute kein Thema mehr, es
sei denn ein Gedenktag oder -jahr nötigt zu Bekenntnissen, Bilanzen oder
Mahnungen, die dann im Übersoll geliefert werden. Im Westen meinen die
meisten, die Sache habe sich erledigt oder werde sich durch Zeitablauf erledigen. Im Osten meinen viele, die Sache sei verpfuscht und nicht mehr repa-
rabel. Für beide heißt die Folgerung, es habe nicht viel Zweck, miteinander
zu reden. Es ist zum Verzweifeln. Gegen andere Meinungen kann man ange-
hen, gegen Gleichgültigkeit und Resignation rennt man wie in Gummiwände.
Die engagierte Minderheit, die sich bisher um Verständigung bemühte, wird
es weiter tun: Ostdeutsche, die in den Westen gegangen sind, und die viel zu
wenig gewürdigten „Wossis", Westdeutsche, die im Osten arbeiten und oft
die besten Vermittler sind, weil sie beide Seiten kennen. Der bekannteste
heißt Kurt Biedenkopf.

Aber die Minderheit bleibt eine Minderheit, und so wird es mit der „inneren" Einheit der Deutschen wohl gehen wie nach 1867 mit der preußischen
Vereinnahmung Schleswigs und Holsteins. Theodor Storm schrieb damals,
die Preußen behandelten ihre norddeutschen Landsleute *wie einen besiegten*
Stamm": „Ohne uns zu fragen, werfen sie die wichtigsten Einrichtungen hier
über den Haufen und oktroyieren dafür nach Gutdünken andere. Wir haben
zum geistigen Leben der Nation ein so großes Kontingent gestellt wie nur ir-
gend ein Teil von Preußen", deshalb habe Preußen „*alle Ursache zu beschei-*
denem Auftreten bei uns", aber da „*kommt doch jeder Kerl von dort mit der*
Miene eines kleinen persönlichen Eroberers und als müsse er uns erst die
höhere Weisheit bringen. (...) Auf diese Weise einigt man Deutschland
nicht." Diese Sätze werden im Osten gern zitiert, doch sie haben auch etwas
Tröstliches: Damals so viel Bitterkeit wie heute, aber schon längst vergessen.

Der Osten im vereinigten Deutschland

Thomas Ahbe und Monika Gibas

Wenn vom „Osten" im vereinigten Deutschland die Rede ist, kann das vieles bedeuten. „Der Osten" im vereinigten Deutschland steht für eine Region in wirtschaftlich und machtpolitisch besonderer Lage. Er steht für eine Bevölkerung mit historisch gewachsenen sozialisatorischen Mustern, Werten, Praxen, mit spezifischen Erfahrungen, Erinnerungen und Sinnkonstruktionen, die zum Teil deutlich von denen der Westdeutschen abweichen. „Der Osten" im vereinigten Deutschland steht aber auch für einen nun schon zehn Jahre währenden Diskurs, dessen Resultat die Konstruktion bzw. Gegenkonstruktion „der" Ostdeutschen und einer Ost-„Identität" ist.

Diese auf ökonomischen und machtpolitischen, auf sozialstrukturellen und nicht zuletzt auf diskursiven Faktoren basierende, bis heute anhaltende Differenzierung Deutschlands in „Ost" und „West" wurde in der letzten Dekade überwiegend als Anomalie, als Störung der politischen Kultur der Bundesrepublik, als ungelöste Aufgabe oder gar als Gefahr gesehen. Im Unterschied dazu wollen wir diese kulturelle Differenzierung der erweiterten Bundesrepublik als Normalisierung, Vervollständigung, als Bereicherung der politischen Kultur deuten. Sie ist ein Zeichen dafür, dass nicht nur die Spaltung Deutschlands zu Ende ist, sondern auch, dass die mit der Spaltung einhergehende relative Homogenisierung der politischen Kulturen der Bundesrepublik und der DDR nach innen im vereinigten Deutschland keine Fortsetzung mehr findet. „Der Osten" im vereinigten Deutschland ist ein Stück Normalität und zugleich eine produktive Herausforderung.

„Vom Ich zum Wir" – „Haste was, biste was!"

Als der Kalte Krieg zwischen den Siegermächten die politisch und ökonomisch zueinander konträr verlaufenden Umwälzungen in ihren Besatzungszonen forcierte, führte das in der Folgezeit nicht nur zu einer Polarisierung zwischen Ost- und Westdeutschland als politische Systeme. Es kam in beiden

Teilen Deutschlands auch zu einer relativen ideologischen, sozialmoralischen und mentalen Homogenisierung nach innen, die mit den je eigenen politisch-ökonomischen Rahmenbedingungen korrespondierte.

Hinzu kam, dass die Grenze zwischen der SBZ und den Westzonen teilweise zu einer tradierten Grenzlinie innerhalb der deutschen Kultur gehörte. Im Norden der SBZ lagen die weiten Räume der halbfeudalen preußischen Großagrarier, in denen nicht die kleinbäuerlichen, sondern die landarbeiterlichen Unterschichten lebten. Das war eine Kultur, die im Norden und Süden der Westzonen nicht so dominierte. Im mitteldeutschen Raum gab es eine starke proletarische Tradition. In den hoch modernisierten Industriegebieten zwischen Dessau, Bitterfeld, Halle, Merseburg, Leuna und Buna sowie in den sächsischen Revieren, deren Industrietradition bis ins 19. Jahrhundert reichte, bestand eine Kultur, die sich von den hessisch-westthüringischen und fränkischen Nachbarregionen unterschied und dem Ruhrgebiet ähnelte. In der SBZ war der Bevölkerungsanteil der abhängig Beschäftigten gegenüber dem der Selbständigen auch größer als in den Westzonen.[1] Die politisch intendierten Homogenisierungsbestrebungen in Richtung Proletarisierung der ostdeutschen Gesellschaft interagierten also mit einer für Ostdeutschland typischen, historisch gewachsenen Milieulandschaft. Die hier verankerten preußisch-protestantischen Tugenden – Fleiß, Pflichterfüllung und Sparsamkeit als zentrale Lebensachsen, Einordnung in und Dienst an der Gemeinschaft – waren nahtlos in den Wertehorizont der neuen „sozialistischen" Arbeitsgesellschaft adaptierbar. Mehr noch: Sie waren, wie sich zeigen sollte, geradezu Voraussetzung für ihr Funktionieren.

Seit 1945 trieben die radikalen politischen, ökonomischen und ideologischen Umwälzungen im Osten Deutschlands nicht nur dezidierte politische Gegner, sondern vor allem auch Angehörige der besitzenden sozialen Milieus, des Groß- und Kleinbürgertums, zur Flucht oder Abwanderung in den Westen. Denn im Osten wurde ein über Jahrhunderte gültiges Paradigma gebrochen, demgemäß ökonomisches Kapital – insbesondere der private Besitz von Produktionsmitteln – legitim und zudem der Schlüssel auch zu allen anderen Kapitalsorten war, insbesondere zu symbolischem Kapital und zur politischen Macht. Dem verkündeten Programm der „antifaschistisch-demokratischen" Umwälzung, seit 1952 dem Programm des „Aufbaus der Grundlagen des Sozialismus" entsprechend, zerstörte die Politik in der SBZ und DDR gezielt die ökonomischen, gesellschaftlichen und alltags- wie hochkulturellen Reproduktionsbedingungen des großbürgerlichen und des kleinbürgerlichen Mittelstandsmilieus, aber auch des bürgerlich-humanistischen Milieus.[2] Zu-

---

1 Statistisches Handbuch für Deutschland 1949, zit. nach Thomas Gensicke, Die neuen Bundesbürger. Eine Transformation ohne Integration, Opladen 1998, S. 141.

2 Vgl. Dagmar Müller/Michael Hofmann/Dieter Rink: „Diachrone Analysen von Lebensweisen in den neuen Bundesländern: Zum historischen und transformationsbe-

gleich wurden die Angehörigen und die Kinder aus den plebejischen und Arbeitermilieus, sofern sie sich nicht explizit gegen den politischen Kurs der neuen Eliten stellten, gegenüber den bürgerlichen Schichten beim Zugang zu höherer Bildung und zu den neuen Dienstklassen privilegiert. Dieser rabiate antikapitalistische Eingriff in die Besitzverhältnisse, gekoppelt mit einer beständigen öffentlichen Stigmatisierung „bürgerlicher" Ideologie und Lebensweise, der Repression ihrer Anhänger und der gezielten Privilegierung der Unterschichten führte zu einem raschen Verschwinden großbürgerlicher Milieus und einer erheblichen Dezimierung der Mittelstandsmilieus, also letztlich zu einer Selektion und Homogenisierung der Bevölkerung Ostdeutschlands in Richtung kleinbürgerlich-proletarischer Milieus.

Dieses Programm einer sozialstrukturellen Homogenisierung der DDR-Gesellschaft zu einem „Arbeiter-und-Bauernstaat" („Staat" und „Gesellschaft" wurden in dieser Diktion oft gleichgesetzt) oder zu einem „sozialistischen Staat der Werktätigen"[3] zielte auf die Formierung der ostdeutschen Bevölkerung zu einem „neuen historischen Subjekt" mit einander angeglichenen Lebensverhältnissen und vereinheitlichten politischen Vorstellungen. Das schien nicht allein mittels ökonomischer Eingriffe und dem Erzwingen von Loyalität zu bewerkstelligen. Durch die Propagierung und Anerziehung eines neuen, „sozialistischen Bewusstseins" versuchte die politische Führung der DDR *die initiativreiche Mitarbeit aller beim Aufbau der sozialistischen Gesellschaft"* – also intrinsisch motiviertes Engagement im beruflichen und gesellschaftlichen Leben – zu erreichen. Die Implementierung der „sozialistischen Ideologie" in der spezifischen Form des Marxismus-Leninismus als für alle Bürger verbindliche Weltdeutung schien der Königsweg zu diesem Ziel. Die Durchsetzung der Weltdeutungshegemonie der neuen politischen Eliten in Gestalt des Marxismus-Leninismus geschah über den Weg strikter Reglementierung der gesamten gesellschaftlichen Kommunikation: Die Medien, Kultur und Kunst, Wissenschaft und vor allem das Bildungssystem wurden nicht nur durch permanente Verbreitung der neuen Deutungsmuster und rigide Ausgrenzung anderer Meinungen und Anschauungen, sondern seit 1951 auch durch Gesetze und Verordnungen ausdrücklich auf den Marxismus-Leninismus als weltanschauliches Grundkonzept verpflichtet. Der Höhepunkt dieser Entwicklung war in den Jahren 1965 und 1968 erreicht, als im „sozialistischen Bildungsgesetz" und in der „sozialistischen Verfassung" die *„Verbreitung der sozialistischen Ideologie"* und die *„Erziehung aller Bürger zu*

---

dingten Wandel der sozialen Milieus in Ostdeutschland", in: Stefan Hradil/Eckart Pankoke (Hrsg.), Aufstieg für alle?, Opladen 1997, S. 237-319.

3 Vgl. Monika Gibas: „‚Die DDR – das sozialistische Vaterland der Werktätigen!' Anmerkungen zur Identitätspolitik der SED und ihrem sozialisatorischen Erbe", Aus Politik und Zeitgeschichte B 39-40/99, S. 21-30.

sozialistischen Persönlichkeiten" zur normativen Zielgröße erklärt wurde.[4] Neben der Monopolisierung der Macht sah die DDR-Elite sowohl die Egalisierung der Lebensverhältnisse wie auch die Angleichung der Normalitätsvorstellungen und politischen Werte der DDR-Bevölkerung als eine unverzichtbare Voraussetzung für die Konstituierung einer neuen, von sozialen Ungerechtigkeiten und von gesellschaftlichen Konflikten bereinigten Gesellschaft an.

Etwa Mitte der sechziger Jahre hatte sich tatsächlich eine neue Milieulandschaft in Ostdeutschland ausgeprägt. Sie war gekennzeichnet durch „Entbürgerlichung" der Bildungselite, durch das Entstehen einer neuen „sozialistischen Intelligenz" sowie die Formierung eines „rationalistisch-technokratischen" und eines „status-und karriereorientierten" Milieus. Typisch für die Mittel- und Unterschichten der DDR waren das kleinbürgerlich-materialistische Milieu und die Arbeitermilieus.[5] Diese Wandlungsprozesse führten zu einem Kulturraum, der im Vergleich zum westdeutschen eher proletarisch, egalitär und links war.

Dass auch die Milieulandschaft Westdeutschlands Resultat einer intendierten wirtschaftlichen und ideologischen Einflussnahme ist – und nicht die „Normalform" von Gesellschaft, die sich auf natürlichem Wege eingestellt hat –, ist eine weniger verbreitete Ansicht.[6] Schon der Marshall-Plan ist unab-

---

4 Vgl. Monika Gibas: „Ideologie und Propaganda", in: Die SED. Geschichte – Organisation – Politik. Ein Handbuch, hrsg. von Andreas Herbst/Gerd-Rüdiger Stephan/Jürgen Winkler, Berlin 1997, S. 241-262.

5 Einer im Jahr 1990 vorgenommenen vergleichenden Untersuchung bot sich folgendes Bild: Die größte Gruppe in der ohnehin schmalen ostdeutschen Mittelschicht ist das „kleinbürgerlich-materialistische Milieu" – im Osten gibt es sozusagen eine Mittelschicht der ‚kleinen Leute'. In der Mittelschicht des Westens ist das kleinbürgerliche Milieu nicht so dominant. Im Westen gibt es stattdessen ein großes „aufstiegsorientiertes Milieu", dessen Pendant im Osten wiederum sehr klein ist. Auch in der Oberklasse gibt es andere Schwerpunkte. In den westdeutschen Oberklassen dominiert das „konservativ-gehobene" und das „technokratische Milieu". In den ostdeutschen Oberklassen überwiegen das „bürgerlich-humanistische" und das „links-alternative Milieu", während das gehobene technokratische Milieu im Vergleich zum Westen eher klein ist, und ein „konservativ-gehobenes Milieu" gänzlich in der ostdeutschen Oberschicht fehlt. Zudem sind die Kommunikationsbarrieren und die mentalen Gräben zwischen den Angehörigen der verschiedenen Milieus und Schichten im Westen größer als im Osten. Zum Vergleich der Milieu-Landschaften: Michael Vester: „Milieuwandel und regionaler Strukturwandel in Ostdeutschland", in: Michael Vester/Michael Hofmann/Irene Zierke (Hrsg.), Soziale Milieus in Ostdeutschland. Gesellschaftliche Strukturen zwischen Zerfall und Neubildung, Köln 1995, S. 7-50, hier: S. 15; Jörg Ueltzhoffer/Berthold Flaig: „Spuren der Gemeinsamkeit? Soziale Milieus in Ost- und Westdeutschland", in: Werner Weidenfeld (Hrsg.), Deutschland. Eine Nation – doppelte Geschichte, Köln 1993, S. 61-81.

6 Welche sozialpsychologischen Wirkungen der Marshall-Plan für die westdeutsche Bevölkerung hatte, hat „bisher kaum Beachtung gefunden": Hans-Jürgen Schröder (Hrsg.),

hängig von seiner realen ökonomischen Bedeutung auch als *„ein überaus ambitioniertes Werbeprojekt"* gedacht und umgesetzt worden. Im Jahr 1943, als hinter den sowjetischen Linien das NKFD Thesen zur *„Umerziehung"* der Deutschen nach dem Sieg über den Faschismus, zur *„Kritik aller imperialistischen Ideologien"* und einer *„universellen Bündnispolitik auch auf geistigem Gebiet"*[7] formulierte, vertrat der emigrierte deutsche Werbetheoretiker Eric W. Stoetzner in großen amerikanischen Zeitungen und schließlich auf einem Empfang bei Roosevelt ebenfalls Vorstellungen für Nachkriegsdeutschland: *„the coming battle of human minds"*. Der Fehler des Jahres 1918 sei es gewesen, so führte er aus, dass den großzügigen amerikanischen Nahrungsmittellieferungen für Europa nicht der *„Gedanke der Demokratie"* beigepackt gewesen sei. Das dürfe sich nicht wiederholen, denn der *„europäische Boden ist reif für den amerikanischen Pflug"*. An die Stelle deutschen Größenwahns *„wird ein tiefes Vertrauen in alles Amerikanische treten, sei es Ethik, Religion, Demokratie oder Industriegüter"*[8]. In Deutschland drang dieser Grundgedanke allerdings nicht immer *„in dem Maße in das Bewusstsein des Durchschnittsbürgers"* ein, wie es gewünscht war. Daher forderte 1949 ein verantwortlicher Leiter der ERP-Informationsorganisation, *„mittels eines kombinierten Einsatzes aller vorhandenen Propagandamittel"* dieses Versäumnis nachzuholen und das oben genannte *„vorgeprägte Bild im Bewusstsein des Volkes (...) zu schaffen"*[9].

Auch die Einführung des so erfolgreichen Konzepts der „sozialen Marktwirtschaft" wurde mit erheblichem propagandistischen Aufwand betrieben. Im Jahre 1952 verschrieb sich eine von Unternehmern im Umfeld Ludwig Erhards gegründete Organisation mit dem programmatischen Namen „Die Waage. Gemeinschaft zur Förderung des sozialen Ausgleichs e.V." der Aufgabe, kontinuierlich Vertrauenswerbung für die Idee einer als „Soziale Marktwirtschaft" neu verfassten Gesellschaft zu betreiben.[10] Ihre PR-Kampagnen wandten sich über einen längeren Zeitraum – 1952 bis 1965 – mit Anzeigen in den großen Zeitungen und Zeitschriften der Bundesrepublik, aber auch mit Werbefilmen an den „kleinen Mann auf der Straße". Dieser solle, so die Idee der Initiatoren, für einen konfliktarmen, möglichst konsen-

Marshall-Plan und deutscher Wiederaufstieg. Positionen – Kontroversen, Stuttgart 1990, S. 7.

7 Gerald Diesener: „Propaganda im Konzept der KPD zur Überwindung des Faschismus", in: ders./Rainer Gries (Hrsg.), Propaganda in Deutschland. Zur Geschichte der politischen Massenbeeinflussung im 20. Jahrhundert, Darmstadt 1996, S. 101-110, hier: S. 103f.

8 Klaus Schönberger: „„Hier half der Marshallplan'. Werbung für das europäische Wiederaufbauprogramm zwischen Propaganda und Public Relations", in: ebd., S. 193-212, hier: S. 197f.

9 Ebd., S. 199f.

10 Vgl. dazu die informative Studie von Dirk Schindelbeck und Volker Ilgen, „Haste was, biste was!". Werbung für die Soziale Marktwirtschaft, Darmstadt 1999.

sualen Wiederaufbau der westdeutschen Gesellschaft auf kapitalistischer Grundlage gewonnen werden. Diese Aufgabe schien den „Waage"-Mitgliedern im Jahr 1952 noch nicht in befriedigendem Maße gelöst zu sein. Die zentralen Botschaften der „Waage"-Kampagnen zielten auf die stärkere mentale Verankerung eines positiven Bildes vom Unternehmer als dem Träger oder Motor des wirtschaftlichen Aufschwungs und damit auch der Vermehrung des gesellschaftlichen Reichtums der bundesdeutschen Gesellschaft. *„Alle haben was davon!"* war die Headline einer solchen Anzeige für die soziale Marktwirtschaft.[11] Vor allem aber sollte ein allmählicher Wandel des Selbstbildes der proletarischen Schichten hin zu einem Mittelstandsbewusstsein angeregt werden. Man wollte ein gesellschaftliches Klima befördern, in dem der Unternehmergeist allgemein geschätzt und die wirtschaftlichen und politischen Belange in einem „ausgehandelten" Konsens gelöst wurden. Die semantischen Antipoden „Kapitalist" und „Proletarier" sollten von „Arbeitgeber" und „Arbeitnehmer" ersetzt werden. Wo einst „Klassenkampf" war, sollte nun „Sozialpartnerschaft" sein. In der Jahresend-Anzeige der „Waage" von 1956 hieß es: *„Der Klassenkampf ist zu Ende. Den Begriff des Proletariers gibt es nicht mehr. Im freien Deutschland vollzieht sich eine geschichtliche Wandlung: der ehemals klassenbewußte Arbeiter wird zum selbstbewußten, freien Bürger. Ein Mann, der auf lange Sicht plant, der für seine Kinder eine gründliche Schulung verlangt, der durch Eigentum die Freiheit seiner Familie zu sichern sucht, das ist der Arbeiter von heute. "*[12]

Auch wenn sich die Wirkung solcherart politischer Werbung nur schwer messen lässt, so ist doch zu konstatieren, dass die Intentionen der Kampagnenstrategen letztlich ihre Realisierung fanden. Schon 1955 stellten Soziologen fest, dass Begriffe wie *„Proletarier, Proletariat und Prolet"* gewissermaßen ausgestorben seien.[13] Der als „Fahrstuhleffekt" beschriebene simultane soziale Aufstieg aller sozialen Schichten im Wirtschaftswunderland Bundesrepublik in den fünfziger und sechziger Jahren war von einem Diskurs begleitet, der auch das Selbstbild der (ehemals) „kleinen Leute" zu modifizieren suchte. Resultat dieser Entwicklung war, wie im Osten des geteilten Landes, eine kulturell homogenere Gesellschaft: im Westen die nivellierte bürgerliche Mittelstandsgesellschaft, im Osten die nivellierte arbeiterliche Gesellschaft.

Bis zum 1968er Umbruch in der westdeutschen Kultur war die ostdeutsche stärker von sozialer und geistiger Mobilität und Spannungen geprägt. Manche der alltagskulturellen Wandlungen, die Ende der sechziger Jahre im Westen in eindrucksvollen und originellen Attacken auf den Normenkanon des bürgerlichen Anstands durchgesetzt wurden, gab es im Osten schon. Allerdings waren sie Ergebnis einer kulturellen „Revolution von oben", die das Zurück-

---

11 Ebd., S. 147.
12 Ebd.
13 Vgl. Hermann Glaser, Kulturgeschichte der Bundesrepublik Deutschland. Bd. 2, Frankfurt/M. 1992, S. 77.

drängen formaler Distinktion im Alltag, die Emanzipation der Geschlechter und die ökonomische Unabhängigkeit der Frauen durchsetzte beziehungsweise anregte. Im Ost-Alltag ergab sich so ein Klima von Informalität, Kollegialität und Libertinage, das sich von der hierarchischen bürgerlich-traditionellen Distinktion im Westdeutschland der Adenauerzeit unterschied.

Der 68er Proteststurm im Westen, das Aufbrechen der geistigen Starre des westdeutschen Restaurations-Muffs führten zur Synchronisierung der kulturellen mit der wirtschaftlichen Dynamik der Westrepublik. Zu dieser Zeit fanden sich auch die philosophischen und psychologischen Versatzstücke für die Inszenierung eines neuen, stärker individualisierten, innengeleiteten und hedonistischen Persönlichkeits- und Konsumententypus. All das ermöglichte die Bereicherung und Dynamisierung der politischen Kulturlandschaft der Bundesrepublik durch Friedens-, feministische, Minderheiten- und Ökologiebewegungen sowie zahllose Bürgerinitiativen im regionalen Bereich.

Der Einfluss des Wertewandels in den Industrienationen und der 68er Revolte auf die Kultur in Ostdeutschland war aus wirtschaftlichen und ideologischen Gründen nicht so offensichtlich wie in den westlichen Ländern. Zum einen fehlte den Konsumenten im Osten das warenmäßige Pendant, das die Semantik für die Differenzierung, Raffinierung und die öffentliche Präsentierung der neuen Habitus und Lebensstile liefert. Zum anderen ging der Staat bis in die frühen siebziger Jahre recht rigide gegen die kulturellen Symbole des Wertewandels und des „Generationen-Konfliktes" vor, die als der eigenen Gesellschaft wesensfremde und gefährliche Importe galten.[14] Während es den 68ern der Bundesrepublik in den siebziger und achtziger Jahren gelang, die Diskurshoheit zu gewinnen und den gesellschaftlichen Wertewandel kommunikativ zu stützen, fehlte eine vergleichbare Breitenwirkung im Osten. Nicht nur bei den älteren und mittleren Generationen, sondern auch bei großen Teilen der Jugend gab und gibt es Dispositionen, die außenorientierter[15] und weniger individualisiert und innengeleitet als im Westen sind.

Der Osten blieb eine weniger individualisierte, eher egalisierte arbeiterliche Gesellschaft. Auch in der subjektiven Schichteinstufung zeigten sich die Ostdeutschen in der Tendenz plebejischer als die Westdeutschen. Viele Menschen, die den nichtproletarischen Schichten angehörten, fühlten und sahen sich als Arbeiter.[16] Dieser Trend hält bis in die Gegenwart an. In einer Erhe-

---

14 Dennoch fehlten avantgardistische und subkulturelle Biotope nicht. Vgl.: Michael Rauhut, Beat in der Grauzone. DDR-Rock 1964 bis 1972 – Politik und Alltag, Berlin 1993; Paul Kaiser/Claudia Petzold, Boheme und Diktatur in der DDR. Gruppen, Konflikte, Quartiere. 1970-1989, Berlin 1997; Uta Grundmann/Klaus Michael/Susanna Seufert, Die Einübung der Außenspur. Die andere Kultur in Leipzig 1971-1990, Leipzig 1996.

15 Thomas Gensicke referiert psychometrische Untersuchungen zum Ost-West-Unterschied aus dem Jahr 1990/91, die das illustrieren. Vgl. T. Gensicke (Anm. 1).

16 In der bis dahin größten empirische Studie zu den ostdeutschen Arbeits- und Lebensbedingungen aus dem Jahre 1973 wurden Beschäftigte der Industrie gefragt, ob sie ihrer Meinung nach der Arbeiterklasse angehören. Über zwei Drittel der Ingenieure, über drei

bung des Statistischen Bundesamtes unmittelbar nach dem Beitritt der DDR zeigte sich, dass sich fast zwei Drittel der ostdeutschen Bevölkerung (61 Prozent) der Unter- und Arbeiterschicht zurechneten – beinahe auf den Prozentpunkt genau so viel, wie sich im Westen der Mittelschicht zuordneten (62 Prozent).[17] Aber auch die miteinander vergleichbaren sozialen Schichten und Milieus sind heute noch in West und Ost recht verschieden.[18]

Im Osten hat sich der Wertewandel, die subjektive Modernisierung, unter spezifischen sozialstrukturellen, ideologischen und alltagskulturellen Bedingungen vollzogen. Die Bildung der „modernen Milieus" führte im Osten zu anderen Ergebnissen als im Westen: Das alternative Milieu hat im Osten eine ausgeprägte links-intellektuelle Tendenz, und seine Angehörigen verstanden sich zum Teil als Gegenelite der DDR und des vereinigten Deutschlands. Zudem ist diese Minderheit im Osten größer als ihr West-Pendant.[19] Die hedonistische Strömung des Wertewandels wurde in der DDR vor allem durch die selbstbewussten, gut ausgebildeten jüngeren Arbeiter repräsentiert. Die Neuakzentuierung der SED-Politik in den siebziger Jahren, die stärkere Legitimierung der Konsumansprüche, die Förderung „junger Arbeiterfamilien" verstärkte das noch. Im Alter von 25 Jahren hatten die Angehörigen dieses Milieus erreicht, was sie für erstrebenswert hielten und was in der DDR erreichbar war – und suchten nun außerhalb der DDR nach besseren Arbeits- und Konsummöglichkeiten.[20]

Nach einer langen Phase relativer Stabilität, in der die Angehörigen der verschiedenen Milieus auf jeweils spezifische Art und Weise mit der DDR ihren Frieden gemacht hatten[21], wurde die DDR in der Mitte der achtziger Jahre für die Mehrzahl der Ostdeutschen – aus ganz verschiedenen Perspektiven – nur noch zweite Wahl.[22] Weder war erkennbar, dass die SED-Führung

Viertel der technischen und Verwaltungsangestellten und der Leiter bejahten das. „Über die soziale Struktur der Arbeiterklasse. Ergebnisse einer repräsentativen soziologischen Untersuchung in der zentralgeleiteten sozialistischen Industrie der DDR. Teil I-III. Herausgegeben von der Akademie der Gesellschaftswissenschaften beim ZK der SED. Institut für Marxistisch-Leninistische Soziologie, Berlin o.J.", zit. nach: Wolfgang Engler, Die Ostdeutschen. Kunde von einem verlorenen Land, Berlin 1999, S. 176f.

17 Subjektive Zuordnungen in Prozent: Unter- und Arbeiterschicht: Ost = 61, West = 25; Mittelschicht: Ost = 37, West = 62; Obere Mittelschicht und Oberschicht: Ost = 2, West = 13. Statistisches Bundesamt (Hrsg.), Datenreport 1992, Bonn 1992, S. 538 f.

18 Siehe Anm. 5.

19 Vgl. M. Vester (Anm. 5), S. 15.

20 Vgl. D. Müller/M. Hofmann/D. Rink (Anm. 2), S. 286f.

21 Thomas Gensicke, Mentalitätsentwicklungen im Osten Deutschlands seit den 70er Jahren. Vorstellung und Erläuterung von Ergebnissen einiger empirischer Untersuchungen in der DDR und in den neuen Bundesländern von 1977 bis 1991, Speyer 1992, S. 16-39.

22 Thomas Ahbe: „‚50 Jahre DDR' – Identität und Renitenz. Konjunkturen und Krisen der Identifikation mit der DDR", in: Monika Gibas/Rainer Gries/Barbara Jacoby/Doris Müller (Hrsg.), Wiedergeburten. Zur Geschichte der runden Jahrestage der DDR, Leipzig 1999, S. 266- 284.

für die Aufnahme des Perestroika-Impulses und eine Demokratisierung des Landes bereit war, noch nahm eine Mehrheit noch an, dass man den technischen und konsumatorischen Rückstand zu den westlichen Industrieländern auch nur verringern könnte.

Die politische Kultur der Bundesrepublik nach dem Beitritt der Ostdeutschen

Dass die Mehrheit der DDR-Bürger bei der Volkskammerwahl und der gesamtdeutschen Bundestagswahl 1990 für einen raschen und vollständigen Beitritt votierte, kann auch als logische Folge der Werteentwicklung in der späten DDR, also der Hinwendung zu individualistischeren und hedonistischeren Lebensmustern, gedeutet werden. Für die mutige Minderheit, die im Spätsommer und Herbst 1989 bei den riskanten Demonstrationen und öffentlichen Aktionen den Unmut über den Zustand des Landes und die Ziele für eine Reform artikulierten, war das Mehrheitsvotum der Ostdeutschen für die Übernahme des politischen und wirtschaftlichen Systems der Bundesrepublik eine herbe Enttäuschung – *„das war doch nicht unsere Alternative "*[23]. Das traf auch auf die bedeutend größere Gruppe der systeminternen „Opposition" gegen die Politik der SED-Führung zu, die sich aus Angehörigen der Dienstklassen, der Intelligenz und aus Künstlern und Kulturschaffenden zusammensetzte und einen reformorientierten, eigenständigen Weg in die Zukunft präferierte.

Diese Sicht der ostdeutschen linken Minderheit auf die deutsche Vereinigung ähnelte den Positionen, die westdeutsche linke und linksliberale Intellektuelle bezogen. Sie sahen sich durch die ostdeutschen Wähler bei der Bundestagswahl 1990 um den anstehenden politischen und geistigen Wechsel in der Bundesrepublik gebracht. Die sich als modern, linksliberal und aufgeklärt verstehende Reflexionselite der Bundesrepublik verknüpfte die unbestreitbare Rettung der Konservativen durch die Ostdeutschen rasch mit der Konstruktion eines bestimmten Klischees von „den Ostdeutschen", das weit über das Politische hinausging. Das Bild vom selig-blöden Ossi mit der Banane war eine der ersten Metaphern des nun beginnenden kulturellen Stigmatisierungsdiskurses.[24]

---

23 Bernd Gehrke/Wolfgang Rüddenklau (Hrsg.), „...das war doch nicht unsere Alternative." DDR-Oppositionelle zehn Jahre nach der Wende, Münster 1999.

24 Als Otto Schily (damals Die Grünen) in einem Fernsehinterview um einen Kommentar zum Ausgang der Volkskammerwahl 1990 gebeten wurde, zog er wortlos und lächelnd eine Banane aus der Tasche und hielt sie in die Kamera. Die tageszeitung schmückte ihre Wahlstatistik mit einem abgewandelten DDR-Emblem, statt Hammer und Zirkel war im Ährenkranz eine Banane.

Es war die enorme Reibungsenergie, die im Kontakt zwischen den Ostdeutschen und den Westdeutschen entstand, die diesem Diskurs über Jahre
hinweg und in ungeheurer Breite Antrieb verlieh. Westdeutsche und Ostdeutsche waren einander fremder und unverständlicher, als man es erwartet hatte,
und sie waren enttäuscht darüber. Die öffentliche mediale Kommunikation
über diesen Zustand wurde fast ausschließlich aus der Westperspektive geführt. Nicht nur hitzige Journalisten, sondern auch Wissenschaftler entdeckten im Jahr nach dem Beitritt im Osten den *„resignierten und völlig ange-
paßten Mensch als die sozialistische Persönlichkeit"*. Neben einem *„totalen
Wissensmanko"* sei *„totale Vereinnahmung und Verkollektivierung des einzelnen"* zu konstatieren.[25] Die Ostdeutschen wurden latent als eine Spezies
konstruiert, die demokratieunfähig, autoritätsgläubig und konservativ sei.
Kulturell wurden die Ostdeutschen als provinziell, spießig-piefig und völlig
rückständig gezeichnet, insgesamt entsprächen ihre Wertehaltungen jenen
„der Bundesrepublik der fünfziger Jahre"[26].

Zum Allgemeinplatz in der populären und sozialwissenschaftlichen Diskussion wurden die „Deformationen" der Ostdeutschen: *„Vierzig Jahre an-
trainierte Unselbständigkeit lassen sich nicht einfach abschütteln. Der Wandel von Befehlsempfängern zu eigeninitiativ und selbstbewußt handelnden
Arbeitnehmern braucht Zeit"*, prophezeite man.[27] Es ist kein Zufall, dass ausgerechnet jene Werte der politischen Kultur der Bundesrepublik, die als
Früchte der 1968er Bewegung gelten, zu Kritik- und Messpunkten an den
Ostdeutschen wurden: Antiautoritarismus, Antifaschismus und reformpäd-
agogisches Denken. Man diagnostizierte, dass die Ostdeutschen autoritärer[28]
seien und dass der „verordnete Antifaschismus der DDR" ohne die richtige
Wirkung auf die Bevölkerung geblieben sei[29], dass in ostdeutschen Familien

---

25 Peter Eisenmann: „Die Jugend in den neuen Bundesländern. Sozialistische Bewußtseinsbildung und ihre Folgen", Aus Politik und Zeitgeschichte B 27/91, S. 3-10, hier: S.
   8f.

26 Martin Greiffenhagen: „Die Bundesrepublik Deutschland 1945-1990. Reformen und
   Defizite der politischen Kultur", Aus Politik und Zeitgeschichte B 1-2/91, S. 16-26,
   hier: S. 25.

27 Werner Weidenfeld/Karl Rudolf Korte: „Die pragmatischen Deutschen. Zum Staats-
   und Nationalbewußtsein in Deutschland", Aus Politik und Zeitgeschichte B 32/91, S. 3-
   12, hier: S. 8.

28 Die These ist empirisch nicht haltbar. Vgl. Hendrik Berth/Wolf Wagner/Oliver Dek-
   ker/Elmar Brähler: „Und Propaganda wirkt doch! ... ? Eine empirische Untersuchung zu
   Autoritarismus in Deutschland und zur Überprüfung von Theorien über die Entstehung
   von Einstellungsunterschieden zwischen Ost- und Westdeutschen", in: Hendrik
   Berth/Elmar Brähler (Hrsg.), Deutsch-deutsche Vergleiche. Psychologische Untersuchungen 10 Jahre nach dem Mauerfall, Berlin 1999, S. 141-159.

29 Empirisch lässt sich dagegen bei den Ostdeutschen ein höheres Problembewusstsein
   feststellen. Wolf Wagner, Kulturschock Deutschland. Der zweite Blick, Hamburg 1999,
   S. 116f.

repressiver erzogen worden sei[30], dass der Osten eine feministische Wüste und die Emanzipation der ostdeutschen Frauen keine gewesen sei.[31] Man stellte fest, dass den Ostdeutschen all das fehlt, worauf man selbst so stolz war.

Das Bild von den Ostdeutschen entsprach dem ins Negative gewendeten idealisierten Selbstbild, das eine sich als modern, linksliberal und aufgeklärt verstehende Gruppe von Westdeutschen von der Kultur ihres Landes hatte. Dieser in Wissenschaft und Feuilleton über beinahe alle politischen Spektren hin und über Jahre anhaltende Diskurs führte in der politischen Kultur der Bundesrepublik zu einem „*Konsensschwall*"[32], der den 1989 erreichten Stand einer kritischen Selbstreflexion der politischen Kultur der Bundesrepublik fortspülte.

Bald zeigte sich, dass auch viele Ostdeutsche ihre kulturelle Andersartigkeit sowohl reflektierten als auch darauf bestanden. Rund 60 Prozent der Ostdeutschen haben ein spezifisch ostdeutsches Wir-Bewusstsein und die Gewissheit, „*nicht westdeutsch zu sein*", nur 20 Prozent fühlen sich als Bundesbürger und nicht oder weniger als Ostdeutsche. Doch genau jenes Fünftel hat die meisten Ressourcen und Unterstützung durch Westdeutsche, in den Medien ihre Wirklichkeitsdefinition als die „der Ostdeutschen" auszugeben.[33]

Die kommunikative Situation im vereinigten Deutschland ist dadurch gekennzeichnet, dass im Offizialdiskurs und dem der meinungsbildenden Medien die positiven Bezüge zum Osten, zur DDR und dem Leben in ihr tabuisiert, ignoriert und stigmatisiert werden.[34] Viele Menschen in den neuen Bundesländern haben Kommunikationsbedarf darüber, was ihr Leben, ihre Werte und Erfahrungen aus der DDR, wie auch ihre Identifikationen als Ostdeutsche im Lichte der oft sehr problematischen Nach-„Wende"-Zeit bedeuten. Da diesem Selbstverständigungs- und Selbstvergewisserungsbedarf das professionelle Pendant fehlt, wird er in einer Art Laien-Diskurs in Form von Ostalgie[35] bewältigt. Zum Teil unreflektiert, unbegifflich, ironisch gebro-

---

30 Hier scheint das Gegenteil der Fall zu sein. Vgl.: Elmar Brähler/Horst-Eberhard Richter: „Ost- und Westdeutsche – 10 Jahre nach der Wende", in: H. Berth/E. Brähler (Anm. 28), S. 9-27.

31 Dieser Trend in der Konstruktion der Ostdeutschen hält an. Vgl. Thomas Ahbe: „Hohnarbeit und Kapital. Westdeutsche Bilder vom Osten", Deutschland Archiv 1/2000, S. 84-89.

32 So Lutz Niethammer im Januar 1998 auf einer Konferenz an der TU Dresden.

33 Thomas Koch: „Wohin treibt der Osten? Parteienwettbewerb und Deutungsmacht im vermeintlichen Niemandsland", Deutschland Archiv 3/1999, S. 440-451.

34 Werner Früh/Uwe Hasenbrink/Friedrich Krotz/Christoph Kuhlmann/Hans-Jörg Stiehler, Ostdeutschland im Fernsehen. Bd. 5 der Schriftenreihe der Thüringer Landesmedienanstalt, München 1999.

35 Vgl. Thomas Ahbe: „,Ostalgie' als eine Laien-Praxis in Ostdeutschland. Ursachen, psychische und politische Dimensionen", in: Heiner Timmermann (Hrsg.), Die DDR in Deutschland. Politische und historische Rückblicke, Berlin (im Druck); ders. (Anm.

chen oder nostalgisch, ist Ostalgie damit sowohl ein laienhafter Kommentar zum professionellen Diskurs um die DDR und die Ostdeutschen wie auch dessen Komplettierung.

Erbschaften und Perspektiven: der Osten im vereinigten Deutschland

Dennoch sind und waren die Ostdeutschen nicht das „kollektive Subjekt", das die SED-Führung angestrebt hatte, sondern eine Bevölkerung, die sich aus unterschiedlichen sozial-moralischen Milieus zusammensetzt. Auch heute sind „die Ostdeutschen" keine Gruppe mit klarem, politisch formulierbaren Gruppenbewusstsein, es gibt keine markanten politischen Ziele, für die sie sich gemeinsam einsetzen. Dennoch gibt es als typisch ostdeutsch zu bezeichnende Abweichungen im Verhältnis zur westdeutschen Durchschnittsverteilung politischer Werte und Einstellungen.

In den Untersuchungen der empirischen Sozialforschung zu politischen Präferenzen und gesellschaftsbezogenen Werten der Bevölkerung, zu Ordnungskonzepten und Zielvorstellungen zeigt sich regelmäßig, dass deren jeweilige Ausprägung von solchen Variablen wie Bildungsstand, sozialem Status, Geschlecht und Alter abhängen. Zehn Jahre nach dem Beitritt kann man immer noch feststellen, dass „Herkunft DDR" in Bezug auf gesellschaftsbezogene Werte eine gleichermaßen relevante Variable ist wie Bildungsstand und Sozialstatus. Das zeigt sich vor allem am Konstrukt „Gerechtigkeit"[36] und daran, in wieweit dem Staat soziale Verantwortung[37] zugeschrieben wird. Aber auch das Item „Vertrauen zu den Institutionen der Bundesrepublik"[38] weist eine Ostspezifik aus. Selbst Inhaber von Elitepositionen unterscheiden sich – entgegen dem bisherigen Trend zu einer „konsensuell geeinten" und einstellungshomogenen Elite – nach der Ost-West-Herkunftslinie, und zwar selbst dann, wenn sie den gleichen politischen Lagern angehören. Beispielsweise zeigte sich, dass 93 Prozent der sich als „links" definierenden Eliteangehörigen ostdeutscher Herkunft die „Sicherung des Sozialstaates" für sehr wichtig halten, während nur 63 Prozent der sich als „links" definierenden West-Elite eine solche Position vertritt. Linke westdeutsche Eliteangehörige präferieren mit 24 Prozent das Ziel der „Verhinderung des

---

22); ders.: „Ostalgie als Laienpraxis. Einordnung, Bedingungen, Funktion", Berliner Debatte Initial 2/1999, S. 87-97.

36 Eva Wagner: „Ist soziale Ungleichheit gerecht? Wahrnehmungen und Bewertungen im Ost-West-Vergleich", in: Walter Müller (Hrsg.), Soziale Ungleichheit. Neue Befunde zu Strukturen, Bewußtsein und Politik, Opladen 1997, S. 139-167.

37 Markus Gangl: „Ansprüche an den Wohlfahrtsstaat in den alten und neuen Ländern", in: ebd., S. 169-203, hier: S. 181.

38 T. Gensicke (Anm.15), S. 202f.

Sozialmissbrauchs", während es bei der Gruppe der sich als links definierenden Eliteangehörigen ostdeutscher Herkunft nur 13 Prozent sind.[39]

Auch in der Bewertung der bundesdeutschen Demokratie zeigen sich sehr deutliche Differenzen. Nach wie vor und mit großer Mehrheit befürwortet die ostdeutsche Bevölkerung die Einführung eines demokratischen Systems. Dass die bundesdeutsche Demokratie die *„beste Staatsform"*[40] sei, glaubten 1997 über zwei Drittel der Westdeutschen, aber nur ein Drittel im Osten. Die Ostdeutschen kritisieren zudem, dass sich *„demokratische Mitwirkungsmöglichkeiten im Vergleich zur DDR-Zeit"* kaum verbessert hätten.[41]

Auch die Wählerbindung ist beim ostdeutschen Wahlvolk eine andere als die im Westen zu beobachtende Milieubindung. Die Volkskammer- und Bundestagswahlen 1990 waren reine Themenwahlen, *„die Wähler traten im März 1990 also nicht als Glieder sozialer Gruppen, sondern als Einzelne an die Wahlurnen. So gesehen war die deutsche Wahllandschaft nunmehr in zwei Gebiete gespalten, ein westliches, in dem gruppenbezogenes Wählen nach wie vor eine wichtige Rolle spielt, und ein östliches, in dem rational nutzenkalkulierende Individuen den dominanten Wählertyp darstellen."*[42] Diese Orientierung der Ostdeutschen ist offenbar relativ stabil und trug 1998 maßgeblich zur Abwahl der Kohl-Regierung bei, aber auch zur prompten Abstrafung der rotgrünen Regierungskoalition in den Landtagswahlen des Jahres 1999.[43]

Offensichtlich fühlen sich die Ostdeutschen stärker von den Regulationsleistungen der Politik abhängig und sorgen sich mehr um die „richtige" politische Steuerung als die Westdeutschen. Das ist ein entscheidender Hinweis zur Einordnung aktueller und künftiger Systembewertungen: Jeder zweite

---

39 Jörg Machatzke: „Einstellungen zum Umfang staatlicher Verantwortung – Zum Staatsverständnis der Eliten im vereinten Deutschland", in: Wilhelm Bürklin/Hilke Rebenstorf (Hrsg.), Eliten in Deutschland. Rekrutierung und Integration, Opladen 1997, S. 321-350, hier: S. 336.

40 T. Gensicke (Anm. 15), S. 187. Eine Forsa-Umfrage ergab 1999, dass 61 Prozent der Ostdeutschen vom Zustand der Demokratie enttäuscht waren, während 60 Prozent der Westdeutschen damit zufrieden sind. Vgl. Leipziger Volkszeitung vom 16.9.1999, S. 2.

41 Dass sich die „demokratische Mitwirkungsmöglichkeiten im Vergleich zur DDR-Zeit" verbessert haben, meinen in Bezug auf den Arbeitsplatz 10,2%, in Bezug auf die Kommune 23,5% und in Bezug auf die „große Politik" nur 15,8% der Ostdeutschen. Jürgen Hofmann: „Ostdeutsches Wir-Bewußtsein: Altlast oder Transformationseffekt?", in: Heiner Timmermann (Hrsg.), Die DDR – Politik und Ideologie als Instrument, Berlin 1999, S. 153-174, hier: S. 166 und 170.

42 Karl Schmitt: „Umbrüche im Osten. Die Wahllandschaft ist gespalten", Frankfurter Allgemeine Zeitung vom 27.10.1999, S. 14.

43 Bemerkenswert ist auch, dass die Ostdeutschen mehrheitlich die „Beteiligung deutscher Soldaten an NATO-Militärschlägen" verurteilten, während sich bei den Westdeutschen Gegner und Befürworter die Waage hielten. Vgl. Elmar Brähler/Horst-Eberhard Richter, Deutsche – 10 Jahre nach der Wende. Ergebnisse einer vergleichenden Ost-West-Untersuchung, Leipzig/Frankfurt a.M. 1999 (Ms.).

Ostdeutsche befürwortet eine stärkere Kontrolle der Wirtschaft durch die Politik.[44] Diese Präferenz dürfte einerseits ein spezifisches Erbe der politischen Sozialisation in der DDR sein, andererseits dürften aber in hohem Maße auch die sozialen Absturzerfahrungen aus der Transformationszeit Anteil daran haben. Diese werden weniger einem persönlichen Verschulden, sondern dem Kollaps eines Systems zugerechnet. Die Ostdeutschen interpretieren die Politik als ein der Wirtschaft übergeordnetes und nicht nur beigeordnetes System. Im „freien Spiel der Kräfte" sehen sie mehr als die Westdeutschen die Gefahr, dass Gesellschaft zu einem Selbstbedienungsladen für die Stärkeren und Verantwortungsloseren wird und seine Funktion als Lebensraum verliert – und dass *sie* die Leidtragenden dieser Entwicklung sind. Viele Ostdeutschen erwarten ein System, das Stabilität und Solidarität zumindest befördert und Kontingenz, Partialinteressen wie auch die zentrifugalen Kräfte des Marktliberalismus im Zaume zu halten versucht.

Damit kommt man auch zur zweiten, für die politische Kultur in Deutschland wichtigen Dichotomie, nämlich der von Freiheit und Gleichheit. Drei Viertel der Westdeutschen sind stolz auf die persönliche Freiheit in Deutschland, nur die Hälfte der Ostdeutschen teilt diesen Stolz.[45] Entsprechend aufgeregt werden auch ostdeutsche Statements diskutiert, die „Freiheit" nicht über „Gleichheit" stellen wollen. In einer Allensbach-Erhebung kommentiert Elisabeth Noelle-Neumann den Befund, dass 48 Prozent der Ostdeutschen dem Satz: „*Wir waren alle gleich, und wir hatten alle Arbeit – darum war es eine schöne Zeit*" zustimmen: „*Aber sie irren sich, es war keine schöne Zeit!* (...) *Wie groß ist die Gefahr, die Freiheit, gerade gewonnen, Stück für Stück wieder zu verlieren, sie einzutauschen gegen das Linsengericht der Gleichheit, genannt: ‚soziale Gerechtigkeit'? Gleichheit macht nicht glücklich, macht passiv, die eigenen Kräfte verfallen.*"[46]

Dass politische Freiheit ein hoher Wert ist, wissen die Ostdeutschen sehr wohl. Ein Teil von ihnen hat sich höchst engagiert im Herbst 1989 für die Demokratisierung der Gesellschaft eingesetzt, und immerhin sind „die Montagsdemonstrationen" neben der „Einheit" die einzigen politischen Symbole in der deutschen Kultur, bei denen Identifikation und Stolz der Ostdeutschen größer ist als bei den Westdeutschen, die ansonsten sehr viel Stolz auf ihr politisches System zeigen.[47] Die Ostdeutschen wissen politische Freiheiten sehr wohl zu schätzen, aber sie haben seit 1989 erlebt, dass sie allein nicht ausreichen, ein selbstbestimmtes Leben zu führen. Die Formulierung vom „Linsengericht der Gleichheit" bringt die unterschiedlichen Erwartungen,

---

44 E. Brähler/H.-E. Richter (Anm. 30), S.21.
45 T. Gensicke (Anm. 15), S. 200f.
46 Elisabeth Noelle-Neumann: „Zauber der Freiheit. Über unbewußte Zusammenhänge in unserem Leben und in der Politik", Frankfurter Allgemeine Zeitung vom 29.5.1999, S. 12.
47 Vgl. T. Gensicke (Anm.15), S. 201.

oder besser, die tendenziöse Beschreibung der unterschiedlichen Erwartungen von Ostdeutschen und Westdeutschen, auf den Punkt. Es ist die Attitüde derer, die sich um das tägliche Linsengericht nicht mehr sorgen, sondern nur noch um die Raffinesse des Desserts und dessen stilvoller Zelebrierung. Es ist die Perspektive einer – zu Recht – durch nichts zu erschütternden Saturiertheit, zu deren Erinnerungsrepertoire soziale Absturz- und Desintegrationserfahrungen oder Ängste vor politischen und ökonomischen Bedrohungen kaum mehr gehören und denen folglich auch die „Witterung" für drohende soziale und ökonomische Verwerfungen verloren gegangen ist. Genau diese Wahrnehmungsweisen gehören aber zu dem in den letzten beiden Dekaden geformten Erinnerungsbestand der Ostdeutschen. Damit bringen die Ostdeutschen in die politische Kultur der Bundesrepublik einen gebeutelten, geläuterten Realismus mit ein, der zu den künftigen gesellschaftlichen Belastungen im sich einigenden Europa wahrscheinlich besser passt als die Wahrnehmungsmuster einer breiten westdeutschen Bevölkerungsgruppe, die sich in der historischen Ausnahmeperiode der Wohlstands-Bundesrepublik herausgebildet hatten.

Der Beitritt der Ostdeutschen hat die Balance und die Maßverhältnisse der politischen Kultur der Bundesrepublik verändert. Die politische Kultur ist nun gewissermaßen wieder komplettiert, und zwar um den egalitaristischen und etatistischen Teil der Modernisierungsansätze des einst gesamtdeutschen Traditionsbestandes. Diese Komplettierung geschah allerdings nicht durch die Legitimierung dieses Traditionsstranges und also durch seine Aufnahme in den Wertekanon des vereinigten Deutschlands, sondern sie geschah durch die Aufnahme einer Bevölkerung, die in mehreren Generationen unter dem in der DDR durchgesetzten Modernisierungsmodell sozialisiert wurde.[48] Seit dem Beitritt der DDR zur Bundesrepublik sind die Träger egalitär und etatistisch akzentuierter Wertebestände nicht mehr lediglich eine Minderheit von engagierten und idealistischen Intellektuellen und Ideologen, sondern eine relativ große, sich aus verschiedenen sozial-moralischen Milieus zusammensetzende Bevölkerungsgruppe. Das symbolische Gewicht dieser Werte ist nach wie vor gering, aber sein „statistisches Gewicht" hat deutlich zugenommen.

Aus diesen Fakten resultiert die Akzentverschiebung in der politischen Kultur der Bundesrepublik. Sie erfolgt vor allem durch die spezifische Politikrezeption[49] des ostdeutschen Wahlvolkes, weniger durch eine klare Modifizierung der Politikgestaltung durch ostdeutsche Politiker oder durch spürbare Politikbeeinflussung mittels eines speziellen „ostdeutschen Lobbyismus".

---

48 Insofern ist ein Repräsentationsdefizit in Bezug auf ostdeutsche Werte festzustellen. Vgl. dazu die Überlegungen zu „Ostalgie" (Anm. 34 und 35).

49 Obwohl es keine Institutionen und kaum Medien gibt, die explizit die spezifische ostdeutsche Sicht präsentieren, bieten jedoch die Ost-Positionen in den regelmäßig veröffentlichten Meinungsumfragen Reibungspunkte für die Debatte.

Pointiert gesagt: Die Ostdeutschen sind ein anderer politischer Resonanzboden – sie machen nicht die Musik, aber sie verändern doch ihren Klang.

Der Beitritt der Ostdeutschen hat die politische Kultur Deutschlands vervollständigt, pluralisiert und damit auch normalisiert. Das berühmte Willy-
Brandt-Diktum, demgemäß nun zusammenwachse, was zusammengehöre,
hat sich insoweit erfüllt, wie man „Zusammengehörigkeit" nicht nach einem
altbackenen Harmonie- oder Identitätsverständnis interpretiert. Die – wie
auch immer geartete – Diskussion ostdeutscher Lebensmodelle und Werthorizonte begann zu einer Zeit, als sich innerhalb der Westkultur eine Krise der
hoch individualisierten und flexibilisierten Identitätsmodelle und die Suche
nach anders akzentuierten Lebensmodellen abzuzeichnen begann.[50] Während
die übergroße Mehrheit der Ostdeutschen der Meinung ist, dass *„sie im vereinigten Deutschland ihre kulturellen Werte beibehalten sollten"*, meinen nur
zwei Drittel der Westdeutschen, dass sie die eigenen kulturellen Werte behalten sollten.[51]

Der Wandel in Gesellschaften ist oft ein „Wandel durch Minderheiten".
Möglicherweise liefern die Ostdeutschen mit den von ihnen in der neuen Gesellschaft präferierten Lebensmodellen auch inhaltliche Impulse für den beginnenden alltagskulturellen Wandel bei den Westdeutschen. Damit hätte der
Beitritt „des Ostens" in „den Westen" auch ein Moment des Kulturtransfers.

---

50 Elmar Brähler/Hans-Jürgen Wirth (Hrsg.), Entsolidarisierung. Die Westdeutschen am
   Vorabend der Wende – und danach, Opladen 1995.
51 Ursula Piontkowski/Sonja Öhlschlegel, Ost und West im Gespräch. Zur Bedeutung sozialer Kategorisierungen in der Kommunikation zwischen Ost- und Westdeutschen,
   Münster 1999, S. 85.

Deutschlands neue Rolle in Europa: Zentralmacht im Zielkonflikt?

Siegfried Schwarz

Am Anfang war die Aufwertung: Der Akt der deutschen Vereinigung vom Oktober 1990 lenkte den Blick der Welt auf die neue Position der Bundesrepublik im europäischen Staatensystem und auf die Verstärkung ihrer Machtressourcen. Von Russland abgesehen, besitzt Deutschland nunmehr die größte Bevölkerungszahl, das größte Bruttosozialprodukt und eine beträchtliche militärische Kapazität innerhalb Europas. Es ist der wichtigste Handelspartner fast aller seiner Nachbarn und der bedeutendste Beitragszahler der Europäischen Union.

Seine geopolitische Lage in der Mitte des Kontinents, seine Nähe zur mittelosteuropäischen Region, seine nicht unerhebliche Finanzkraft und seine traditionsreichen Verbindungen zu vielen Völkern in West-, Nord- und Osteuropa verleihen der Bundesrepublik heute zweifellos eine herausgehobene Stellung. Obwohl die Strahlkraft deutschen Einflusses durch die Integrationsmechanismen zahlreicher internationaler Institutionen begrenzt und relativiert wird, scheint für manche Beobachter dennoch festzustehen, dass die Bundesrepublik gegenwärtig zumindest über die *„Potenz für aktive Großmachtpolitik"* verfügt.[1]

In- und ausländische Beobachter betrachten das vereinigte Deutschland als die führende Macht im postsozialistischen Europa. Kritische Stimmen geben allerdings zu bedenken, dass allein schon diese Wahrnehmung im Sinne einer *„self-fulfilling prophecy"* zu einem Machtzuwachs beitragen, vor allem aber zu einem erhöhten Machtbewusstsein der Deutschen führen könne.[2] Zwar ist nicht zu bestreiten, dass die Vereinigung einen vergrößerten Handlungsspielraum für die deutsche Außenpolitik sowohl gegenüber West- als auch gegen-

---

1 Vgl. Gregor Schöllgen, Stationen deutscher Außenpolitik. Von Friedrich dem Großen bis zur Gegenwart, München 1992, S. 177.
2 Vgl. Thomas Paulsen: „Die deutsche Rolle in Europa", in: Werner Weidenfeld (Hrsg.), Europa-Handbuch, Bonn 1999, S. 544.

über Osteuropa eröffnet hat. Aber die Meinung gar, sie übe die Rolle eines *„Schlüsselstaates"* mit Führungsaufgaben aus[3], überhöht die Tatbestände erheblich.

Sollte die Bundesrepublik einen Kurs einschlagen, der die neu gewonnene Größe und Stärke allzu demonstrativ in den Vordergrund rückt, könnte im Westen wie im Osten des Kontinents eine Reaktion in dem Sinne einsetzen, dass die Nachbarn und Partner das deutsche Gewicht durch die Bildung von *„Gegenkoalitionen"* auszubalancieren suchen. Dies wiederum würde für einen der stärksten Staaten Europas die Gefahr der politischen und vor allem psychologischen *„Einkreisung"* zur Folge haben. Allein schon aus diesem Grund ist die deutsche Außenpolitik gut beraten, einen überzeugenden Kurs der Selbstbeschränkung und Selbsteindämmung, sozusagen der *„freiwilligen Machtfesselung"*, zu betreiben.[4]

Globale Vernetzung und Deutschlands Rolle als Nationalstaat

Angesichts der Globalisierung von Kapital- und Gütermärkten würde ein vorwiegend national angelegter, gar nationalistisch gefärbter Kurs in Politik und Wirtschaft rasch an seine Grenzen stoßen. Jedermann dürfte erkennen, dass der Prozess der ursprünglich west-, jetzt aber auch nord-, süd- und mittelosteuropäischen Integration einen Grad erreicht hat, der Kernbereiche nationalstaatlicher Souveränität tangiert, also Elemente der Wirtschafts- und Währungspolitik, der Außen- und Sicherheitspolitik erfasst hat. Die Nationalstaaten können auch auf den Feldern der Umwelt- oder Einwanderungspolitik ihre Ziele nicht mehr erreichen, ohne eng miteinander zu kooperieren.[5]

Im Zeitalter der globalen Vernetzung hat sich eine erhebliche Dichte an Informationen, Kommunikationen und Verflechtungen herausgebildet, welche die Nationalstaaten vor völlig neue Probleme und Handlungszwänge stellt. Auch Deutschland muss sich – nolens volens – auf eine radikal veränderte Außenpolitik orientieren. Zu Beginn des 21. Jahrhunderts wirkte es pittoresk, würde die deutsche Politik – in zentraler Lage operierend – an althergebrachten, nationalstaatlich dominierten Ambitionen und Denkweisen festhalten wollen.[6] In einigen Aspekten ähneln die Verhältnisse zwischen den europäischen Staaten mitunter fast solchen einer *„Innenpolitik"*. Deshalb

---

3 Vgl. Werner Weidenfeld: „Deutschland in Europa: Schlüsselstaat mit Führungsrolle?", in: ders. (Hrsg.), Was ändert die Einheit? Deutschlands Standort in Europa, Gütersloh 1993, S. 9ff.

4 Vgl. T. Paulsen (Anm. 2), S. 544.

5 Vgl. ebd., S. 545.

6 Vgl. Ernst-Otto Czempiel, Kluge Macht. Außenpolitik für das 21. Jahrhundert, München 1999, S. 69.

bietet sich hier der deutschen Politik ein breites Spektrum für die Entwicklung moderner, kooperativer Strategien.[7]

Jede Überbetonung „*nationaler Interessen*" gegenüber Verhandlungspartnern sollte der Vergangenheit angehören; ist doch die Außenpolitik der meisten europäischen Staaten infolge der Prozesse der letzten Jahrzehnte längst „*denationalisiert*" worden.[8] Vielmehr sollte angesichts der zunehmenden globalen Herausforderungen das „*gemeinsame Interesse der Union*" in den Mittelpunkt der Debatten und Überlegungen gerückt werden. Die grundlegenden Interessen der Bundesrepublik, kollektive Sicherheit herzustellen und Wohlstand zu fördern, können nicht mehr allein, sondern nur noch im Verbund, als Mitglied der EU und als Teil der Atlantischen Allianz, erreicht werden.[9]

Dennoch werden in einem Teil der politologischen Literatur Definitionen der Rolle Deutschlands als der einer „*Zentralmacht Europas*", einer „*europäischen Großmacht*", einer „*économie dominante*" in den Vordergrund gerückt. Eine solche Gedankenwelt läuft in ihrer Übertreibung frontal den objektiven Erfordernissen am Beginn des 21. Jahrhunderts entgegen. Hans-Peter Schwarz verordnet ein Rezept des 19. Jahrhunderts, wenn er meint, deutsche Außenpolitik werde „*künftig aus objektiv zwingenden Gründen egoistischer, rechenhafter, schwerbeweglicher und eben vorrangig an Gesichtspunkten eines vergleichsweise eng konzipierten nationalen Interesses ausgerichtet sein*".[10]

Autoren mit betont nationalstaatlichem Denken urteilen, die Bundesrepublik sei „*gleichsam* über *Nacht wieder in die Rolle einer kontinentalen Großmacht mit weltpolitischem Gewicht*" katapultiert worden.[11] Zwar sei Deutschland keine Supermacht, jedoch könne ohne oder gegen diese Macht kein wichtiger Beschluss in der Europäischen Union gefasst werden: „*Natürlich spiegelt sich in diesem Sachverhalt weit mehr als die ökonomisch dominante Stellung Deutschlands in Europa*"[12].

Vertreter dieser Denkrichtung meinen, es sei die Kombination vieler ökonomischer, politischer, geographischer und kultureller Faktoren, welche die „*größere Bundesrepublik*" aus der Sicht ihrer Nachbarn im Westen wie im Osten wieder als „*europäische Großmacht*" erscheinen ließe. Die Deutschen

---

7 Vgl. Ernst-Otto Czempiel: „Determinanten zukünftiger deutscher Außenpolitik", Aus Politik und Zeitgeschichte B 24/2000, S. 14/15.

8 Vgl. Michael Zürn, Regieren jenseits des Nationalstaates. Globalisierung und Denationalisierung als Chance, Frankfurt/Main 1998, S. 95ff.

9 Vgl. E.-O. Czempiel (Anm. 6), S. 100/101.

10 Vgl. Hans-Peter Schwarz, Die Zentralmacht Europas. Deutschlands Rückkehr auf die Weltbühne, Berlin 1994, S. 92.

11 Vgl. Gregor Schöllgen, Die Außenpolitik der Bundesrepublik Deutschland. Von den Anfängen bis zur Gegenwart, München 1999, S. 201.

12 Vgl. Gregor Schöllgen, Angst vor der Macht. Die Deutschen und ihre Außenpolitik, Berlin/Frankfurt a.M. 1993, S. 28.

hätten sich mit der Wahl Berlins zur Hauptstadt zu ihrer „*Tradition als euro-päische Großmacht*" bekannt. Berlin sei eben auch und nicht zuletzt die „*Kapitale des Deutschen Reiches, der stärksten Macht Europas vor 1914 und erneut vor 1939*" gewesen.[13]

Das skizzierte außenpolitische „*Anspruchsdenken*" und die Klassifizierung mit soeben erwähnten Attributen sind äußerst bedenklich. Deutsche Außenpolitik sollte vielmehr an bewährten Prinzipien festhalten und diese öffentlich akzentuieren. Die Bundesrepublik sollte bestehende Verflechtungen auf außenpolitischem und -wirtschaftlichem Gebiet nicht nur aufrechterhalten, sondern ausbauen; jegliche konfrontative Arroganz gegenüber Nachbarn und Partnern vermeiden, weil gerade sie deutsche Interessen beeinträchtigt; keine voreiligen Entscheidungen ohne angemessene Konsultationen der Bündnispartner treffen; dem Aufbau einer gesamteuropäischen Friedensordnung Priorität beimessen; den globalen Problemen wie der Ökologie, der organisierten Kriminalität, Armut und Kriegen in den Entwicklungsländern besondere Aufmerksamkeit schenken.[14]

Darüber hinaus erwarten Teile des Auslands vom vereinigten Deutschland, es möge stärker als bisher mit eigenen Initiativen an der Gestaltung der internationalen Politik mitwirken und sich nicht nur auf die europäische Region beschränken. Manche Beobachter übersehen hierbei zumeist, dass die deutsche Politik durch die internen Folgeprobleme der Vereinigung und durch wirtschaftliche Strukturkrisen partiell gelähmt und beeinträchtigt wird. Es kommt hinzu, dass Beteiligungen der Bundeswehr an Militäreinsätzen der NATO „*out of area*", wie im Falle des Kosovo-Krieges 1999, innenpolitisch aufs höchste umstritten sind.[15] Vielmehr sollte der bislang praktizierte multilaterale Ansatz deutscher Außenpolitik noch deutlicher mit eigenen Ideen für zivile und präventive Mittel und Ziele erfüllt und ergänzt werden.[16]

Zwar haben sich Deutschlands Handlungsmöglichkeiten erheblich erweitert, aber seine unilaterale Gestaltungsmacht bleibt äußerst begrenzt. Die Bundesrepublik ist auf multilaterale Koordinierung der Politikfelder gegenüber Europa und der Welt angewiesen. Eine solche Politik ist auch der gebotene Rahmen, der die „*Europaverträglichkeit*" des deutschen Machtgebrauchs sichert und überhaupt ermöglicht.[17]

---

13 Vgl. ebd., S. 31.
14 Vgl. Christian Hacke, Die Außenpolitik der Bundesrepublik Deutschland. Weltmacht wider Willen?, Berlin 1997, S. 457-459.
15 Vgl. E.-O. Czempiel (Anm. 6), S. 160.
16 Vgl. Helga Haftendorn: „Gulliver in der Mitte Europas. Internationale Verflechtung und nationale Handlungsmöglichkeiten", in: Karl Kaiser/Hanns W. Maull (Hrsg.), Deutschlands neue Außenpolitik. Bd. 1: Grundlagen, München 1994, S. 149.
17 Vgl. Michael Staack, Handelsstaat Deutschland. Deutsche Außenpolitik in einem neuen internationalen System, Paderborn 2000, S. 546.

Deutsche Politik im Dilemma: Vertiefung *und* Erweiterung der EU?

Eine der am schwierigsten zu lösenden Aufgaben deutscher Außenpolitik betrifft das vertrackte Problempaket „*Vertiefung und Erweiterung*" der Europäischen Union. Obwohl viele EU-Mitglieder an der „*Aufschnürung*" dieses Pakets beteiligt und interessiert sind, trägt doch die deutsche Seite in dieser heiklen, brisanten Frage die größte Last und Verantwortung. Der Grund hierfür ist einfach darzulegen: Als unmittelbarer Nachbar wichtiger Beitrittskandidaten, als wirtschaftlich und politisch einflussreiche Kraft fällt dem vereinigten Deutschland objektiv, von mancher Seite auch subjektiv akzentuiert, die Aufgabe zu, den verzwickten und verschlungenen Komplex umstrittener Fragen maßgeblich zu entwirren.

In diesem Punkt steht namentlich die deutsche Seite vor der Einlösung ihres oftmals bekundeten Versprechens, die EU stünde prinzipiell allen europäischen Staaten offen. Sie muss berücksichtigen, dass seitens der mittelosteuropäischen Länder nicht nur deren Interesse am Zugang zum Binnenmarkt und an Finanzhilfen der EU von Belang ist, sondern ebenso die Bekräftigung ihres Willens, die Reintegration mit Westeuropa zu beschleunigen und Sicherheit vor unberechenbaren Mächten zu erlangen. Die Bewältigung des Problems der Osterweiterung stellt deshalb für die außenpolitischen Eliten der Bundesrepublik eine erhebliche Herausforderung dar, die ihre Handlungsfähigkeit und Gestaltungskraft auf eine ernsthafte Probe stellt.[18]

Es ist unbestritten, dass die Vermehrung der Zahl der EU-Länder von jetzt 15 Staaten auf 20 oder gar 25 Mitglieder die Struktur der Gemeinschaft und ihr Erscheinungsbild in der Welt tiefgreifend verändern wird. Zunächst nimmt die Heterogenität der Union sprunghaft zu, weil einige der Kandidaten sehr niedrige Pro-Kopf-Einkommen aufzuweisen haben. Daher dürfte die Konkurrenz um knappe Finanzmittel zu verstärkten Verteilungskämpfen zwischen alter und neuer „*Peripherie*" führen. Vor allem bergen die finanziellen Auswirkungen auf die Gemeinsame Agrarpolitik, auf die Strukturfonds und auf den Haushalt der Gemeinschaft erheblichen Sprengstoff in sich.

Es kommt hinzu, dass im Falle einer Ausdehnung der EU ethnisch und nationalistisch determinierte Konfliktfelder in den direkten Zuständigkeitsbereich der Union gelangen. Auch wächst bei den romanischen Partnern die Befürchtung, die Osterweiterung könnte die machtpolitische Position Deutschlands innerhalb der EU allzusehr erhöhen. Ebenfalls gilt es zu beachten, dass die Antragsteller den gesamten „*Acquis communautaire*" (den in 31 Kapiteln gefassten, 80.000 Seiten umfassenden Rechtsbestand der EU) voll zu übernehmen hätten.

---

18 Vgl. Michael Kreile: „Die Osterweiterung der Europäischen Union", in: W. Weidenfeld (Anm. 2), S. 802.

Dies schließt auch den Verzicht auf eine Reihe nationaler Souveränitäts-
rechte ein. Ein solcher Verzicht wiederum ist für einige Kandidaten insofern
problematisch oder nur schwer hinnehmbar, als sie solche Rechte erst während der weltgeschichtlichen Ereignisse 1989/1990 mühsam errungen hatten.
Es besteht die reale Gefahr, dass eine zu rasche Aufnahme von Kandidaten,
die sich noch nicht in genügendem Maß auf eine Vollmitgliedschaft vorbereitet haben, erhebliche Komplikationen in das Leben der Union tragen
könnte.

Die Hinweise auf tatsächliche Probleme und mögliche Gefahrenmomente
sollten jedoch nicht dazu führen, in einem gleichsam fatalistischen Sinn vor
der Osterweiterung zu erschrecken oder sie gar abzulehnen. Wie jeder geschichtliche Vorgang, dessen Finalität schwer zu bestimmen und zu beurteilen ist, enthält die Ausdehnung nach Mittelosteuropa u.a. auch für die deutsche Seite eine Reihe von Chancen und Vorteilen. Insbesondere dürfte die
deutsche Volkswirtschaft als größter Handelspartner der mittelosteuropäischen Länder von deren Beitritt profitieren. Für die Unternehmen eröffnet der
Prozess erweiterte Absatzmärkte. Die Transformation in Mittelosteuropa
könnte beschleunigt werden. Als Folge würde der Bedarf an Zulieferungen
zur Modernisierung der Infrastruktur und ihrer Produktionsanlagen zunehmen. Auf beiden Seiten würde die Osterweiterung zu einem stärkeren Wachstum führen, wenngleich in einzelnen Sektoren unterschiedlich verteilt. Kurz-
um: Die traditionell engen Beziehungen deutscher Politik und Wirtschaft mit
Mittelosteuropa könnten intensiver als bisher gestaltet werden.[19]

Zu den namentlich Deutschland und Österreich betreffenden problematischen Themen gehört die Herstellung der Freizügigkeit von Arbeitskräften
und anderen Immigranten aus Mittelosteuropa in die EU. Zu diesem Punkt
existieren erhebliche Differenzen zwischen den Prognosen von Fachautoren.
In einigen Voraussagen herrscht ein pessimistischer Grundzug vor: Es wird
vermutet, dass das Migrationspotential 600.000 bis knapp 1,2 Millionen
Menschen betrage. Aufgrund der begrenzten Aufnahmekapazität der westeu-
ropäischen Arbeitsmärkte führe deshalb kein Weg an einer langen Über-
gangsperiode vorbei, in der nur eine begrenzte Freizügigkeit schrittweise
realisiert werden könne. Für Deutschland gelte, dass es als wichtigster Wirt-
schaftspartner der Beitrittsländer zwar am meisten von deren Integration profitieren könne, aber auch am stärksten mit Problemen wie Importkonkurrenz
und Migration konfrontiert sein werde.[20]

Anderen Studien zufolge wird es allerdings nicht zu einer massiven Einwanderungswelle nach Deutschland kommen. Auch die Auswirkungen auf
den deutschen Arbeitsmarkt würden – entgegen weit verbreiteten Ängsten –

---

19 Vgl. Peter Becker: „Der Nutzen der Osterweiterung für die Europäische Union", inte-
    gration 4/1998, S. 235/236.
20 Vgl. M. Kreile (Anm. 18), S. 808/809.

nur marginal sein. Das Deutsche Institut für Wirtschaftsforschung (DIW) stellt in einem umfassenden Gutachten von Ende Mai 2000 fest, zwar werde die Osterweiterung langfristig den Anteil ausländischer Bürger in Deutschland spürbar erhöhen, aber die Zuwanderung werde sich über einen sehr langen Zeitraum verteilen und wegen des generellen Bevölkerungsrückgangs keine negativen Auswirkungen auf den Arbeitsmarkt haben.

Nach Berechnungen des DIW würde im Fall der Freizügigkeit im Jahr 2002 für alle zehn Beitrittskandidaten die Zahl der Zuwanderer im ersten Jahr nur etwa 220.000 Menschen betragen. Dies entspricht weniger als 0,3 Prozent der deutschen Bevölkerung. Von ihnen würden aber tatsächlich nur etwa 80.000 Mittelosteuropäer auf den deutschen Arbeitsmarkt gelangen. Bis zum Ende des Jahrzehnts werde die Zuwanderung auf jährlich ca. 95.000 fallen, hiervon dürften etwa 30.000 Arbeitnehmer sein. Ab dem Jahr 2030 werde es – so das DIW – fast keine neuen Übersiedler mehr geben. Bis dahin werde sich der Anteil der Menschen aus Mittelosteuropa an der Bevölkerung in Deutschland von derzeit etwa 0,6 Prozent auf dann ca. 3,5 Prozent erhöht haben. Diese Zahl der Zuwanderer reiche jedoch bei weitem nicht aus, um den Rückgang der deutschen Bevölkerung auch nur annähernd auszugleichen.[21]

Der deutschen Politik wird von den Kandidaten neuerdings angelastet, dass sie das Datum des Beitritts zur Union hinauszögere.[22] Es wird bezweifelt, dass das Jahr 2003 als Termin gehalten werden könne, sondern dass vielmehr *„unter der Hand"* längst das Datum 2005 akzeptiert worden sei. Manche Autoren halten es sogar für denkbar oder wünschenswert, wenn der Beitrittstermin auf 2007 festgelegt werden würde.[23] Kaum jemand glaubt noch, dass *die unumgängliche Voraussetzung* für den Beitritt, nämlich tiefgreifende institutionelle und finanzpolitische Reformen innerhalb der Europäischen Union selbst[24], bis Ende 2000 beschlossen sein werden.

In den hoch gespannten Erwartungen der mittelosteuropäischen Länder einerseits und der Entschlusslosigkeit der EU-Staaten andererseits offenbart sich ein schwerwiegendes und lähmendes Dilemma, von dem die deutsche Politik besonders betroffen ist. Hier einen konstruktiven Ausweg zu suchen und zu finden ist eine ihrer zentralen, wenngleich auch schwierigsten Aufgaben der nächsten Jahre.

---

21 Vgl. „DIW-Gutachten: Eine Einwanderungswelle wird es nicht geben", Berliner Zeitung vom 25.5.2000, S. 38.

22 Vgl. „Im Baltikum und in Skandinavien werden laute Vorwürfe gegen Deutschland erhoben", Frankfurter Allgemeine Zeitung vom 3.6.2000, S. 5.

23 Vgl. Sajdik, EU-Erweiterung. Hintergrund, Entwicklung, Fakten, Baden-Baden 1999, S. 183; Andras Inotai: „Den Erweiterungsstillstand beenden", Frankfurter Allgemeine Zeitung vom 23.9.2000, S. 11.

24 Vgl. Jean-Louis Quermonne: „Die Europäische Union auf der Suche nach legitimen und effizienten Institutionen", integration 2/2000, S. 81ff.

Der von Außenminister Joschka Fischer am 12. Mai 2000 in Berlin der Öffentlichkeit unterbreitete Vorschlag, ein *„Gravitationszentrum"* aus einigen Staaten der EU zu bilden, um der Gefahr der Unbeweglichkeit der Union vorzubeugen, ist auf ein unterschiedliches Echo gestoßen. Allgemein anerkannt wird der Gedanke, dass eine auf ca. 25 Länder erweiterte EU zwangsläufig einen äußerst heterogenen Charakter tragen und dass daher eine erhebliche Differenzierung innerhalb der Union erfolgen werde. Die Grundidee Fischers (wie auch die Jacques Delors' u. a.) ist, dass eine kleine Gruppe von EU-Mitgliedern sozusagen als *„Avantgarde"* im Prozess der politischen Integration voranschreiten und schließlich den *„Nukleus einer Verfassung der Föderation"* bilden solle. Allerdings soll ein solcher *„Gravitationskern"* ein aktives Interesse an der Erweiterung der EU haben. Alle diese Schritte zusammen bedürften eines *„bewussten politischen Neugründungsaktes Europas".*[25]

Einige der Ideen, die ohnehin nicht ganz neu sind[26], erscheinen durchaus einleuchtend und weisen der deutschen Außenpolitik erhöhte Verantwortung und schwere Bürden zu. Allerdings provozieren sie zugleich kritische Fragen nach auftretenden Widersprüchen: Entstehen durch die Bildung eines *„Kerns"* EU-Mitglieder erster und zweiter Klasse? Werden dies die weniger *„beweglichen"* Staaten und Beitrittskandidaten hinnehmen? Führt der Vorschlag zur Herausbildung einer *„Union in der Union"* und diskriminiert er damit die nicht zum *„Gravitationszentrum"* gehörenden Mitglieder? Birgt die Initiative insofern neuen Sprengstoff für die Zukunft der EU in sich?

Diese Situation deutete sich bereits an, als das gewichtigste Land unter den Beitrittskandidaten, nämlich Polen, in einer offiziellen Stellungnahme seiner Regierung im Juni 2000 betonte, keinesfalls dürfe eine Revision der bisherigen Grundsätze dazu führen, dass nicht mehr alle Mitglieder am Prozess der europäischen Integration in vollem Umfang beteiligt seien oder gar die künftigen neuen Mitglieder der EU von wichtigen Integrationsschritten ausgeschlossen würden.[27] Solche und andere Probleme illustrieren das tiefe Dilemma, in dem sich die Europäische Union, zugleich aber auch die *„Zentralmacht"* Deutschland in dieser Frage befindet.

---

25 Vgl. Rede des Bundesministers des Auswärtigen, Joschka Fischer, am 12. Mai 2000 in Berlin „Vom Staatenverbund zur Föderation – Gedanken über die Finalität der europäischen Integration"; Blätter für deutsche und internationale Politik 6/2000, S. 752ff.

26 Vgl. Karl Lamers: „Variable Geometrie und fester Kern. Zur Debatte über das Europa-Papier der CDU/CSU-Bundestagsfraktion", Blätter für deutsche und internationale Politik 12/1994, S. 1467.

27 Vgl. „Polen legt Positionen zur Reform der EU-Institutionen vor", Frankfurter Allgemeine Zeitung vom 17.6.2000, S. 8.

Deutschlands Rolle in der Wahrnehmung seiner Partner

Auch zehn Jahre nach der staatlichen Vereinigung steht die Bundesrepublik Deutschland im Mittelpunkt des kritischen Interesses ihrer Nachbarn und Partner. Beobachter aus Ost und West verfolgen den Kurs der deutschen Politik gleichsam mit Argusaugen. Immer wieder stellen sie in wechselnden Modifikationen wichtige Fragen: Wie, in welche Richtung wird das vereinigte Deutschland sein vergrößertes Eigengewicht lenken? In welcher Weise, mit welchem Selbstbewusstsein und Augenmaß wird es sowohl seinen Bündnispartnern als auch den in die EU strebenden Ländern begegnen? Wie wird das Land mit der Last seiner Geschichte umgehen?

Bei west- wie osteuropäischen Nachbarn wollen Stimmen nicht verstummen, die Besorgnisse und Zweifel äußern, ob sich wohl die Bundesrepublik in genügendem Maße in bestehende Bündnisse einordne oder ob sie sich inzwischen auf dem Weg zu einer dominierenden Position in Europa befinde. Die viel beschworene Harmonie in der Triade Berlin-Paris-London scheint oftmals gestört zu sein. Gerade das Verhältnis zu den verbündeten Mächten Frankreich und Großbritannien ist von Zeit zu Zeit erheblichen Belastungsproben ausgesetzt, um dann von Bekundungen einer *„engen Zusammenarbeit"* abgelöst zu werden.

So ruft Deutschlands Engagement für eine Osterweiterung der EU und neuerdings für eine engere Zusammenarbeit mit Russland unter Präsident Wladimir Putin vor allem in Frankreich Verwirrung und Unmut hervor. Dort hat bereits seit längerem eine Debatte um einen möglicherweise zu erwartenden Gewichtsverlust des eigenen Landes in der Weltpolitik und vor allem in der europäischen Staatenkonstellation eingesetzt. Hierbei wird gelegentlich befürchtet, dass Deutschland als *„rücksichtslose Wirtschaftsnation"* den französischen Nachbarn degradieren, die *„grande nation"* an den Rand des kontinentalen Geschehens drängen und zur führenden *„Zentralmacht"* aufsteigen könnte.[28]

Entsprechend heftig entladen sich mitunter Attacken und Aversionen politischer Beobachter. Einige von ihnen meinen, Deutschlands Politik sei (früher) eine Mischung aus Arroganz und Komplexen gewesen, das Benehmen eines Neureichen, der es nicht erwarten könne, Vorrechte zu übernehmen. Seit 1990 finde sich Deutschland in einer ähnlichen Situation wie zu Beginn des 19. Jahrhunderts wieder, nur dass Befangenheit und Erinnerung hinzugekommen seien. Die Wiedererlangung der vollen Souveränität bedeute für alle eine *„Rückkehr ins Ungewisse"*.[29]

---

28 Vgl. Helmut Hubel/Bernhard May, Ein „normales" Deutschland? – Die souveräne Bundesrepublik in der ausländischen Wahrnehmung, Bonn 1995, S. 70/71.

29 Vgl. Philippe Delmas, Über den nächsten Krieg mit Deutschland. Eine Streitschrift aus Frankreich, Berlin/München 2000, S. 154/155.

Die Vorbehalte der britischen Öffentlichkeit gegenüber deutscher Politik sind weithin bekannt und bedürfen keiner näheren Erläuterung. Aber auch kleinere Nachbarn der Bundesrepublik, wie die Niederlande, sind mitunter von Zwiespältigkeit und Misstrauen erfüllt, wenn sie auf das vereinigte Deutschland blicken. Hierbei spielen vor allem die unguten Erfahrungen der Geschichte eine wesentliche Rolle.[30]

Selbst das Verhältnis zu den USA ist keineswegs störungsfrei. Die Amerikaner erkannten häufig die Janusköpfigkeit im deutschen Volk und reagierten darauf stets mit Unverständnis und auch mit Furcht.[31] Analytiker der USA verweisen auf den Zwiespalt der deutschen Politik, aber auch ihrer westlichen Partner. Diese möchten einerseits die Bundesrepublik entsprechend ihrer Wirtschaftskraft an militärischen Belastungen und Verpflichtungen beteiligen. Andererseits haben sie durch die Zeit des Nationalsozialismus gelernt, *„jegliche Demonstration deutscher Macht mit Skepsis zu betrachten".*

Einige Autoren befürchten, dass die *„Schamgrenze"* der alten Bundesrepublik in der Berliner Republik langsam, aber sicher absinken könnte. Bezüglich deutscher Forderungen nach einer *„Normalisierung"* außenpolitischen Verhaltens und Auftretens meinen jene Skeptiker: *„Wir lehnen ein solches Normalitätsdenken als gefährlich und ungeeignet für Europa wie für Deutschland ab."[32]* Das Land stecke in gewisser Weise wieder einmal in einem Dilemma: Deutschland sitze fest zwischen der Skylla des kollektiven Gedächtnisses, das ihm den *„normalen Machtgebrauch"* versage, und der Charybdis gegenwärtiger Erfordernisse, die darauf drängen, dass es seine Verantwortung in Europa und vielleicht sogar weltweit akzeptiere.

Das skizzierte Panorama zeigt den Zwiespalt und die Unsicherheit deutscher Außenpolitik der Gegenwart. Für *jede* Bundesregierung dürfte es eine Gratwanderung sein, einerseits legitime Interessen zu artikulieren und durchzusetzen, andererseits aber auch sensibel auf das Echo des Auslands zu achten und zu reagieren. Insofern ist Deutschlands Rolle in Europa seit 1990 zwar aufgewertet und verstärkt worden, aber von einer *„Normalität"* im Sinne anderer Nationalstaaten noch immer weit entfernt. Sollte gefragt werden, ob sich das vereinigte Deutschland für immer und überzeugend von den Schatten der Vergangenheit befreit hat, wäre man an das denkwürdige Wort Tschou En-lais erinnert, der auf die Bitte um eine Bewertung der Französischen Revolution von 1789 lakonisch bemerkte: *„Es ist noch zu früh, um das zu beurteilen."*

---

30 Vgl. Friso Wielenga, Vom Feind zum Partner. Die Niederlande und Deutschland seit 1945, Münster 2000, S. 224/225.

31 Vgl. Wulf Schmiese, Fremde Freunde. Deutschland und die USA zwischen Mauerfall und Golfkrieg, Paderborn/München/Wien/Zürich 2000, S. 233/234.

32 Vgl. Andrei S. Markovits/Simon Reich, Das deutsche Dilemma. Die Berliner Republik zwischen Macht und Machtverzicht, Berlin 1998, S. 22/23.

Die Wirtschaftsentwicklung in Ostdeutschland

Legenden und Versuche einer Annäherung an die Wirklichkeit

Jörg Roesler

Die Qual der Wahl, oder: Wie zieht man Bilanz?

Bilanz zu ziehen über zehn Jahre einer Entwicklung, von der man selbst unmittelbar betroffen war, als Arbeitsloser (noch vor nicht allzu langer Zeit) bzw. als „Jungunternehmer" (zur Zeit) ist keine einfache Aufgabe. Allzu leicht können sich persönliche Erfahrungen in sachbezogene, wissenschaftliche Zustandsanalysen einmischen und diese verfälschen. Der Zeitzeuge, so ein oft kolportierter Spruch, ist der ärgste Feind des Historikers. Was, wenn man beides in einer Person ist?

Ich habe stets versucht, mich aus dem Dilemma, vor dem ich in den vergangenen zehn Jahren oft stand, durch Orientierung an Beurteilungskriterien herauszuziehen, die geeignet sind, eine unvoreingenommene Betrachtung der Entwicklung zu ermöglichen. Welche waren das?

Man kann erstens die Ziele, die sich die verantwortlichen Akteure der zu untersuchenden Zeitperiode selbst gestellt haben, zur Messlatte für Erfolg oder Misserfolg ihrer Politik machen. Dieser Soll-Ist-Vergleich bietet sich natürlich für die Untersuchung von Planwirtschaften besonders an. Er ist jedoch auch auf andere Wirtschaftsformen anwendbar, denn Pläne macht man, Ziele setzt man sich in jeder Gesellschaftsordnung. Der Soll-Ist-Vergleich ist „systemimmanent": Das ist sein Vor-, aber auch sein Nachteil. Der Vorteil besteht darin, dass man keine Messlatte von außen an eine Entwicklung heranträgt. (Das ist natürlich auch bequem. Man braucht sich über ein „objektives" Kriterium keine Gedanken zu machen. Man nimmt, was bereits vorhanden ist.) Der Nachteil der Nutzung von „systemimmanenten" Kriterien ist, dass man sich in seiner Analyse abhängig macht von einer subjektiv gesetzten, vielleicht nicht besonders ernst gemeinten, vielleicht leichtfertig verkündeten Zielstellung, wodurch die Messlatte eventuell zu hoch oder zu niedrig angelegt ist. Leicht können dann mit Hilfe der Sollgröße ermittelte Ergebnisse über- oder unterbewertet werden.

Zweitens kann man, um Bilanz der Wirtschaftsentwicklung zu ziehen, eine Messlatte wählen und „von außen" ansetzen, die allgemein, gewissermaßen systemübergreifend, akzeptiert ist, z.B. den technologischen Fortschritt oder, etwas modischer ausgedrückt, den Grad der Modernität des Zweiges. In der Wirtschaftsgeschichte, dem Fach, in dem ich mich bewege, gelten seit der Entstehung dieser Wissenschaft vor 150 Jahren das Produktionswachstum, die Produktivitätssteigerung und die Qualität, die Weltmarktfähigkeit der Erzeugnisse, als derartige Kriterien. Wie schnell eine Wirtschaft quantitativ und qualitativ wächst, ob sie überhaupt wächst oder gar schrumpft, wird zu entscheidenden Kriterien der Beurteilung ihrer Entwicklung. Nicht die Differenz von Soll- und Ist bestimmt das Urteil, sondern der Zuwachs (bzw. Rückgang) an Produktion und Produktivität im Vergleich zum Vorjahr oder zur Vorperiode.

Drittens kann man versuchen, den zu untersuchenden Fall anhand von Vergleichen mit anderen, parallelen Entwicklungen zu beurteilen. Welches Land die Probleme am besten bewältigt, die Hindernisse am schnellsten überwindet, dem gebührt das Lob, wer hinter den anderen herhinkt, hat zweifellos Fehler begangen. Auf den ersten Blick bietet dieses Verfahren zur Beurteilung einer historische Entwicklung gegenüber den beiden zuerst erwähnten einen doppelten Vorteil: Man bedient sich allgemein anerkannter (Wachstums-)Kriterien. Und doch ist die Messlatte nicht von außen angelegt. Sie ist zurechtgerückt auf das mögliche Maß, das andere Fälle bzw. Länder realisieren konnten.

Der Pferdefuß dieses Verfahrens ist die vorausgesetzte Parallelität der zu untersuchenden Entwicklung mit derjenigen anderer Branchen oder Länder, mit denen man vergleichen will. Da jeder Wirtschaftszweig, die Volkswirtschaft eines jeden Landes von unverwechselbarer Eigenart ist, kann es beim Vergleich nur um Ähnlichkeit, nicht um Gleichartigkeit gehen. Aber was ist noch ähnlich, was ist doch schon so verschieden, dass es zum Vergleich nicht mehr taugt? Darüber streiten sich oft die Geister. Als jemand, der sich gern des Vergleichs bedient, kann ich davon ein Lied singen.

Eine pragmatische Lösung für die Aufgabe, Bilanz zu ziehen, besteht, so scheint mir darin, zu einem Resultat mit Hilfe aller drei geschilderten Methoden zu kommen. Das soll im Folgenden versucht werden. Ob ein derartiges Herangehen, wie von mir beabsichtigt, die Risiken der Fehleinschätzung, die jede einzelne Methode in sich trägt, tatsächlich minimiert, oder sie aber durch Kumulation gar erhöht, wird der Leser zu entscheiden haben.

Blühende Landschaften – ein ernst zu nehmendes Erfolgskriterium?

„Blühende Landschaften" sollte die Wiedervereinigung im Osten schaffen, versprach Bundeskanzler Helmut Kohl. Das wurde damals, 1990, im Osten sofort verstanden und war eine der schlagkräftigsten Losungen, vom Kanzler und der Regierungsmannschaft oft und gern wiederholt. „Blühende Landschaften" ist eine Metapher. Jeder kann sich darunter etwas vorstellen – allerdings auch jeder etwas anderes. Als einige Zeit ins Land gegangen war, entdeckten reisende Regierungsmitglieder die blühenden Landschaften im Osten bereits – zumindest streckenweise. Acht Jahre nach der Währungsunion wusste auch Kanzler Kohl, *„daß das Wort von den blühenden Landschaften gar nicht so falsch sei; inzwischen ist schon eine Menge bewegt worden"*[1]. Die Mehrzahl der Ostdeutschen sah das offensichtlich anders: Gerade 27,3 Prozent der Wählerstimmen konnte die CDU am 27. September 1998 im Wahlgebiet Ost noch gewinnen, gegenüber 38,5 Prozent bei der Bundestagswahl vier Jahr zuvor.

Die unterschiedliche Bewertung des „Aufbaus Ost" mag auch daran gelegen haben, dass „blühende Landschaften" eben kein für alle gleichermaßen nachvollziehbares Kriterium sind. Lässt sich für unsere Zwecke aber solch ein Kriterium definieren? Man kann es versuchen! Mit einiger Sicherheit ist davon auszugehen, dass Kohl, als er seinen Ausspruch tat, davon überzeugt war, dass die Bundesrepublik (West) selbst so eine blühende Landschaft sei. Die in die Realität zurückgeholte Metapher, so unsere Schlussfolgerung, bedeutet demnach: Angleichung des ostdeutschen an das westdeutsche Wirtschaftsniveau und – davon abhängig – auch an die westdeutschen Sozial- und Konsumtionsstandards. Dieses Ziel wirtschaftlicher Angleichung sollte in drei bis fünf Jahren erreicht sein. Das war jedenfalls 1990 die Auffassung derjenigen, die die wirtschaftliche Entwicklung des Ostens im wiedervereinten Deutschland relativ nüchtern einschätzten. Wie weit ist die Angleichung ein knappes Jahrzehnt später[2] gediehen?

Die wohl entscheidende Kennziffer für die Entwicklung ist das Niveau der Arbeitsproduktivität im entscheidenden Wirtschaftszweig der neuen Länder. Das ist immer noch die Industrie. Nach Aussage des langjährigen Stellvertretenden Generaldirektors der Europäischen Gemeinschaften in Brüssel und ersten Präsidenten des Wirtschaftsforschungsinstituts Halle, Manfred Wegener, aus dem Jahre 1994 wird in der ostdeutschen Industrie *„über den längerfristigen Erfolg des Transformationsexperiments entschieden"*[3]. Denjenigen, die meinten, nicht auf die Industrie, sondern auf die rasche Entwicklung des Dienstleistungswesens komme es in den neuen Ländern vor allem an, gab Wegeners Nachfolger, der heutige Präsident des einzigen der sechs regierungsberatenden Wirtschaftsinstitute, das in den neuen Länder gelegen ist, Rüdiger Pohl, ein Jahr später mit auf den Weg: *„Allerdings wird sich dieses*

---

1 „Der Kanzler im NBI-Gespräch. ‚Der Osten hat absolute Priorität'", Neue Bundesländer Illustrierte (Wahlzeitung der CDU), Dresden 1998, S. 24.

2 Die letzten Mitte 2000 verfügbaren statistischen Angaben beziehen sich auf das Jahr 1999, z.T. auch auf 1998.

3 Manfred Wegener: „Produktionsstandort Ostdeutschland. Zum Stand der Modernisierung und Erneuerung der Wirtschaft in den neuen Bundesländern", Aus Politik und Zeitgeschichte B 17/1994, S. 14.

Dienstleistungswesen nur auf der Basis einer modernen Industrie entwickeln, ein Großteil hängt direkt an der Industrie."[4] Auch Klaus von Dohnanyi, „Aktivist der ersten Stunde", als es um den Aufbau Ost ging, heute Mitglied des Club of Rome, hielt in seinem Vortrag auf der Industriemesse Hannover „Zehn Jahre Wiedervereinigung – eine Zwischenbilanz" das Problem, wie in den neuen Bundesländern *„der industrielle Besatz erhöht wird",* für die Kernfrage der weiteren Entwicklung der ostdeutschen Wirtschaft.[5]

Doch welche Ergebnisse wurden in zehn Jahren „Aufbau Ost" – dieser etwas nüchterne Begriffe hat im Laufe der Jahre den eher euphorischen des „Aufschwung Ost" in der Publizistik verdrängt – bei der Angleichung an das deutsche Westniveau erreicht? Im Jahre 1999 belief sich die Produktivität der ostdeutschen Industrie[6] auf 74,2 Prozent der westdeutschen. Von welch niedrigem Niveau die ostdeutsche Industrie auch immer begonnen haben mag, von einer Angleichung an das Westniveau ist sie noch weit entfernt.[7] Von einer schnellen Aufholjagd kann schon seit 1995 keine Rede mehr sein. Damals lag die Produktivität der ostdeutschen Industrie bereits bei 65,8 Prozent der westdeutschen. Prognosen über den Zeitpunkt, an dem das ostdeutsche das westdeutsche Industrieniveau erreicht, wurden in der erste Hälfte der neunziger Jahre häufig abgegeben. Heute sind sie eher selten.

Die Bilanz von einem Jahrzehnt ostdeutscher Wirtschaftsentwicklung nach dem Soll-Ist-Vergleich fällt also nicht unbedingt ermutigend aus. Die Frage nach den Ursachen – für die Publizistik ist das immer die Frage nach dem oder den Schuldigen – wurde erstmals zu Beginn des Jahres 1991 breit diskutiert. Es hat seitdem viele Versuche gegeben, sie zu beantworten. Völlig zufriedenstellend ist keine der Antworten.

Vor einer allzu simplen Argumentation muss jedoch gewarnt werden. Helmut Kohl lieferte sie im Sommer 1998, als er befragt wurde, was aus dem „Aufschwung Ost" geworden sei: *„Wir hatten in Wahrheit doch gar nicht gewußt, wie bankrott die DDR-Industrie wirklich war. Viele waren der Legende von der DDR als 'zehnten Industrienation der Welt' auf den Leim gegangen.*"[8] Der letzte Ministerpräsident der DDR, Lothar de Maizière, denkt dabei in erster Linie an die Wirtschaftsinstitute der Bundesrepublik: *„Das*

---

4   „Die wirtschaftliche Situation in den neuen Bundesländern" (Interview), in: Neues Deutschland vom 10.11.1995.

5   Der Tagesspiegel vom 24.4.1999.

6   Basis: Umsatz je Beschäftigten.

7   Die statistischen Daten bzw. die darauf beruhenden Berechnungen des Autors sind folgenden Quellen entnommen: Tabellensammlung Zahlen zur wirtschaftlichen Entwicklung der Bundesrepublik Deutschland, Arbeitsunterlage, 2/1999; Institut der Deutschen Wirtschaft Köln, Zahlen zur wirtschaftlichen Entwicklung der Bundesrepublik Deutschland. Ausgaben 1995, 1997, 2000; OECD Main economic indicators, September 1998; Wirtschaft und Statistik, 3/2000; DIW-Beiträge zur Strukturforschung 121/1991.

8   H. Kohl (Anm. 1), S. 24.

Bild, das die westlichen Institute hatten", äußerte er in einer Podiumsdiskussion Anfang 1999, *„basierte im wesentlichen darauf, dass sie die Statistischen Jahrbücher der DDR abgeschrieben haben und diese für richtig hielten"*.[9] Sicherlich schwer wiegender als die Aussage von zwei für das Zustandekommen der Wirtschaftseinheit zuständigen CDU-Politikern, die bei einer anderen Antwort gezwungen wären, Verantwortlichkeit zu übernehmen, ist es, dass diese Argumentation auch in die Geschichtsbücher eingeht. Wolfram Weimer, Verfasser der jüngsten deutschen Wirtschaftsgeschichte, schrieb 1998 im Abschnitt über den *„schwierigen Umbruch im Osten"*: *„Das ganze Ausmaß des wirtschaftlichen Desasters aus 40 Jahren DDR-Sozialismus wurde erst nach 1991 offenbar. Die Ost-Berliner Propaganda, derzufolge die DDR die zehntgrößte Industrienation der Welt gewesen sei, verbuchte einen letzten, verhängnisvollen Erfolg."*[10]

Der Legende, dass man einem DDR-Schwindel aufgesessen sei und deshalb relativ lange brauchte, um das richtige Schrittmaß für den „Aufschwung Ost" zu finden, trat bereits im Februar 1991 der damalige Präsident des Deutschen Wirtschaftsinstituts (DWI), Lutz Hoffmann in einem Artikel der „FAZ" entgegen, als er darauf hinwies, *„daß viele prominente Fachvertreter, angefangen vom Sachverständigenrat zur Begutachtung der gesamtwirtschaftlichen Entwicklung bis hin zum Vorsitzenden des wissenschaftlichen Beirates beim Bundeswirtschaftsministerium, die rasche Einführung der D-Mark auf dem ehemaligen Gebiet der DDR als ein großes wirtschaftliches Risiko angesehen und zum Teil (...) dem Bundeskanzler direkt davon abgeraten haben"*[11]. Selbst Wolfgang Schäuble berichtete in seinen 1991 erschienen Erinnerungen, dass die Spitzenpolitiker von DDR und Bundesrepublik im Frühjahr 1990 sehr genau wussten, worauf sie sich einließen, als sie die vollständige Herbeiführung der deutschen Wirtschaftseinheit für den 1. Juli 1990 beschlossen. Über Gespräche, die er anlässlich der am 17. April 1990 offiziell aufgenommenen Verhandlungen zwischen beiden deutschen Staaten zur Währungsunion führte, notierte er: *„Es war Lothar de Maizière genau so klar wie [Bundesbankdirektor] Tietmeyer und mir, dass mit der Einführung der Westwährung die DDR-Betriebe schlagartig nicht mehr konkurrenzfähig sein würden. Wir konnten uns auch ausmalen, in welch dramatischer Weise dieser Eingriff sichtbar würde."*[12]

---

9 Friedrich-Ebert-Stiftung, Berliner Büro (Hrsg), Revolution oder Implosion? Der Streit um die Bewertung der Wende im Herbst 1989, Berlin 1999, S. 11.

10 Wolfram Weimer, Deutsche Wirtschaftsgeschichte. Von der Währungsreform bis zum Euro, Hamburg 1998, S. 381.

11 Lutz Hoffmann: „Die ökonomische Rationalität", Frankfurter Allgemeine Zeitung vom 26.4.1991.

12 Wolfgang Schäuble, Der Vertrag. Wie ich über die deutsche Einheit verhandelte, Stuttgart 1991, S. 99.

Die Behauptung, dass sich die Zielsetzungen des „Aufschwung Ost" nicht verwirklichen ließen, weil der Zustand der ostdeutschen Wirtschaft dem Westen bis zum Tag der Währungsunion verborgen geblieben sei, entspricht also nicht den Tatsachen. Nicht einmal die Legende von der „DDR als zehntstärkste Industrienation" ist ein Produkt aus der Gerüchteküche des SED-Politbüros. Während einer Podiumsdiskussion im November 1999 erklärte die langjährige Leiterin der Abteilung „DDR und osteuropäische Industrieländer" des DIW, Doris Cornelsen: Dieser zehnte Platz *„stammt nicht aus der DDR. Das ist ein Produkt der Weltbank. Die Weltbank hat in ihrem Weltbankatlas immer derartige Vergleiche gemacht. Dort kam die DDR, glaube ich, auf den 10. oder 12. Platz. Das wurde jahrelang publiziert."*[13]

Mangelnde Dynamik trotz „schöpferischer Zerstörung"?

Der zweiten Methode, eine Bilanz der Wirtschaftsentwicklung der neuen Länder in den vergangenen zehn Jahren zu ziehen, liegt die Idee der Aufwärtsentwicklung durch Wachstum, natürlich nicht nur des quantitativen, sondern auch des qualitativen, zugrunde. Das Problem dabei ist: Die Entwicklung der ostdeutschen als Bestandteil der gesamtdeutschen Wirtschaft beginnt mit einer Rückwärtsentwicklung. War der Umfang der Industrieproduktion der DDR, wenn man den Jahresdurchschnitt 1989 gleich 100 setzt, bis zum Juni 1990 auf 86 Prozent gesunken, so stürzte er bis August auf 47,9 Prozent ab und erreichte im Jahresdurchschnitt 1991 33,6 Prozent. Dieser unerwartet tiefe Fall wurde bald in Anlehnung an Theorien des 1950 verstorbenen Ökonomen Joseph Alois Schumpeter als „schöpferische Zerstörung" bezeichnet, als notwendige Zerschlagung verkrusteter Strukturen, die jene Kräfte freisetzen sollte, die anschließend nicht nur den eingetretenen Rückstand mit Hilfe neuer, moderner Strukturen aufholen, sondern eine dynamische Entwicklung über Jahre hinweg garantieren würde. Die erwartete rasche Entwicklung trat dann für kurze Zeit auch ein, als das verarbeitende Gewerbe in den neuen Ländern zweistellige Zuwachsraten verzeichnete, ließ aber in den folgenden Jahren bereits wieder deutlich nach. 1999 waren mit 63,7 Prozent noch nicht einmal zwei Drittel des industriellen Produktionsvolumens von 1989 wieder erreicht. Natürlich präsentiert sich die DDR-Industrie heute in einer neuen, auf die gegenwärtigen Binnen- und Weltmarktverhältnisse ausgerichteten Struktur. Die neue ostdeutsche Industrie kann sich aber, wie wir bereits wissen, hinsichtlich ihrer Produktivität nicht mit den alten Bundesländern vergleichen.

---

13 Friedrich-Ebert-Stiftung, Büro Berlin (Hrsg.), Anatomie einer Pleite. Der Niedergang der DDR-Wirtschaft seit 1971, Berlin 2000, S. 23.

Mit anderen Worten: Auch nach der zweiten Methode fällt die Bilanz nicht sehr ermutigend aus. Versuchen wir mit Hilfe des Vergleichs, der dritten eingangs erwähnten Methode, Bilanz zu ziehen. Als Vergleichsländer kommen in erster Linie die neben der DDR einst im RGW vereinten anderen mittelosteuropäischen Länder in Frage: die Tschechoslowakei (bzw. ab 1992 Tschechien), Polen und Ungarn. Das ist insofern gerechtfertigt, als das Wirtschaftsniveau dieser Länder – im Unterschied zu dem der einstigen Planwirtschaften der Balkanstaaten – nicht weit von dem der DDR entfernt lag (im Falle der Tschechoslowakei sogar mit dem der DDR etwa gleichauf) und diese Länder die Transformation von der Planwirtschaft in die Marktwirtschaft wie die DDR ebenfalls 1990 (mit einer Zeitverschiebung nur von Monaten) begannen. Natürlich gab es einen wesentlichen Unterschied: Während die DDR ihre Wirtschaftstransformation in einem vereinten Deutschland vollzog, fand die Transformation in den mittelosteuropäischen Staaten im Rahmen der alten Staatsgrenzen statt (im Falle der Tschechoslowakei ab 1992 im Rahmen der beiden ehemaligen Föderationsstaaten). Für die Ex-DDR brachte diese Konstellation eine jährliche dreistellige Milliardenhilfe aus der Bundesrepublik in Gestalt innerdeutscher Transfers mit sich, für die Nachbarn Ostdeutschlands einstellige Milliardenhilfen, hauptsächlich in Gestalt von Investitionszuflüssen aus dem Westen.

Ignorieren wir einmal diese Unterschiede im Kapitalzufluss, was gerechtfertigt scheint, denn ein beträchtlicher Teil der Hilfe für Ostdeutschland wurde erst notwendig, nachdem die ostdeutsche Wirtschaft sofort und vollständig dem Weltmarkt ausgesetzt worden war, während die anderen mittelosteuropäischen Länder noch ihre Währungs- und Zollpolitik zum Schutz der heimischen Wirtschaft einsetzen konnten (und bis zum EU-Beitritt weiterhin können). Für Tschechien, Polen und Ungarn ergibt sich während der neunziger Jahre eine grundsätzlich ähnliche Wachstumskurve der Industrie, wie wir sie für die Ex-DDR bereits kennen lernten. Gemessen am Produktionsvolumen von 1989 kam es mit Beginn der Transformation zunächst zu einem deutlichen Rückgang, der danach einem Aufschwung Platz machte. Noch bemerkenswerter als die Gemeinsamkeiten sind aber die Unterschiede im Verlauf der Kurve: Nach Angaben der UNO war der Rückgang der Industrieproduktion von 1990 bis 1992 in den Nachbarländern Ostdeutschlands längst nicht so stark wie dort. Offensichtlich wurden alte Strukturen weniger rücksichtslos zerschlagen. Überraschenderweise bezahlten diese Länder das aber nicht, wie man es nach der Argumentation von der „schöpferischen Zerstörung" hätte erwarten können, mit einem deutlich geringeren Wirtschaftswachstum danach. Polens Industrieproduktion verzeichnete sogar deutlich höhere Zuwachsraten als die neuen Länder. Im Falle Polens scheint sogar eine geringere „schöpferische Zerstörung" größere Wachstumspotentiale freigelegt haben als in den neuen Bundesländern. Im Ergebnis standen die anderen mittelosteuropäischen Länder bei der Wiederherstellung ihres Industriepotentials

1997 besser da als die Ex-DDR. Während dort die Industrieproduktion, gemessen am Volumen im Jahre 1989, erst bei 58,5 Prozent lag, erreichte sie in Tschechien 83, in Ungarn 87 und in Polen 125 Prozent.

Auch unter diesem Blickwinkel fällt also die Bilanz von zehn Jahren Marktwirtschaft in Ostdeutschland wenig befriedigend aus. Die Frage, die sich gerade im Ergebnis des mittelosteuropäischen Vergleichs aufdrängt, ist die nach den Ursachen. Hier reicht der Platz nicht, um eine umfassende Antwort zu versuchen. Lediglich auf einen, wie mir scheint , gewichtigen und bis heute zu wenig beachteten Aspekt kann hier eingegangen werden: die *branch plant economy*.

Zuvor ist jedoch noch daraufhin zu weisen, dass es auch auf diese Frage in der Publizistik eine Antwort mittels einer Schuldzuweisung gibt, die sich in der deutschen Öffentlichkeit teilweise beträchtlicher Beliebtheit erfreut: die These vom „faulen Ossi". Der Hamburger Soziologie Thomas Roethe hat ihr wohl am treffendsten Ausdruck verliehen, als er in einem 1999 erschienenen Buch über einen seiner Meinung im Ergebnis des 17. Juni 1953 zustande gekommen „*Gesellschaftsvertrag zwischen Beherrschten und Mächtigen*" sprach und feststellte: „*Seither haben die Menschen im Osten stets weniger geleistet, als sie für das Erreichen eines sich entwickelnden sozialistischen Wohlstands und den Fortbestand ihres Staatswesens hätten leisten müssen. (...) Bei Lichte betrachtet erschöpfte sich ihre Tätigkeit darin, sich zu nähren und zu kleiden (...). Während sie das taten, bröckelte ihnen die Realität unter den Füßen weg.*"[14] Diese Arbeitseinstellung hätten die Ostdeutschen aus der Plan- in die Marktwirtschaft hinüber gerettet. Bei Lichte besehen, handelt es sich bei Roethe um das uns schon bekannte Argument, dass die DDR Schuld sei, wenn die wirtschaftliche Bilanz von zehn Jahren Vereinigung im Osten Deutschland nicht besser ausfalle. Nur liegt die Schuld nach Roethe nicht bei den SED-Oberen, sondern bei der ostdeutschen Bevölkerung selbst.

Ein wenig beachtetes Hindernis für den erfolgreichen Wiederaufbau der ostdeutschen Industrie

Fragt man sich, was die ostdeutschen Industriestrukturen sowohl von den weiterhin erfolgreichen westdeutschen als auch denen der mittelosteuropäischen Staaten, die die wirtschaftliche Wende offensichtlich besser bewältigt haben, unterscheidet, so drängt sich eine Antwort förmlich auf: *branch plant economy*. *Branch plants* sind „verlängerte Werkbänke" – aber doch auch mehr. Durch die Anwendung dieses Begriffs werden nicht nur gravierende technologische Asymmetrien benannt, wie etwa die Beschränkung der Pro-

---

14 Thomas Roethe, Arbeiten wie bei Honecker, leben wie bei Kohl. Ein Plädoyer für das Ende der Schonfrist, Frankfurt am Main 1999, S. 34-35.

duktion des Filialbetriebes auf Komponenten bzw. auf die Ausführung einzelner Arbeitsgänge am Produkt. *Branch plant* verweist darüber hinaus auf ökonomische Asymmetrien: Der betroffene Betrieb fällt nicht oder nur teilweise Entscheidungen über die Tätigung von Investitionen in Unternehmen und unterhält keine oder nur marginale Forschungs- und Entwicklungsabteilungen. Der Filialbetrieb organisiert weder das Controlling seiner Geschäftstätigkeit, noch das Marketing oder den Vertrieb seiner Produkte, das Stammunternehmen entscheidet. Diese ökonomischen ziehen soziale Asymmetrien nach sich. Im *branch plant* fehlen mit den genannten Funktionen bzw. Abteilungen ganz oder teilweise das höhere, in ausgeprägten *Branch-plant*-Fällen selbst das mittlere Management. Natürlich kann man einwenden: Verlängerter Werkbänke oder *branch plants*, Industrieunternehmen, die über keine „komplette Wertschöpfungskette" verfügen, sind in jeder Marktwirtschaft anzutreffen, und das nicht erst seit gestern. Ihre Zahl wird in Zukunft mit der Globalisierung zunehmen. Doch in Ostdeutschland geht es um mehr: In den neuen Ländern gibt es nicht nur eine große Zahl solcher Unternehmen, sondern es handelt sich um eine *branch plant economy*.

Von ihr muss man sprechen, wenn sich erstens in einem Land, das über ein räumlich ausgedehntes Netz von Industriebetrieben verfügt, die Stammbetriebe für die Unternehmen von Gewicht außerhalb der Region bzw. in einem anderen Land befinden und wenn zweitens diese Erscheinung nicht nur massenhaft auftritt, sondern auch einseitig ist, d.h. die betroffene Region verfügt selbst nicht über Stammbetriebe in nennenswerter Zahl, die wiederum *branch plants* in der anderen Region besitzen. Ja, sie besitzt kaum größere Unternehmen, die über alle Funktionen eines modernen Unternehmens verfügen.

Bezieht man sich auf Unternehmen mit mehr als 1000 Beschäftigten, dann existiert in den neuen Ländern nur ein Betrieb, der über alle Unternehmensfunktionen verfügt: Jenoptik in Jena. Schon das zweite aus dem Zeiss-Kombinat hervorgegangene Großunternehmen, Carl Zeiss Jena, musste nach seiner Übernahme durch den Zeiss-Konzern in Heidenheim (Baden-Württemberg) auf eigenständige Marketingkonzepte für seine Produkte verzichten. Lothar Späth, der Chef des Jenoptik-Konzerns, kommentierte die Entwicklung von Zeiss Jena zur *branch plant* und den Unterschied zu dem von ihm geführten Unternehmen Jenoptik so: „*Es war zwischen Treuhand und Zeiss von Anfang an klar, daß Carl Zeiss Jena eine Tochtergesellschaft von Oberkochen wird. Mich reizte aber die Chance, eine richtige ostdeutsche Firma aufzubauen.*" Gefragt, was er darunter verstehe, antwortete er: „*Wir sind nicht den Weg vieler Unternehmen gegangen, bei denen das Management, der Vertrieb, die Forschung und Entwicklung im Westen sitzen und im Osten nur die Produktion mit der niedrigsten Wertschöpfung hergestellt wird.*"[15]

---

15 „Die Wessis gaben die D-Mark nicht aus ethischen Gründen" (Interview), Neues Deutschland vom 20.9.1995.

Zeiss Jena ist nicht die Ausnahme, sondern die Regel. Der Wirtschafts-
journalist Günter Heismann stellte unlängst fest, dass „*Ostdeutschlands
Chemieanlagen, Autofabriken und Computerbetriebe*", die heute modernste
Erzeugnisse oftmals effizienter herstellen als der Westen, „*gleichzeitig aus-
nahmslos Zweigwerke westdeutscher und ausländischer Konzerne sind, in
denen in den seltensten Fällen Forschung und Entwicklung oder andere zentrale Unternehmensfunktionen mit hochqualifizierten, gutbezahlten Arbeitsplätzen zu finden sind. (...) Nach dem Untergang der DDR musste Ostdeutschlands Industrie sicherlich einer Reformation an Haupt und Gliedern
unterzogen werden. In vielen Industriebranchen wurden zwar die Glieder
reformiert, doch dabei zugleich die Häupter abgetrennt.(...) Ein hochentwi-
ckeltes Industrieland kann nicht allein von Zweigwerken leben.*"[16]

Wenn die neuen Länder noch zehn Jahre nach der ökonomischen Wende,
so auch meine Meinung, in der Arbeitsproduktivität deutlich hinter den alten
Ländern zurückliegen, dann zweifellos zu einem beträchtlichen Teil deshalb,
weil Ostdeutschlands neue Vorzeigeunternehmen in der Regel nicht viel
mehr sind als hervorragend arbeitende Montagebetriebe.

---

16 Günter Heismann, Überholen ohne einzuholen. Neue Hochtechnologien zwischen Ost-
see und Thüringer Wald, Berlin 2000, S. 10, 74-75.

Die Mahlströme der Transformation
Bewältigungsstrategien am Arbeitsmarkt

Susanne Blancke und Josef Schmid

Allgemeine ökonomische Probleme der Transformation

Mit dem Fall der Mauer und der Wiedervereinigung Deutschlands rückte anfangs die politische Transformation Ostdeutschlands in den Mittelpunkt des öffentlichen Interesses. Sie wurde zwar als größte Herausforderung betrachtet, jedoch konnte sie recht zügig vorangetrieben und trotz der immensen Kompatibilitätsprobleme vergleichsweise reibungslos vollendet werden. Umgekehrt stellt es sich bei der ökonomischen Vereinigung dar: Wurde zunächst von mancher Seite das rasche Entstehen „blühender Landschaften" erhofft (und versprochen), so zeigte sich bald, dass die wirtschaftlichen Probleme, mit denen Ostdeutschland nun zu kämpfen hatte, weitaus größer waren als erwartet. Die Währungsunion führte zu einer Lohnexplosion, und in Verbindung mit einem veralteten Kapitalstock sowie einer geringen Produktivität sank die Wettbewerbsfähigkeit der ostdeutschen Industrie; gleichzeitig brachen ihre osteuropäischen Absatzmärkte weg. In der Folge fand eine massive Deindustrialisierung und Freisetzung von Arbeitskräften statt, von der sich die ostdeutsche Wirtschaft bis heute nicht erholt hat.

Abgefedert wurde ein Teil der ökonomischen Folgen durch hohe, meist öffentliche Investitionen im Infrastrukturbereich. Sowohl der Straßenbau als auch der Wohnungs- und Wirtschaftsbau sowie das Ausbaugewerbe erfuhren in den ersten Jahren nach der Wiedervereinigung einen immensen Auftrieb, der zunächst den Wachstumsmotor in den neuen Bundesländern darstellte. Ab 1996 ist jedoch eine stetig sinkende Nachfrage nach Bauleistungen zu konstatieren: 1994 stiegen die Bauinvestitionen in Ostdeutschland noch um fast 25 Prozent, gingen aber seitdem jährlich zwischen ein und zwei Prozent zurück, 1998 gar um 7,7 Prozent.[1] Auch die industrielle Produktion bedarf neuer Impulse: Die Produktivität der ostdeutschen Industrie ist vielfach noch immer niedriger als im Westen; und der nichtstaatliche Dienstleistungssektor, in den traditionellen Industrienationen der

---

1 Vgl. Hans-Ulrich Brautzsch/Brigitte Loose/Udo Ludwig: „Ostdeutsche Wirtschaft auch im Jahr 2000 zwischen Hoch in der Industrie und Tief im Bau", Wirtschaft im Wandel 4/2000, S. 97-105.

größte Wachstumsmotor, hat ebenfalls noch nicht die gewünschte Dynamik entfaltet, denn ein unternehmenszentrierter Dienstleistungssektor bedarf des „industriellen" Unterbaus. Dieser jedoch ist in Ostdeutschland hochgradig marode – und zum Teil gar nicht mehr existent.

Vor dem Hintergrund dieser Entwicklungen hat sich der ökonomische Aufschwung in Ostdeutschland stark verlangsamt. Stieg das Bruttoinlandsprodukt in den ersten Jahren nach der Vereinigung im Osten weitaus höher an als im Westen – zum einen aufgrund der niedrigen Ausgangsposition, zum anderen aufgrund einer rasanten Catch-up-Phase nach dem Zusammenbruch –, hat der konjunkturelle Aufschwung in den letzten Jahren eine deutliche Verlangsamung erfahren. Die Prognosen für 2000 sagen für die neuen Bundesländer gar ein geringeres Wachstum als für die alten voraus. Damit ist die Hoffnung, dass sich die wirtschaftliche Kapazität Ostdeutschlands an das Westniveau angleicht, weitgehend aufgegeben. Vielmehr ist anzunehmen, dass sich die Schere der Ungleichheit zwischen Ost und West nun wieder weiter öffnen wird. Die Entwicklung ist ins Stocken geraten, und die ostdeutsche Wirtschaft bedarf dringend neuer Impulse zur Expansion in zukunftsweisende Industrien und Dienstleistungen.

Folgen auf dem Arbeitsmarkt: Anhaltende Unterbeschäftigung

Die Konsequenzen des Umbruchs in der Ökonomie der ehemaligen DDR schlugen sich sofort in einem dramatischen Beschäftigungsabbau nieder: 1989 waren noch etwa 9,7 Mio. Menschen in der DDR erwerbstätig, 1999 waren es in demselben Gebiet nur noch rund 6,2 Mio. Personen. Die Zahl der Arbeitslosen stieg bis 1999 (mit einigen Schwankungen, die nicht zuletzt politisch induziert waren) auf 1,4 Mio. Personen; gleichzeitig sanken die Erwerbsquoten. Zwar liegen sie immer noch deutlich über dem Westniveau von ca. 71 Prozent, sie fielen jedoch zwischen 1991 und 1998 von ca. 82 Prozent auf noch ca. 78 Prozent – mit weiter sinkender Tendenz.[2] Für dieses Jahr erwartete das Institut für Arbeitsmarkt- und Berufsforschung (IAB) zwar einen leichten Abbau der Arbeitslosigkeit, aber angesichts der schwachen Konjunkturlage im Osten nicht die große Wende auf dem Arbeitsmarkt.[3]

Die ungebrochen hohe Unterbeschäftigung stellt zunächst vor allem ein volkswirtschaftliches Problem dar: Die gesamtfiskalischen Kosten der Arbeitslosigkeit in den neuen Bundesländern, die sich aus den Ausgaben (zu 55

---

2 Für eine Beurteilung der Lage am Arbeitsmarkt ist es geboten, nicht nur die Arbeitslosigkeit, sondern auch die Erwerbsquote zu betrachten. Diese relativiert die Lage in Ostdeutschland etwas gegenüber problembeladenen westlichen Bundesländern.

3 Vgl. auch Autorengemeinschaft, Der Arbeitsmarkt im Jahr 2000, IAB Kurzbericht 1/29.2.2000, Nürnberg, Bundesanstalt für Arbeit.

Prozent) und aus Mindereinnahmen (zu 45 Prozent) der Gebietskörperschaften und Sozialversicherungsträger zusammensetzen, betrugen 1997 in den neuen Bundesländern 46 Mrd. DM, in den alten Bundesländern 120 Mrd. DM.[4] Dies entspricht pro Einwohner im Osten rund 3.300 DM, im Westen „nur" 1.800 DM.

Die hohe Arbeitslosigkeit ist im Osten auch deswegen so prekär, weil sie subjektiv als größeres Problem empfunden wird als in Westdeutschland: In der DDR wurde der Erwerbstätigkeit ein hoher Stellenwert beigemessen; der Verlust von Arbeit bedeutet vor diesem Hintergrund einen großen Einschnitt in die Identität und das Selbstbewusstsein der Betroffenen.[5] So stellt die Bewältigung der Arbeitsmarktkrise noch immer die größte Herausforderung für die Politik in und für Ostdeutschland dar.[6]

Politische Bewältigungsstrategien und Maßnahmen

Umstrukturierung der Ökonomie – Die Rolle der Treuhandanstalt

Die ökonomische Reorganisation Ostdeutschlands wurde maßgeblich von der Treuhandanstalt (THA) geprägt, deren wichtigste Aufgabe es war, die Unternehmens- und Sektorstrukturen der Industrie auf eine marktwirtschaftliche Basis zu stellen, so die nationale und internationale Wettbewerbsfähigkeit der Unternehmen herzustellen und Arbeitsplätze zu sichern oder neu zu schaffen. Das zentrale Mittel zur Erfüllung der Aufgaben war die Privatisierung der bisher staatlichen Betriebe; rund 8.500 Unternehmen mit ehemals 4 Millionen Beschäftigten waren von den Maßnahmen betroffen.[7] Schon 1994 waren 95 Prozent der ehemals volkseigenen Betriebe restrukturiert und in Privateigentum überführt. Dabei gingen über 70 Prozent der Arbeitsplätze verloren – die Deindustrialisierung und ein weiterer Beschäftigungsabbau konnten von der THA nicht aufgehalten werden. Die Gründe hierfür liegen zum einen in

---

4   Hans-Uwe Bach/Eugen Spitznagel, Was kostet die Arbeitslosigkeit wirklich? IAB Kurzbericht 17/27.10.1998, Nürnberg, Bundesanstalt für Arbeit.

5   Vgl. auch Dieter Jaufmann/Martin Pfaff/Ernst Kistler: „Die Bundesdeutschen und die Erwerbsarbeit – Eine gespaltene Gesellschaft nach der Weinigung?" in: Dietmar Dathe (Hrsg.), Wege aus der Krise der Arbeitsgemeinschaft. Beiträge und Ergebnisse der 4. Tagung „Sozialunion Deutschland", Berlin 1995, S. 25-42.

6   Einen differenzierten Einblick in die politischen, sozialen und ökonomischen Aspekte der Transformation in Ostdeutschland gibt die von der KSPW veröffentlichte Buchreihe mit Forschungsberichten (als Überblick vgl. die Rezensionen von Josef Schmid im Deutschland Archiv 4/1997 und 3/1998).

7   Roland Czada: „„Modell Deutschland' am Scheideweg: Die verarbeitende Industrie im Sektorvergleich", in: Roland Czada/Gerhard Lehmbruch (Hrsg.), Transformationspfade in Ostdeutschland. Beiträge zur sektoralen Vereinigungspolitik, Frankfurt a.M./New York 1998, S. 365-410; Jan Priewe: „Die Folgen der schnellen Privatisierung", Aus Politik und Zeitgeschichte B 43-44/94, S. 21-30.

den äußerst schwierigen ökonomischen Kontextbedingungen, mit denen sich
die THA konfrontiert sah, zum anderen aber auch in den (insbesondere
rechtlichen) Bedingungen, unter denen sie arbeitete, sowie in ihrem Selbstverständnis als Privatisierungsagentur. Da die THA keinen offiziellen indu-
strie- und beschäftigungspolitischen Auftrag hatte, fehlte die Einbettung ihrer
Aktivitäten in ein entsprechendes Gesamtkonzept. Faktisch hatte ihre Arbeit
zwar erhebliche Folgen für die strukturelle Entwicklung Ostdeutschlands, sie
konzentrierte sich jedoch auf die Privatisierung und zeigte sich zunächst in
hohem Maße resistent gegenüber weiter reichenden Erwägungen. Die schnelle Abwicklung hatte deutlichen Vorrang gegenüber qualitativen Aspekten,
wie z.B. der Sanierung der betroffenen Unternehmen.[8]
  Erst 1992, nachdem schon ein ganz erheblicher Teil der Fälle abgewickelt
waren, wurde die THA verstärkt auch bei der Sanierung von Unternehmen
und dem Erhalt „industrieller Kerne" aktiv.[9] Ferner nahm sie nun unter der
Bedingung, dass Arbeitsplätze erhalten bzw. neu geschaffen wurden, negative Kaufpreise hin. Und schließlich wurde sie im Bereich der aktiven Arbeitsmarktpolitik tätig: 1991 vereinbarte sie zusammen mit den Tarifparteien
und den neuen Ländern die Errichtung von Gesellschaften zur Arbeitsförde-
rung, Beschäftigung und Strukturentwicklung (ABS-Gesellschaften), in denen die freigesetzten Arbeitskräfte mit Arbeitsbeschaffungsmaßnahmen
(ABM) und Qualifizierungsmaßnahmen aufgefangen und aktiviert werden
sollten – eine der bis dahin auf „Passivierung" (Frühverrentung, Lohnersatz)
ausgerichteten Politik entgegengesetzte Strategie.
  Trotz dieser späten arbeitsmarkt- und beschäftigungspolitischen Anstrengungen der THA sind sich die Kritiker weitgehend darin einig, dass die spezifischen Bedingungen, unter denen die Anstalt arbeiten musste, insbesondere die
fehlende Konkretisierung des beschäftigungs- und strukturpolitischen Auftrags,
die mangelhafte institutionelle Einbettung in die industriepolitischen Aktivitäten des Bundes und der Länder sowie ihre anfängliche Fixierung auf die schnelle
Privatisierung dazu führten, dass Betriebe unnötig zusammengeschrumpft wurden und industriepolitische Innovationsstrategien sowie das endogene Produk-
tionspotenzial der Region unbeachtet blieben. Insgesamt erwies sich damit die
THA als wenig geeignetes Instrumentarium zur „sanften" Transformation der
ostdeutschen Industrie und zur Vermeidung zumindest eines Teils der beschäftigungspolitischen Konsequenzen. Freilich, die marktwirtschaftliche Transformation der ostdeutschen Industrie wäre unter keinen Bedingungen völlig
schmerzfrei verlaufen, jedoch hätte sie mit einer vorsichtigeren, auf Sanierung
und Strukturwandel setzenden Politik wahrscheinlich mehr erreichen können.

---

8 Vgl. auch J. Priewe (Anm. 7), S. 28f.
9 Vgl. Jürgen Kühl/Jürgen Wahse: „Die Rolle der Treuhandanstalt für die Beschäftigungs-
   entwicklung in Ostdeutschland", in: Hildegard Maria Nickel/Jürgen Kühl/Sabine Schenk
   (Hrsg.), Erwerbsarbeit und Beschäftigung im Umbruch, Reihe: KSPW – Transforma-
   tionsprozesse, Bd. 2, 2. durchges. Auflage, Opladen 1997, S. 121-146, hier S. 125f.

Aktive Arbeitsmarktpolitik – Besonderheiten in Ostdeutschland

Eine zentrale Bedeutung bei der Bewältigung der Arbeitslosigkeit und des Beschäftigungsabbaus kommt indes der aktiven Arbeitsmarktpolitik zu: Sowohl die CDU/CSU/FDP-Bundesregierung als auch die Regierungskoalition aus SPD und Grünen setzten und setzen weiterhin auf den starken Einsatz arbeitsmarktpolitischer Instrumente. Zwar wurden die Ausgaben nach den „Boomjahren" von 1992 bis 1993 wieder gesenkt, jedoch verbleiben sie auf einem vergleichsweise hohen Niveau. Finanziell möglich wurde diese massive arbeitsmarktpolitische Intervention in Ostdeutschland zum einen durch die Erhöhung der Beiträge zur Arbeitslosenversicherung im Jahre 1991 von 4,3 auf 6,2 Prozent des Arbeitsentgeltes (mittlerweile 6,5%). Zum anderen trug die erhebliche Ausweitung des Zuschusses des Bundes zum Budget der Bundesanstalt für Arbeit hierzu bei. Hier zeigen sich – wie das Schaubild zeigt – zwei Effekte: einerseits ein starker Anstieg der Ausgaben in den ersten Jahren nach der Einheit; andererseits ein Rückgang bzw. (wahl-)konjunkturelle Schwankungen in der zweiten Hälfte des Jahrzehnts.

Schaubild: Ausgaben für aktive Arbeitsmarktpolitik des Bundes und der Bundesanstalt für Arbeit in Deutschland (gesamt) und Deutschland (Ost)

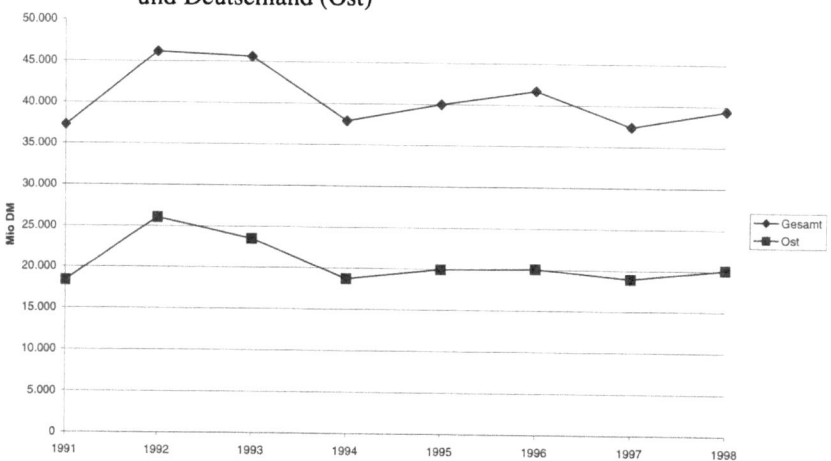

Die Maßnahmen umfassen: Beschäftigungsförderung (ABM nach §91ff AFG und Strukturanpassungsmaßnahmen nach §249 bzw. 242s AFG); Förderung der beruflichen Bildung, Kurzarbeitergeld und berufliche Rehabilitation. Maßnahmen nach dem 1.1.1998 betreffen die entsprechend vergleichbaren Leistungen des SGB III sowie die freie Förderung (nach §10 SGB III).

Quelle: BA (Hrsg.), Amtliche Nachrichten, Sondernummern „Arbeitsmarkt", fortlaufende Jahrgänge, Nürnberg.

Zu diesen Ausgaben kommen noch hohe Aufwendungen der Europäischen
Union sowie aus den Haushalten der Bundesländer selber (Tab. 1). Anders
als die Ausgaben des Bundes und der Bundesanstalt für Arbeit erhöhten sich
die Mittel der Länder und der EU jedoch kontinuierlich – von ca. 2 Mrd. DM
(1992) auf ca. 3. Mrd. DM (1998).

Tabelle 1:   Ausgaben der neuen Bundesländer (ohne Berlin) und der EU
              (ESF) in Ostdeutschland für aktive Arbeitsmarktpolitik
              (in Mio. DM)

1992	1994	1996	1998
1.992,1	2.307,7	2.889,9	2.979,9

Quelle: eigene Berechnungen auf der Grundlage der Haushaltspläne der Länder Mecklenburg-Vorpommern, Brandenburg, Sachsen-Anhalt, Thüringen und Sachsen.

Die Maßnahmen der ersten Stunde – das Kurzarbeitergeld und die Vorruhestandsregelungen – dienten der raschen Abfederung der arbeitsmarktpolitischen Konsequenzen des Umbruchs und konnten weitere Beschäftigungsein-
brüche zunächst aufhalten. Sie verloren nach 1992 jedoch aufgrund des Auslaufens von Sonderregelungen zur Kurzarbeit (§ 63, Abs. 5 AFG-Ost) bzw.
des Auslaufens der Altersübergangsregelungen (§ 249e AFG) zugunsten von
Arbeitsbeschaffungsmaßnahmen bzw. Lohnkostenzuschüssen Ost (§ 249h
AFG) ihre Bedeutung-
     Auf der Grundlage der hohen finanziellen Aufwendungen sowie weiterer
Sonderregelungen wurden seitdem neue Wege erprobt und einige Experi-
mente gewagt. Dazu gehören die Schaffung von Beschäftigungsgesellschaf-
ten zur Koordination von Arbeitsmarkt- und Strukturpolitik, Qualifizierungs-
anteile bei Kurzzeitarbeit und die erwähnten pauschalierten Lohnkostenzu-
schüsse Ost, mit denen sowohl die Situation auf dem Arbeitsmarkt nachhaltig
verbessert als auch der Strukturwandel flankiert werden sollten. Die historische Sondersituation übte auf die Regierung einen besonderen Handlungs-
druck aus, der herkömmliche Strategien inadäquat erscheinen ließ, neue Akteure auf den Plan rief und Raum für neue Ideen und Interessenkoalitionen
schuf.[10] Hinzu kamen die Aktivitäten der EU, die ebenfalls Veränderungen in
der aktiven Arbeitsmarktpolitik (stärkere Betonung aktiver gegenüber passi-
ver Maßnahmen, enge Verbindungen mit der regionalen Strukturentwicklung
etc.) einforderte. Dennoch blieb ein wirklich fundamentaler Wandel in der
aktiven Arbeitsmarktpolitik aus, und die anfänglichen Innovationsimpulse
aus dem Osten wurden nicht zum Anlass genommen, grundsätzliche Refor-

---

10 Josef Schmid/Susanne Blancke: „Arbeitsmarktpolitik in Ostdeutschland", Deutschland
   Archiv 6/1998, S. 937-947; vgl. auch Hubert Heinelt/Michael Weick, Arbeitsmarktpolitik. Vom Vereinigungskonsens zur Standortdebatte, Opladen 1998.

men und Neuerungen einzuleiten. Dies wäre aber dringend notwendig, fehlt es der aktiven Arbeitsmarktpolitik in der gesamten Bundesrepublik und insbesondere in Ostdeutschland doch an Wirksamkeit und Aktivierungsimpulsen.

Das Kernproblem ist die Reintegration der Maßnahmeteilnehmer in den regulären Arbeitsmarkt. Die Vorruhestandsregelungen konnten dem Markt Arbeitskräfte gänzlich und dauerhaft entziehen, und andere Maßnahmen wirken sich ebenfalls positiv auf die Arbeitslosenstatistik aus (Tab. 2) – rund 400.000 Personen wurden 1999 gefördert und sind damit nicht arbeitslos gemeldet.

Tabelle 2: Entlastung des Arbeitsmarktes Ost 1991 bis 1999 nach Instrumenten

	1991	1993	1995	1997	1999
Kurzarbeit (Vollzeitäquivalente in 1.000)	910,6	81,0	37,0	24,2	12,1
ABU und Strukturanpassungsmaßnahmen (SAM) (Zahl der Teilnehmer in 1.000)	183,3	262,4	312,7	236,9	245,6
Förderung der beruflichen Weiterbildung (Teilnehmer an Vollzeitmaßnahmen in 1.000)	57,5	338,7	241,3	173,6	140,0
Vorruhestand/Altersübergang (Zahl der Empfänger in 1.000)	565,2	849,4	370,3	59,1	0,0

Quelle: Bundesanstalt für Arbeit.

Diese Entlastungseffekte mögen zwar zur „Verschönerung" der Arbeitslosenstatistik beitragen und auch die individuellen ökonomischen, sozialen und psychischen Folgen der Arbeitslosigkeit abfedern, jedoch ist damit das eigentliche Ziel der aktiven Arbeitsmarktpolitik nicht erreicht: Aktive Arbeitsmarktpolitik soll zusätzlich zur makroökonomischen Globalsteuerung und der passiv-kompensatorischen Intervention des Staates (via Lohnersatzleistungen) eine selektiv und problemorientiert ansetzende Politik gewährleisten, welche die rasche Integration der Arbeitslosen in den regulären Arbeitsmarkt bewerkstelligt und sich im Idealfall an Wachstumszielen und dem Strukturwandel orientiert.[11]

In der Praxis werden diese Ziele immer weniger realisiert. Die Wiedereingliederung der Teilnehmer von ABM und SAM, den wichtigsten Instrumenten in Ostdeutschland, in den Arbeitsmarkt, liegt – gemessen an der Ver-

---

11 Bernd Keller, Einführung in die Arbeitspolitik. Arbeitsbeziehungen und Arbeitsmarkt in sozialwissenschaftlicher Perspektive, 5. Aufl., München/Wien 1997.

bleibquote[12] – in den neuen Bundesländern durchgehend unter 50 Prozent, in vielen Regionen sogar unter 35 Prozent.[13] Und selbst dies bedeutet nicht, dass die betroffenen Personen tatsächlich dem regulären Arbeitsmarkt zugeführt wurden, vielmehr werden in diesen Daten auch jene zahlreichen Personen erfasst, die lediglich an einer weiteren Maßnahme der Bundesanstalt für Arbeit (BA) teilnehmen. Gerade in Ostdeutschland ergeben sich für viele Arbeitslose langfristige Perioden, in denen sie von Maßnahme zu Maßnahme gereicht werden, ohne dass sie in den regulären Arbeitsmarkt integriert würden – die sogenannten „ABM-Karrieren". Die Schwierigkeiten bei der Reintegration der Arbeitslosen in Ostdeutschland äußern sich zudem in einer steigenden Langzeitarbeitslosigkeit: Trotz des immensen Mittelaufwands und der außergewöhnlichen Anstrengungen aller Arbeitsmarktakteure liegt der Anteil der Langzeitarbeitslosen an den Arbeitslosen in den neuen Bundesländern mit ca. 35 Prozent auf (im internationalen Vergleich ohnehin hohen) westdeutschen Niveau – mit steigender Tendenz.

Obwohl die Gründe für die geringe Wirkung der Maßnahmen vielfältig sind und eine differenzierte Betrachtungsweise zur Interpretation der Daten notwendig ist[14], fällt im gesamtdeutschen Vergleich doch auf, dass es gerade wirtschaftsschwache Regionen wie Ostdeutschland sind, die nur eine unzureichende Wiedereingliederung bewerkstelligen. Die Eingliederungsquoten in den Regionen Bayerns und Baden-Württembergs, den ökonomisch stärksten Ländern, liegen dagegen fast durchgängig bei über 50 Prozent, in vielen Regionen gar über 66 Prozent. Damit wächst die Vermutung, dass die arbeitsmarktpolitischen Maßnahmen dort, wo der entsprechende ökonomische Unterbau fehlt, in erster Linie sozialpolitischen und weniger arbeitsmarktpolitischen oder gar strukturpolitischen Zielen Rechnung tragen. Gesellschaftspolitisch mag dies zwar eine Notwendigkeit darstellen, haushalts-, beschäftigungs- und wirtschaftspolitisch ist die Konzentration auf einen solchen Weg jedoch äußerst prekär.

---

12 Die Verbleibquote bezeichnet den Anteil der Personen, die sechs Monate nach dem individuellen Austritt aus einer Maßnahme nicht arbeitslos gemeldet sind, an der Gesamtzahl der Austritte. Auch wenn Personen in eine weitere Maßnahme eingetreten sind, gelten sie dabei als „nicht arbeitslos".

13 Vgl. Dieter Vollkommer, Regionalisierung der Arbeitsmarktpolitik – Verbleibsquoten von ABM-Teilnehmern in Eingliederungsbilanzen, IAB Werkstattbericht, Nr. 5/22.4. 2000, Nürnberg, Bundesanstalt für Arbeit, S. 8.

14 Vgl. ebd.

Neue Wege der Arbeitsmarktpolitik:
von aktiv zu aktivierend

Die Erfahrungen in den neuen Bundesländern bilden einen Testfall für die Grenzen aktiver Arbeitsmarktpolitik. Sie zeigen, wie sehr die Ausformung der Arbeitsmarktpolitik in Deutschland an der Überbrückung kurzfristiger Beschäftigungskrisen sowie der Behebung regionaler oder qualifikatorischer *Mismatches* ausgerichtet und wie wenig sie geeignet ist, Krisen bei tief greifenden strukturellen Veränderungen zu bewältigen. Ohne eine entsprechende Steuer-, Struktur-, Technologiepolitik und Tarifpolitik wird die Beschäftigungssituation insbesondere in Ostdeutschland, aber auch im Westen wohl kaum nachhaltig verbessert werden können.

Die Aktivitäten müssen letztlich darauf gerichtet sein, Beschäftigungsfelder in neuen Industrien, wie in der Informations- und Kommunikationstechnologie, der Medizintechnik und Biotechnologie, sowie in den angrenzenden konsumbezogenen und zum Teil niedrig entlohnten Dienstleistungsbereichen zu erschließen. Die Erfahrungen aus den Nachbarländern zeigen, dass mit einem entsprechenden Policy-Mix durchaus positive Beschäftigungseffekte erzielt werden können. Das IAB hat solche Elemente in einem Strategiebündel („Agenda für mehr Beschäftigung") aufgenommen.[15] Die Vorhaben der Bundesregierung entsprechen seit Ende 1999 zunehmend diesen Vorschlägen, wie etwa die Diskussionen im Bündnis für Arbeit zur Verkürzung der Arbeitszeit (insbesondere Teilzeit) und zur moderaten Lohnpolitik sowie die Abgabenentlastung im Rahmen der Steuerreform, die Konsolidierung des Staatshaushaltes, die Verlagerung von der direkten zur indirekten Abgabenbelastung (Ökosteuer) und die Umschichtung von konsumtiven zu investiven Staatsausgaben belegen.

Der Charakter dieser neuen Beschäftigungsbereiche und ihrer Erwerbsformen unterscheidet sich jedoch zumeist von dem der bisherigen: Arbeit wird zunehmend projektbezogen abgewickelt, ein wachsender Anteil wird durch Selbständige, Freiberufler und Mikrounternehmen vorgenommen; Kompetenzen müssen hoch sein, gleichzeitig veraltet das Wissen schnell, Kenntnisse und Qualifikationen müssen sich in weitaus stärkerem Maße als bisher kontinuierlich erneuern. Verlangt werden vor diesem Hintergrund auch eine größere Arbeitsplatzdynamik, die Flexibilisierung der Arbeit (Löhne, Arbeitsrecht, Arbeitszeit) und die kontinuierliche Anpassung der Beschäftigten an neue Herausforderungen.

Soll eine solche Flexibilisierungsstrategie sozialverträglich gestaltet werden, erfordert dies die Synthese zwischen dem Abbau der starren Regelungssysteme auf der einen und die Abwendung der damit einhergehenden sozia-

---

15 Peter Schnur/Ulrich Walwei/Gerd Zika, Strategiebündel des IAB auf dem Prüfstand, IAB Kurzbericht, Nr. 2/24.3.2000, Nürnberg, Bundesanstalt für Arbeit.

len und ökonomischen Negativfolgen, wie Arbeitsplatzunsicherheit, mangelnde Investitionen in das Humankapital auf der anderen Seite. Vor diesem Hintergrund wird neuerdings das Konzept der „Beschäftigungsfähigkeit" (*Employability*) diskutiert.[16] Die negativen Folgen einer arbeitsmarktlichen Dynamisierung sollen durch die konsequente Herstellung hoher fachlicher, überfachlicher und insgesamt „marktfähiger" Qualifikationen abgefedert werden. Auf der Grundlage lebensbegleitenden Lernens würde damit die Mobilität der Beschäftigten hergestellt und den Erwerbstätigen eine arbeitsmarktliche Sicherheit gegeben werden, die auf der Wertschöpfungs- und Marktfähigkeit der Individuen basiert. Gleichzeitig soll hiermit die Dynamisierung der Arbeitsmärkte und die Verfügbarkeit aktuell und hochqualifizierter Arbeitskräfte gewährleistet werden – zur Schaffung ökonomischer Wettbewerbsfähigkeit und neuer Arbeitsplätze.

Das Employability-Konzept grenzt sich damit von bisherigen Arbeitsmarktstrategien deutlich ab: Es sucht einerseits, die mangelnde Elastizität des herkömmlichen Arbeitsmarktes durch eine umfassende Dynamisierung und Flexibilisierung aufzulösen. Andererseits sollen jedoch auch die Unbestimmtheit und mangelnde Absicherung des Einzelnen sowie die ökonomischen Nachteile eines freien Spiels der Marktkräfte neo-liberaler Modelle durch umfassende Qualifizierung abgefangen werden.[17] Darüber hinaus zielt das Konzept stärker auf offene und dynamische Arbeitsmärkte, das heißt es ist selbst flexibel.

Schaubild: Arbeitsmarkt und Arbeitsmarktstrategien

| | | ZIELSETZUNG | |
		bestimmt	unbestimmt
ÖKONOMIE + ARBEITSMARKT	STATISCH	herkömmliche Arbeitsmarktpolitik	----
	DYNAMISCH	Employability	neo-liberales Modell (Deregulierung)

Im Rahmen einer solchen Employability-Strategie werden Maßnahmen der aktiven Arbeitsmarktpolitik nicht obsolet, sondern sie müssen flankieren, Übergänge schaffen und weit stärker als bisher auf die Aktivierung der Arbeitslosen einerseits und die Bedarfe der (regionalen) Industrie und Dienstlei-

---

16 Vgl. dazu Susanne Blancke/Christian Roth/Josef Schmid, Employability als Herausforderung für den Arbeitsmarkt. Auf dem Weg zur flexiblen Erwerbsgesellschaft. Arbeitsbericht der Akademie für Technikfolgenabschätzung Baden-Württemberg, Stuttgart 2000.
17 Vgl. etwa OECD, Sustainable Flexibility. A Prospective Study on Work, Family and Society in the Information Age. OECD/GD (97) 48, Paris 1997.

ster andererseits abgestellt werden. Dies verlangt eine Abkehr von den bisherigen Beschäftigungsmaßnahmen zugunsten von Qualifizierungsmaßnahmen.
Eingebunden in die Industriestrukturpolitik gilt es, in Kooperation mit den
ansässigen Unternehmen derzeitige und künftige Qualifizierungsbedarfe zu
ermitteln und den Markt vorausschauend zu bedienen. Dies könnte z.B. auch
über die Definition von Übergangsarbeitsmärkten bewerkstelligt werden.[18]
Bei der konkreten Umsetzung der Maßnahmen ist ebenfalls die Zusammenarbeit mit den Unternehmen zu suchen. Denn die betriebliche Nähe der Qualifizierung ist betriebsfernen Maßnahmen vorzuziehen. Dabei ist ein weiteres
Element des Employability-Konzeptes, die Unternehmen entsprechend mit
Eigenleistungen, z.B. über die Bereitstellung der entsprechenden Infrastruktur, in die Pflicht zu nehmen, werden sie doch letztlich von den Resultaten
der aktiven Arbeitsmarktpolitik profitieren.

Bilanz und Ausblick: Paradigmenwechsel nötig

Die immensen wirtschaftsstrukturellen Veränderungen und ökonomischen
Anpassungsprozesse in den neuen Bundesländern sind noch immer nicht abgeschlossen. Vor diesem Hintergrund steht der ostdeutsche Arbeitsmarkt vor
anhaltenden Problemen. Ohne die massive finanzielle Intervention des Bundes, der EU, der Länder und Kommunen im Rahmen der aktiven Arbeitsmarktpolitik und die hiermit erzielten Entlastungseffekte würde die Arbeitslosigkeit in den neuen Bundesländern erheblich höher liegen als die offiziellen Quoten ausweisen. Doch die Maßnahmen und Instrumente zeigen zugleich deutliche Grenzen: Gerade in Ostdeutschland fungieren sie in hohem
Maße als sozialpolitische Instrumente. Ihr eigentlicher Zweck, nämlich die
rasche Wiedereingliederung der Maßnahmeteilnehmer in den regulären Arbeitsmarkt, kann angesichts der fehlenden Arbeitsplätze in Ostdeutschland
nicht erreicht werden. Vorrangige Zielgröße muss es nun sein, neue Beschäftigungsfelder auf zukunftsfähigen Märkten zu erschließen. Diese sind im Bereich der neuen Technologien und Dienstleistungen zu finden – Märkte, die
eine höhere Flexibilität, größere Dynamik und zudem oftmals sehr an-
spruchsvolle, sich rasch wandelnde Qualifikationen verlangen.
    Der Fokus der Anstrengungen zur Schaffung solch flexibler und dynami-
scher Arbeitsmärkte muss – in Ost- wie in Westdeutschland – sicherlich im
Bereich der makroökonomischen Steuerung, der Ordnungs- und Tarifpolitik
liegen. Die aktive Arbeitsmarktpolitik kann diese Veränderungen jedoch
flankieren, sofern sie auf Beschäftigungsfähigkeit und Aktivierung setzt. Es
geht nun darum, die sozial- und gesellschaftspolitischen Elemente der bishe-

---

18 Vgl. Günther Schmid: „Übergangsarbeitsmärkte als neue Strategie in der Arbeitsmarktpolitik", in Werner Fricke (Hrsg.), Jahrbuch Arbeit und Technik, Bonn 1997, 170-181.

rigen Arbeitsmarktpolitik als solche zu kennzeichnen, deutlich von denen der Aktivierung abzugrenzen und entsprechend zu evaluieren. Dies könnte zum Beispiel über differenzierte Benchmarking-Verfahren geschehen, bei denen die einzelnen Instrumente auf den Prüfstand gestellt und konsequent selektiert werden. Auf dieser Grundlage gilt es etwa, jene Instrumente zu stärken, welche die Erschließung neuer Beschäftigungsfelder, die Anpassung des Arbeitsangebotes und die Bedienung der Nachfrage unterstützen. Erst wenn solche grundsätzlichen Prozesse des Umdenkens und Umstrukturierens in Gang gesetzt werden, kann aktive Arbeitsmarktpolitik gerade in Ostdeutschland einen nachhaltigen Beitrag zum ökonomischen Wandel leisten. Ansonsten droht, dass die Mahlströme der Transformation und der Globalisierung Oberhand gewinnen.

„Ein Politikum ersten Ranges"
Kleiner Rückblick auf die Konsumgeschichte der DDR

Annette Kaminsky

Im Frühsommer 1990 prophezeite Klaus Staeck in der einzigen Satirezeit-schrift der DDR, dem „Eulenspiegel", eine mit dem Verschwinden der DDR rasch einsetzende nostalgische Rückschau, in der *„nicht alles nur schlecht gewesen"* sei. Die DDR würde *„als Legende von den menschlicheren Men-schen, sich in sozialer Sicherheit wiegend, und der ewigen deutschen Frau, die nachts alleine über die Straße gehen konnte"*, fortbestehen.[1] Schon bald sollte sich diese Prognose angesichts unrealistischer und enttäuschter Erwar-tungen an das Leben im vereinten Deutschland bewahrheiten. Eben noch heftig kritisiert und geschmäht, gerieten die großen und kleinen Probleme des Alltags, der Versorgung und des Konsums im „Arbeiter-und-Bauern-Paradies" in Vergessenheit. In der Erinnerung vieler Ostdeutscher sind sie in-zwischen mit einem nostalgischen Weichzeichner überzogen, der wehmütig jener Momente gedenkt, als man noch solidarisch gemeinsam Schlange ge-standen und sich brüderlich und freundschaftlich über die Engpässe hinweg-geholfen habe. Zu einer Zehnjahresbilanz des Vereinigungsprozesses gehört es, solche ostalgischen Momente mit der DDR-Wirklichkeit zu konfrontieren.

*

Im Herbst 1989 glossierte der „Eulenspiegel" die Alltagsprobleme der unter-gehenden DDR: *„Unsere Züge werden immer zugiger. Unsere Wagen immer gewagter. Aus Gründen der Kontinuität bauen wir unseren bewährten Wart-burg und unseren bewährten Trabant immer, immer weiter, bis der Welt-markt sie endlich als preiswerte Oldies anerkennt.(...) Unser Handel hat al-les, was wir nicht brauchen. Und er bleibt eine Stätte der menschlichen Be-*

---

1 Klaus Staeck: „Vom Verschwinden der DDR", Eulenspiegel 24/1990, S. 5.

gegnung, vor allem unser Intershop. Ob Kommunist ob Klassenfeind – im Intershop sind sie vereint. "[2]
Die Menschen stellten derweil nicht nur politische Forderungen für eine demokratische Erneuerung, sondern forderten auch die Beseitigung von Privilegien bei der Versorgung. Um an den Segnungen des in der Bundesrepublik lokalisierten Konsumparadieses teilzuhaben, wurde gedroht: *„Kommt die D-Mark bleiben wir, kommt sie nicht, gehen wir zu ihr."* Die Demonstranten skandierten *„Nieder mit den Alu-Chips"* und forderten *„Für harte Arbeit hartes Geld"*, um endlich jenseits staatlicher Zuteilungen selbstbestimmt das Versorgungsniveau und den Alltag gestalten zu können.[3]
Kaum 30 Jahre zuvor hatte ein Buch mit dem verheißungsvollen Titel *Unsere Welt von morgen*[4] im gerade verkündeten *„Siebenjahrplan des Friedens, des Wohlstands und des Glücks"*[5] den DDR-Bürgern kommende paradiesische Zustände beschrieben. Für die kommunistische Zukunft, der die DDR bis zum Jahre 1990 entgegengehen würde, wurde *„eine unvorstellbare Fülle von Waren und Dienstleistungen zum allgemeinen Nutzen"* vorausgesagt: *„Großartige Warenhäuser, in denen Muster aller verfügbaren Konsumartikel zur Ansicht bereitliegen, werden Zentralen der Versorgung sein, die keinen Wunsch offenlassen. Man wählt, fachkundig beraten, in aller Ruhe aus – und findet, zu Hause angekommen, die genormt verpackten Waren bereits vor."*[6]
Die SED hatte früh erkannt, dass die Loyalität der Bevölkerung letztlich davon abhängen würde, ob es gelang, die Konsumbedürfnisse zu befriedigen. Die programmatischen Verlautbarungen der fünfziger Jahre orientierten die Bevölkerung darauf, Mängel als vorübergehende Erscheinungen der Aufbauphase zu akzeptieren und optimistisch in eine gut versorgte Zukunft zu blicken. An ihrem Lebensstandard sollten die Bürger täglich messen können, dass sie im besseren Teil Deutschlands lebten. Doch im Juni 1953 musste die Staatspartei erleben, welche *„systemsprengende Kraft"*[7] den Versorgungsproblemen innewohnen konnte, wenn sie sich mit einer allgemeinen Unzufriedenheit mit den politischen Verhältnissen paarte.[8]
Im Gefolge der 1953 verkündeten „Politik des Neuen Kurses" stabilisierte sich die Versorgungslage allmählich. Im Juni 1958 schaffte der Ministerrat

---

2 Ernst Röhl: „Über unsere Erfolge", Eulenspiegel 45/1989, S. 9.
3 Zit. nach Bernd Lindner, Die demokratische Revolution in der DDR, Bonn 1999, S. 100.
4 Karl Böhm/Rolf Dörge, Unsere Welt von morgen, Berlin 1961.
5 Gesetz über den Siebenjahrplan zur Entwicklung der Volkswirtschaft der Deutschen Demokratischen Republik in den Jahren 1959 bis 1965. Gesetzblatt der DDR (GBl.) vom 17.10.1959, Nr. 56, S. 703-744.
6 K. Böhm/R. Dörge (Anm. 4), innerer Klappentext.
7 Stephan Merl: „Staat und Konsum in der Zentralverwaltungswirtschaft. Rußland und die ostmitteleuropäischen Länder", in: Europäische Konsumgeschichte, hrsg. von H. Siegrist, H. Kaelble und J. Kocka, Frankfurt a.M./New York 1997, S. 235.
8 Ilko-Sascha Kowalczuk/Armin Mitter/Stefan Wolle (Hrsg.), Der Tag X, Berlin 1996.

für die letzten Waren die Rationierung ab.[9] Dies bedeutete jedoch nicht, dass die Versorgung tatsächlich gesichert war. Zeitgleich wurde eine *„Verordnung über die Milchversorgung nach Abschaffung der Lebensmittelkarten"*[10] erlassen, die die vorrangige Versorgung eigens definierter Bevölkerungsgruppen mit täglich einem halben Liter Milch sichern sollte. Im Bereich industrieller Konsumgüter, Reparaturen und Dienstleistungen sah es kaum besser aus.[11] Berichte des Freien Deutschen Gewerkschaftsbundes (FDGB) und des Demokratischen Frauenbundes Deutschlands (DFD) meldeten damals in allen Bereichen *„Lücken im Warensortiment"*.[12] Trotzdem wähnte sich die SED auf dem richtigen Weg. Der V. Parteitag beschloss die *„Vollendung des sozialistischen Aufbaus"* und erklärte das Erreichen des westdeutschen Versorgungsniveaus von 1957/58 in ausgewählten Bereichen zur *„Hauptaufgabe"*, die es bis 1961 zu erfüllen galt.[13] Damit wurde die Bundesrepublik mit ihrer Konsumsituation erstmals explizit als Bezugsgröße und Zielwert benannt.[14]

Die Kehrseite der ideologischen Hochstimmung zeigte sich bald. Die SED sah die Zeit gekommen, um die sozialistische Umgestaltung in Stadt und Land mit Gewalt abschließen zu können. Rigoros wurden privatem Handel und Handwerk sowie noch bestehenden bäuerlichen Wirtschaften die Existenzbedingungen genommen, die Flüchtlingszahlen stiegen. Die Versorgungslage verschärfte sich wieder, denn staatlicher Handel und Industrie waren nicht in der Lage, die Versorgung ohne die „Privaten" zu gewährleisten. Die Bevölkerung forderte, wieder „Kontrollabschnitte" einzuführen, um Hamsterkäufe zu unterbinden. 1960 stellte das Politbüro fest: *„Viele bzw. die meisten Verkäufe kommen nur dadurch zustande, weil die Kundschaft resigniert; sie kauft, weil sie nicht daran glaubt, doch zu der Ware zu kommen, die sie tatsächlich kaufen möchte."*[15]

---

9 Gesetz über die Abschaffung der Lebensmittelkarten vom 28.5.1958, GBl. der DDR I 1958, S. 413f.
10 GBl. der DDR I Nr. 34 vom 29.5.1958, S. 431.
11 Vgl. Programm der 1000 kleinen Dinge. Beschluß des Ministerrates vom 11.2.1960. Stiftung Archiv der Parteien und Massenorganisationen der DDR im Bundesarchiv (SAPMO-BArch), DY 34 5/342/5717.
12 Zwischenbericht des FDGB-Bezirksvorstands Schwerin an den Bundesvorstand des FDGB, Abt. Arbeiterversorgung vom 11.8.1959. SAPMO-BArch, DY 34/21563, unpag.
13 André Steiner: „Vom Überholen eingeholt. Zur Wirtschaftskrise 1960/61 in der DDR", in: Burkhard Ciesla/Michael Lemke/Thomas Lindenberger (Hrsg.), Sterben für Berlin, Berlin 1999, S. 247f. Steiner weist darauf hin, dass die ausgewählten Ziffern traditionelle Nahrungsmittel betrafen, deren Pro-Kopf-Verbrauch bereits bei Beschlussfassung über dem Verbrauch der Bundesrepublik lag.
14 Der Handel im Siebenjahrplan der Deutschen Demokratischen Republik und seine Aufgaben zur weiteren Verbesserung der Versorgung der Bevölkerung, Berlin 1959, S. 4.
15 Bericht zur Versorgungslage vom 16.5.1960. SAPMO-BArch, J IV 2 610-134, S. 7.

1961 war die Situation schließlich so angespannt, dass Walter Ulbricht im Juni befahl, das Tempo der Umgestaltung zu drosseln: „*Die paar privaten Geschäftsleute, die da noch sitzen, die gefährden den Sozialismus nicht, und die paar Fleischermeister, die ihr noch habt, die gefährden den Sozialismus auch nicht. Und dann macht ihr einfach eine ganze Anzahl von Bäckerläden wieder auf, und sollen sie selber backen. Aber sorgt dafür, daß die Bevölkerung Brot kriegt.*"[16] Doch immer mehr Menschen entschlossen sich zum letzten Schritt und überquerten die noch durchlässige Sektorengrenze in Berlin.

Die SED versprach ihren Bürgern nach dem Mauerbau, dass der sozialistische Aufbau nun ohne Störungen durch den „imperialistischen Klassenfeind" ruhig und erfolgreich vonstatten gehen würde. Keine Ware des täglichen Bedarfs war zu nichtig, um nicht zum Thema auf den Sitzungen von Zentralkomitee und Politbüro zu werden. Mal war es der fehlende Würfelzucker, mal Frauenkleidung in Übergrößen, mal Kinderstrümpfe, mal Butter oder Wurst. Immer wieder beschloss das ZK „*Sofortmaßnahmen zur Verbesserung der Versorgung der Bevölkerung*" oder veranlasste außerplanmäßige Auslagerungen aus der Staatsreserve.[17]

Trotz aller Rückschläge und Einschränkungen konnten durchaus auch Erfolge verzeichnet werden. Die Ernährungssituation stabilisierte sich; Grundnahrungsmittel konnten in ausreichender Menge gekauft werden, und es war tatsächlich gelungen, den Pro-Kopf-Verbrauch der Bundesrepublik an Butter und Fett zu übertreffen. Dass dies zu Lasten der Versorgung mit Käse und anderen Milcherzeugnissen geschehen war, trübte die Erfolgsstatistik nicht. Allerdings sah man sich nun mit anderen Problemen konfrontiert. So verständlich die Konsumwünsche der Menschen nach den langen Jahren des Hungers und der Rationierung auch waren, die nun auftretenden gesundheitlichen Probleme aufgrund des verbesserten Lebensmittelangebotes hatte niemand bedacht.[18] Die Bevölkerung hatte sich bereits 1960 erfolgreich an die Weltspitze gegessen. Sie nahm pro Tag durchschnittlich 33 Prozent mehr Kalorien – etwa 1.000 Kilokalorien – zu sich, als energetisch notwendig war.

---

16 Die DDR vor dem Mauerbau. Dokumente zur Geschichte des anderen deutschen Staates 1949-1961, hrsg. von Dierk Hoffmann, Karl-Heinz Schmidt und Peter Skyba, München 1993, S. 392.

17 Siehe Protokoll der Sitzung des Zentralkomitees der SED vom 9.11.1960 sowie 11. Plenum des ZK der SED „Zu Fragen des Handels, der Versorgung und der Produktion der tausend kleinen Dinge"; „Aus dem Bericht des Politbüros an das 11. Plenum des ZK der SED", Neues Deutschland (ND) vom 21.12.1960, S. 4; Walter Ulbricht, Die Entwicklung des deutschen volksdemokratischen Staates 1945-1958, Berlin 1961; Sitzungen des Politbüros vom 16.4., 12.6., 26.6., 16.12.1963 und 28.7.1964. SAPMO-BArch, J IV 2/2-875, -882, -884, -914 und -941.

18 Bericht der Arbeitsgruppe Grundnahrungsmittel Magdeburg an den Bundesvorstand des FDGB aus dem Jahre 1959. SAPMO-BArch, DY 34/21558, S. 6.

Nun sollte die Bevölkerung über die gesundheitsschädigenden Folgen aufgeklärt werden.[19]

Dem stand jedoch das unzureichende und unberechenbare Angebot entgegen. Hatte man Ende der fünfziger Jahre den *„gegenwärtigen Versorgungsstand bei Obst und Gemüse"* als *„nicht befriedigend"* bezeichnen müssen, konnte man das auf die starke Trockenheit des Sommers zurückführen.[20] Aber selbst zu Zeiten eines übergroßen Obstangebots im Traumsommer 1966 gelang es dem Handel in der DDR, aus dem Überfluss einen Mangel zu machen: *„Man fasst sich an die Birne. Für sogenannte Engpässe hat man meist Verständnis. Welche Kunstfertigkeit haben aber diese Handelsleute, daß sie aus dem Vollen einen Engpaß, einen Mangel konstruieren können? Kann man begreifen, daß mitten im Höhepunkt einer Obstschwemme eine einschlägige Verkaufsstelle in der Marienstraße um 13 Uhr (an einem Wochentag!) kein Obst mehr hat?"*[21] Die verheerenden Folgen dieser Versorgungslage fasste das Institut für Marktforschung zwei Jahre später in einem Bericht für das Ministerium für Handel und Versorgung zusammen: *„Die Unkontinuität im Angebot von Nahrungsmitteln hemmt die sozialistische Bewußtseinsbildung und untergräbt das Vertrauen der Bevölkerung in ihren Staat. Da Nahrungsmittel täglich konsumiert werden, und sie über ein Drittel der Ausgaben für Waren ausmachen, sind sie bei breiten Kreisen der Werktätigen zum ersten Kriterium für die Bewertung des Lebensstandards geworden. Die Gewährleistung eines niveauvollen, kontinuierlichen Angebots ist somit nicht ausschließlich eine Versorgungsfrage sondern ein Politikum ersten Ranges."*[22]

Obwohl längst klar war, dass die Träume vom Erreichen des westdeutschen Lebensstandards nicht zu verwirklichen waren, durften Mängel und Widrigkeiten im Alltag nicht offen diskutiert oder gar als Systemdefekt publik werden. Als sich in den sechziger Jahren im Mitteilungsblatt des Leipziger Marktforschungsinstituts kritische Berichte über die Versorgungslage häuften, traten die Verantwortlichen im Ministerium für Handel und Versorgung auf die Notbremse. Im März 1969 wurde dem Institutsdirektor eine Weisung des Ministers mitgeteilt, wonach *„eine verstärkte Wachsamkeit notwendig und jede Publikation, Vorlesung u.a. Veröffentlichung unter dem Gesichtspunkt zu prüfen (ist), ob sie Informationen enthält, die es dem Klassenfeind ermöglichen, unserer Republik politisch, ideologisch oder materiell*

19 Anneliese Albrecht: „Die Aufgaben der zentralen staatlichen Organe auf dem Gebiet der sozialistischen Binnenhandelswerbung", Mitteilungen des Instituts für Marktforschung (MIM) 2/1962, S. 25.

20 Bericht der Arbeitsgruppe Grundnahrungsmittel Magdeburg (Anm. 18), S. 4.

21 John Stave: „Obstsalat", Eulenspiegel 37/1966, S. 2.

22 Die künftige Entwicklung der Verbrauchererwartungen an das Sortiment, die Bearbeitung, die Qualität und die Verpackung der Nahrungsmittel, 1968. Bundesarchiv, Außenstelle Coswig, DL 102/189, S. 4.

Schaden zuzufügen"[23]. Zugleich wurden neue Anweisungen für die künftige Publikationstätigkeit erteilt. Das Institut sollte sich verstärkt mit theoretischen Problemen der Entwicklung des ökonomischen Systems des Sozialismus und mit den Methoden der Bedarfsforschung befassen. Darüber hinaus sollten nur noch Teilergebnisse veröffentlicht werden, die keine Rückschlüsse auf die Entwicklung des Lebensstandards in der DDR zuließen und vor allem Erfolge demonstrieren würden. Gefordert wurde, *„internationale Vergleiche bei solchen Waren, Warengruppen bzw. auf solchen Gebieten, an denen die ökonomischen Erfolge der DDR im Vergleich zu anderen hochentwickelten Industriestaaten anschaulich demonstriert werden können"*, vorzunehmen.[24] Vom „Eulenspiegel" wurde verlangt, kritische Berichte zur Versorgungssituation abzuschwächen.[25]

Konnten die Missstände Mitte der sechziger Jahre noch mit zahlreichen Aufbauprojekten in Stadt und Land begründet werden, belegen die Eingaben an das Ministerium für Handel und Versorgung, dass sich auch 20 Jahre später an dieser Situation wenig geändert hatte. Im Namen von 12 weiteren Bürgern aus Bad Bibra beschwerte sich Frau Elke K. 1987 über die Wurstversorgung, die *„schon seit langem katastrophal (ist). Es ist nicht möglich, den Bedarf an Schnitzel, Kotelett, Rostbrätel, Bratenfleisch u.a. zu decken. Die Wurstversorgung ist sehr einseitig und entspricht in keiner Weise der gewünschten Qualität. Nach Aufbewahrung der Wurst im Kühlschrank ist diese schon am nächsten Tag nicht mehr zu genießen. Es kommt auch oft vor, daß um 15.00 Uhr nur 5 Kotelett im Angebot sind und nach 16.00 Uhr Arbeitsschluß die Werktätigen gar nichts mehr kaufen können. Vom Verkaufspersonal bekommt man schon den Hinweis, Beziehungen zur Fleischerei aufzunehmen. "*[26]

Aber nicht nur zum Systemvergleich auserkorene Prestigelebensmittel wie Fleisch und Wurst waren knapp, auch die Obst- und Gemüseversorgung hatte sich nicht gebessert. Der Ärger wurde noch durch die bevorzugte Versorgung Berlins als „Schaufenster der DDR" verstärkt: *„Da ich seit langem vergeblich auf eine Verbesserung in der Versorgung mit frischem Obst und Gemüse in meiner Heimatstadt Eisenach warte, habe ich mich nun zu einer Eingabe an Sie entschlossen. Am Freitag, den 5.6.1987 stellte ich mich dort um 14.30 Uhr (Öffnung der Kaufhalle) nach Gurken und ersten Tomaten an. Bereits*

---

23 BArch, Außenstelle Coswig, L102/22.
24 Ebd.
25 Vgl. Sylvia Klötzer: „Über den Umgang mit heißen Eisen. Eulenspiegeleien", in: Simone Barck/Dagmar Langmann/Siegfried Lokatis (Hrsg.), Zwischen „Mosaik" und „Einheit". Zeitschriften in der DDR, Berlin 1999, S. 105-115.
26 Bericht über die Schwerpunkte und die Arbeit mit den im II. Quartal 1987 an das Ministerium für Handel und Versorgung (MHV) gerichteten Eingaben vom 20. Juli 1987, weitergeleitet an Werner Jarowinsky, Anlage 2, unpag., sowie Auszüge aus Bürgereingaben, die dem MHV im II. Quartal 1987 zugingen, SAPMO-BArch, DY 30/37988.

*um 14.50 Uhr war alles verkauft und ich ging leer aus. Es konnte ganze 20
Minuten, bei einer Zuteilung von zwei Gurken und einer Tüte Tomaten pro
Person, versorgt werden. Als Alternative konnten mir Kohlrabi und Rhabar-
ber für eine dreitägige Pfingstversorgung angeboten werden. Und so läuft es
meistens ab. Mit diesem Versorgungsniveau bin ich nicht länger einverstan-
den. Ich habe mir sagen lassen, daß die Versorgung in Berlin mit frischem
Obst und Gemüse wesentlich besser ist und möchte die Ursachen für diesen
Niveauunterschied wissen. Oder besteht ein Unterschied zwischen dem Bedarf eines Berliners und dem eines Provinzlers?"*[27]

Die Abteilung Handel und Versorgung beim ZK der SED berichtete regelmäßig über die Versorgungssituation; stabile Angebote gebe es bei acht
bis zehn Gemüse- und Obstsorten. Diese bestanden jedoch vor allem aus
Kartoffeln, diversen Kohlsorten und Zwiebeln und ließen ein abwechslungs-
reiches Angebot selbst im Sommer vermissen.

Stetigen Anlass für Ärger bot auch das Angebot an Textilien. Hatten sich
die Bürger schon damit abgefunden, dass man nicht saisongerecht kaufen
konnte, wollten sie jedoch nicht akzeptieren, nur unmoderne Kleidung im
Angebot vorzufinden. Produktion, Handel und Kunden schoben sich gegen-
seitig die Verantwortung für diese Misere zu. So beschrieb 1968 eine Pro-
duktionsarbeiterin im „Eulenspiegel" diese Situation aus ihrer Sicht: *„ VVB
[Vereinigung Volkseigener Betriebe, A. K.] und Ministerium schreiben uns
Stückzahlen vor. Da müssen erst einmal Kleider von den Bändern purzeln.
Ob sie gekauft werden, stellt sich erst später heraus. Wir bringen Werte.
Deshalb die teuren Stoffe und simplen Schnitte. Jedes Detail drückt die Zeit. "*
Die Redaktion fügte einen Bericht aus der Produktion an: *„15.000 Damen-
mäntel über den Plan fertigte der VEB (B) Prignitz in Wittenberge aus einer
Streichgarn-Zellwolle, die als Stoff für Jugendweiheanzüge den Ansprüchen
nicht mehr entsprochen hatte, mit wollig-weichem Unterfutter kaschiert jedoch bald als Erfolgsfaktor nach oben gemeldet worden war. Obwohl sich
beim Bügeln der ersten Mäntel zeigte, daß die Unterlage hart, der Stoff wel-
lig und die Kleidungsstücke unansehnlich waren, wurde in Anbetracht der
Auflage der VVB Konfektion tapfer weiterproduziert und 6.000 Stück mit
Gütezeichen 1 und EVP [Endverbraucherpreis, A. K.] 101,80 Mark ausgeliefert. Der Handel reklamierte – 2 000 Stück. Der Rest um 75 Prozent preis-
gesenkt – sucht vergeblich einen Käufer. "*[28]
Für die Kunden sah das Ergebnis in den Läden so aus: *„Dem Kauflustigen
(stiehlt sich) eine Träne ins Knopfloch, sobald er verschiedene Textilien näher in Augenschein nimmt. Säcke in strahlendem Grau oder in anderen optimistischen Tiefdunkelfarben, mit Pailletten oder einer beinahe echten Bro-
sche aufgemotzte Kittel hängen sich gleich den längst überholten OP-Art-*

27 Ebd.
28 Eulenspiegel 15/1968, S. 9.

Fummelchen außerplanmäßige Falten in den Stoff. Apropos Stoff. Der ist entweder sehr billig – was nur bei ausgesprochenen Modeknüllern vertretbar wäre, weil die ohnehin nur einen Sommer getragen werden – oder sehr teuer. Qualitäten, die Gewebe mit guten Trag- und Pflegeeigenschaften in ansprechenden Farben mit einem zeitlos-modischen, soliden Schnitt vereinen, fehlen beinahe ganz. "[29]

Wenn die Satiriker des „Eulenspiegel" gehofft hatten, ihre Berichte würden etwas Positives bewirken, musste Renate Holland-Moritz wenige Monate später die Erfahrung machen, dass zumindest im Angebot alles gleich schlecht geblieben war: *„Das allen 12jährigen Adlershoferinnen zugedachte Jackenkleid war von schmutzig-gelber Farbe mit grauen Karostreifen, Material Spezitex, der stolze Preis 90,40 Mark. Vom VEB Jugendmodelle Roßwein offenbar unter dem Motto hergestellt: ,Für die kleine Oma mit Lotto-Fünfer'. (...) Für meinen 3jährigen Sohn gibt es grundsätzlich nur griesgraue Herrenanzüge, in denen er aussieht wie sein eigener Vater. (...) Dazu wird von modebewußten Verkäuferinnen das obligate weiße Oberhemd samt roter Fliege empfohlen. Und in solcher Verkleidung sollen die armen Würmer nun fröhlich sein und singen! (...) Was ist eigentlich los in der KOB [Kinderoberbekleidungsindustrie, A.K.]? (...) Mit den Verantwortlichen (...) muß frei geredet werden, und zwar Fraktur. Und wenn sie nach gehabter Standpauke ganz klein sind, mit Hut, dann könnten sie eigentlich ihre Ladenhüter selbst auftragen.* "[30]

Bewirkte dieser Bericht zwar keine Besserung des Angebots, sondern einen „Maulkorberlass" des Ministeriums für Handel und Versorgung[31], mussten Kunden und Ministerium 20 Jahre später feststellen, dass sich wenig geändert hatte: *„Es handelt sich darum, daß schon seit Monaten keine Kinderhosen in den Handelseinrichtungen im Angebot sind. Wie wir jetzt während unseres Urlaubs feststellen konnten, besteht diese Marktlücke nicht nur bei uns im Bezirk Karl-Marx-Stadt. Das ist republikweit so. In Eisenhüttenstadt waren zwar die Regale mit Jeans gefüllt, aber wer kauft seinem Kind im Sommer eine Jeanshose, noch dazu in einer unangemessenen Preisklasse! Es ist doch nicht Sinn und Zweck der Sache, daß ich als Oma (berufstätige) von zwei Enkelkindern meine Freizeit an der Nähmaschine verbringe, um meine Enkel etwas modisch einzukleiden.* "[32] Doch genau dieser Effekt wurde vom Institut für Marktforschung als positiv eingeschätzt. So führe die mangelhafte Angebotssituation dazu, dass die Bevölkerung nicht nur auf dem Nahrungsmittelsektor durch das Einkochen, sondern auch bei der Kleiderfrage auf das *„Selbermachen"* zurückgreife.

---

29 „Kleider machen Leute", Eulenspiegel 15/1968, S. 2.
30 Renate Holland-Moritz: „Um Kob und Kragen", Eulenspiegel 46/1968, S. 8.
31 Vgl. S. Klötzer (Anm. 25).
32 Bericht über die Schwerpunkte (Anm. 26).

Mit dem Machtwechsel von Ulbricht zu Honecker versuchte die SED, die bisherige Politik der individuellen Bedürfnisbefriedigung durch die verstärkte Hinwendung zu den „sozialistischen Errungenschaften" zu ersetzen. Die Bürger sollten nicht mehr ihre Kühlschränke, Fernseher und Fleisch- und Butterkilos zählen, sondern die längst zu Selbstverständlichkeiten gewordenen hoch subventionierten sozialen Leistungen in den Blick nehmen. Die westliche Vergleichssicht hatte ausgedient.

Der IX. Parteitag im Mai 1976 zog stolz Bilanz. Hunderttausende Wohnungen waren seit der 10. Tagung des ZK 1972 entstanden. Die Bevölkerung konnte auf den höchsten Lebensstandard im Ostblock blicken, das allgemeine Lohn- und Rentenniveau war gestiegen, die Fünf-Tage-Arbeitswoche, Arbeitszeitverkürzungen und das „Babyjahr" waren eingeführt. Die Haushalte waren in der Regel mit Bekleidung, Möbeln und technischen Geräten gut ausgestattet. Die Ausgaben für kulturelle Leistungen verdoppelten sich bis 1980. Der IX. Parteitag prägte die Formel von der „Einheit von Wirtschafts- und Sozialpolitik" und versuchte, das individuelle Lebensniveau an die wirtschaftliche Entwicklung zu knüpfen. Löhne und Sozialleistungen sollten nur mehr im Gleichklang mit der wirtschaftlichen Entwicklung steigen. Doch die guten Vorsätze hielten nicht lange. Bereits wenige Tage nach der verkündeten neuen Sachlichkeit beschloss die SED-Führung in Befürchtung größeren Unmuts unter der Bevölkerung erneut Lohn- und Rentenerhöhungen.

Den Versuchen, die wachsende Unzufriedenheit mit dem politischen System über die Löhne abzufangen, konnte das Warenangebot schon seit den sechziger Jahren nicht mehr standhalten. Die Spareinlagen der Bevölkerung nahmen schwindelerregende Höhen an, ohne dass die Industrie attraktive Produktionen entgegensetzen konnte.[33] Aufgrund der starren Vorgaben in den Wirtschaftsplänen, unzureichender Produktionskapazitäten, fehlender Devisen zum Import dringend benötigter Rohstoffe und unflexibler Produktionslinien fertigte die Industrie am Bedarf der Bürger vorbei. Arbeiter-und-Bauern-Inspektionen (ABI), der FDGB und das Institut für Marktforschung machten auf diese Probleme aufmerksam, ohne dass eine Chance für Änderungen bestanden hätte. Trotz der statistischen Traumwerte bei technischen Konsumgütern wie Waschmaschinen, Kühlschränken und Staubsaugern wurde die allgemeine Versorgungslage in den achtziger Jahren immer prekärer. Für den Abbau der Spareinlagen, die inzwischen währungsgefährdende Höhen angenommen hatten, setzten die Planer ihre Hoffnungen auf das Segment hochpreisiger Waren.

Hatte der FDGB in den fünfziger Jahren noch gefordert, anstelle von Küchenmaschinen der Marke „Komet" mehr Kühlschränke und Waschmaschinen herzustellen, da „Komet" ausreichend und sogar über Bedarf produziert

---

33 Tendenzen und Motive des Sparens, Leipzig 1979, BArch, Außenstelle Coswig, L-102/2184.

worden sei[34], ging es in den achtziger Jahren angesichts wohl gefüllter Lager
vor allem um das stagnierende technische Niveau der Geräte. Der Grundbe-
darf an technischem Hausrat, an Möbeln und Bekleidung war gedeckt und
hatte mit durchschnittlich 90 Prozent ein hohes Niveau erreicht.[35] Doch auf
begehrte Neuentwicklungen wie Farbfernseher oder Waschvollautomaten
musste mehrere Jahre gewartet werden, da die Serienproduktion technischer
Neuentwicklungen durch die unflexiblen Produktionsstrukturen sehr lange
dauerte. *„Wegen eines beabsichtigten Kaufes eines Waschvollautomaten zu
2750,- Mark (EVP) suchten meine und Frau und ich die einschlägigen Verkaufseinrichtungen der HO und des Konsums unter Verwendung von zwei
Urlaubstagen vergeblich auf. Die in den Verkaufseinrichtungen ausgestellten
Geräte stellen nur Beratungsmuster dar. Wie uns von den mit dem Verkauf
beauftragten Mitarbeitern übereinstimmend mitgeteilt wurde, werden zu un-
bestimmbaren Zeiträumen lediglich 4-5 Maschinen angeliefert, die natürlich
sofort verkauft sind. Alle Menschen, die tagsüber ehrlich ihrer Arbeit nach-
gehen, haben so ständig das Nachsehen"*, beschwerte sich 1987 ein Bürger
beim Ministerium für Handel und Versorgung.[36]
Auch bei den begehrten Farbfernsehgeräten bot sich trotz der mehrere
Monatsgehälter betragenden Preise kein anderes Bild. Anfang der achtziger
Jahre nannten bereits 24 Prozent der DDR-Haushalte ein Farbfernsehgerät ihr
eigen; die Kaufbereitschaft lag jedoch weit höher. Wenn man sich schon ein
neues Gerät leisten wollte, dann sollte es auch das technisch modernste sein.
Den DDR-Bürgern, die sich einen einheimischen „Colortron"-Farbfernseher
kaufen wollten, kam unverhofft der Westen in Gestalt des Patentrechts zu
Hilfe: Das für den Export entwickelte Gerät konnte wegen der Verletzung
von 28 Patenten nicht exportiert werden. Allerdings konnten sich die Bürger
nicht allzu lange am Kauf erfreuen, weil die DDR über langfristige Liefer-
verträge aus der Sowjetunion die Lochmaskenbildröhren importieren musste:
*„Farbfernsehgeräte mit unterschiedlichen Farbsystemen, Bildgrößen und in
verschiedenen Preislagen sind gegenwärtig in allen Bezirken im Angebot. Da
die Bürger ihre Kaufentscheidung zunehmend abhängig machen vom tech-
nisch-qualitativen Niveau der Geräte sowie von ihrem subjektiven Empfinden
über die Gebrauchswert/Wert-Relation, schlagen die Geräte der Typen ‚Co-
lormat' (4.900,- M Neuentwicklung seit Anfang Juni mit noch geringen
Stückzahlen im Angebot), der Typen ‚Colorett' (5.757,- M) und der Typen
‚Colortron' (6.250,- M) planmäßig um. Diese Geräte haben ein gutes techni-*

---

34 Auszug aus dem Bericht des FDGB-Bezirksvorstandes Schwerin vom 13.4.1960 an die
   Abteilung Organisation, Information/Statistik beim Bundesvorstand des FDGB. SAPMO-
   BArch, DY 34/21563, unpag.
35 Marktlagetest Haushaltsgeräte 1985. BArch, Außenstelle Coswig, DL 102/VA 121; Ergebnisse der Versorgung der Bevölkerung mit Konsumgütern. 1981-1985. Ebd., DL
   102/1614.
36 Bericht über die Schwerpunkte (Anm. 26).

sches Niveau, sind mit einer Schlitzmaskenbildröhre aus dem Nicht-sozialistischen Währungssystem (NSW) ausgerüstet, besitzen eine gute Farbbrillanz sowie eine durchschnittliche Lebensdauer von 8 bis 10 Jahren. Zunehmend verlangsamend entwickelt sich dagegen der Umschlag der Farbfernsehgeräte vom Typ ,Chromat'. Dieser Gerätetyp ist mit der technisch veralteten Lochmaskenbildröhre ausgestattet, deren Farbkonvergenzeinstellung durch Mechaniker in der Wohnung der Käufer erfolgen muß, deren Lebensdauer 2 bis 5 Jahre beträgt und deren Bildqualität deutlich unter dem Niveau der Schlitzmaskenröhre liegt. (...) Für den weiteren Verkauf von Farbfernsehgeräten ist zu gewährleisten, daß diese mit einer hohen Handelskultur angeboten werden und dabei der Gerätetyp ,Chromat' in den Mittelpunkt der Warenpräsentation gestellt wird."[37] Um wenigstens die Versorgung der Hauptstadt Berlin zu sichern, wurden Geräte aus den Bezirken abgezogen.

Ärgernisse lauerten auch bei Reparaturen und Dienstleistungen. Nicht nur, dass die Annahmestellen für Reparaturleistungen nur noch an ausgewählten Tagen einmal in der Woche oder sogar im Monat eine bestimmte Anzahl von Schuhen, Schirmen oder elektrischen Geräten annahmen. Oft mussten selbst die Ersatzteile für diese Reparaturen von den Kunden selbst besorgt und auch eingebaut werden. Auch die Post schränkte in den achtziger Jahren ihre Leistungen immer mehr ein: *„Längst schicken wir Geldüberweisungen und Einschreiben, Päckchen und Pakete im Selbstbedienungsverfahren auf die Reise. Selbstverständlich holen wir uns gewichtige Sendungen vom Amte ab. Und in einigen Gegenden gehen die Bürger avantgardistisch voran und laufen nach der Morgenzeitung und später nochmals wegen eines Briefes zum zentralen Briefkastenplatz. Schließlich sind solche Forderungen der Förderung unserer Persönlichkeit dienlich. Jeder wurde ganz nebenbei zum Postangestellten qualifiziert."*[38]

Bei den Dienstleistungen, die Ende der fünfziger Jahre zur Entlastung berufstätiger Frauen mit großem Aufwand propagiert worden waren, sah es nicht besser aus. Hier war es bis Anfang der achtziger Jahre zwar gelungen, im Wesentlichen eine vierzehntägige Spanne zwischen Abgabe der Wäsche und schrankfertiger Auslieferung einzuhalten. Aber dies war nur statistisch zu sehen: *„Es ist nämlich so, daß man die Wäsche auf der Wäscherei nicht los wird. Die Wäscher und Wäscherinnen zucken die Achseln. Sie raten dem verhinderten Kunden, er möge die Wäsche – sagen wir in sechs Wochen noch einmal vorbei bringen, eventuell könne man sie dann annehmen. So etwas soll tatsächlich schon vorgekommen sein; allerdings dauert im Ausnahmefall die Annahme immer noch vierzehn Tage bis drei Wochen."*[39] Hinzu kam, dass sich die

37 Vgl. Abteilung Handel und Versorgung beim Zentralkomitee der SED, Information über sich abzeichnende Probleme beim Verkauf von Farbfernsehgeräten vom 28.7.1982. SAPMO-BArch, DY 30/31757.
38 Katharina Schulze: „Edel sei der Mensch, hilfreich und gut", Eulenspiegel 44/1989, S. 3.
39 John Stave: „Eine Systemcharakterstudie", Eulenspiegel 3/1970, S. 8.

Anzahl der verfügbaren Wäschereien pro Kopf der Bevölkerung zwischen 1965 und 1989 kaum erhöhte. Kamen 1965 11,2 Wäschereien auf 100.000 Einwohner, so waren es 1989 12,5. Allerdings verdoppelte sich das Gewicht der pro Person gereinigten Wäsche von 1965 5,3 kg auf 12,5 kg 1989. Die hohen Subventionen nicht nur in diesem Bereich zogen ein weiteres Problem nach sich: Die technische Qualität der Anlagen konnte nicht ausreichend modernisiert werden, wodurch die Maschinen übermäßig stark verschlissen wurden.

Auch der Umgang, den die Bürger auf Ämtern und Behörden erfahren mussten, sowie die Willkür von Kellnern und Verkäuferinnen machten den Alltag zu einem nerven-, kraft- und zeitaufreibenden Ärgernis. *„Schön, dieser Bürger ist verladen worden. Aber in welcher Form. Die Versprechen waren Versprecher, vorgetragen jedoch nicht in herzlosem, sondern herzlichem Ton. Das ist schon ein Fortschritt.“*[40]

Für den größten Ärger unter der Bevölkerung sorgten die offensichtlichen Ungerechtigkeiten in der Verteilung der Produkte in den siebziger und achtziger Jahren. Hier hatte man den Versuch unternommen, über den Ausbau der „Exquisit"- und „Delikat"-Läden einerseits den Kaufkraftüberhang abzubauen, andererseits das Angebot zu verbessern. Diese Läden sollten den Bedarf der – devisenlosen – Bevölkerung an hochwertigen – Import – Nahrungsmitteln befriedigen. Die dort erzielten höheren Preise sollten zum Abbau der ständig wachsenden Spareinlagen beitragen. 60 Prozent der Waren sollten hochwertige, dem Westen in Verpackung und Art entsprechende Waren aus einheimischer Produktion sein, 40 Prozent der Waren sollten aus Importen, vor allem aus der Bundesrepublik, stammen. Honecker war optimistisch, dass die Sonderläden, die die DDR-Bevölkerung zunehmend spalteten, nicht von langer Dauer sein würden: *„Gestattet mir ein offenes Wort zu den Intershop-Läden. Diese Läden sind selbstverständlich kein ständiger Begleiter des Sozialismus. Natürlich übersehen wir nicht, daß Bürger der DDR, die keine Devisen besitzen, in gewissem Sinne im Nachteil gegenüber denen sind, die über solche Währung verfügen. Mit dieser Frage haben wir uns befaßt und festgelegt, das Netz der ‚Exquisit'-Läden auszubauen. Auch die Anzahl der ‚Delikat'-Läden wird erhöht.“*[41]

Das Angebot im „Delikat" entsprach anfangs durchaus den Erwartungen der Verbraucher; Mängel im Angebot wurden mit der Anlaufphase begründet.[42] Bereits 1981 war jedoch eine generelle Angebotsverschlechterung eingetreten. Die angebotenen Artikel aus DDR-Produktion wurden nicht als Alternative zu den zunehmend weniger im Angebot befindlichen Importen akzeptiert. Sie galten als „nachgemacht" und entsprachen nicht den Erwartungen

---

40 Ernst Röhl: „Über den Umgang mit Bürgern", Eulenspiegel 37/1974, S. 3.
41 „Klassenspaltung im Alltagsleben der DDR", Neue Zürcher Zeitung vom 7.12.1988.
42 Die Versorgung mit hochwertigen Nahrungs- und Genußmitteln. 1981. BArch, Außenstelle Coswig, DL 102/1491, S. 6.

an ein westliches Erscheinungsbild der Waren. Auch litt die Akzeptanz des „Delikat"-Handels als sinnvolle Ergänzung zum sonstigen Warenangebot, da mehr und mehr Waren aus dem normalen Warensortiment nun in den „Delikat"-Läden auftauchten. Die Bürger fühlten sich betrogen und unterstellten, dass Mangelwaren aus dem normalen Sortiment zu höheren Preisen im „Delikat" käuflich waren.

Auch wenn vielerorts die Ursachen und Folgen der Versorgungsmisere und Alltagswidrigkeiten bekannt waren und offen angesprochen wurden, änderte sich aufgrund der desolaten Wirtschaftslage wenig daran. Anlässlich des 40. Jahrestags der DDR am 7. Oktober 1989, als die Bevölkerung längst ihr Urteil über die DDR verkündet hatte, zog der „Eulenspiegel" eine bittere Bilanz: *„Einer unserer ersten Schritte: Menschsein rückte in die Mitte. Mancher Mensch, das war kein Wunder, wurde in der Mitte runder. Mahnung zur Gesundheit tönt. Daran sind wir längst gewöhnt. Das kommt, dran ist nicht zu tippen, auch vom Kurs der Billig-Schrippen, die zu holen länger dauert, aber nicht weil Mangel lauert, nein: wenn die Verkaufskraft klönt. Daran sind wir schon gewöhnt. Und auch wohnungsmäßig bieten wir uns ganz stabile Mieten, denn im Sozialismus wohnen soll sich ja für alle lohnen. Und wer nach dem Klempner stöhnt, daran sind wir schon gewöhnt. Absolut in Kellertiefe: Wasser-, Gas- und Stromtarife. (...) Daran sind wir schon gewöhnt. Auch verkehren ist hier billig, dennoch zahlt nicht jeder willig, sei's in Bahnen, sei's im Busse, täglich seine Obolusse (...). Gute sowie schlechte Tage schaffen keine Doktor-Frage, sollte mal an dir was rosten, er berechnet keine Kosten. Mit der Wartezeit versöhnt: daran sind wir schon gewöhnt."*[43]

So nimmt es nicht wunder, dass zum Ende der DDR viele Bürger das Fazit zogen: *„Noch nie bereitete der Einkauf so viel Verdruß und Mühe wie in jüngster Zeit. (...) Als eine von vielen werktätigen Frauen wende ich mich heute mit der Bitte an Sie, mit allen Mitteln zu veranlassen, das ‚Ärgernis' Einkauf zur Freude werden zu lassen, denn das hebt dann auch wieder die Freude an der Arbeit."*[44]

Das „Ärgernis Einkauf" blieb bestehen und die Freude an der Arbeit stellte sich zu DDR-Zeiten nicht mehr ein. Hier schufen erst die Währungsunion und die Vereinigung beider Staaten Abhilfe, wenn auch nicht in allen Fragen in der Art, wie es sich so mancher DDR-Bürger gedacht hatte.

---

43 Ernst Röhl: „49er Nachlese", Eulenspiegel 40/1989, S. 3.
44 Bericht über die Schwerpunkte (Anm. 26).

Zur Parteienlandschaft im vereinigten Deutschland

Ein politischer Essay

Johannes L. Kuppe

Für den Normalbürger hat der Begriff der Parteiendemokratie inzwischen eine pejorative Konnotation erhalten. Dies hat vor allem mit der Tatsache zu tun, dass Politik fast nur noch als Parteipolitik wahrgenommen wird. Die politischen Parteien haben in den letzten Jahren mit Skandalen, internen Streitereien und wechselseitigen Spiegelfechtereien das Medienbild von sich selbst nicht gerade positiv bestimmt. Der Bürger erfährt so zunächst immer nur, wie Parteien Politik machen, welche politischen Entscheidungen von ihnen vorbereitet und letzten Endes dann auch getroffen werden – aus Politik durch den parlamentarisch verfassten Staat und aus von Volkvertretern gestalteter Gesellschaftspolitik wird im Nu Parteipolitik, die sich – selbst wenn sie sachorientiert geboten und konzipiert ist – sofort mit den internen Problemen der Parteien und den Auseinandersetzungen zwischen ihnen auf untrennbare Weise amalgamiert. Ist es eigentlich ein Wunder, wenn sich der Bürger abwendet, weil er die Gemengelage zwischen Parteiinteressen und den verschiedenen Interessen einer pluralen Gesellschaft, also auch die Vertretung seiner eigenen, nicht mehr durchschaut?

Wir werden im Folgenden die Diskussion um die Stellung der Parteien in einer parlamentarisch-pluralistisch verfassten Demokratie nicht wieder aufnehmen. Alle Argumente, Anwürfe und Rechtfertigungen, alle Anklagen, Verdächtigungen und Verteidigungsstrategien sind hinlänglich bekannt, niemandem fällt dazu etwas Neues ein. Worum es hier gehen soll, sind die Veränderungen in der Parteienlandschaft, die sich in den letzten Jahren vollzogen haben. Machen wir uns nichts vor: Die Entwicklung einer freien Bürgergesellschaft, eines sich selbst tragenden, im Bewusstsein der Bürger verankerten Republikanismus wird ohne die Parteien nicht gelingen. Mit den Parteien ist es so wie mit unserem Blut: Es kann zu wenig Eisen und Sauerstoff enthalten, zäh- oder dünnflüssig sein, immer wieder der Erneuerung bedürfen, aber sein Verlust bedeutet den Tod. Die Demokratien der volkreichen Flächenstaaten des 21. Jahrhunderts werden ohne politische Parteien sogar unregierbar. Wer immer wieder das Schlagwort von der Parteienverdrossenheit strapaziert, ja damit sogar eine vermeintlich über den Parteien stehende „höhere Warte" kultiviert, muss sich fragen lassen, wen er denn bei der Organisation des politischen Lebens, etwa bei der Durchführung von Wahlen, wie unzulänglich dabei Nichtmitglieder auch einbezogen sein mögen, an Stelle der Parteien beauftragen möchte. Den sich selbst in Bürgerinitiativen organisierenden Wahlbürger gibt es nämlich – zahlenmäßig nennenswert – überhaupt nicht. Darum also lohnt es sich zu fragen, was aus den Parteien wird, in welche Richtung sie sich verändern und warum sie heute mehr denn je der Mitarbeit möglichst vieler Bürger, auch ihrer Kritiker, bedürfen.

Am Anfang sollen einige, notwendigerweise sehr subjektive, gleichwohl in analytisch-systematischer Absicht gemachte Beobachtungen von Veränderungen im deutschen Parteiensystem stehen, die zeitlich bei der ersten freien Volkskammerwahl im März 1990 in der DDR beginnen und mit der Landtagswahl im Mai 2000 in Nordrhein-Westfalen enden.

Wie steht es um die beiden großen Volksparteien?

Die Sozialdemokraten begannen das letzte Jahrzehnt mit einer herben Schlappe – so wurde es damals jedenfalls empfunden. Obwohl die SPD die einzige Partei in der DDR war (zunächst als SDP – Sozialdemokratische Partei, Gründungsaufruf im August 1989), die eine richtige Schwester im Bundestag hatte, die sich neu gegründet hatte und von Anfang an nicht auf eine sozialistische Veränderung der DDR, sondern auf die Abschaffung ihres Systems setzte, konnte sie bei der ersten freien Wahl im März 1990 das erwartete Ziel nicht einmal annähernd erreichen. Auf die SPD entfielen nur etwa halb so viele Stimmen wie auf die von der CDU geführte „Allianz für Deutschland". Die anfangs von der westdeutschen großen Schwester nicht so richtig beachteten und schon gar nicht innig geliebten Ost-Genossen zeigten merkwürdig-hartnäckige Allüren von Selbständigkeit; sie wollten keineswegs ihre nächsten Schritte vom Ollenhauer-Haus bestimmen, ja nicht einmal wirklich beeinflussen lassen. Sie waren ein kleiner Haufen Aufrechter, die auf keine „Blockis" zurückgreifen konnten, für die jede Schreibmaschine von den West-Genossen beschafft werden musste, die über keinen Apparat verfügten und deren Abgesandte in West-Genossen-Kreisen wie bunte Vögel herumgereicht wurden. Und: Sie wollten einen langsameren, mit Abrüstung und Einbeziehung der nun ebenfalls frei werdenden osteuropäische Staaten gekoppelten Vereinigungsprozess. Die Ost-SPD hatte sich im kurzen Wahlkampf darauf verlassen, dass ihre traditionellen Hochburgen in Sachsen und Thüringen schon richtig wählen würden, jedenfalls den Ausschlag in der Endabrechnung geben sollten. Diese Erwartung wurde enttäuscht. Im Gegenteil: Da es dort keine sozialdemokratischen Stammwähler mehr gab und Bundeskanzler Helmut Kohl mit seiner Prophezeiung von den „blühenden Landschaften" Wirkung erzielt hatte, verwandelten sich die vermeintlichen SPD- in der Wahlnacht in CDU-Hochburgen – und keiner hatte es zunächst so richtig bemerkt (übrigens auch die CDU nicht).

An diesen Verlusten in regionalen Hochburgen und bei der Kernwähler- schaft hat sich für die SPD im Grunde bis heute nichts geändert. Die wichtige Landtagswahl im Mai 2000 in Nordrhein-Westfalen hat die SPD gewonnen, weil sie mit Wolfgang Clement einen kompetenten und beliebten Spitzen- kandidaten besaß und weil die CDU mit Jürgen Rüttgers einen schwachen, im Milieu an Rhein und Ruhr nicht sonderlich geschätzten Gegenbewerber mit einer falschen Wahlkampfstrategie („Kinder statt Inder") aufgeboten hatte. Doch über dem ordentlichen Ergebnis wird zumeist vergessen, dass die SPD zwar im Vergleich zur für sie verheerenden Kommunalwahl im Sep- tember 1999 rund 600.000 Stimmen (zurück-)gewinnen konnte, jedoch im Vergleich zur letzten Landtagswahl 670.000 Stimmen und zur Bundestags- wahl 1998 sogar zwei Millionen Stimmen einbüßte. Neben zahlreichen lan- destypischen Erklärungen für diese Entwicklung geht es in diesem Zusam- menhang um eine verallgemeinerungsfähige Erkenntnis: Die SPD hat an Ak- zeptanz beim Wahlbürger verloren. Sie wird weniger als früher als Vertrete- rin von Interessen ihrer Wähler gesehen. Das geht zwar noch nicht so weit, dass diese Wähler gleich anderen Parteien zulaufen, schon gar nicht rechtsra- dikalen, denn solche Wählerwanderungen sind nicht feststellbar. Vielmehr bleiben sie zu Hause. Es verblasst mithin die jahrzehntelang gültige, schein- bar bewährte Meinung, dass nur über die Parteien Einfluss auf die Gestaltung des politisch-gesellschaftlichen Lebens in der Bundesrepublik genommen werden kann. Mehr noch, und das ist das eigentlich Alarmierende: Die Wahlbürger wollen keinen Einfluss mehr nehmen und realisieren nicht, dass sie ihn durch Fernbleiben von den Urnen ja auch, wenn auch nur in diffuser Weise ausüben.

Wer jetzt einwenden möchte, dem allen stünde doch der große Sieg bei der Bundestagswahl vom Herbst 1998 gegenüber, dem muss Wasser in seinen Wein gegossen werden: Die SPD hat nicht so überzeugend gewonnen, weil sie so gut, sondern weil ihr Hauptkonkurrent, die Union, so schlecht war. Ge- wiss, die SPD hat den professionelleren Wahlkampf geführt – einen Wahl- kampf, der sehr intelligent auf die heraufziehende Spaßgesellschaft zuge- schnitten war, und sie hat auch die attraktiveren, in der Bundespolitik unver- brauchten Köpfe aufgeboten. Und sie hat Themen wie Arbeitslosigkeit, Steu- ern, Renten und Umwelt aufgegriffen, deren Nichterledigung dem Reform- stau der vergangenen 16 Jahre zugeschrieben wurde. Die SPD hat von einer Stimmung profitiert, die sich so beschreiben lässt: Wenn's die schon nicht packen, sollen's doch mal die anderen versuchen. Wohlgemerkt: Sie hat von einer Stimmung profitiert, weniger von neuen Konzepten und überzeugenden Antworten auf brennende Fragen. Dass ihr auch eher als den Bürgerlich- Konservativen zugetraut wurde, das Ziel soziale Gerechtigkeit zu berücksichtigen, mag ebenfalls geholfen haben. Doch all dies reicht noch nicht aus, um der SPD ein dauerhaftes, stabiles Fundament der Zustimmung und des Vertrauens bei einem berechenbar großen Teil des Wahlvolkes zu verschaffen.

Für die CDU sieht es fast genauso aus. Allerdings stimmen manche Beobachtungen im Hinblick auf die Zukunft der Parteiendemokratie noch betrüblicher. Die Union war an der Macht, als eine einmalig günstige internationale Konstellation, ein Wendepunkt der europäischen Geschichte eingetreten war: die Auflösung des sowjetischen Imperiums mit dem Zerfall der Machtzentrale, der Freiheitswille im östlichen Europa und der Aufbruch der Menschen in der DDR. Sie hat in den wenigen Monaten, in denen es auf entschlossenes Handeln ankam, vom Dezember 1989 bis zum August 1990, diese Situation genutzt und westlicherseits die wichtigsten Voraussetzungen geschaffen, damit die Ostdeutschen ihre Unterdrücker abschütteln und der alten Bundesrepublik beitreten konnten. Insofern war die Union Generalauftragnehmer der Ostdeutschen, der wahrhaft Handelnden. Was von der Bundesrepublik aus zu tun war, hat die Bundesregierung unter Helmut Kohl tadellos erledigt. Was folgte, war eine PR-Meisterleistung: Es gelang der Union, den Eindruck bei den Menschen zu verfestigen, vor allem die Union habe die Einheit wirklich gewollt, und sie allein verfüge über die Mittel, sie mit der Wirtschafts- und Währungsunion sowie nach außen gegenüber Gorbatschow und einigen zögernden Westalliierten auch durchzusetzen. Während die SPD ihre teils berechtigten, teils überflüssigen Bedenken gegenüber einem zu schnellen Einigungsprozess zu Protokoll gab und damit einen strategischen Fehler beging, sonnte sich die CDU auf den Wogen der Zustimmung. So ist es kein Wunder, dass das Wahljahr 1990, von der freien Märzwahl in der DDR bis zur ersten gemeinsamen Bundestagswahl im Dezember, zu einer Erfolgsstory für die CDU wurde. In Zeiten der Euphorie haben Mahner und Bedenkenträger keine Konjunktur. Dieser Zustimmungs- und Akzeptanzvorsprung reichte der Union für den Sieg in fast allen Landtagswahlen in den jungen Ländern (mit Ausnahme Brandenburgs) kurz nach der Vereinigung, auch noch zu einem, allerdings nur noch knappen in der Bundestagswahl 1994. Einige spektakuläre Wahlerfolge im alten Bundesgebiet im Jahre 1999 waren dann vor allem dem diffusen Erscheinungsbild der rotgrünen Bundesregierung in ihrem ersten Regierungsjahr geschuldet. Vergessen wird meist, dass die CDU bei jenen Landtagswahlen in absoluten Zahlen kaum neue Wähler hinzugewinnen konnte.

Eine nüchterne Bilanz der Landtagswahl in NRW zeigt, dass die Probleme der CDU viel tiefer liegen, als jene glauben, die stets auf die Parteispendenaffäre als Hauptursache eines zeitweiligen Desasters verweisen. In dieser Wahl verlor die CDU gegenüber der letzten Landtagswahl mehr als 300.000 Stimmen, im Vergleich zur bitteren Niederlage in der Bundestagswahl 1998 fast eine Million und im Vergleich zur für sie vermeintlich erfolgreichen Kommunalwahl im September 1999 sogar über eine Million Stimmen. Als Helmut Kohl 1998 aus dem Amt geschickt worden war, kamen die Unionsparteien bundesweit nur noch auf 35 Prozent; im März 1983, kurz nach dem Machtwechsel, hatten noch über 48 Prozent für CDU und CSU gestimmt. Die nach dem Essener Parteitag neu strukturierte Führung unter Angela Merkel mit ihrem Sympathiebonus hat es bis heute nicht vermocht, beim Wahlvolk den Eindruck einer Neupositionierung in inhaltlichen Fragen zu erwecken. Folgt man der Demoskopie, so gibt es heute kein Politikfeld, in dem der CDU die Lösung von Problemen eher als der SPD zugetraut wird.

Die kleinen Parteien

Und die FDP? Die sie betreffenden Untergangsprophezeiungen sind inzwischen Legion. Doch sie lebt weiter, und – wie es zuletzt scheint – ganz munter. Aus der staatlichen Vereinigung, an deren Zustandekommen Außenminister Hans-Dietrich Genscher so viele Verdienste besitzt wie Helmut Kohl, ist die FDP zunächst – durch Aufnahme der LDPD- und einiger NDPD-Mitglieder – zahlenmäßig gestärkt hervorgegangen, doch hat sie inzwischen in den jungen Ländern jede politische Bedeutung verloren. Sie sitzt in keinem ostdeutschen Landtag mehr und bewegt sich bei Wahlen in Größenordnungen, die in Wahlanalysen kaum mehr gesondert aufgeführt werden. Für diese Partei existiert ein prinzipielles Problem, dass sie allein nicht lösen kann: Bis zur Bundestagswahl 1998 erfolgten alle Regierungswechsel in der Bundesrepublik durch einen Koalitionswechsel, den stets die FDP vollzog. Sie war mithin das entscheidende Machtkorrektiv zwischen den beiden großen Volksparteien. Das änderte sich grundsätzlich im Herbst 1998. Zum ersten Mal wurde eine Bundesregierung „ordentlich" abgewählt – die FDP war überflüssig geworden. Hinzu kommt, dass die FDP mit dem Schwenk zur Union 1983 ihren sozialliberalen Flügel verloren, besser: verdrängt bzw. bis zu Unkenntlichkeit gestutzt hatte und mit dem Rücktritt des über Parteigrenzen hinweg hoch geachteten Hans-Dietrich Genscher vom Amt des Außenministers 1993 eine Galionsfigur das blau-gelbe Boot verließ. Unter den Parteivorsitzenden Klaus Kinkel und Wolfgang Gerhard wurde das Bild der FDP im zentralen Machtgefüge der Republik schließlich nur noch von ihrem Image als (entbehrlicher) liberaler Appendix der CDU bestimmt.

Ihr Stammwählerpotential ist drastisch geschrumpft. In einige Landesparlamente, vor allem in ihren süddeutschen Stammlanden, scheint sie nur noch mit Hilfe von CDU-„Leihstimmen" gekommen zu sein (Baden-Württemberg, Rheinland-Pfalz, Hessen). Einen Umschwung brachten die Landtagswahlen in Schleswig-Holstein 1999 und in NRW 2000, wo die Partei zur Überraschung aller Beobachter auf deutlich über acht Prozent der Stimmen kam und wieder drittstärkste Partei im Landtag wurde. Die von Jürgen Möllemann propagierte Strategie der Öffnung gegenüber den Sozialdemokraten scheint auch wieder junge Wähler anzusprechen, also jenen Wählerkreis, der der FDP zwischenzeitlich weithin abhanden gekommen war. In NRW blieb die FDP zwar eher wirtschaftsliberal ausgerichtet, bot jedoch auch wieder klassische liberale Positionen an, zum Beispiel in der Ausländerpolitik und beim Schutz der Grundrechte, was sie gegenüber der CDU unterscheidbar macht. Zwar kann man heute schon von einer Möllemann- und einer Gerhard-FDP sprechen, wobei noch Schattierungen wie die trotz der CDU-Finanzaffäre in Nibelungentreue zum hessischen Ministerpräsidenten Roland Koch verharrende Ruth Wagner und die Anhänger des Generalsekretärs Guido Westerwelle hinzukommen, doch für die FDP muss das keineswegs abträglich sein. Während die beiden großen Volksparteien in ihrer Wählerakzeptanz (auf unterschiedlichem Niveau) stagnieren, kann Blau-Gelb einigermaßen hoffnungsfroh in die Zukunft sehen. Eine Partei für die Spaß- und Yuppie-Gesellschaft macht sich bereit – als farbiges Element mit nobler Einzelkämpfer-Attitüde und immer noch wohlhabender Klientel geht es gar nicht so sehr um liberale Prinzipien, die vertreten ja schließlich auch die anderen. Aber man glaubt offenkundig (wieder), dass diese am besten bei der FDP aufgehoben sind.

Die Bündnisgrünen, jener bis heute nicht wirklich geglückte Zusammenschluss von eher pragmatischen grünen Bürgerrechtlern aus der DDR (Bündnis 90), Realos und fundamentalistischen Umweltkonservativen aus dem Westen der Republik, brachten und bringen noch immer die stärksten Veränderungen in die republikweite Parteienlandschaft. Nach fast 20 Jahren als Bundestagspartei könnten sie jedoch zu einer Generationenpartei werden: Die Tatsache, dass die Grünen in der jüngeren Generation vergleichsweise wenig Zuspruch finden, könnte die Gründergeneration auch zur letzten in der Geschichte der Partei machen. In den jungen Ländern spielten die Grünen politisch nie eine Rolle. Sie galten zwar als verdienstvolle Vorbereiter der Bürgerrevolution, doch beharrten sie wohl zu lange auf der Vorstellung, ein demokratischer Sozialismus, also eine selbständige, aber demokratisierte DDR könne als Alternative zur alten Bundesrepublik erhalten werden. Eine soziale Schicht, die grünes Gedankengut politisch umsetzen will, ist in den jungen Ländern nicht in Sicht. Im Westen der Republik sieht das anders aus. Die Ur-Grünen rekrutierten sich weitgehend aus dem sozial abgesicherten Bildungsbürgertum, den Universitäten und dem öffentlichen Dienst. Deren Angehörige wandten sich den bis dahin von den großen Parteien vernachlässigten Politikfeldern zu, etwa der Ökologie. Die in ihrer Hochblüte stehende westdeutsche Wohlstandsgesellschaft der siebziger und achtziger Jahre, die die tradierten Machtstrukturen bis dahin mit großer Selbstgefälligkeit und wachsender Bürgerferne verwalten ließ, lieferte den Grünen ihre attraktiven Milieus frei Haus. Als die Grünen 1983 in den Bundestag einzogen, setzte das große Erschrecken über diese Bürgerkinder ein, die plötzlich den ungebremsten

Energieverbrauch, das Leben auf Kosten der nächsten Generationen und Verhaltensmuster des Establishments in Frage stellten. Als mit der staatlichen Vereinigung und ihren erst langsam sichtbar werdenden ökonomischen Problemen existentielle Bedrohungen neue Nahrung erhielten, wurde grüne Politik merkwürdig randständig. Zwar haben sich die Grünen manche Themenbereiche inzwischen angeeignet, die einer Petra Kelly noch unwichtig erschienen wären, aber damit haben sie sich freiwillig und notwendigerweise in Konkurrenz zu den großen Zwei begeben, wo sie nun ständig beweisen müssen, dass sie origineller, bürgernäher und entschlussfreudiger agieren als diese.

Die Grünen als Regierungspartei haben zwangsläufig ihre alten Wertemilieus aufgegeben – und keine unverwechselbar eigenen, neuen entdeckt. Besonders auffällig ist, dass grüne Werte offenbar keine große Attraktivität mehr für junge Wähler, ja für große Teile der jungen Generation zu besitzen scheinen. Schon weiß man nicht mehr genau, ob die Grünen mehrheitlich nur noch aus nostalgischen Gründen gewählt werden, ob es da überhaupt noch einen zuverlässigen Wählerstamm gibt oder ob es sich bei den heutigen Grünwählern nur noch um alt gewordene Bildungsbürger handelt, die ihren Jugendträumen auch unter gesicherten Lebensverhältnissen treu bleiben wollen.

Die Parteien im Vereinigungsprozess

Welchen Einfluss hat die aus der deutschen Vereinigung resultierende Herausbildung des gesamtdeutschen Parteiensystems auf Struktur und Inhalte der Parteiprogramme gehabt? Schon zur ersten freien, vom Mai auf den März vorgezogenen Volkskammerwahl 1990 wurde eine neue Parteienmelange sichtbar. Von der West-SPD gab es für die neue Ost-SPD eine Menge logistische Hilfe, und auch in der Vorliebe für ein langsames Vereinigungstempo waren sich beide Schwestern weitgehend einig. Für die West-CDU und die West-FDP wurden die noch in vollem Umfang vorhandenen organisatorisch-logistischen Strukturen der Blockparteien CDU und LDPD interessant, denen die westdeutschen Parteiführungen zunächst mit großer Skepsis gegenübergetreten waren – was heute niemand mehr so recht wahrhaben will. Doch das im Februar 1990 gebildete Wahlbündnis „Allianz für Deutschland", bestehend aus Ost-CDU, Demokratischem Aufbruch (DA) und dem neu gegründeten CSU-Ableger Deutsche Soziale Union (DSU), stand für schnelle Währungsunion und schnelle Vereinigung, dem sonst alle weiter existierenden programmatischen Differenzen, vor allem bei der DSU, untergeordnet wurden. Auch bei den Liberalen kam ein Wahlbündnis zustande. Im ebenfalls im Februar gegründeten Bund Freier Demokraten (BFD) fanden sich die alte LDPD, die Deutsche Forumpartei (DFP) und eine neu gegründete Ost-FDP zusammen. Auch in diesem Bündnis gab es programmatische Unterschiede, vor allem hinsichtlich des Vereinigungstempos.

Die West-Grünen verbanden sich mit den Ost-Grünen, die ihrerseits noch den Unabhängigen Frauenverband (UFV) mitbrachten. Ohne westliche Partner blieben sowohl die PDS als auch – zunächst – das ebenfalls im Februar 1990 geschlossene Bündnis 90, dem die Bürgerbewegungen Neues Forum (NF), Demokratie Jetzt und die Initiative Frieden und Menschenrechte angehörten. Gleiches gilt auch für die Demokratische Bauernpartei Deutschlands (DBD) und die Nationaldemokratische Partei Deutschlands (NDPD). Beide nahmen ebenfalls noch an den März-Wahlen teil, wurden aber später von den bürgerlichen Parteien CDU und FDP mehr oder weniger geschluckt. Alle diese Parteien und politische Gruppierungen sind in dieser oder jener Form, überwiegend über einen Teil ihrer alten Mitgliedschaft, auch im vereinigten Deutschland präsent. Nur das Aktionsbündnis Vereinigte Linke (VL) und ihr Splitterchen, die orthodox-anarchistisch-kommunistische Neugründung Die Nelken, die für den Fortbestand einer souveränen DDR eintraten, sind aus dem Parteienspektrum verschwunden.

In den Monaten bis zu den ersten Landtagswahlen in den neuen Ländern im Oktober und der ersten gesamtdeutschen Bundestagswahl im Dezember 1990 gab es Verschiebungen im zum Teil schon gesamtdeutschen Parteienspektrum, die hier aus Chronistenpflicht Erwähnung finden, allerdings für eine abschließende Beurteilung der Entwicklung keine große Bedeutung mehr haben. Mitte Juni schloss sich die DBD, im August der DA der Ost-CDU an, die dann kurz vor dem 3. Oktober geschlossen in die Arme der mächtigen westlichen Schwester stürzte. Das alles verlief ziemlich reibungslos, programmatische Diskussionen sind nicht bekannt geworden. Ein wenig schwieriger gestaltete sich der Parteienan- und -zusammenschluss im liberalen Lager, weil hier die Zersplitterung größer war. Zunächst gab es Namensänderungen (LDP in BFD), dann, im Juni, trat die DFP den ostdeutschen Mehrheitsliberalen bei und wurde die schon bedeutungslose NDPD aufgenommen. Im August schließlich fand ein Vereinigungsparteitag statt, der zu einer Verdreifachung der Mitgliederzahl der nun gesamtdeutschen FDP führte. Der Vereinigungsparteitag zwischen West- und Ost-SPD im September verlief ohne Debatten über die Vergangenheit, schließlich waren die Ost-Sozialdemokraten ja einen schwierigen, aber souveränen und damit durch altes Personal unbelasteten Weg gegangen (noch im Februar hatten sie die Aufnahme ehemaliger SED-Mitglieder durch Beschluss verhindert). Doch bestanden zwischen Ost- und West-SPD in deutschland- und sicherheitspolitischen Fragen Auffassungsunterschiede, die sich auf die NATO-Mitgliedschaft Deutschlands, auf Abrüstungsfragen und die Frage nach Tempo und Gangart im Vereinigungsprozess bezogen. Die westdeutschen Genossen hatten es zudem geschafft, bei den Ostdeutschen den Eindruck zu erwecken, sie wollten die Einheit gar nicht richtig. Das entsprach zwar nicht den Tatsachen, denn ihnen ging es vielmehr darum, Fehler frühzeitig zu vermeiden und nicht später reparieren zu müssen, was in der Euphorie der Vereinigungsstimmung übersehen, falsch eingeschätzt oder aus Wahlkampfgründen bewusst hingenommen wurde. Doch in historischen Entscheidungssituationen werden auch die ehrsamsten Bedenkenträger als wankelmütige Zauderer und schließlich unwillige Verhinderer ausgemacht. Die SPD hat dafür in den Bundestagswahlen 1990 und 1994 einen hohen Preis gezahlt.

Am längsten hat die Einheit freilich bei den Grünen auf sich warten lassen. Zur ersten gesamtdeutschen Bundestagswahl gab es zwar schon ein Wahlbündnis zwischen den Ost-Grünen und dem Bündnis 90. Doch es sollte noch zwei Jahre dauern, bis es zu einer Art Assoziation zwischen West-Grünen und diesem ehemaligen Wahlbündnis kommen sollte. Der Beobachter, der Bündnis 90/Die Grünen und den Auftritt ihrer Spitzenvertreter in Öffentlichkeit und im Bundestag unter die Lupe nimmt, wird den Eindruck nicht los, dass auch nach dem Sieg der westdeutschen Realos noch immer zwischen dem politischen Pragmatismus der Ost-Grünen und dem inzwischen rationalisierten Fundamentalismus der West-Grünen ein sichtbarer Unterschied besteht. Mit anderen Worten: Einen Teil der Grünen-Wähler tröstet es, dass Bündnis 90/Die Grünen noch immer ein Stück Bewegung geblieben sind, ein bisschen chaotisch, ein bisschen modernistisch, immer noch mit „Glaubens"-Sätzen hantierend, aber auf manche BildungsbürgerInnen, die sich vor Ort engagieren, angenehm moderat-progressiv wirkend. Für den anderen Wählerteil ist es wiederum tröstlich, dass diese Grünen unzweideutig auf dem Weg zu einer Partei sind, dass sie aktiv gestaltend an der Macht beteiligt sein wollen und dass sie daher kompromissfähig geworden sind. Gefährlich dürfte es für die Bündnisgrünen werden, wenn die schmale Trennlinie zwischen Kompromissfähigkeit und Machtopportunismus nicht mehr erkennbar wird, wenn auch bei den Grünen mehr und mehr der Klebstoff entdeckt wird, der das Räumen von Abgeordneten- und Ministersesseln so ungemein schwierig zu machen scheint.

Ende des Jahres 1990 hatte sich damit in ganz Deutschland ein nahezu einheitliches, nur in Schattierungen abweichendes Parteiensystem herausgebildet, das im Wesentlichen von den Grundzügen der Altparteienstruktur im Westen des Landes geprägt wurde. Es bleiben ein paar neue Entwicklungen, die allerdings schon qualitativen Charakter haben. So ist mit der PDS seit 1990 eine Partei im Bundestag vertreten, deren Mitglieder- und Wirkungsschwerpunkt eindeutig – und auf absehbare Zeit – in den östlichen Ländern liegt. Neu und insofern abweichend von den alten Ländern ist, dass sich in vier der fünf neuen Ländern faktisch eine Dreiparteienkonstellation (CDU, SPD und PDS) herausgebildet hat, die eine beträchtliche Stabilität gewonnen zu haben scheint. Eine seinerzeit viel beachtete Ausnahme bildet Sachsen-Anhalt, wo die Bündnisgrünen acht Jahre im Landtag und auch in der Regierung saßen und erst im Bundestagswahljahr 1998 vom Wähler hinauskomplimentiert wurden. Dafür zog die rechtsextreme Deutsche Volksunion (DVU) mit fast 13 Prozent der Stimmen in den Magdeburger Landtag ein, wo sie jedoch wegen überwältigender Unterqualifikation ihrer Abgeordneten als politische Kraft nicht in Erscheinung tritt.

Trotz struktureller Angleichung zwischen Ost und West im Hinblick auf die Parteien bleiben im Osten einige besondere Entwicklungen in den letzten zehn Jahren auffällig. So hat die CDU ihre während und kurz nach der Bürgerrevolution sowie im Wahljahr 1990 errungene, fast schon übermächtige Vormachtstellung verloren, ihre Wählerschaft ist kontinuierlich geschmolzen, vor allem im ländlich-kleinstädtischen Milieu und bei abhängig Beschäftigten in der (ebenfalls stark abgebauten) Industrie. Die erst langsam sichtbar werdenden Härten des Vereinigungsprozesses haben inzwischen bei vielen Ostdeutschen die Einsicht gefördert, dass es mit der vermuteten wirtschaftlichen Potenz des damaligen Bundeskanzlers, der ihnen die schnelle Angleichung der Lebensverhältnisse zwischen Ost und West versprochen hatte, doch nicht so weit her sein konnte. Die SPD konnte 1998 die führende Position bei Arbeitern und kleinen Angestellten zurückerobern. Was die CDU in den neuen Ländern weiter auszeichnet, ist ihre klare, gerade für den SED-PDS-kritischen Bevölkerungsteil attraktive Abgrenzungsstrategie gegenüber der PDS – trotz einer Vielzahl von schwarz-roten Kooperationen auf regionaler und kommunaler Ebene. Für die SPD lässt sich der Befund knapper formulieren: Obwohl der Aufwärtstrend in den Ost-Ländern unübersehbar ist, hat sie seit der Vereinigung eine Kernwählerschaft nicht gewinnen, nicht einmal eine nennenswerte Mitgliederschaft aufbauen können. Dies liegt zum Teil an einer grundsätzlichen Desillusionierung der Wahlbürgerschaft gegenüber allem, was noch auch aus der Entfernung wie Sozialismus schmeckt, zum Teil aber auch daran, dass inzwischen einige sozialdemokratische Positionen auch von der PDS vertreten werden, zum Beispiel die Forderung nach mehr sozialer Gerechtigkeit.

Dass die SPD 1998 in Mecklenburg-Vorpommern eine Koalition mit der PDS eingegangen ist, hat für beide Partner erhebliche Probleme geschaffen. Diese Aufwertung der PDS ist innerhalb der SPD noch lange nicht unumstritten, vor allem nicht im Westen, wo die PDS immer noch als Schmuddelkind der SED-Kommunisten gesehen wird. Und die waren es ja schließlich – so ist in manchen Ortsvereinen im Westen zu hören –, die in der Sozialdemokratie einstmals, gegen Ende der Weimarer Republik, ihren größten Feind sahen und die 1946 in der SBZ mit der Zwangsvereinigung das politische Aus der SPD mit den Machtmittel einer stalinistischen Parteidiktatur herbeiführten. Da die PDS bis heute eine kritische Aufarbeitung ihres Erbes nicht wirklich geleistet hat, nimmt mancher sozialdemokratische Altgenosse jede Kooperation mit der PDS nur kopfschüttelnd zur Kenntnis. Hinzu kommt, dass Widerstand aus Überzeugung auch von den meisten jener Sozialdemokraten kommt, die ostdeutsche Wahlkreise im Deutschen Bundestag vertreten. Die

Parteiführung, nicht zuletzt Bundeskanzler Gerhard Schröder, mag aus politischem Kalkül eine Öffnung zur PDS auf unterer und mittlerer Ebene betreiben, schließlich verdoppelt dies die Optionen der SPD gerade in den ostdeutschen Ländern; man hat jetzt neben der CDU einen zweiten potentiellen Koalitionspartner. Doch halten die heutigen Skeptiker nur so lange still, wie das Regierungsgeschäft halbwegs gut geht. Die innerparteiliche Diskussion dürfte aufbrechen, wenn einst Schuldige für Wahlverluste gefunden werden müssen.

Dabei ist freilich vorausgesetzt, dass sich die PDS nicht oder nicht wesentlich ändert. Denn auch für sie ist die Frage, ob man für alle Zeit Systemopposition sein oder sich zur Reformopposition wandeln will, bisher nicht geklärt. Zudem ändert sich auch ihr Wählermilieu: Neben den alten, von der SED geerbten Funktionseliten, DDR-Nostalgikern und orthodoxen Altkommunisten gibt es in der PDS durchaus Pragmatiker, die auf einen linkssozialistischen Kurs hoffen, und Gerechtigkeitslyriker, die glauben, man müsse nur die Millionäre in Deutschland enteignen, um alle wirtschaftlichen und sozialen Problem zu lösen. Die PDS bietet somit ein Programm-Potpourri, das sie vielen Ostdeutschen immer noch als beste Vertreterin ihrer Interessen erscheinen lässt. In Zeiten gewaltiger Umbrüche liebt man zudem die bekannten Hausnummern. Was daraus werden soll, weiß gegenwärtig niemand, auch nicht, ob die PDS durch ihre Regierungsbeteiligung in Schwerin ernsthaft „entzaubert" werden kann.

Dieses Bild ist noch durch zwei Beobachtungen zu ergänzen, die besonders auffällig in Ostdeutschland zu machen sind, die aber, etwas abgeschwächt, auch für die alten Länder zutreffen. Analysen der Wahlen in Ostdeutschland, vor allem der Wählerwanderungen, zeigen, dass dort längerfristige Bindungen an eine bestimmte Partei noch schwächer als im Westen ausgeprägt sind beziehungsweise nach 1989 keine oder nur schwache Bindungen entstanden sind. Man vergibt seine Stimme eher nach kurzfristigen Erfahrungen und Stimmungen und entzieht sie genau so schnell wieder. Sozialstrukturelle Verankerungen aller Parteien sind kaum ausgebildet. Davon können auch einmal extremistische Positionen profitieren, wie zuletzt 1998 in Sachsen-Anhalt. Dahinter steckt ein verbreitetes Misstrauen gegen Parteiprogramme, was – auch wenn es ähnliche Phänomene in den westdeutschen Ländern gibt – mit dem Erbe der DDR zu tun hat. Wer mit aktuellen Schwierigkeiten zu kämpfen hat, interessiert sich verständlicherweise weniger für Zukunftprogramme.

Noch stärker als in den alten Ländern sind Wahlen in Ostdeutschland Persönlichkeitswahlen. Kurt Biedenkopf, Bernhard Vogel, Harald Ringstorff, Reinhard Höppner und Manfred Stolpe sind Politiker, denen vielfach auch dann vertraut wird, wenn sich die Wählergunst nicht auf ihre Parteien erstreckt. Dieses spätroyalistische Identifikationsverlangen ist in unsicheren Zeiten ohne erquickliche Perspektiven mehr als verständlich, wenn es auch den Vermittlungsprozess zwischen unmittelbaren, subjektiven und mittelbaren Gemeinwohlinteressen erschwert, die Fokussierung auf langfristige Ziele beträchtlich beeinträchtigt und demagogisch-populistischen Effekthaschereien der Entscheidungsträger Vorschub leistet. Andererseits hat das jedoch dazu geführt, dass die eben genannten Ministerpräsidenten wieder das – stabilisierende – Image eines Landesvaters erworben haben, wie es in den alten Ländern inzwischen kaum mehr möglich ist.

Letzten Endes kann nicht übersehen werden, wie stark in letzten zehn Jahren die Wahlbeteiligung gerade in den neuen Ländern zurückgegangen, ja auf einen besorgniserregenden Niedrigstand abgesackt ist. Ist das Politikverdrossenheit ? Jedenfalls ist es ein Indiz für die Vermutung, dass die Integrationsfähigkeit und Attraktivität der beiden großen Volksparteien abgenommen hat. Sporadische Erfolge rechtsextremer Splitterparteien sprechen zwar noch nicht für drohende Auflösungs- oder gewichtige Abkopplungsprozesse an ihren Rändern. Jedoch hat der von ihnen einst ausgehende Sog, der entsteht, wenn man glaubt, nur über sie erfolgreich Interessen vertreten zu können, stark abgenommen. Das hat sicher mit einem neuen, sich ausbreitenden Politikverständnis zu tun, das partizipatorische Elemente gegenüber traditioneller Interessenvertretung durch starke alte Männer bevorzugt Die geschilderte Situation in Ostdeutschland steht dem keineswegs entgegen. Wenn demnächst die aus der Bürgerrevolution transitorisch hervorgegangene Führungsriege abtritt, dürften sich die Entwicklungen in Ost und West noch stärker angleichen. Dieses veränderte Politikverständnis trifft zudem auf ein ganz zentrales Problem: Keine der im Verfassungsbogen agierenden Parteien kann heute ein Reformkonzept für die soziale Markwirtschaft anbieten, das unter den Bedingungen der globalen Vernetzung aller Märkte attraktive und vor allem glaubwürdige Entwicklungschancen eröffnet. Hier liegt die Krux: Die Parteien als tradierte Vermittler von Konzepten haben wenig Überzeugendes zu bieten, wenn sie besonders gebraucht werden. Mehrheitsfähige Konzepte sind gefragt, die die fortschreitende Pluralisierung der Gesellschaft auf ein operativ handhabbares Maß zurückbindet. Allzuständigkeitsansprüche der etablierten Parteien müssen dagegen aufgegeben werden. Dies gilt in Deutschland insbesondere deshalb, weil durch die Vereinigung aus der Pluralisierung zum Teil schon eine Fragmentierung geworden ist. Wie aber soll eine Gesellschaft freier Bürger ohne oder mit handlungsunfähigen Parteien funktionieren? Auch die schnellzüngigen Feinde des Parteienstaates haben keine Antwort auf diese Frage. Die vielbeschworene Zivilgesellschaft des mündigen Bürgers bleibt ohne die Verfassungsparteien ein Phantom.

Das vereinigte deutsche Parteiensystem hat sich – allerdings bei für den Wähler abnehmender Attraktivität – als ziemlich stabil erwiesen. Die Vereinigung hat für beide große Volksparteien einen Linksruck gebracht, bei beiden sind starke Schwimmstöße in Richtung einer konservativen Korrektur zu beobachten, naturgemäß bei der CDU stärker als bei der SPD, der die Kanzlerschaft von Gerhard Schröder den Weg zur „neuen Mitte", wo immer die auch liegen mag, gewiesen hat. Beide Großen bemühen sich um Rückgewinnung von Integrationsfähigkeit, die SPD mit Blick auf ihre alte Klientel in der Industriearbeiterschaft und den sonstigen gesellschaftlich und sozial Benachteiligten, die CDU vor allem, um die desaströsen Folgen der unsäglichen Parteispendenaffäre auszubalancieren und Meinungsführerschaft wenigstens in einigen Themenbereichen zurückzugewinnen.

Die vielfach totgesagte FDP scheint einen neuen Aufwind gefunden zu haben. Die beste Zeit der Bündnisgrünen hingegen scheint vorbei, sie werden, wie vor ihnen die FDP, eine Neuorientierung anstreben müssen, um eine Zustimmung bei den Wahlen zu erreichen, die sie als Koalitionspartner interessant bleiben lässt. Die PDS behält auf absehbare Zeit ihre Basis in den neuen Ländern, eine Ausdehnung nach Westen über die Fünfprozenthürde hinaus wird jedoch erst gelingen können, wenn die Partei eine vermittelbare programmatische Statur gewonnen hat.

Ist die PDS am Ende ?

Peter Jochen Winters

Der erste Parteitag, den die Partei des Demokratischen Sozialismus (PDS) im Westen Deutschlands, im April 2000 in Münster, abhielt, bedeutet eine Zäsur in der Entwicklung der Partei, die 1989/90 aus der zusammengebrochenen SED entstanden war. Dort, wo die PDS sich als eine ernst zu nehmende, koalitionsfähige Partei präsentieren wollte, verlor sie auf einen Schlag ihr Zentrum und ihr Gesicht, brach der von Anfang an schwelende Konflikt zwischen den demokratischen Reformsozialisten, die die Partei zu einer gesamtdeutschen, auf dem Boden des Grundgesetzes stehenden, sich zum demokratischen Parlamentarismus bekennenden linken sozialistischen Partei formen wollen, und den rückwärtsgewandten Ideologen und Dogmatikern der Kommunistischen Plattform und des Marxistischen Forums, zu denen sich Sektierer und Chaoten aus den einstigen westdeutschen K-Gruppen gesellten, unübersehbar wieder auf.

Mit dem nicht unerwarteten Rückzug von Lothar Bisky und Gregor Gysi wurde der Generationswechsel an der Spitze der Partei plötzlich Realität, so dass der nächste Parteitag von Januar 2001 auf Oktober 2000 vorgezogen werden musste. Die Situation verschärfte sich noch dadurch, dass in Münster in bisher nicht gekannter Weise eine stellvertretende Parteivorsitzende – die seit 1993 amtierende Sylvia-Yvonne Kaufmann – einen Antrag des Vorstands durch eine emotionale Rede und mit Hilfe einer bunten Koalition von Reformgegnern in der Partei zu Fall brachte. Freilich kam ihr dabei entgegen, dass in den letzten Jahren nicht zuletzt die reformsozialistische Führung die Partei als „Erbin der Friedensbewegung" und „Hort des Pazifismus in Deutschland" dargestellt hatte. Auf dem Parteitag wollten die Reformer – um die Bundestagsfraktion nicht dem Anschein der Politikunfähigkeit auszusetzen – das programmatische Nein der PDS zu Militäreinsätzen der Vereinten Nationen aufweichen. Es ging um die Frage, ob im Ausnahmefall – wie im Kosovo-Krieg – ein vom Sicherheitsrat der Vereinten Nationen gedecktes militärisches Vorgehen gegen Völkermord oder Aggression von der Partei akzeptiert werden könne. Der Parteitag entschied mit 219 zu 126 Stimmen gegen den Vorstand: Es blieb beim kategorischen Nein, der Eklat war da.

Lothar Bisky, seit Januar 1993 Bundesvorsitzender, ein ausgewiesener Reformer, der seine Hauptaufgabe darin sah, die Konflikte zwischen Pragmatikern und Dogmatikern zu entschärfen, Kompromisse zu finden und zu versöhnen, verkündete in Münster, dass er im Januar 2001 – wie das Parteistatut es gebietet – nach acht Jahren in diesem Amt nicht wieder als Vorsitzender kandidieren werde. Politische Ämter seien *„stets nur Übergabe von Macht und Verantwortung auf Zeit"*. Eine „Lex Bisky" zur Verlängerung seiner Amtszeit könne und dürfe es nicht geben. Bisky will sich nicht aus der Politik zurückziehen oder gar – was einige ihm nahegelegt haben – die PDS verlassen und etwa in der SPD eine neue politische Heimat finden. Entsprechende Bemühungen der Sozialdemokraten kämen auch viel zu spät. Sie hätten allenfalls 1989/90 Erfolg haben können, doch damals wollte die SPD nichts davon wissen, frühere SED-Mitglieder, auch wenn sie sich längst vom „Sozialismus in den Farben der DDR" verabschiedet und für den Weg des demokratischen Sozialismus entschieden hatten, in ihre Reihen aufzunehmen. Bisky will sich erstens auf seine politische Arbeit im Land Brandenburg als PDS-Fraktionsvorsitzender im Landtag konzentrieren. Zweitens will er mehr Zeit für die Leitung der Programmkommission haben, die das Parteiprogramm von 1993 überarbeiten, weiterentwickeln und den heutigen Erfordernissen anpassen soll. Schließlich habe er *„das große Bedürfnis"*, sich stärker um die *„Entwicklung der politischen Kultur innerhalb der PDS"* zu kümmern.

Gregor Gysi, der glaubhaft versicherte, dass seine Entscheidung, nicht noch einmal für den Fraktionsvorsitz im Bundestag zu kandidieren, bereits vor dem Parteitag in Münster gefallen sei, hat die PDS in der breiten Öffentlichkeit und den Medien überhaupt erst zu einer wahrgenommenen und wählbaren Partei gemacht. Durch die Kraft seiner Rede und seiner Argumentationsweise gelang es ihm, Aufmerksamkeit zu erregen und die PDS auch im Westen gesellschaftsfähig zu machen. Dieser mit Intelligenz und Witz begabte Medienstar, der demokratischen Sozialismus als überzeugende Abkehr vom Sozialismus marxistisch-leninistischer, politbürokratischer Prägung eingängig und glaubwürdig zu vermitteln versteht, gilt vielen als der Typ des gewandelten Kommunisten, dem man vertrauen kann. Es ist bemerkenswert, dass ihm die jahrelangen Bemühungen seiner politischen Gegner, ihn als Inoffiziellen Mitarbeiter der Stasi oder als DDR-Anwalt, der seine Mandanten verraten habe, zu entlarven, in der Öffentlichkeit nicht schaden konnten – nicht nur, weil kein Gericht und kein Parlamentsausschuss außer Verdächtigungen wirklich belastende Fakten hatte zutage fördern können, sondern auch, weil er sein Verhalten unter den zu DDR-Zeiten obwaltenden Umständen plausibel erklären konnte. Ohne ihren Vormann Gysi wird es die PDS sicher schwer haben.

Markiert der erste Parteitag der PDS im Westen Deutschlands das Ende der Partei, die aus dem Osten kam und dort nach wie vor ihre Wurzeln und ihre Wählerbasis hat? Diejenigen, die seit zehn Jahren auf ein „baldiges Absterben" der „SED-Nachfolgepartei" warten, sahen ihre Voraussage nun endlich eintreten, und manche Sozialdemokraten boten den Reformern in der PDS eilfertig eine neue politische Heimat an. Der Bundeskanzler scheint jedoch nicht recht an den auch von ihm prognostizierten Niedergang der PDS zu glauben. In seinem Werben um die Bundesratsstimmen der von großen Koalitionen oder von der SPD mit kleineren Partnern regierten Länder bei der Steuerreform hat er die PDS so wie jede andere Bundestagspartei behandelt, sich mit dem PDS-Landesvorsitzenden und stellvertretenden Ministerpräsidenten von Mecklenburg-Vorpommern, Helmut Holter, zusammengesetzt und diesem das Ja zu der von der PDS vorher strikt abgelehnten Steuerreform nicht nur mit finanziellen Zugeständnissen an das Land Mecklenburg-Vorpommern, sondern vor allem mit dem Versprechen abgerungen, die PDS künftig an „Konsensgesprächen" der Bundesregierung zu beteiligen. Diese Aufwertung der demokratischen Sozialisten in der gegenwärtigen Situation ist für die Reformer in der Partei – an ihrer Spitze der Bundesgeschäftsführer Dietmar Bartsch – Gold wert. Zum ersten Mal rückt der Kanzler und SPD-Vorsitzende von dem bisher von den Sozialdemokraten verkündeten „ehernen Grundsatz" ab, dass es auf Bundesebene keine Gemeinsamkeiten mit der PDS gebe. So konnten sich Bisky und Gysi noch vor dem Ausscheiden aus ihren Ämtern in ihrem Reformkurs bestätigt fühlen. Auch Umfragen des Instituts für Demoskopie Allensbach, die die PDS in Gesamtdeutschland bei über sechs Prozent sehen, deuten nicht gerade auf einen Niedergang der Partei, die bei der Bundestagswahl 1998 mit 5,1 Prozent die Sperrklausel nur äußerst knapp überspringen konnte.

Aber vielleicht glaubt Schröder ja, dass er den Niedergang der PDS durch eine Einbeziehungsstrategie langfristig besser erreichen kann als durch Ausgrenzung. Nicht zu bestreiten ist, dass die PDS seit 1990 ganz eindeutig davon profitieren konnte, dass die beiden großen Parteien immer wieder versucht haben, sie auszugrenzen. Erinnert sei nur an die dumme „Rote-Socken-Kampagne" des damaligen CDU-Generalsekretärs Peter Hintze, das von Bundeskanzler Helmut Kohl geprägte Wort von den „rotlackierten Faschisten" oder den Beschluss des SPD-Bundesvorstandes unter Rudolf Scharping vom Dezember 1994, nach dem es auf Bundes- und Landesebene keine Koalitionen oder Initiativen mit der PDS geben dürfe. Dass die CDU/CSU aus dem „Erfolg" der Rote-Socken-Kampagne, die der PDS eine bemerkenswerte Popularität verschaffte – PDS-Mitglieder aller Couleur machten die rote Socke zum inoffiziellen Parteiabzeichen –, nichts gelernt hatte, zeigte die wegen der Tolerierung der SPD-Minderheitsregierung durch die PDS in Magdeburg 1998 gestartete „Rote-Hände-Kampagne", die sich auf das Emblem bezog, das die (Zwangs-)Vereinigung von KPD und SPD zur SED im Jahr 1946 symbolisierte. Den damaligen SPD-Fraktionsvorsitzenden im brandenburgischen Landtag, Birthler, veranlasste das zu dem nicht unberechtigten Vorwurf an die CDU, sie leiste damit einen *„besonders perfiden Beitrag zur Spaltung des Landes, zur politisch motivierten Geschichtsfälschung und zur Vergiftung des politischen Klimas"*. Die Tatsache, dass die Union bis heute an dieser Ausgrenzungsstrategie festhält – die viele Menschen im Osten vor den Kopf stoßen muss, wo rund 60 Prozent der Wähler in der PDS eine ganz normale Partei sehen –, dokumentiert ihre Reaktion auf das Versprechen Schröders, die PDS künftig an Konsensgesprächen zu beteiligen: Mit der PDS will sich die CDU „nicht an einen Tisch setzen". Die Folge wird sein, dass der Kanzler und die Minister mit der PDS gesondert sprechen, was ihr in künftigen Wahlen wohl zugute kommen wird. Es ist nicht zu leugnen: Ihre Wahlerfolge vor allem im Osten hat die PDS nicht zuletzt ihren politischen Gegnern zu verdanken, die bisher noch kein erfolgversprechendes Rezept für den Umgang mit der SED-Nachfolgepartei gefunden haben.

Die PDS hat seit 1990 eine bemerkenswerte Entwicklung vorzuweisen und die aus dem Westen übernommene Parteienlandschaft in den neuen Ländern signifikant verändert. Sie ist nicht mit solchen Erscheinungen unter den westdeutschen Nachkriegsparteien wie dem Block der Heimatvertriebenen und Entrechteten (BHE) zu vergleichen, der in der Bundesrepublik in den fünfziger Jahren zeitweilig an Regierungen in Bund und Ländern beteiligt war, doch bald wieder verschwand, weil die Interessen seiner Klientel von anderen Parteien aufgenommen wurden und der BHE sich als bloße Interessenvertretung einer bestimmten Gruppe keine neuen Wählerschichten erschließen konnte. Die PDS ist mehr als nur eine ostdeutsche Milieupartei oder gar eine Interessenvertretung alter SED-Kader und DDR-Nostalgiker. Sie hat zwar ihre Hochburgen im Osten, lebt auch davon, dass die innere Einheit Deutschlands – zumindest nach dem Empfinden der Ostdeutschen – noch nicht erreicht ist, doch spricht sie zunehmend auch Bevölkerungsgruppen an, die sich von den anderen Parteien nicht mehr so recht vertreten fühlen. Nicht zuletzt für junge Wähler könnte eine links von der zur Mitte strebenden SPD angesiedelte Partei demokratischer Sozialisten attraktiv sein. Schließlich bestätigen Wahlanalysen, dass bei jugendlichen Wählern die PDS einen der vordersten Ränge auf der Beliebtheitsskala einnimmt. Wenn auch rund 80 Prozent ihrer gegenwärtig etwa 90.000 Mitglieder bereits in der SED und der FDJ organisiert waren, die Mitgliedschaft also stark überaltert ist, entstammen die rund zweieinhalb Millionen Wähler der PDS doch überwiegend der jungen und der mittleren Generation.

Nach dem Rücktritt von Politbüro und Zentralkomitee der SED am 3. Dezember 1989 schien das Schicksal der Partei besiegelt. Immer lauter wurde der Ruf nach Auflösung der SED, die zu ihren besten Zeiten 1,3 Millionen Mitglieder hatte. Doch dazu kam es nicht, obwohl vermutlich die Auflösung der marxistisch-leninistischen SED und die Gründung einer neuen linken Partei die bessere und auch aus heutiger Sicht ehrlichere und vernünftigere Lösung gewesen wäre. Gregor Gysi war anderer Meinung. Im Oktober 1990 erklärte er: „*Die Rechtsnachfolge hat doch auch soziale Konsequenzen. Wenn wir sie aufgeben: Wer sorgt sich zum Beispiel um die 39.000 Menschen, die im Rahmen der Sozialpläne von uns Geld bekommen? Ich halte im übrigen eine Urabstimmung über den Fortbestand einer Partei für undemokratisch. Selbst wenn 52 Prozent für die Auflösung wären – haben sie das Recht, den übrigen 48 Prozent ihre Partei zu nehmen? Logischer wäre es, die 52 Prozent gingen.*" Ende 1990 hatte die PDS noch 200.000 Mitglieder.

Am 8. Dezember 1989 war ein Außerordentlicher Parteitag der SED mit 2753 Delegierten zusammengetreten. Er beschloss, die SED nicht aufzulösen und entschuldigte sich in aller Form beim „*Volk der DDR*" für die von der „*stalinistischen SED*" begangenen „*Fehlleistungen*" und bekundete den festen Willen der Partei, ihre Schuld abzutragen. Nach der PDS-eigenen Geschichtsschreibung „*vollziehen die Abgesandten von über zwei Millionen SED-Mitgliedern einen radikalen Bruch mit dem Stalinismus und bekennen sich zu den Prinzipien eines demokratischen Sozialismus*". Der Parteitag wählte Gregor Gysi zum Parteivorsitzenden, einen Parteivorstand mit 99 Mitgliedern, der ein Parteipräsidium bildete, und eine Schiedskommission. Beschlossen wurde unter anderem ein neues Parteistatut und die Umbenennung in SED-PDS. Nur wenige Tage nach dem Parteitag konstituierte sich am 30. Dezember 1989 die „Kommunistische Plattform in der SED-PDS". Sie bildet seitdem so etwas wie eine innerparteiliche Opposition. Die Zahl ihrer Mitglieder ist unbekannt; Angaben schwanken zwischen 500 und 3000.

Am 3. Februar 1990 gründeten mehr als zweihundert junge Parteimitglieder auf einem DDR-weiten Treffen die Arbeitsgemeinschaft (AG) „Junge GenossInnen" und sprachen sich entschieden gegen die Auflösung der SED-PDS aus. Einen Tag später beschloss der Parteivorstand, den Doppelnamen aufzugeben und die Partei fortan als Partei des Demokratischen Sozialismus (PDS) zu erneuern. Auf dem 1. Parteitag der PDS am 24./25. Februar 1990 wurde Gysi zum Vorsitzenden wiedergewählt, Hans Modrow wurde Ehrenvorsitzender, was er bis heute geblieben ist. Bei den ersten freien Wahlen zur Volkskammer am 18. März 1990 erhielt die PDS 16,4 Prozent der Stimmen und 66 Sitze, womit sie nach der CDU (40,8) und der SPD (21,8) zur drittstärksten Partei in der DDR wurde. Der Parteivorsitzende Gysi wurde im April 1990 Vorsitzender der PDS-Fraktion in der Volkskammer, Roland Claus, der seit 1983 1.Sekretär der FDJ-Bezirksleitung Halle war, Ende Juli 1990 Landesvorsitzender in Sachsen-Anhalt und Lothar Bisky im Januar 1991 Landesvorsitzender in Brandenburg. In Thüringen war Gabi Zimmer, gelernte Sprachmittlerin (Dolmetscherin) für Russisch und Französisch, die 1989 noch SED-Parteisekretärin im Suhler Jagdwaffenwerk geworden war, seit 1990 Landesvorsitzende.

Alle Prognosen, das Kapitel PDS werde sich bald von selbst erledigen, weil ihre stark überalterte Mitgliedschaft aussterbe und die Ostdeutschen sich von ihr abwenden würden, haben sich bisher als falsch erwiesen. Seit 1990

hat die PDS bei allen Wahlen, an denen sie sich beteiligte, Stimmen hinzu
gewonnen. Bei der ersten gesamtdeutschen Bundestagswahl am 2. Dezember
1990 erhielt die PDS 2,4 Prozent der abgegebenen Stimmen, im Osten waren
es 11,1 Prozent. Auf Grund der Sonderbestimmung, nach der es bei dieser
Wahl gesonderte Wahlgebiete gab, rückte die PDS mit 17 Abgeordneten in
den Deutschen Bundestag ein und bildete – da ihr der Fraktionsstatus nicht
zugebilligt wurde – eine Bundestagsgruppe, deren Vorsitzender Gysi wurde.
Bei der nächsten Bundestagswahl am 16. Oktober 1994 gab es nur noch ein
Wahlgebiet. Die PDS erhielt 4,4 Prozent der abgegebenen Stimmen (in den
alten Ländern einschließlich des Westteils von Berlin ein Prozent, in den
neuen Ländern einschließlich des Berliner Ostteils 19,8 Prozent), blieb also
unter der Fünfprozenthürde. Doch dank der vier im Osten Berlins durch Gregor Gysi, Christa Luft, Stefan Heym – der Alterspräsident des Bundestages
wurde – und Manfred Müller gewonnenen Direktmandate zog die PDS mit
nunmehr 30 Abgeordneten ins Bundesparlament ein, wo sie zwar immer
noch keine Fraktion bilden durfte, aber mit Gysi wiederum einen Gruppen-
vorsitzenden hatte, der sich nicht zuletzt darum kümmerte, die PDS im Gespräch zu halten. Bei der Bundestagswahl am 16. Oktober 1998 gelang es der
PDS erstmals, die Fünfprozenthürde (5,1) zu überwinden. Insgesamt hatten
mehr als 2,5 Millionen Wähler der PDS ihre Stimme gegeben. In den alten
Ländern und Berlin-West landete sie mit 460.979 Zweitstimmen bei 1,2 Prozent, in den neuen Ländern und Berlin-Ost jedoch mit 2.052.809 Zweitstimmen bei 21,6 Prozent. Sowohl im Osten als auch im Westen hatte sie abermals an Stimmen hinzu gewonnen: Im Osten waren es 335.585, im Westen
hingegen nur 92.027. Zum ersten Mal bildete die PDS im Bundestag eine
Fraktion; zum Vorsitzenden wurde erneut Gregor Gysi gewählt.

Eine ähnliche Aufwärtsentwicklung kann die PDS bei den Wahlen zum
Europäischen Parlament aufweisen. Hier gelang es ihr im Juni 1999 zum ersten Mal, die Sperrklausel zu überspringen. Mit 5,8 Prozent erreichte sie zudem ihr bestes Ergebnis bei einer bundesweiten Wahl seit der Vereinigung
vor zehn Jahren. Seitdem sitzen sechs PDS-Abgeordnete im Europaparla-
ment, darunter neben der bisherigen stellvertretenden Parteivorsitzenden Sylvia-Yvonne Kaufmann der langjährige Wahlkampfmanager André Brie und
der Ehrenvorsitzende Hans Modrow, letzter Ministerpräsident der DDR vor
den freien Wahlen im Frühjahr 1990.

Während sie bei Landtagswahlen im Westen – sofern sie sich überhaupt
daran beteiligte – in den vergangenen zehn Jahren eine Splitterpartei geblieben ist, die ihr bestes Ergebnis mit 2,9 Prozent bei der Bürgerschaftswahl in
Bremen im Juni 1999 erreichte, ist die PDS in den neuen Ländern und im
Ostteil Berlins eine seit 1990 überall kontinuierlich gewachsene politische
Kraft. Sie hat bisher bei keiner Landtagswahl im Osten Stimmen verloren,
sondern bei allen stets – teilweise kräftig – hinzugewonnen, was sich wegen
der schwankenden Wahlbeteiligung in den absoluten Stimmen deutlicher

ausdrückt als in den Prozenten. Im Ostteil Berlins, der einstigen „Hauptstadt der DDR", haben ihr bei der Abgeordnetenhauswahl am 10. Oktober 1999 39,5 Prozent der Wähler ihre Stimme gegeben und sie zur stärksten politischen Kraft gemacht. In ganz Berlin kam die PDS auf 17,7 Prozent und ist damit im Abgeordnetenhaus noch vor den Bündnisgrünen drittstärkste Kraft.

Bei den Landtagswahlen 1998/99 erreichte die PDS in Mecklenburg-Vorpommern 24,4 Prozent, in Sachsen 22,2, in Thüringen 21,4, in Brandenburg 20,3 und in Sachsen-Anhalt 19,6 Prozent. In Sachsen-Anhalt hat das nach der Landtagswahl im Juni 1994 vereinbarte „Magdeburger Modell" – eine rotgrüne Minderheitsregierung wurde durch die PDS toleriert, die sich als „Opposition mit gestalterischer Verantwortung" versteht – der PDS nicht geschadet, sondern genützt. Während die Bündnisgrünen im Juni 1998 aus dem Landtag von Sachsen-Anhalt verschwanden, konnte die PDS einen weiteren Stimmengewinn verbuchen: Von 169.319 Wählern bei der Landtagswahl 1990, über 225.243 bei der Landtagswahl 1994 kam die PDS in Sachsen-Anhalt bei der Landtagswahl 1998 auf 239.271 Wähler. Das ermutigte die Reformer in der Partei um Bisky, Gysi, Bartsch und Brie ebenso wie den sachsen-anhaltinischen Landesverband und die Landtagsfraktion, das Magdeburger Modell auch mit einer nur von der SPD gebildeten Minderheitsregierung fortzusetzen. Die PDS-Landesvorsitzende Rosemarie Hein hatte bereits im Dezember 1997 nicht zuletzt im Hinblick auf die nächste Bundestagswahl gesagt, mit der Tolerierung der rotgrünen Minderheitsregierung in Magdeburg habe ihre Partei *„ein neues Demokratiemodell für die Bundesrepublik ermöglicht, das sich gelohnt hat"*. Der Ausgang der 1998 am gleichen Tag stattfindenden Bundestagswahl und der Landtagswahl in Mecklenburg-Vorpommern führte zur ersten Regierungsbeteiligung der PDS in einem Land der Bundesrepublik. Seitdem wird Mecklenburg-Vorpommern von einer SPD-PDS-Koalition regiert.

Der stetige Aufstieg der PDS seit 1990 war von Anfang an von heftigen innerparteilichen Auseinandersetzungen begleitet. Gerade dadurch wollte sich die PDS ja von der SED unterscheiden, dass ihre Mitglieder nicht rücksichtslos durchgesetzter Ideologie und starren Dogmen verpflichtet sind, sondern sich zu *„Pluralismus und kulturvollem Meinungsstreit (...) in ihren eigenen Reihen"* bekennen, wie es im Parteistatut heißt. So ist die PDS ein Konglomerat von Interessengruppen, Plattformen, Foren und Arbeitsgemeinschaften, die unter dem Dach einer Parteiführung – die bisher weniger energisch führen und dafür eher moderieren und „alle mitnehmen" wollte – ihr eigenes Süppchen kochen und mit jeweils Andersdenkenden nicht immer zartfühlend und „kulturvoll" umgehen. André Brie, Vordenker der Reformer, unterscheidet vier Gruppen in der Partei: Reformsozialisten, orthodoxe Kommunisten, Reformpragmatiker und Basisdemokraten. Obwohl nach dem Parteistatut ein Mitglied ausgeschlossen werden kann, *„wenn es vorsätzlich gegen das Statut der Partei oder erheblich gegen die Grundsätze des Programms verstoßen und damit der Partei schweren Schaden zugefügt hat"*, hat

sich bisher noch kein PDS-Mitglied davor fürchten müssen, von der Schiedskommission aus der Partei ausgeschlossen zu werden. Die Erinnerung an die
„Säuberungen" in der SED lähmt die Parteiführung seit zehn Jahren, das in
jeder demokratischen Partei legitime Mittel des Parteiausschlusses anzuwen-
den. Ob sich das künftig ändert, ob die PDS auch in dieser Hinsicht zu einer
„normalen" demokratischen Partei wird, bleibt abzuwarten. Der bisherige
Parteivorsitzende Bisky hatte dazu kurz vor dem Parteitag in Münster eigene
Vorstellungen. Er sagte dem „Tagesspiegel" auf die Frage nach einem Tren-
nungsstrich zur dogmatischen Linken: *„Die PDS als sozialistische Kraft darf
nicht laufend durchgeschüttelt werden mit Dingen, die unversöhnlich gegeneinander machen. Ich habe immer nach Wegen des Miteinanders gesucht.
Aber es gibt nach den Erfahrungen aus zehn Jahren auch Unversöhnlichkei-
ten. Und eines Tages muss man vielleicht, ohne Säuberungen, ohne Aus-
schlüsse, freundlich Abschied voneinander nehmen. "*
Dass die dogmatischen Linken gar nicht daran denken, freiwillig die PDS
zu verlassen, haben Sprecher der Kommunistischen Plattform bereits mehrfach bekundet. Nach dem Münsteraner Parteitag ist unter den Reformern die
Forderung laut geworden: *„Keine Toleranz gegenüber der Intoleranz"*; man
müsse eine Atmosphäre der Unduldsamkeit gegenüber jener Handvoll Leute
schaffen, *„die einen ganzen Parteitag terrorisieren"*. Von Aktivisten der einstigen K-Gruppen, die sich in einigen westdeutschen Landesverbänden breit
machen, von Kämpfern für die Weltrevolution in der Kommunistischen Plattform, von traditionalistischen DDR-Träumern und pubertierenden Mensa-
Kommunisten ist in diesem Zusammenhang vor allem bei Gysi die Rede:
*„Wir stehen vor der Frage, ob wir uns den Realitäten des Lebens in
Deutschland und Europa stellen oder uns in einer Art und Weise ideologisie-
ren wollen, dass wir uns eine eigene Scheinrealität schaffen, die uns zum
Fremdkörper werden lässt. "*
Heute meint Roland Claus, der als damaliger Landesvorsitzender in Sachsen-Anhalt maßgeblich am Zustandekommen des Magdeburger Modells beteiligt war, die PDS befinde sich in einer Umbruchsituation, die aus der
Wahrnehmung ihrer Rolle in der Gesellschaft und aus ihren inneren Ent-
wicklungskonflikten entstanden sei. Bereits im Juni 1991 hatte Gysi festge-
stellt, die PDS stünde *„an einem Scheideweg, weil das Politikverständnis
dieser Partei, weil das Verständnis der Programmatik, weil das Verständnis
des Umgangs miteinander sehr, sehr unterschiedlich und differenziert in dieser Partei geworden ist"*.
Wegen innerparteilicher Auseinandersetzungen, aber auch des Versuchs
einiger Funktionäre, Gelder aus dem SED-Vermögen beiseite zu schaffen,
hatte er damals gedroht, dass er nur unter bestimmten Bedingungen PDS-
Vorsitzender bleiben wolle. Am 30. November 1992 war es dann soweit: Gysi erklärte, nicht zuletzt wegen der Haltung der Kommunistischen Plattform
nicht wieder für den Parteivorsitz kandidieren zu wollen. Der Parteivorstand

bezeichnete nach ausführlicher Debatte öffentliche Aussagen von Sahra Wagenknecht, der Sprecherin der Kommunistischen Plattform und deren einzige Vertreterin im Parteivorstand, als *„unvereinbar mit den Positionen der PDS".* Sie vertrete *„eine positive Haltung zum Stalinismusmodell".* Ihr geschah jedoch zunächst nichts. Gysi kandidierte nicht wieder, und der Parteitag wählte im Januar 1993 Lothar Bisky zum neuen Vorsitzenden. Sahra Wagenknecht blieb Mitglied des Vorstands. Erst nach der Veröffentlichung ihres Buches *Antisozialistische Strategien im Zeitalter der Systemauseinandersetzung – Zwei Taktiken gegen die sozialistische Welt,* in dem die damals 25 Jahre alte Studentin die These vertrat, dass der Untergang des Sozialismus mit dem XX.Parteitag der KPdSU begonnen habe, als Chruschtschow Stalin kritisiert und die sowjetische Partei begonnen habe, Abschied vom Stalinismus zu nehmen, wurde sie im Januar 1995 nicht wieder in den Parteivorstand gewählt. Mit (dem inzwischen gestorbenen) Michael Benjamin, Sohn der einstigen DDR-Justizministerin Hilde Benjamin, zog erst im Januar 1999 wieder ein Vertreter der Kommunistischen Plattform in den Bundesvorstand ein. Zum ersten Mal in der Geschichte der PDS wurde ein Kandidat in den Vorstand gewählt, der das geltende Parteiprogramm ablehnte. Zuvor hatten der stellvertretende Parteivorsitzende Gehrcke sowie die Vorstandsmitglieder André Brie und Christa Luft auf eine Wiederwahl verzichtet. Sie alle zählten zu den entschiedenen Reformern in der Parteiführung. Zu neuen Stellvertretern wählte der Parteitag 1999 überraschend den Rocktexter, Musikmanager und Millionär Diether Dehm aus Frankfurt am Main. Er war erst im September 1998 nach 32 Jahren Mitgliedschaft aus der SPD aus- und in die PDS eingetreten. *„Ich habe noch nie erlebt, dass wir so unvorbereitet in Wahlen gegangen sind",* kommentierte André Brie diese Vorstandswahl.

Im Januar 1993 hat der Parteitag das bis heute gültige Programm in namentlicher Abstimmung mit 90,5 Prozent der Stimmen angenommen. *„Wir sind uns einig, dass die Herrschaft des Kapitals überwunden werden muss",* heißt es darin, und: *„Auf die humanistischen und demokratischen Traditionen der sozialistischen Idee und die Erneuerung sozialistischer Politik darf bei der Suche nach einer menschlichen Lebensperspektive nicht verzichtet werden."* Im Hinblick auf die Vergangenheit heißt es: *„Betroffen und nachdenklich angesichts der Irrtümer, Fehler und Verbrechen, die im Namen des Sozialismus begangen wurden, befragen wir kritisch im Bewußtsein unserer eigenen Verantwortung für die Entstellung der sozialistischen Idee unsere geistige und politische Tradition. Gleichzeitig widersetzen wir uns der erinnerungslosen und resignativen Kapitulation vor den selbsternannten Siegern der Geschichte."* Für die Geschichte, Gegenwart und Zukunft Deutschlands wie auch für die Politik demokratischer Sozialisten in diesem Land sei es ebenso notwendig, sich mit den Defiziten der DDR-Gesellschaft auseinanderzusetzen, wie die Berechtigung und Rechtmäßigkeit einer über den Kapitalismus hinausgehenden Entwicklung auf deutschem Boden zu verteidigen.

Dass zwiespältige Formelkompromisse, mit denen vor allem die Kommunistische Plattform ganz gut leben konnte, nicht das letzte programmatische
Wort demokratischer Sozialisten sein können, war der Parteiführung schnell
klar geworden. Im November 1994, kurz nach der Bundestagswahl, legte sie
„10 Thesen zum weiteren Weg der PDS" vor, deren Veröffentlichung der
Parteivorstand nach langem Hin und Her schließlich zustimmte. Es gehe dabei um die *„Präzisierung unseres Kurses"*, entgegnete Bisky auf Vorwürfe
aus den Reihen der Kommunistischen Plattform, die Parteiführung plane auf
dem bevorstehenden Parteitag eine „Säuberung" und eine „innerparteiliche
Wende". Kurz vor dem Parteitag steckten Bisky, Gysi und Modrow zurück
und präsentierten nach der kontroversen innerparteilichen Debatte der zehn
Thesen einen „Antrag zu den fünf wichtigsten Diskussionspunkten der gegenwärtigen Debatte in der PDS", der Selbstverständnis und Kurs der Partei
fixieren sollte: *„Es gibt Grenzen, die durch kein Mitglied der PDS überschritten werden dürfen. Nationalistische, chauvinistische, rassistische Auffassungen sind mit der Mitgliedschaft in der PDS unvereinbar. Das gilt ebenso für stalinistische Auffassungen. Ein Zurück hinter die auf dem Außerordentlichen Parteitag der SED im Dezember 1989 beschlossenen Bruch mit
stalinistischen Strukturen darf es nicht geben. "*
    Bevor der Antrag Ende Januar 1995 vom Parteitag beschlossen wurde, war
es im Bundesvorstand zu heftigen Auseinandersetzungen zwischen den Reformsozialisten und Sahra Wagenknecht gekommen, der „Verharmlosung des
Stalinismus" vorgeworfen wurde. Stalinismus, so Bisky auf dem Parteitag,
stehe nicht nur für die Verbrechen Stalins, sondern bedeute die vom Staatssozialismus praktizierte Art und Weise, mit repressiven Mitteln und undemokratischen Methoden eine neue Gesellschaft zu bauen. Der Zweck dürfe
nicht die Mittel heiligen. Die PDS müsse deutlich machen, dass sie eine demokratische Partei und in der Bundesrepublik angekommen sei. Die Kommunistische Plattform und die AG Junge GenossInnen sahen die PDS jetzt
„auf dem Weg nach Godesberg" und warfen Bisky die *„Sozialdemokratisierung der PDS"* vor. Sahra Wagenknecht und die Kommunistische Plattform
warnten vor *„innerkapitalistischen Regierungsbeteiligungen"* und einer *„auf
Koalitionsfähigkeit ausgerichteten Systemanpassung der PDS"*. Während der
Ehrenvorsitzende Modrow seine Genossen Ende April 1995 dazu aufrief, den
mit dem Programm und den „Fünf Standpunkten" erreichten Konsens in der
Partei nicht leichtfertig zu verspielen, veröffentlichten am 18. Mai 1995 im
„Neuen Deutschland" 38 Unterzeichner, die mit dem reformsozialistischen
Kurs der Parteiführung nicht zufrieden sind, den Aufruf „In großer Sorge".
Der Grundkonsens der Partei sei in drei Fragen aufgekündigt worden, hieß es
dort: Aufweichung des Oppositionsverständnisses, Verabschiedung vom
Klassenkampf und Ausklammerung der Eigentumsfrage; Absage an SED und
DDR in Gestalt des Stalinismusverdikts; Einschränkung des Pluralismus in
der Partei. Am 6. Juni 1995 gründeten die Unterzeichner – zumeist Künstler,

Literaten und Wissenschaftler aus der einstigen DDR – unter Führung des damaligen PDS-Bundestagsabgeordneten und früher leitenden Rechtswissenschaftlers an der Akademie der Wissenschaften der DDR, Uwe-Jens Heuer, das „Marxistische Forum der PDS". Die Reformsozialisten im Parteivorstand äußerten die Befürchtung, die marxistischen Kritiker wollten der Partei „den Todesstoß versetzen". Diese hingegen stellen sich die Aufgabe, „die soziale, ökonomische und politische Situation mit den Mitteln des Marxismus zu analysieren, die marxistische Theorie unter den konkreten Umständen weiterzuentwickeln und zur theoretischen Fundierung der PDS beizutragen".

In den Folgejahren ging der innerparteiliche Streit munter weiter und wurde lediglich vor Wahlen unterbrochen. Die Kommunistische Plattform warf dem Parteivorstand, der sich im System der bürgerlichen Parteien und Massenorganisationen endgültig einrichten wolle, „Verbürgerlichung" vor. André Brie hingegen befand, die PDS müsse ein positives Verhältnis zur parlamentarischen Demokratie finden und „für Poststalinisten unerträglich gemacht werden". Andernfalls werde sie in der Isolation erstarren. „Unsere Sorgen sind nicht geringer geworden", ließ das Marxistische Forum im Oktober 1996 wissen. Und Gysi warnte abermals davor, dass die spürbar wachsende Akzeptanz der PDS bei einigen in der Partei zur Wiederbelebung von Verschwörungstheorien führe und es auf bestimmten Ebenen eine zunehmende Zahl von Wichtigtuern und Selbstdarstellern gebe – Erscheinungen, die es der PDS erschwerten, ihre schwierigen Bewährungsproben auch im Zusammenwirken mit anderen zu bestehen. Da meldete sich im Juni 1998 im Vorfeld des Bundestagswahlkampfes Altbundespräsident Richard von Weizsäcker zu Wort. Im „Tagesspiegel" schrieb er, wichtige Führungsmitglieder der PDS hätten „positive Erklärungen zur Demokratie, zur Einheit und zum Markt" abgegeben. Bei Mitgliedern, Delegierten und im Parteiprogramm seien sie damit aber nicht sehr tief gedrungen. Nach wie vor habe sich kein Parteitag der PDS vom Unrecht der SED-Diktatur, vom Spitzelwesen der Stasi und vom mörderischen Regime an der innerdeutschen Grenze distanziert. Anstelle eines klaren Bekenntnisses zur deutschen Einheit würden nach wie vor antiwestliche Stimmungen mobilisiert. Er erwarte „unzweideutige Signale".

In einem Antwortschreiben beteuerten Bisky, Gysi und die Landesvorsitzenden der fünf neuen Ländern und Berlins, der Bruch mit der staatssozialistischen Diktatur und der kommunistischen Kaderpartei, die eine führende Rolle beansprucht habe, sei „unumkehrbar". Die Wahrung der im Grundgesetz verbürgten Grundrechte sei für die PDS „unverzichtbar". Der Zusammenbruch der Zentralverwaltungswirtschaft des Staatssozialismus habe die PDS davon überzeugt, dass die Beachtung marktwirtschaftlicher Prinzipien eine Grundbedingung für wirtschaftliche Effizienz und Innovationsfähigkeit darstelle und zur sozialen Freiheit beitragen könne. Der Markt müsse sein, aber er könne sozial verantwortliche Politik nicht ersetzen. Sahra Wagenknecht fand es „*beängstigend*", wie einige „*führende Genossen Bekenntnisse zur Marktwirtschaft*" ablegten und die „*Profitgesellschaft zur Demokratie*" erklärten. Weizsäckers Intervention führte zu der Ankündigung des PDS-Vorstands, das Parteiprogramm von 1993 solle überarbeitet oder insgesamt neu formuliert werden. Dagegen meldete neben anderen die Kommunistische Plattform sogleich Bedenken an: Eine Änderung des Parteiprogramms – das sie 1993 mehrheitlich abgelehnt hatte – sei nicht erforderlich. Sahra Wagenknecht fand es wieder einmal „*beängstigend*", wenn die Forderung nach einem neuen Parteiprogramm ausdrücklich mit dem Ziel verknüpft werde, die PDS im Bund koalitionsfähig zu machen.

Im November 1998 beschloss der Parteivorstand eine „*programmatische Debatte*" in der Partei. Nach den Entwicklungen der vergangenen Jahre stehe die PDS vor der Aufgabe, ihr programmatisches Selbstverständnis als sozialistische Partei in Deutschland links von der Sozialdemokratie zu profilieren. Insgesamt sollten die Eckpunkte und der innere Zusammenhang einer linken Reformalternative genauer als im gegenwärtigen Programm der PDS formuliert werden, hieß es im Vorstandsbeschluss. „*Dies schließt ein, die bisherige Debatte zum gescheiterten Sozialismusversuch auszuwerten und unsere Position dazu genauer zu bestimmen.*" Der Parteitag beschloss im Januar 1999 die Einsetzung einer Programmkommission, die die programmatische Diskussion in der Partei „*organisieren*" und bis zum Sommer 2000 einen Programmentwurf vorlegen sollte, damit nach weiterer Diskussion ein Parteitag im ersten Halbjahr 2001 das neue Programm verabschieden könne. Die Reformgegner haben diesen Fahrplan jedoch bereits wieder obsolet werden lassen. Der Parteitag in Münster hob die Festlegung auf, bis zum Sommer 2000 einen überarbeiteten oder neuen Programmentwurf vorzulegen. In Abänderung des Beschlusses von 1999 „*geht der Parteitag davon aus, dass erst der 7. Parteitag über den zeitlichen Verlauf der Debatte insgesamt entscheiden wird*". Die programmatische Diskussion soll jedoch inzwischen weitergeführt werden. Sie wird die PDS noch eine ganze Weile beschäftigen.

Zehn Jahre nach der Vereinigung Deutschlands kann die aus der Konkursmasse der SED entstandene PDS einerseits wachsende Akzeptanz und ständig zunehmende Wahlerfolge vorweisen. Andererseits ist sie innerparteilich in ständige programmatische Auseinandersetzungen zwischen ihren verschiedenen Gruppierungen über die Haltung zur SED-Vergangenheit, zur parlamentarischen Demokratie, zur deutschen Einheit und zur Marktwirtschaft verstrickt. Verbunden damit ist die Frage, ob die PDS Regierungsbeteiligung anstreben oder sich einer Fundamentalopposition verschreiben soll. Hinzu kommt der innerparteiliche Streit darüber, ob die PDS weiter danach streben soll, sich als gesamtdeutsche linke sozialistische Partei zu etablieren – wofür ihre bisherigen Wahlerfolge sprechen, auch wenn die „Westausdehnung" sich als äußerst schwieriges Unternehmen erwiesen hat, das zumindest einen sehr langen Atem braucht –, oder ob sie sich auf ihre Rolle als ostdeutsche Interessenvertretung beschränken soll. Gegenwärtig ist die PDS nach ihrer Basis, ihren Mitgliedern und ihrer Wählerschaft eine ostdeutsche Regionalpartei, ihrem Anspruch nach aber eine Bundespartei, wobei freilich auch berücksichtigt werden muss, dass sie bisher von knapp 95 Prozent der zur Wahl gehenden Bundesbürger nicht gewählt worden ist. Ob die PDS ohne Bisky und Gysi einen wirklichen Reformkurs steuern und zu zukunftsweisenden, klaren programmatischen Aussagen finden kann, ist fraglich. Gysi hat Recht, wenn er meint: *„Die Partei hat seit 1990 viel geleistet und erreicht. Wir können es schaffen, eine dauerhafte demokratische, undogmatische, sozialistische Linke in Deutschland zu etablieren, müssen aber auch die Gefahr sehen, dass eine solche Chance verspielt werden kann."*

Die größten Hoffnungen der Reformsozialisten ruhen auf Bundesgeschäftsführer Dietmar Bartsch, der nicht zuletzt deswegen jetzt nicht – wie von Bisky und Gysi gewünscht – an die Spitze der Partei rücken konnte, weil die PDS nicht hinter der CDU zurückstehen wollte, die als erste Bundestagspartei eine Frau an ihre Spitze gestellt hat, dazu noch eine aus dem Osten. Dennoch bleibt Bartsch, der sich als Schatzmeister der Partei zwischen 1991 und 1997 große Verdienste um die endgültige, durch einen Vergleich zwischen der PDS und der „Unabhängigen Kommission zur Überprüfung des Vermögens der Parteien und Massenorganisationen der DDR" besiegelte Regelung für das SED-Vermögen im Sommer 1995 erworben hat, der starke Mann der PDS. Doch auch er hat von der nach der letzten Bundestagswahl von Bisky und Gysi ausgegebenen Parole, die PDS könne im Jahr 2002 im Bund koalitionsfähig sein, einen Platz in einer Mitte-Links-Koalition einnehmen und damit „europäische Normalität" herstellen, inzwischen Abschied genommen. So schnell jedenfalls wird es wohl nicht gehen.

Auf dem vorgezogenen 7. Parteitag Mitte Oktober 2000 in Cottbus haben sich die Reformsozialisten jedenfalls zunächst durchgesetzt, nachdem zuvor bereits die Bundestagsfraktion Roland Claus zu ihrem neuen Vorsitzenden gewählt hatte. Der Parteitag sprach sich für eine Zusammenarbeit mit der SPD in den neuen Ländern und mittelfristig für eine Mitte-Links-Regierung unter Einschluß der PDS im Bund aus. Gabi Zimmer, die für „plurale Vielfalt" in der Partei warb, wurde mit überwältigender Mehrheit zur neuen PDS-Vorsitzenden gewählt. Dietmar Bartsch bleibt Bundesgeschäftsführer. Als einziger der drei stellvertretenden Parteivorsitzenden wurde der aus Hessen stammende Diether Dehm wiedergewählt. Neue stellvertretende Parteivorsitzende wurden die Landesvorsitzenden von Berlin und Sachsen, Petra Pau und Peter Porsch vom Reformflügel der Partei. In den Vorstand wurden sowohl Helmut Holter, der in Mecklenburg-Vorpommern die bisher einzige Koalition von SPD und PDS zustande gebracht hat, als auch Sahra Wagenknecht für die Kommunistische Plattform gewählt. Die grundsätzliche Auseinandersetzung zwischen den Reformern und den Traditionalisten blieb in Cottbus weiterhin ausgeklammert.

Wie es weitergeht mit der PDS, entscheidet nicht nur sie selbst, sondern auch das Verhalten der anderen Bundestagsparteien vor allem gegenüber den PDS-Wählern. Nichts wäre verkehrter, als darauf zu vertrauen, dass sich die SED-Nachfolgepartei schließlich doch selbst umbringen werde.

Der überforderte Rechtsstaat
Zur strafrechtlichen Aufarbeitung der DDR-Vergangenheit

Karl Wilhelm Fricke

Durch Urteil der 1. Großen Strafkammer des Landgerichts Neuruppin vom 14. August 2000 schien unter den Fall Robert Havemann ein juristischer Schlussstrich gezogen zu sein. Immerhin waren nun zwei seinerzeit an der rechtswidrigen Verfolgung des prominenten Regimekritikers maßgeblich beteiligte ehemalige DDR-Staatsanwälte zu Bewährungsstrafen verurteilt worden. Nachdem aber die Verteidigung in einem Fall Revision beim Bundesgerichtshof (BGH) eingelegt hat, ist das Urteil nur in dem anderen Fall rechtskräftig geworden. Das seit sieben Jahren anhängige Verfahren ist nach dem Stand vom 1. September 2000 folglich noch immer nicht endgültig abgeschlossen.

Es ist schwierig, in diesem Zusammenhang nicht an eine Justizfarce[1] zu denken. Die Chronologie des Verfahrens macht die Kritik nachvollziehbar. Juristischer Ausgangspunkt waren ein vom MfS manipuliertes Urteil des Kreisgerichts Fürstenwalde vom 26. November 1976, das einen mehrjährigen Hausarrest gegen den schon in der NS-Zeit Verfolgten zur Folge hatte, sowie ein ebenfalls politisch präjudiziertes Strafverfahren wegen Devisenvergehens, in dessen Ergebnis durch Urteil desselben Gerichts vom 20. Juni 1979 eine Geldstrafe von 10.000 DM gegen Havemann verhängt worden war.[2] Seine Berufung gegen dieses Urteil wurde vom II. Strafsenat des Bezirksgerichts Frankfurt/Oder durch Beschluss vom 18. Juli 1979 als *„offensichtlich unbegründet"*[3] verworfen.

Nach der friedlichen Revolution in der DDR waren die Urteile vom Bezirksgericht Potsdam im Wege der Kassation am 3. Juli 1991 aufgehoben worden. Daraus ergab sich für die zuständige Staatsanwaltschaft Neuruppin mit zwingender Logik die Einleitung strafrechtlicher Ermittlungen wegen des

---

1 Vgl. Günter Spendel: „Der Fall Robert Havemann – Beispiel einer Justizfarce", Juristische Rundschau 6/1999, S. 221ff.
2 Beide Urteile sind dokumentiert bei Clemens Vollnhals, Der Fall Havemann. Ein Lehrstück politischer Justiz, Berlin 1998, S. 180 bzw. S. 271f.
3 Ebd., S. 287f.

Verdachts auf Rechtsbeugung und Freiheitsberaubung gegen sieben ehemalige DDR-Juristen, die in den siebziger Jahren von Amts wegen an den Verfolgungsmaßnahmen gegen Havemann beteiligt waren. Nach zweijährigen Ermittlungen wurde Anklage erhoben. Am 12. Juli 1995 begann die Hauptverhandlung vor der 1. Großen Strafkammer des Landgerichts Frankfurt/ Oder. Indes platzte der Prozess, nachdem einer der beteiligten Schöffen während der Gerichtsverhandlung eingeschlafen war und überdies außerhalb des Gerichtssaales seine Voreingenommenheit zu Gunsten der Angeklagten hatte erkennen lassen. Durch Beschluss vom 5. Dezember 1995 wurde das Verfahren ausgesetzt. Am 10. Januar 1996 begann der Prozess vor der 3. Großen Strafkammer des Landgerichts Frankfurt/Oder in veränderter Schöffenbesetzung aufs Neue. Nach 94 Verhandlungstagen mit drei Dutzend Zeugen und drei Gutachtern verkündeten die Frankfurter Richter am 30. September 1997 ihr Urteil. Es stieß weithin auf Verständnislosigkeit und Empörung: Freispruch für alle Angeklagten.[4]

Aufgrund der von der Staatsanwaltschaft eingelegten Revision hob der 5. Strafsenat des BGH in Leipzig am 10. Dezember 1998 vier der sieben Freisprüche auf, und zwar zwei ehemalige Staatsanwälte und zwei frühere Richter betreffend, und verwies die Sache zu erneuter Verhandlung an die 1. Große Strafkammer des Landgerichts Neuruppin. Offenbar schien die nötige Unbefangenheit des Frankfurter Gerichts nicht mehr gewährleistet.

Nachdem das Verfahren gegen die beiden erneut angeklagten Richter aus Alters- und Krankheitsgründen abgetrennt worden war und im Übrigen offen ist, ob es überhaupt wieder aufgenommen wird, hatten sich in Neuruppin lediglich noch der ehemalige Kreisstaatsanwalt von Fürstenwalde, Wilhelm Pilz, wegen Rechtsbeugung und Freiheitsberaubung und die frühere Staatsanwältin beim Generalstaatsanwalt der DDR, Eleonore Heyer, wegen Rechtsbeugung zu verantworten – zwei von ursprünglich sieben Angeklagten. Die Hauptverhandlung wurde zum 19. Januar 2000 anberaumt, führte aber aus formellen Gründen zu nochmaliger Vertagung auf den 31. Januar, dem eigentlichen Beginn des Hauptverhandlung. Endlich erging am 14. August das eingangs zitierte Urteil, dessen Strafmaß auf ein Jahr und zwei Monate Freiheitsentzug für Pilz und auf ein Jahr für Heyer lautete. Beider Strafen wurden selbstverständlich zur Bewährung ausgesetzt. Rechtskräftig wurde das Urteil indes nur im Fall Heyer. Nach dem Revisionsantrag der Verteidigung hat im Fall Pilz der BGH erneut zu entscheiden. Keine Justizfarce?

Das Beispiel illustriert die Nöte und Schwierigkeiten des Rechtsstaates bei der strafrechtlichen Aufarbeitung der DDR-Vergangenheit, speziell in Fällen von Rechtsbeugung, aber es wirft auch generell die Frage nach ihrer Bilanz

---

4 Vgl. Hubert Rottleuthner (Hrsg.), Das Havemann-Verfahren. Das Urteil des Landgerichts Frankfurt (Oder) und die Gutachten der Sachverständigen Prof. H. Roggemann und Prof. H. Rottleuthner, Baden-Baden 1999.

aus einem Jahrzehnt deutscher Einheit auf.[5] Wie steht es im Jahre 2000 um die Ahndung von Regierungs- und Justizkriminalität? War es „Siegerjustiz", was hier praktiziert wurde, ein fortwirkendes Erschwernis für die Aussöhnung zwischen Ost und West, quasi eine Fortsetzung des Kalten Krieges gegen die Menschen in der früheren DDR? Dies alles war gelegentlich zu hören und zu lesen, zumeist von früheren Verantwortungsträgern des Alten Regimes. Auch Rufe nach einer Amnestie oder einem juristischen Schlussstrich wurden laut. Selbst von Rehabilitierung der „Siegerjustizopfer" war schon die Rede.

Nach Angaben von Generalstaatsanwalt Christoph Schaefgen, von 1990 bis 1999 Leiter der für DDR-Regierungskriminalität und Justizunrechtstaten zuständigen, inzwischen aufgelösten Staatsanwaltschaft II bei dem Landgericht Berlin, wurden in Berlin und in den fünf neuen Bundesländern bis zum Sommer 1998 insgesamt über 65.000 staatsanwaltschaftliche Ermittlungsverfahren gegen schätzungsweise 100.000 Beschuldigte eingeleitet. Davon wurden rund drei Viertel bis zu dem genannten Zeitpunkt eingestellt. Die unverhältnismäßig hohe Einstellungsquote belegt den strikt rechtsstaatlichen Umgang mit den Beschuldigten. In annähernd 800 Fällen wurde Anklage erhoben, aber nur jeder zweite Angeklagte trug eine Freiheitsstrafe davon – in ca. 200 Fällen wurde die Strafe zur Bewährung ausgesetzt.[6] Auch wenn die Zahlen nicht dem jüngsten Stand entsprechen, vermitteln sie doch einen Eindruck von der Größenordnung, die die justitielle Aufarbeitung der DDR-Vergangenheit angenommen hat. Klaus Marxen und Gerhard Werle schätzen, dass nach Abschluss aller bei den Gerichten in Berlin und den neuen Bundesländern noch anhängigen Strafverfahren die Gesamtzahl rechtskräftig Verurteilter die 500 nicht überschreiten wird. *„Das bedeutet, daß eine Verurteilung lediglich etwa 0,5% aller Beschuldigten trifft."*[7] Wer das „Siegerjustiz" nennt, weiß nicht, wovon er spricht – oder er leugnet die Realität .

Die meisten einschlägigen Strafverfahren waren beim Landgericht Berlin anhängig. Seine Zuständigkeit ergab sich aus dem Umstand, dass die meisten Täter in Berlin gehandelt hatten oder zur Tatzeit hier ansässig gewesen waren. Die Rechtsprechung in den fünf neuen Ländern unterschied sich freilich nur quantitativ, nicht qualitativ davon, allenfalls gingen die Richter in der Provinz zögerlicher vor als ihre Kollegen in der Hauptstadt.

Vor dem Landgericht Berlin fanden allerdings die „großen Prozesse" statt. Im Rückblick fallen die Strafverfahren gegen ehemalige Mitglieder des Nationalen Verteidigungsrates der DDR und gegen ehemalige Mitglieder des

---

5 Vgl. dazu grundlegend Klaus Marxen/Gerhard Werle, Die strafrechtliche Aufarbeitung von DDR-Unrecht. Eine Bilanz, Berlin/New York 1999.

6 Zit. bei Roman Grafe: „Generalstaatsanwalt Christoph Schaefgen: 'Wenig aufbauend ist die zahlenmäßige Bilanz unserer Arbeit'. Die Strafverfolgung von SED-Unrecht 1990-1998", Deutschland Archiv 1/1999, S. 6ff.

7 K. Marxen/G. Werle (Anm. 5), S. 234.

Politbüros der SED sowie gegen ehemalige Generäle der Nationalen Volksarmee und der Grenztruppen der DDR ins Auge. Sie hatten sich durchweg
wegen Gewaltverbrechen und Tötungsdelikten an der Berliner Mauer und an
der innerdeutschen Grenze zu verantworten – juristisch ausgedrückt wegen
Totschlags.

Die Serie der Strafverfahren leitete jener spektakuläre Strafprozess vor der
27. Großen Strafkammer des Landgerichts Berlin ein, der am 12. November
1992 mit Erich Honecker, einst Generalsekretär des Zentralkomitees der SED
und Vorsitzender des Staatsrates der DDR, als Hauptangeklagten begann.[8] Er
hatte sich als ehemaliger Vorsitzender des Nationalen Verteidigungsrates zu
verantworten. Mit ihm saßen weitere fünf ehemalige Mitglieder dieses wichtigen Entscheidungsgremiums auf der Anklagebank im Kriminalgericht Mo-
abit – nämlich Willi Stoph, der frühere Vorsitzende des Ministerrates, und
Erich Mielke, der ehemalige Minister für Staatssicherheit, gegen die wie gegen Honecker selbst das Verfahren aus Gesundheitsgründen abgetrennt und
eingestellt wurde; sie sind inzwischen gestorben. So blieben im „Honecker-
Prozess" zuletzt nur Heinz Keßler, der ehemalige Verteidigungsminister der
DDR, ferner Fritz Streletz, einst Chef des Hauptstabes der Nationalen Volks-
armee, und Hans Albrecht, der frühere 1. Sekretär der SED-Bezirksleitung
Suhl, übrig. Sie wurden am 16. September 1993 in erster Instanz zu mehrjährigen Freiheitsstrafen verurteilt.[9] Der 5. Senat des BGH hat dieses Urteil im
Revisionsverfahren am 26. Juli 1994 im Wesentlichen bestätigt, jedoch inso-
weit verschärft, als er nicht mehr auf Anstiftung zum Totschlag, sondern auf
Totschlag in mittelbarer Täterschaft erkannte. Für Keßler blieb es bei einer
Freiheitsstrafe von siebeneinhalb Jahren, für Streletz von fünfeinhalb Jahren,
während der BGH die ursprüngliche Strafe für Albrecht auf fünf Jahre und
einen Monat erhöhte.

Dem Versuch, im Wege einer Verfassungsbeschwerde unter Berufung auf
das Rückwirkungsverbot gegen die Strafverfolgung vorzugehen, blieb der Erfolg versagt. Ihr hatte sich auch ein ehemaliger Grenzsoldat angeschlossen,
der vom Landgericht Berlin am 17. Juni 1993 wegen Totschlags, begangen
durch Todesschüsse an der Mauer, zu einem Jahr und zehn Monaten Jugend-
strafe auf Bewährung verurteilt worden war. Wie die Richter in Karlsruhe ihre Entscheidung begründeten, wird noch zu erörtern sein.

Zu nennen sind sodann die beiden so genannten Politbüro-Prozesse. Der
erste, der ebenfalls vor der 27. Großen Strafkammer des Landgerichts geführt

---

8   Vgl. Harald Kleinschmid: „Der Prozeß gegen Erich Honecker und andere", Deutsch-
    land Archiv 1/1993, S. 3ff.; Karl Wilhelm Fricke: „Zwischen Rechtsstaatlichkeit und
    Gerechtigkeit. Das Dilemma des Honecker-Prozesses", Deutschland Archiv 2/1993, S.
    139ff.; Peter Jochen Winters: „Justiz und Zeitgeschichte", Deutschland Archiv 3/1993,
    S. 273ff.
9   Urteil der 27. Großen Strafkammer des Landgerichts Berlin vom 16. September 1993,
    Az.: (527) 2 Js 26/90 Ks (10/92).

wurde, richtete sich gegen Egon Krenz, Nachfolger Honeckers und letzter Generalsekretär des Zentralkomitees der SED, sowie gegen die früheren Politbüro-Mitglieder Horst Dohlus, Kurt Hager, Günther Kleiber, Erich Mückenberger, Günter Schabowski und Harry Tisch.[10] Gegen Dohlus, Hager, Mückenberger und Tisch wurde das Verfahren aus Alters- und Krankheitsgründen eingestellt. Bis auf Dohlus sind auch sie mittlerweile gestorben. Am 25. August 1997 wurden daher nur noch Krenz, Kleiber und Schabowski verurteilt, und zwar zu sechseinhalb, fünfeinhalb und fünf Jahren. Das Urteil wurde durch Entscheidung des BGH vom 8. November 1999 rechtskräftig.

War das Urteil gerecht? Krenz räsonierte über *„Siegerjustiz"* und drohte sogar, *„die Richter eines Tages zur Verantwortung ziehen"* zu wollen, aber Schabowski hat das Urteil angenommen, ebenso Kleiber. Beide wurden zum zehnten Jahrestag der Deutschen Einheit begnadigt. Tatsächlich haben sie alle einst Verantwortung getragen, zumal Krenz, der entgegen allen Unschuldsbeteuerungen die Möglichkeit gehabt hätte, Einfluss auf das mörderische Grenzregime zu nehmen – wenn er es denn gewollt hätte. Der Abbau von Selbstschussanlagen an der innerdeutschen Grenzlinie als Gegenleistung für den Milliarden-Kredit für die DDR Anfang der achtziger Jahre und die zeitweilige Aussetzung des Schießbefehls für die Posten an der Grenze in bestimmten politischen Situationen haben das eindeutig erwiesen.

Der zweite, ebenfalls bei der 27. Großen Strafkammer des Landgerichts Berlin anhängige Politbüro-Prozess, der sich gegen die Angeklagten Herbert Häber, Siegfried Lorenz und Hans-Joachim Böhme richtete – auch sie waren mehr oder weniger lange Zeit Mitglieder des Politbüros -, endete dagegen mit einer unerwarteten Entscheidung: Das Urteil vom 7. Juli 2000 lautete in allen drei Fällen auf Freispruch.[11] Allerdings ist es nach dem Revisionsantrag der Staatsanwaltschaft noch nicht rechtskräftig. Die Strafprozesse gegen die erste Reihe der Nomenklaturkader gingen mit dem zweiten Politbüro-Prozess zu Ende.

Zu den prominenten Angeklagten zählten des Weiteren zehn ranghohe Militärs, denen ebenfalls ihre Mitverantwortung für Tötungsdelikte im Grenzbereich zum Vorwurf gemacht wurde. In ein- und demselben Verfahren angeklagt waren neun ehemalige Generäle der Nationalen Volksarmee und ein Admiral der Volksmarine, die sich in ihrer Eigenschaft als Mitglieder des früheren Kollegiums des Ministeriums für Nationale Verteidigung zu verantworten hatten. Der Prozess wurde am 18. August 1995 vor der 35. Großen Strafkammer des Landgerichts Berlin eröffnet. Nachdem schon vor Eröffnung der Hauptverhandlung zwei der Angeklagten krankheits- und altersbedingt ausgeschieden waren, erwirkten weitere vier Angeklagte mit Hilfe ärztl-

---

10 Vgl. Peter Jochen Winters: „Das Urteil gegen Krenz und andere", Deutschland Archiv 5/1997, S. 693ff.

11 Vgl. ders.: „Zwiespältiges Urteil im letzten Politbüro-Prozess", Deutschland Archiv 4/2000, S. 525ff.

licher Atteste ebenfalls Verfahrenseinstellung. Sie gingen straffrei aus. Das Urteil vom 30. Mai 1997 betraf daher nur noch Generaloberst a. D. Joachim Goldbach, einst Stellvertreter des Verteidigungsministers und Chef für Bewaffnung/Technik, Generalleutnant a. D. Heinz Handke, einst Hauptinspekteur der NVA, Generalleutnant a. D. Harald Ludwig, ehedem Chef der Verwaltung Kader, und Generaloberst a. D. Erich Peter, zuletzt Chef der Zivilverteidigung. Auch hier hielten sich die Freiheitsstrafen in Grenzen: drei Jahre und drei Monate jeweils für Goldbach und Ludwig, zwei Jahre und zehn Monate für Handke und ein Jahr und zehn Monate, ausgesetzt zur Bewährung, für Peter.[12]

Flankiert wurde der erste Generalsprozess von einem Strafverfahren gegen sechs ehemalige Generäle der DDR-Grenztruppen, der am 27. Oktober 1995 begann. Als Angeklagte fanden sich vor Gericht Generaloberst a. D. Klaus-Dieter Baumgarten, vormals Stellvertreter des Verteidigungsministers und Chef der Grenztruppen, sowie dessen Stellvertreter Günter Gabriel, Karl Leonhardt, Gerhard Lorenz, Dieter Teichmann und Heinz-Ottomar Thieme, auch sie einst sämtlich im Generalsrang. Das Urteil wurde am 10. September 1996 verkündet. Die höchste Strafe erhielt mit sechseinhalb Jahren Baumgarten, die übrigen Freiheitsstrafen beliefen sich auf drei Jahre und neun Monate bis drei Jahre und drei Monate.[13]

Hätte die Staatsanwaltschaft in allen diesen Fällen um eines juristischen Schlussstrichs willen von vornherein auf eine Anklage verzichten sollen? Ganz abgesehen davon, dass dies nach dem Legalitätsprinzip ausgeschlossen ist, das die Strafgerichte von Gesetzes wegen zur Anklage verpflichtet, konnten sie schließlich nicht Mauerschützen verurteilen, aber die Verantwortungsträger ungeschoren lassen.

In der Tat war die Bestrafung der einstigen Mauerschützen, der einfachen Grenzer am Stacheldraht, ein wesentliches Element der strafrechtlichen Aufarbeitung der SED-Diktatur. Etwa fünf Dutzend wurden vor Gericht gestellt.[14] Der erste Mauerschütze nach dem Umbruch in der DDR wurde vom Landgericht Berlin am 20. Januar 1992 verurteilt. Er und die meisten seiner Kameraden, die sich ebenfalls vor Gericht zu verantworten hatten, wurden zu Bewährungsstrafen wegen Totschlags verurteilt. Nur in ganz wenigen Fällen, in denen der Tatbestand des Mordes eindeutig erwiesen war, lagen die Strafen höher. In Sachen Schießbefehl wurde die Rechtmäßigkeit einer Verurteilung schon frühzeitig entschieden und durch mehrere Urteile des BGH be-

---

12 Vgl. Roman Grafe: „Ziele mit dem ersten Feuerstoß vernichten'. Urteile gegen die Militärführung der DDR", Deutschland Archiv 4/1997, S. 525f.

13 Vgl. ders.: „Niemals Zweifel gehabt'. Der Prozeß gegen die Grenztruppen-Führung der DDR", Deutschland Archiv 6/1996, S. 862ff.

14 Grundlegend dazu Toralf Rummler, Die Gewalttaten an der deutsch-deutschen Grenze vor Gericht, Berlin 2000.

kräftigt, dass Todesschüsse an der Grenze als strafbares Unrecht zu qualifizieren sind.[15]

Die meisten Verfahren, die im Zuge der juristischen Aufarbeitung der DDR-Vergangenheit bis Sommer 1998 zu bewältigen waren, insgesamt rund 40.000, betrafen den Tatbestand der Rechtsbeugung. Indes wiesen sie auch die meisten Einstellungen auf. Annähernd 90 Prozent der Verfahren wegen Rechtsbeugung wurden durch Einstellung beendet.[16] Auch die ehemaligen DDR-Richter und -Staatsanwälte, die an politischen Willkürurteilen mitgewirkt hatten und deshalb zu bestrafen waren, kamen bis auf ganz wenige Ausnahmen mit Bewährungsstrafen davon, sofern nicht sogar auf Freispruch erkannt wurde.

Eine der höchsten Strafen traf den einstigen Vizepräsidenten des Obersten Gerichts, Hans Reinwarth, den die 28. Große Strafkammer des Landgerichts Berlin am 17. Juni 1994 wegen Rechtsbeugung in Tateinheit mit Totschlag (Mitwirkung an rechtswidrigen Todesurteilen) zu drei Jahren und neun Monaten Freiheitsentzug verurteilt hat. Die von ihm und von der Staatsanwaltschaft eingelegte Revision wurde durch Urteil des 5. Senats des BGH vom 15. November 1996 verworfen.[17] Er starb, ehe das Urteil rechtskräftig wurde, so dass er – ausgenommen ein halbes Jahr Untersuchungshaft – nicht einen einzigen Tag seiner Strafe zu verbüßen brauchte.

Selbst die „furchtbaren Juristen im Parteiauftrag", die 1950 an den so genannten Nazi- und Kriegsverbrecher-Prozessen in Waldheim beteiligt gewesen waren und dafür verurteilt wurden, trugen zur Bewährung ausgesetzte Freiheitsstrafen davon – bis auf den Fall der inzwischen hoch betagten Richterin Irmgard Jendretzky, die wegen ihrer Mitwirkung an Waldheimer Willkürurteilen wegen Rechtsbeugung in Tateinheit mit Totschlag und Freiheitsberaubung zu vier Jahren Freiheitsstrafe verurteilt wurde. Da sie nicht zur Bewährung ausgesetzt werden konnte, wurde die Vollstreckung im Gnadenwege erlassen.

In gleicher Weise ließ die Justiz auch Milde walten bei der Ahndung von Straftaten minderschwerer Natur, die als „systembedingt" galten, wie etwa Wahlfälschung. Als exemplarisch ist ein in zweiter Instanz ergangenes Urteil gegen Hans Modrow vom 10. August 1995 zu erwähnen, in dem der letzte von der SED gestellte Regierungschef der DDR vom Landgericht Dresden zu neun Monaten Freiheitsstrafe auf Bewährung und 5000 DM Geldstrafe we-

---

15 Vgl. dazu Hans-Jürgen Grasemann: „„Grenzverletzer sind zu vernichten'. Tötungsdelikte an der innerdeutschen Grenze", in: Jürgen Weber/Michael Piazolo (Hrsg.), Eine Diktatur vor Gericht. Aufarbeitung von SED-Unrecht durch die Justiz, München 1995, S. 67ff.

16 R. Grafe (Anm. 6), S. 7.

17 Näheres dazu bei Karl Wilhelm Fricke, Akten-Einsicht. Rekonstruktion einer politischen Verfolgung, 4. aktualisierte Auflage, Berlin 1997, S. 116f.

gen Wahlfälschung verurteilt wurde.[18] Die Ahndung von Delikten wie Körperverletzung durch Verabreichung von Anabolika und anderen Dopingmitteln an minderjährige DDR-Sportkader fiel ähnlich aus.

Zu den beklagenswertesten Defiziten der Strafjustiz bei der Aufarbeitung der DDR-Vergangenheit zählt, dass Erich Mielke lediglich wegen seiner Mittäterschaft bei dem Doppelmord an den Polizeioffizieren Paul Anlauf und Franz Lenck am 8. August 1931 auf dem Bülowplatz in Berlin zur Rechenschaft gezogen werden konnte. Alle anderen gegen ihn eingeleiteten Strafverfahren wegen Korruption, wegen Strafvereitelung im Zusammenhang mit Strafanzeigen gegen Wahlfälschung, wegen Freiheitsberaubung und Verschleppung sowie wegen Totschlags mussten mit Rücksicht auf seine krankheits- und altersbedingte Verhandlungsunfähigkeit eingestellt werden. Das gegen ihn 62 Jahre nach der Tat ergangene Urteil der 23. Großen Strafkammer des Landgerichts Berlin vom 26. Oktober 1993 lautete auf sechs Jahre Freiheitsstrafe. Mielke verbüßte davon nur die Hälfte. Am 1. August 1995 wurde er aus Altersgründen aus dem Strafvollzug entlassen. Einschließlich der zweimaligen Untersuchungshaft war der am 21. Mai 2000 Verstorbene insgesamt fünf Jahre und drei Monate im Gefängnis. Seine Verbrechen als „erster Tschekist der DDR" blieben ungesühnt.[19]

Angesichts dieser Sachlage erweisen sich Forderungen nach einer Amnestie im Grunde als gegenstandslos. Die Verhältnisse sind ganz anders. Tatsächlich sind die verhängten Urteile nicht vom Geist einer vermeintlichen Siegerjustiz, sondern eher von (allzu?) verständnisvoller Nachsicht und rechtsstaatlichen Skrupeln bestimmt. Verhandlungsunfähigkeit aus Alters- oder Krankheitsgründen wurde großzügig zugestanden, auch wenn gelegentlich der Eindruck entstand, dass die Gerichte mit Raffinesse getäuscht worden waren. Kam es zu einer Verurteilung, fielen die Strafen weithin milde aus, zu milde, wie namentlich ehemalige DDR-Bürgerrechtler und Opfer der Unrechtsjustiz kritisieren. Nach einem Jahrzehnt deutscher Einheit provoziert der justitielle Umgang mit Verantwortungsträgern des Alten Regimes eher die Frage nach der Sinnfälligkeit der justitiellen Aufarbeitung unter dem Gesichtspunkt von Effizienz und Sühne. Eine differenzierende Diskussion führt zu der Erkenntnis, dass eine Amnestie in letzter Konsequenz juristisch irrelevant wäre. Denn auch ihre Wortführer wollen Tötungsdelikte in der DDR davon ausschließen und sie nur für „systembedingte Straftaten" von leichtem oder mittelschwerem Unrechtsgehalt bestimmt wissen, so für Wahlfälschung,

---

18 Siehe dazu Karl Wilhelm Fricke: „Die DDR-Kommunalwahlen '89 als Zäsur für das Umschlagen von Opposition in Revolution", in: Eberhard Kuhrt in Verbindung mit Hannsjörg F. Buck und Gunter Holzweißig (Hrsg.), Opposition in der DDR von den 70er Jahren bis zum Zusammenbruch der SED-Herrschaft (Am Ende des realen Sozialismus, Bd. 3), Opladen 1999, S. 467-505, hier: S. 491f.

19 Vgl. dazu Wilfriede Otto, Erich Mielke – Biographie. Aufstieg und Fall eines Tschekisten, Berlin 2000, S. 489ff.

Denunziation, Bruch des Postgeheimnisses und Hausfriedensbruch bei kon-
spirativer Wohnungsdurchsuchung, aber auch für Rechtsbeugung. Da diese
Straftaten nach dreimaliger Verlängerung der gesetzlichen Verjährungsfristen
am 2. Oktober 2000 ohnehin verjähren, das heißt, die absolute Verjährung
der strafrechtlichen Verfolgung eintritt, soweit bis zu diesem Zeitpunkt in einer anhängigen Strafsache kein erstinstanzliches Urteil vorliegt, erscheint eine Amnestie als in der Sache wenig begründbar. In diesem Kontext ist auch
daran zu erinnern, dass die zu längeren Freiheitsstrafen verurteilten Ex-
Spitzenkader ihre Strafe im Regelfall als Freigänger zu verbüßen hatten. Einige haben die Zeit im Gefängnis zur Niederschrift ihrer Memoiren genutzt,
sie konnten zu diesem Zweck sogar in Archiven arbeiten, und niemand
brauchte seine volle Strafzeit absitzen.

Gleichwohl sollte über die Justiz des Rechtsstaates nicht leichtfertig der
Stab gebrochen werden. Aufs Ganze gesehen hat sie sich den an sie gerichteten Anforderungen gewachsen gezeigt[20], auch wenn sie die im Herbst '89
gehegten „revolutionären Gerechtigkeitserwartungen" nicht erfüllt hat. Selbst
die Verfahren, die eine milde Strafe oder Freispruch zur Folge hatten, waren
nicht ohne Sinn. Das Unrecht wurde immerhin benannt und die Verantwortlichkeit der Systemträger an Personen festgemacht.

Das bedeutet nicht wenig, zumal sich die Justiz des geeinten Deutschland
bei der strafrechtlichen Aufarbeitung der DDR-Vergangenheit mit für sie
gänzlich neuen juristischen Grundsatzproblemen zu befassen hatte, mit komplizierten Rechtsfragen von historischer Einmaligkeit, denen sich auch die
höchstrichterlichen Instanzen stellen mussten – der Bundesgerichtshof ebenso wie das Bundesverfassungsgericht. Vor dem Hintergrund der Bestimmungen des Einigungsvertrages, wonach Straftäter in der DDR grundsätzlich nur
nach dem seinerzeit in der DDR geltenden Strafrecht unter Anklage gestellt
werden konnten, sah sich die Justiz erheblichen Rechtsproblemen gegenüber.
Die zuvor lange Zeit gültige höchstrichterliche Auffassung, wonach auch in
der DDR verübte Straftaten von der bundesdeutschen Justiz als Inlandsstraf-
taten – also nach bundesdeutschem Recht – zu ahnden waren, wurde damit
aufgegeben. Unter selbstverständlicher Wahrung rechtsstaatlicher Kriterien
sah sich die deutsche Gerichtsbarkeit der neunziger Jahre konkret mit dem
Spannungsverhältnis von Gesetzlichkeitsprinzip und Rückwirkungsverbot einerseits und den gesellschaftlichen Erwartungen hinsichtlich der Strafrechts-
gerechtigkeit andererseits konfrontiert. Nicht immer war strafbar, was straf-
würdig war. Häufig ließ sich auch da, wo himmelschreiendes Unrecht geschehen war, ein individueller Schuldnachweis nicht führen, so in vielen

---

20 Siehe dazu auch den Abschnitt 3.1.4. „Erfolge, Defizite und Möglichkeiten der strafrechtlichen Aufarbeitung des SED-Unrechts in dogmatischer und empirischer Hinsicht", in: Schlußbericht der Enquete-Kommission „Überwindung der Folgen der SED-
   Diktatur im Prozeß der deutschen Einheit", Materialien der Enquete-Kommission, Ba-
   den-Baden/Frankfurt a.M. 1999, Bd. I., S. 229ff.

Rechtsbeugungssachen, und der moralisch Schuldige ging juristisch straffrei aus.

Soweit das Bundesverfassungsgericht (BVG) in Strafsachen zu entscheiden hatte, geschah dies vorwiegend auf Grund von Verfassungsbeschwerden, die Verurteilte mit dem Ziel eingeleitet hatten, die Verfassungsmäßigkeit der gegen sie ergangenen Urteile der Strafgerichte zu prüfen. Die Verantwortlichen des Systemunrechts, die für gewöhnlich ihren Opfern einst elementare justitielle Grundrechte verweigert hatten, bedienten sich, auch das ist eine Erfahrung des ersten Jahrzehnts deutscher Einheit, bis zur Schamlosigkeit aller Schutzgarantien des Rechtsstaates. Nicht selten übrigens ließen sie sich vor Gericht von Strafverteidigern vertreten, die zu DDR-Zeiten als Offiziere im Ministerium für Staatssicherheit tätig gewesen waren, die Rechtsanwälte Dr. Frank Osterloh und Jürgen Strahl zum Beispiel.

Nicht immer hatten ihre Bemühungen freilich Erfolg. Grundsätzlich erkannte das höchste deutsche Gericht auf die Strafbarkeit von Regierungskriminalität. Gleichwohl stellte es so hohe juristische Hürden auf, dass seine Entscheidungen in der öffentlichen Meinung zuweilen heftige Kritik auslösten. Beispielsweise waren die Kriterien für eine Verurteilung wegen Rechtsbeugung selbst unter Juristen umstritten[21], für Opfer der politischen Strafjustiz in der DDR waren sie kaum nachvollziehbar. Ebenso stieß die Freistellung von jeder Strafverfolgung von Stasi-Offizieren, die vom Boden der DDR aus Spionage betrieben hatten, weithin auf Missbehagen. Mancher Kritiker empfand die einschlägige Entscheidung des 2. Senats des BVG vom 15. Mai 1995 geradezu als verkappte Amnestie.

Eine Strafverfolgung der einst Herrschenden im Staat der SED verstieß auch nicht gegen das in Artikel 103 Absatz 2 des Grundgesetzes niedergelegte Verbot rückwirkender Strafgesetze. Darauf läuft im Kern die Entscheidung hinaus, die der 2. Senat des BVG durch Beschluss vom 24. Oktober 1996 gefasst hat, einstimmig übrigens.[22] Das höchste deutsche Gericht hat damit in gebotener Klarheit eine Grundsatzfrage entschieden, die nicht nur für die Rechtskraft der gegen die Beschwerdeführer ergangenen Urteile von Bedeutung war, sondern grundsätzlich auch für damals laufende oder noch anhängige Strafverfahren in Sachen DDR-Regierungskriminalität und Grenzregime. Insofern lässt der Richterspruch aus Karlsruhe auch der in diesem Zusammenhang häufig zitierten Spruchweisheit „Die Kleinen hängt man, die

---

21 Vgl. dazu Christoph Schaefgen: „Wer richtet die Richter? Die Rechtsbeugungsverfahren gegen DDR-Juristen: Ergebnisse, Kritik", in: Jürgen Weber/Michael Piazolo (Hrsg.), Justiz im Zwielicht. Ihre Rolle in Diktaturen und die Antwort des Rechtsstaates, München 1998, S. 241ff.; Günter Spendel: „Unrechtsentscheidungen des SED-Regimes und BGH-Judikatur", ebd., S. 257ff.; Rudolf Wassermann: „Nachsicht und Milde. Vom Umgang mit dem Justizunrecht des SED-Regimes", ebd., S. 273ff.

22 Beschluss des 2. Senats des BVG vom 24. Oktober 1996, Az.: 2 BvR 1851/94, 2 BvR 1853/94, 2 BvR 1875/94, 2 BvR 1852/94.

Großen lässt man laufen" keinen Raum mehr. Sie war ohnehin fragwürdig, denn „die Kleinen" wurden ja auch keineswegs „gehängt". Zwar wurden einfache Grenzsoldaten als Mauerschützen wegen Totschlags bestraft, aber die Vollstreckung ihrer Strafen wurde wie dargelegt in aller Regel zur Bewährung ausgesetzt.

Veranlasst wurde die Grundsatzentscheidung durch eine Verfassungsbeschwerde von Heinz Keßler und anderen gegen das erwähnte Urteil vom 16.September 1993. Keßler und Genossen glaubten sich hauptsächlich wegen des Rückwirkungsverbots zu Unrecht bestraft. Die Karlsruher Richter hatten folglich zu prüfen, ob die Beschwerdeführer in ihren Grundrechten verletzt worden waren, indem sie strafrechtlich zur Verantwortung gezogen wurden. In ihrer Entscheidung stellten sie in sorgfältig formulierter Begründung juristisch überzeugend fest, dass die Grundrechte derer, die wegen der Todesschüsse an Mauer und Stacheldraht strafrechtlich zur Rechenschaft gezogen wurden, keineswegs missachtet worden sind. Nach ihrer Auffassung kann der in der DDR durch Gesetz geregelte Schusswaffengebrauch an der ehemaligen innerdeutschen Grenze kein Rechtfertigungsgrund sein, der die Verantwortlichen – vom Verteidigungsminister bis zum Grenzsoldaten – von Strafe freistellt. Im DDR-Grenzregime war „die Gesetzeslage von Befehlen überlagert", so die Argumentation des BVG, „die für eine Eingrenzung des Schußwaffengebrauchs nach den Maßstäben des Verhältnismäßigkeitsgrundsatzes keinerlei Raum ließen und den Angehörigen der Grenztruppen vor Ort die Auffassung ihrer Vorgesetzten, letztlich des Nationalen Verteidigungsrates, vermittelten, Grenzverletzer seien zu 'vernichten', wenn der Grenzübertritt mit anderen Mitteln nicht verhindert werden könne".

Eben diese rigorose Unterordnung des Lebensrechts des Einzelnen unter das staatliche Interesse an der Verhinderung unerwünschter Grenzübertritte ließ das geschriebene Recht gegenüber den Erfordernissen politischer Zweckmäßigkeit zurücktreten. „Sie war materiell schweres Unrecht" und kann daher kein die Strafbarkeit ausschließender Rechtfertigungsgrund sein. Wenn ein Staat „die in der Völkerrechtsgemeinschaft allgemein anerkannten Menschenrechte in schwerwiegender Weise" missachtet, kann das Rückwirkungsverbot nicht unumstößlich sein. Es erstreckt sich nicht auf „extremes staatliches Unrecht, das sich nur solange behaupten kann, wie die dafür verantwortliche Staatsmacht faktisch besteht". Mit seiner Argumentation hat sich das BVG unter Rückgriff auf die sogenannte Radbruch'sche Formel zu der Auffassung durchgerungen, dass der Grundsatz der Rechtssicherheit bei einem unerträglichen Widerspruch des positiven Rechts zur Gerechtigkeit geringer zu werten ist als das Prinzip der materiellen Gerechtigkeit.

Bleibt endlich die häufig verdrängte Erinnerung daran, dass mit der Ahndung von systembedingten Straftaten im Staat der SED nicht erst im geeinten Deutschland, sondern bereits in der DDR bald nach Honeckers Sturz begonnen wurde, als Strafverfahren wegen Wahlfälschung und Amtsmissbrauchs,

Wirtschaftsverbrechen und Korruption eingeleitet wurden. Zu keiner Zeit waren soviel ehemalige Verantwortungsträger der SED in Haft wie vor dem 18. März 1990, dem Tag, an dem erst- und letztmalig die Volkskammer der DDR frei gewählt wurde. Historisch ist es allein deshalb schon schlicht falsch, von „Siegerjustiz" zu reden. Wer vor diesem Hintergrund gar eine „postume Kriminalisierung" der DDR behauptet, durch welche die innere Einheit in Deutschland belastet würde, der setzt die einst verantwortlichen, schuldig gesprochenen Kader mit der Masse der Bevölkerung gleich und argumentiert daher wider die Wahrheit.

Um noch einmal auf den so genannten Havemann-Prozeß zurückzukommen: Juristisch mag er letztlich unbefriedigend ausgegangen sein, historisch hingegen hat er durchaus seinen Sinn bekommen. Selten wurde die Mechanik der justitiellen Repression sowie die Manipulierung und Präjudizierung politischer Strafprozesse in der DDR so gründlich analysiert und dokumentiert wie in diesem Verfahren. Was aber speziell auf den Fall Havemann zutraf, konnte analog auf viele andere Willkürurteile der DDR-Unrechtsjustiz übertragen werden, so dass die Analyse generell von Nutzen war und ist für die historische Aufarbeitung der DDR-Vergangenheit. Zwar kann und soll der Richter oder Staatsanwalt dem Historiker, dem Politologen oder Publizisten nicht die Arbeit abnehmen, aber durch die gesicherte Feststellung zeitgeschichtlicher Unrechtssachverhalte leistete die Justiz einen enorm wichtigen Beitrag zur Aufarbeitung der DDR-Geschichte. Auch das gehört dazu, wenn es eine Dezenniumsbilanz der Strafjustiz eines letztlich überforderten Rechtsstaates zu ziehen gilt.

Das Ministerium für Staatssicherheit in der DDR-Geschichte

Siegfried Suckut

Die historische Bedeutung des Ministeriums für Staatssicherheit (MfS) liegt vor allem darin, dass es für die diktatorisch regierende Einheitspartei das wichtigste Instrument war, ihre Macht zu erhalten: MfS-Geschichte ist Teil der Partei- wie der Herrschaftsgeschichte der DDR.

Das Machtsicherungsinstrument Stasi war für die SED wichtig, ja, für ein politisches System dieses Typs unverzichtbar aufgrund des eklatanten Mangels an demokratischer Legitimation. Die SED regierte seit Ende der vierziger Jahre gegen eine Mehrheit der Bevölkerung und hätte bei freien Wahlen mit kompetitiven Listen, wie sie die DDR-Verfassung von 1949 vorsah, keine Chance gehabt, wenn sich auch die großen westdeutschen Parteien daran hätten beteiligen können.

Die SED übte eine eher lockere Kontrolle des Staatssicherheitsdienstes aus. Ulbricht und Honecker ließen Erich Mielke weithin freie Hand, das „Schild und Schwert" der Partei einzusetzen. Mielke lag viel daran, den kontrollberechtigten Parteiinstanzen nur begrenzten Einblick zu ermöglichen mit dem Argument, die Konspiration müsse gewahrt bleiben. Gleichwohl war die Parteiführung gut über die Arbeitsweise ihrer politischen Geheimpolizei informiert, was sich in „Tauwetter"-Phasen mitunter in harscher Kritik äußerte. Die blieb aber letztlich folgenlos. Die Partei behielt ihren stalinistischen Charakter bei und billigte grundsätzlich Arbeitsweise und Selbstverständnis des MfS. Sie konnte sich auf die Loyalität ihrer Tschekisten verlassen. Mielke trat zwar mitunter geradezu arrogant gegenüber den Kontrolleuren der Partei auf, doch lag es ihm fern, sein Ministerium zu einem Staat im Staate werden zu lassen.

Innerhalb der SED sahen sich die MfS-Offiziere als Elite innerhalb der Elite, als bedingungslose Verfechter der Politik ihrer Führung. Elitär war auch ihre Bezahlung: In einem Staat mit weithin nivellierten Einkommen verdienten schon nachrangige Chargen doppelt so viel wie ein Facharbeiter. Stärker noch als für die übrige Bevölkerung wird für die 91.000 Hauptamtlichen der Staatssicherheit gegolten haben, dass sie aufgrund des unzulänglichen Warenangebots einen großen Teil ihres Geldes sparten. Erst nach der Währungsumstellung im Sommer 1990 konnten sie gleichsam die materiellen „Früchte" ihrer früheren Privilegierung ernten und ihr Geldvermögen sinnvoll nutzen. Finanziell gehörten sie zunächst sicher zu den Gewinnern der Einheit. Hohes Ansehen genossen die Bediensteten des „VEB Horch und Guck" allerdings in der DDR nie – im Gegenteil.

Das war vorherzusehen und einer der Hauptgründe, warum das Ministerium erst im Februar 1950 gegründet wurde: fünf Monate nach der DDR und am Vorabend der letzten Weichenstellung zur Etablierung der Einparteienherrschaft, der Einführung des Einheitslistenprinzips für die Wahl der ersten Volkskammer im Oktober 1950.

Die Geschichte des Ministeriums für Staatssicherheit

Innen- wie deutschlandpolitisch stellte die Gründung des Ministeriums für Staatssicherheit eine wichtige Zäsur dar. Nun besaß auch die DDR, was für einen Staat sowjetischen Typs unabdingbar war: eine von der Kommunistischen Partei kontrollierte politische Geheimpolizei. Die Bundesrepublik dagegen verfügte noch über keine geheimen Dienste. Das Bundesamt für Verfassungsschutz und der Bundesnachrichtendienst wurden erst wesentlich später gegründet. Die Entwicklungswege in Ost und West liefen auseinander.

Schon bei der DDR-Gründung war ein Ministerium gebildet worden, das es in Bonn noch nicht gab: ein Außenministerium. Diese Besonderheit war damals von der SED-Propaganda als angeblicher Beweis wahrer Souveränität mit der Ankündigung herausgestellt worden, die DDR-Regierung werde künftig die Interessen aller Deutschen gegenüber dem Ausland vertreten.

Verglichen damit fällt auf, dass die Gründung des Ministeriums für Staatssicherheit halb im Verborgenen geschah und die SED die politische Bedeutung dieses Schrittes herunterzuspielen versuchte, als gehe es nur um die Umbenennung einer seit längerem bestehenden Institution. Wie man Regierungsunterlagen entnehmen kann, verlief die Konstituierung auch keineswegs so konfliktfrei, wie es die kontrollierten Staatsmedien damals darstellten. Die SED versuchte, die Provisorische Volkskammer so wenig wie möglich in den Entscheidungsprozess einzubeziehen, um sie nicht zu einem Forum kritischer Personaldiskussion werden zu lassen. Der Parlamentspräsident, der Liberaldemokrat Johannes Dieckmann, aber störte das Prozedere. Am Tag vor der geplanten Verabschiedung des Gründungsgesetzes, am 7. Februar 1950, gab er, in einem Brief an den Chef der Regierungskanzlei, Staatssekretär Geyer, zu bedenken, dass es juristisch um die Änderung des Gesetzes über die Bildung der Provisorischen Regierung vom 7. Oktober 1949 gehe. In diesem Gesetz war auch die personelle Besetzung der 14 Ressorts aufgeführt. Nun gelte es, per Gesetzesänderung ein 15. anzufügen. Dieckmann bat zu überlegen, *„ob nicht jetzt noch eine entsprechende Änderung der Gesetzesvorlage (...) regierungsseitig vorgeschlagen werden"* solle. Die Anfrage wirkt eher unbedeutend, doch der Regierungsapparat reagierte alarmiert und versah das Schreiben mit handschriftlichem *„Eilt sehr!"*-Vermerk.[1]

Der Gesetzentwurf wurde rasch umformuliert. Statt von einer Ergänzung war nun von einer Änderung des Gesetzes vom 7. Oktober 1949 die Rede. Der am 8. Februar 1950 von der Provisorischen Volkskammer einstimmig gebilligte Gesetzestext lautete lapidar:

> *„§ 1: Die bisher dem Ministerium des Innern unterstellte Hauptverwaltung zum Schutze der Volkswirtschaft wird zu einem selbständigen Ministerium für Staatssicherheit umgebildet. Das Gesetz vom 7. Oktober 1949 über die Provisorische Regierung der Deutschen Demokratischen Republik (GBl. S. 2) wird entsprechend geändert.*
>
> *§ 2: Dieses Gesetz tritt mit seiner Verkündung in Kraft. Berlin, den 8. Februar 1950."*

Anders als bei der Staatsgründung blieb folglich unerwähnt, wer das neue Ressort leiten sollte. Der Brief Dieckmanns aber hatte indirekt daran erinnert, dass nach der DDR-Verfassung das Parlament auch über die Minister abzustimmen hatte. Artikel 94 dekretierte unmissverständlich: *„Die Regierung sowie jedes ihrer Mitglieder bedürfen zur Geschäftsführung des Vertrauens der Volkskammer."* Auch ein nachträglich berufener Minister musste sich folglich dem Votum der Parlamentarier stellen. In einem eilends angefertigten Kurzgutachten vom 14. Februar 1950 argumentierten die Regierungsjuristen fadenscheinig, Artikel 94 besage nicht, *„daß für jedes einzelne Mitglied der Regierung das Vertrauen der Volkskammer ausdrücklich und gesondert festzustellen"* sei. Vielmehr sei zu unterstellen, *„daß das Vertrauen besteht, solange von der Volkskammer kein gegenteiliger Beschluß vorliegt".* Es genüge folglich, *„wenn der Volkskammer die Ernennung mitgeteilt wird, damit sie Gelegenheit erhält, eventuell ihr Mißtrauen zu erklären".*[2]

Warum sich die SED mit der Namensnennung so schwer tat und ein Votum der Volkskammer partout umgehen wollte, wurde kurz darauf deutlich: Am 16. Februar berief die bereits als „Ministerrat" titulierte Regierung auf Vorschlag des Stellvertretenden Ministerpräsidenten Walter Ulbricht den Altkommunisten Wilhelm Zaisser zum Chef des Ministeriums. Erich Mielke wurde als Staatssekretär benannt. Gefällt hatte diese Personalentscheidung die sowjetische Besatzungsmacht. Sie war die wirkliche Gründerin des Mini-

---

1   Bundesarchiv, Abteilungen Potsdam, C 20 I/3, Akte 10, Blatt 201.
2   Vgl. zum Wortlaut des Gutachtens: ebd., C 20, I/3, Akte 12, Blatt 160 f.

steriums.[3] Neu war, dass damit zwei Altkommunisten an der Spitze eines Ministeriums standen. Bis dahin war stets der pluralistischen Optik wegen auf eine einigermaßen ausgewogene Vertretung von früheren Sozialdemokraten, KP-Kadern und Vertretern der Blockparteien in den Führungen der Ressorts geachtet worden. Das schienen die Machtträger nun nicht mehr für erforderlich zu halten. Aus den Reihen der Volkskammer meldete sich kein Widerspruch gegen das verfassungswidrige Berufungsverfahren und auch später nicht gegen die Ernennung zweier stalinistischer Hardliner aus dem Kreis der KPD-Altkader. Die wenige Monate zuvor noch sehr selbstbewusst auftretenden Führungen von CDU und LDP hatten sich für eine Politik der Anpassung entschieden.

Das neu gegründete Ministerium bemühte sich um Herrschaftssicherung nach stalinistischem Vorbild: durch Terror und Überwachung. Die Stasi verbreitete Angst, sie schüchterte ein. Ihr heimliches Wirken bestimmte die politische Atmosphäre in der DDR wesentlich mit. Die Existenz des Repressionsapparates beeinflusste den Umgang miteinander, die gesellschaftliche Kommunikation. Im Unterbewusstsein war die Stasi stets präsent. Eher überzogen waren die Vorstellungen von der Allgegenwart des geheimen Staatsorgans. Eine weit verbreitete Annahme unter DDR-Bürgern war damals, so erinnert sich Jens Reich, jeder Zehnte arbeite für die Stasi[4] – wie wir heute wissen, eine viel zu hohe Schätzung. Nur etwa zwei Prozent der Erwachsenen waren dem MfS hauptamtlich oder inoffiziell zu Diensten.

Gab es ein großes Gebäude in der Stadt, bei dem nicht erkennbar war, wer darin so geschäftig arbeitete, eine nichtöffentliche Hinterhof-Tankstelle, die rege genutzt wurde, so war die erste Vermutung, es handele sich wohl um Objekte der Stasi. Die Existenz der Geheimpolizei lastete bleiern über der Gesellschaft. Durchaus gewollt war der so erzielte Einschüchterungseffekt. Geradezu demonstrativ standen sportlich gekleidete junge Männer morgens an den Knotenpunkten der Straßenbahnlinien und brachten sich den „Werktätigen" in Erinnerung. Wichtig war das Vorhandensein der Stasi, nicht ihre Aktionen, von denen man nichts Genaues wusste und deren Reichweite von den Betroffenen erstaunlicherweise oft unterschätzt wurde: Etwa ein Drittel derjenigen, die ihre Opferakten in der Behörde des Bundesbeauftragten stu-

---

3 Vgl. zur Vorgeschichte ausführlich: Monika Tantzscher: „‚In der Ostzone wird ein neuer Apparat aufgebaut'. Die Gründung des DDR-Staatssicherheitsdienstes", Deutschland Archiv 1/1998, S. 48-56.

4 Vgl.: Jens Reich: „Sicherheit und Feigheit – der Käfer im Brennglas", in: Siegfried Suckut/Walter Süß (Hrsg.), Staatspartei und Staatssicherheit. Zum Verhältnis von SED und MfS, Berlin 1997, S. 25-37, hier: S. 31.

dieren, urteilen hinterher, die Ausforschung sei schlimmer gewesen als vermutet.[5]

Jens Reich hat in sehr treffenden Vergleichen die unterschwellige Wahrnehmung der Stasi im Alltag charakterisiert: Sie war wie ein kratzendes Unterhemd, von dessen Existenz man nur kurzfristig abgelenkt werden konnte. Sie war die Dogge, die friedlich im Gras lag, zu der man aber von Zeit zu Zeit prüfend hinüber blickte, ob wirklich keine Gefahr drohte. Sie war der Schäferhund, der die Herde umkreist, während der Hütejunge schläft.[6]

Die vermeintliche Allgegenwart des geheimen Überwachungsapparates war ein Grund für die mangelnde Akzeptanz der SED-Herrschaft in der Bevölkerung. Die Stasi hat „eher Opposition produziert als vermindert"[7]. Die Existenz der Drohkulisse Stasi und der Mauer im Hintergrund erleichterte der SED seit den sechziger Jahren die Werbung um staatsloyales, zumindest angepasstes Verhalten. Begünstigt wurde sie dabei durch das Fortwirken tradierter Untertanenmentalität: Die Bevölkerung suchte den Einklang mit den Herrschenden. Wer diesem beharrlichen, paternalistisch-freundlichen Werben nachgab und zu angepasstem Verhalten bereit war, wurde von den Mächtigen belohnt und belobigt, mit Orden ausgezeichnet, gleichsam als Held gefeiert.

Die SED schaffte auf diese Weise einen historischen Organisationsrekord: Die erwachsene Bevölkerung war im Schnitt zwei- bis dreimal organisiert in den Massenorganisationen und Parteien. Allein die SED zählte zum Schluss 2,3 Millionen Mitglieder, von denen Anfang 1990 allerdings bezeichnenderweise die meisten die Partei sofort wieder verließen, nachdem sie ihre „führende Rolle" verloren hatte. Die Zahl der Mitläufer und Karrieristen, der eigentlich nicht Überzeugten, war offenbar sehr groß – selbst in der Organisation, die sich elitär als „Vorhut der Arbeiterklasse" definierte. Nahm man allein die Mitgliederzahlen der Parteien und Massenorganisationen, dann schien die von der SED-Propaganda behauptete Einheit von Partei und Volk Wirklichkeit. Die Bevölkerung, das war an diesen Zahlen ablesbar, hatte sich mit den Herrschaftsverhältnissen abgefunden und die Lektion verinnerlicht, die ihr am 17. Juni 1953 und 13. August 1961 erteilt worden war. Sie lässt sich so zusammenfassen: Wenn das Regime auch nicht demokratisch legitimiert war und die Wirtschaft in wichtigen Bereichen auf geradezu lächerliche Weise gegenüber dem Westen rückständig blieb, die Menschen konnten sich dieser Herrschaft, konnten sich der Parteidiktatur nicht durch revolutionäres

---

5 Vgl. Vierter Tätigkeitsbericht des Bundesbeauftragten für die Unterlagen des Staatssicherheitsdienstes der ehemaligen Deutschen Demokratischen Republik, Berlin 1999, S. 13.

6 Vgl. J. Reich (Anm. 4), S. 28f. u. 36.

7 So urteilt zutreffend Lutz Niethammer: „Die SED und ‚ihre' Menschen. Versuch über das Verhältnis zwischen Partei und Bevölkerung als bestimmendem Moment innerer Staatssicherheit", in: S. Suckut/W. Süß (Anm. 4), S. 307-340, hier: S. 334.

Aufbegehren entledigen, solange die Sowjetunion mit ihrem Machtapparat deren Fortexistenz garantierte. Die politischen Verhältnisse waren, so gesehen, stabil und konnten es noch auf unabsehbar lange Zeit bleiben.[8] Die Menschen gewöhnten sich daran und richteten sich ein. Die Parteidiktatur hatte ihr Wesen nicht verändert, verlor aber viel von ihrem Schrecken.

In der rückschauenden Betrachtung prägt zunehmend eine selektive Wahrnehmung das Bild von der DDR. Gerade in Anbetracht der Probleme des Zusammenwachsens beider Gesellschaften werden primär die Vorzüge und Annehmlichkeiten angepassten Lebens in der Diktatur erinnert. Es sind keineswegs nur Apologeten der früheren Staatspartei, deren Bild von der DDR positiv und von keinem Stasi-Schatten getrübt ist. Stefan Wolle hat die weit verbreiteten Formen von DDR-Nostalgie ironisiert und die vermeintlich „heile Welt der Diktatur" zum Titel seiner eigenen Beschreibung des DDR-Alltags in der Ära Honecker gemacht.[9] Rezipiert wurden aber weniger seine Schilderungen politischer Gängelung und Überwachung als die besonders anschaulichen Berichte über das private Leben in Kneipe, Kaffeehaus und staatsferner Szene. „Man lebte in den Tag hinein und genoß die Unfreiheit"[10], lautet eine seiner zentralen Aussagen, die in dieser Verkürzung missverständlich ist. Jens Reichs Metaphern vom kratzenden Unterhemd und der schlafenden Dogge Stasi sind dagegen weitgehend aus der Erinnerung verdrängt.

Erleichtert hat diesen Wahrnehmungswandel, dass sich die Vorgehensweise des Sicherheitsapparates in den letzten zwei Jahrzehnten der DDR-Geschichte deutlich verändert hatte. Verdeckte Formen der Verfolgung, so genannte „Zersetzungsmaßnahmen" wurden bevorzugt.[11] Die Stasi versuchte, oppositionellen Tendenzen präventiv zu begegnen. Unter dem Vorzeichen blockübergreifender Entspannungspolitik nahm die SED-Führung Rücksicht auf westliches Demokratieverständnis und buhlte um Anerkennung und Kooperationsbereitschaft gerade der nichtsozialistischen Staaten. Honeckers größter Wunsch war es Ende der achtziger Jahre, zu einem Staatsbesuch nach Washington eingeladen zu werden.

Die subtilen Varianten der Überwachung und Intervention erwiesen sich in der Praxis als personalintensiv. Hinzu kamen im Ergebnis der Entspannungspolitik neue Aufgaben durch die Zunahme der Besuchsreisen in die

---

8 Den Widerspruch zwischen fehlender Legitimation und politischer Stabilität hat ausführlich Sigrid Meuschel thematisiert. Vgl. dies., Legitimation und Parteiherrschaft. Zum Paradox von Stabilität und Revolution in der DDR 1945-989, Frankfurt/Main 1992.

9 Stefan Wolle, Die heile Welt der Diktatur. Alltag und Herrschaft in der DDR 1971-1989, Berlin und Bonn 1998.

10 Ebd., S. 127.

11 Vgl. dazu Hubertus Knabe: „‚Weiche' Formen der Verfolgung in der DDR. Zum Wandel repressiver Strategien in der Ära Honecker", Deutschland Archiv 5/1997, S. 709-719.

DDR und das Transitabkommen über den Reiseverkehr nach West-Berlin. Die Zahl der Hauptamtlichen bei der Stasi verdoppelte sich in der Ära Honecker. Der Überwachungsstaat hatte erkennbar große Probleme mit den Folgen der Entspannungspolitik. Das Überwachungssystem wurde perfekter, die politische Wirkung seiner Kontroll- und Zersetzungsarbeit aber nahm ab. Die Angst vor dem Geheimapparat und seinen Möglichkeiten ging zurück, war aber noch keineswegs verschwunden: Die „Dogge" blieb im Blickfeld.

Eine der wichtigsten Aufgaben der Stasi war die Information der Parteiführung über alle Tendenzen, die ihre diktatorische Herrschaft gefährden könnten. Die Offiziere befanden sich dabei insofern in einem Dilemma, als ihre Befunde nicht im Gegensatz zu den Behauptungen der Parteiführung stehen durften, denn als „Ideologiepolizei"[12] musste die Stasi als richtig verteidigen, was auf ZK-Tagungen und Parteitagen verkündet worden war. Dazu gehörte auch die These, die Einheit von Partei und Bevölkerung in der DDR sei so fest wie nie zuvor, oppositionelle Tendenzen seien letztlich von außen in das Land getragen, eine Randerscheinung.

So konnte es geschehen, dass Ende der achtziger Jahre die Macht erodierte, die Geheimpolizei aber, der Parteilinie folgend, das Gegenteil behauptete und die SED-Führung diesen Befunden Glauben schenkte, weil sie dem eigenen Wunschbild von den Verhältnissen in der DDR entsprachen: Die Partei war Gefangene ihrer eigenen Propaganda geworden. Die Stasi untergrub mit ihrer sklavischen Parteitreue die Sicherheit des Staates. Das Ergebnis war eine ungewollte Irreführung der Herrschenden. Die westlichen Geheimdienste hätten sich einen größeren Desinformationserfolg nicht wünschen können. Ähnlich wie 1953 versagte die Stasi auch 1989. Doch diesmal war die Niederlage irreversibel.

Das Scheitern der Stasi als Sicherheitsberaterin der Partei am Ende der achtziger Jahre war darauf zurückzuführen, dass das Feindbild der DDR-Tschekisten nicht mehr stimmte und sie in einer Art ideologisch bedingter Blindheit nicht zur Kenntnis nahmen, wer wirklich der „Feind" war und was die SED-Herrschaft tatsächlich bedrohte. Galten offiziell alle „feindlich-negativen" Tendenzen als westlich verursacht und als letzte Hindernisse auf dem Weg zum sicheren Sieg in der Systemauseinandersetzung, so ergab die Kontroll- und Untersuchungstätigkeit des MfS ein deutlich anderes Bild. Während Spionagefälle kaum noch verzeichnet wurden, nahmen Versuche, die Republik zu verlassen, stark zu. Der größte Teil der Untersuchungstätigkeit konzentrierte sich auf Delikte, die direkt oder indirekt mit dem Ausreisewunsch zu tun hatten.

---

12 Siegfried Mampel, Das Ministerium für Staatssicherheit der ehemaligen DDR als Ideologiepolizei. Zur Bedeutung einer Heilslehre als Mittel zum Griff auf das Bewußtsein für das Totalitarismusmodell, Berlin 1996.

Die Antragsteller auf ständige Ausreise wurden faktisch zum „Hauptfeind" aus der Sicht des MfS.[13] Ein Feind, der schwer im voraus auszumachen und vorbeugend zu bekämpfen war. Trotz des ins Riesenhafte aufgeblähten Überwachungsapparates ging Ende der achtziger Jahre nur etwa die Hälfte der eingeleiteten strafrechtlichen Untersuchungsverfahren zu politischen Delikten auf Beobachtungserkenntnisse der Stasi zurück.[14] Viele DDR-Bürger waren dagegen in Ungarn oder der Tschechoslowakei festgenommen und in die DDR zurückgebracht worden, weil sie die Flucht vorbereitet oder versucht hatten und wurden nun verurteilt. Unter ihnen dominierten Personen, die der Stasi bis dahin nicht negativ aufgefallen waren, über die es keine „Operativen Vorgänge" oder „Personenkontrollen" gab.

Sie gehörten zur großen Gruppe jener, die die Einladung der Partei zu wenigstens angepasstem Verhalten angenommen hatten: Sie waren in der DDR aufgewachsen, die Männer hatten ihren Wehrdienst geleistet, sie waren immer zur Wahl gegangen und Mitglied in den Massenorganisationen, wenn nicht gar einer der Parteien geworden. Dennoch zeigte ihr Ausreiseantrag oder Fluchtversuch, dass sie mit dem System endgültig gebrochen hatten und für die DDR verloren waren.

Moralisch bewertet ist Anpassungsverhalten als unaufrichtig und inkonsequent zu kritisieren. Für die Stasi aber war es gefährlich, weil sich die Frage „Wer ist wer?" für sie unter diesen Umständen nicht mehr beantworten ließ. Das Instrumentarium des MfS , so ausgeklügelt es war, griff in solchen Fällen nicht. Die wahre Bedrohung des Regimes, so hätte die Stasi erkennen und der Parteiführung melden müssen, lag in der weit verbreiteten Unzufriedenheit mit den wirtschaftlichen und politischen Verhältnissen, die Ursachen waren im eigenen Land und nicht jenseits der Westgrenze zu suchen.

Verbitterung hatte die stete Bevormundung durch die Partei, die Verurteilung zu politischer Einflusslosigkeit hervorgerufen. Als unerträglich wurde zunehmend die fehlende Reisefreiheit empfunden, und auch das Gefühl, einem anonymen Überwachungsapparat hilflos ausgeliefert zu sein, trug wesentlich zur Unzufriedenheit bei. Das selbstherrliche, realitätsblinde Agieren der Sicherheitsorgane hatte die Staatssicherheit (im abstrakten Sinne) nicht gefestigt, sondern untergraben.

Ihre Machtlosigkeit gegenüber dem Repressionsapparat bekamen insbesondere jene zu spüren, die in die Mühlen der politischen Justiz geraten waren. Das MfS war nach der Strafprozessordnung der DDR zugleich Untersu-

---

13 Vgl. dazu ausführlich: Bernd Eisenfeld, Die Zentrale Koordinierungsgruppe: Bekämpfung von Flucht und Übersiedlung. Anatomie der Staatssicherheit. Geschichte, Struktur, Methoden (MfS-Handbuch), Teil III, 17, Berlin 1995.

14 Vgl. Bernd Eisenfeld: „Widerständiges Verhalten im Spiegel von Statistiken und Analysen des MfS", in: Klaus-Dietmar Henke/Roger Engelmann (Hrsg.), Aktenlage. Die Bedeutung der Unterlagen des Staatssicherheitsdienstes für die Zeitgeschichtsforschung, Berlin 1995, S. 157-176, hier: S. 161.

chungsorgan. Es ermittelte nicht nur bei allen politischen Delikten; in der Praxis bestimmte es selbst, welches Verfahren von so großer politischer Bedeutung war, dass die Stasi es an sich zog. Ihre Beschlüsse waren für die anderen Untersuchungsorgane verbindlich. Von 1952 bis 1988 hat das MfS über 90.000 strafrechtliche Ermittlungsverfahren geführt.[15]

Wer von der Stasi verhaftet wurde, war den Vernehmern weithin rechtlos ausgeliefert, wurde schikaniert und entwürdigend behandelt. Die Anklageschrift bekam er nur kurzzeitig zu Gesicht, das Urteil wurde nicht ausgehändigt. Möglichkeiten, sich wirkungsvoll verteidigen zu lassen, waren kaum vorhanden: Viele der zur Auswahl stehenden Rechtsanwälte arbeiteten für die Stasi. Die Gespräche konnten abgehört, oft auch optisch überwacht werden. Den Abschlussbericht der MfS-Offiziere machten die Staatsanwälte zumeist zur eigenen Anklageschrift. Urteilsempfehlungen, selbst Presseerklärungen gab die Stasi vor und präjudizierte damit den Richterspruch. Disziplinierend wirkte, dass die Karrieren der an solchen Verfahren beteiligten Staatsanwälte und Richter vom Votum des MfS abhingen, das über die politische Zuverlässigkeit zu urteilen hatte. Gerade die politische Justiz in der DDR ist ein krasses Beispiel für das rechtsstaatswidrige Wirken der Stasi, für den diktatorischen, den Willkürcharakter des politischen Systems.[16] Hier lernt man – in Anlehnung an Stefan Wolle – die unheilvolle Welt der Diktatur kennen. Hier kann man sehen, wie schnell die „schlafende Dogge" alarmiert reagierte und wie bedrohlich das werden konnte. Auch die Geschichte der politischen Justiz ist ein Stück Alltagsgeschichte der DDR.

Versucht man die Leistungen zu bilanzieren, die der Staatssicherheitsdienst für die SED erbracht hat, so ist das Ergebnis nicht so überwältigend wie die Anzahl der hauptamtlichen und inoffiziellen Mitarbeiter. Wesentlichen Anteil hat die politische Geheimpolizei in der Tat am Machterhalt der kommunistischen Partei. Doch erreichte sie das primär durch Einschüchterung und „Zersetzung" oppositioneller Bestrebungen und schuf keine wirklich solide Machtbasis, wie sich im Zuge der friedlichen Revolution 1989/90 zeigte.

Eher noch wichtiger als die Stasi war für den Machterhalt zudem die Bereitschaft der Sowjetunion, ihn notfalls durch Einsatz der eigenen Truppen zu sichern. Ihr militärisches Eingreifen hielt die deutschen Kommunisten 1953

---

15 Clemens Vollnhals: „Der Schein der Normalität. Staatssicherheit und Justiz in der Ära Honecker", in: S. Suckut/W. Süß (Anm. 4), S. 213-247, hier: S. 219.

16 Vgl. zum Themenfeld insgesamt: Roger Engelmann/Clemens Vollnhals (Hrsg.), Justiz im Dienste der Parteiherrschaft. Rechtspraxis und Staatssicherheit in der DDR, Berlin 1999.

an der Macht, ihre früh signalisierte Zurückhaltung besiegelte 1989 das Schicksal der Parteidiktatur.[17]

Ferner bestand der Repressionsapparat nicht nur aus dem MfS und seinen IM. Die Betriebskampfgruppen als eine Art Parteimiliz, die Volkspolizei und die übrigen „Organe" des Innenministeriums gehörten ebenfalls zum Drohpotential, waren in ihrer einschüchternden Wirkung aber nachrangig – verglichen mit dem anonymen Geheimdienst.

Als wichtige systempositive Leistung der Stasi wird häufig ihr Einsatz als außerplanmäßige Problemlösungsinstanz in der Wirtschaft angesehen. Doch steht ihrer partiell ausgeübten „Feuerwehrfunktion" in den Betrieben die lähmende Wirkung ihres übertriebenen Sicherheitsdenkens gegenüber, das den Informationsfluss in den Forschungsabteilungen behinderte und in großer Zahl talentierte Wissenschaftler ins Abseits stellte, nur weil sie über Westkontakte verfügten.[18]

Wichtig blieb die Fähigkeit des Geheimdienstes, die westlichen Embargobestimmungen zu unterlaufen und Geräte zu besorgen, die auf dem Index standen. Viel hat das der DDR-Volkswirtschaft aber nicht geholfen[19], denn es waren sehr kostspielige Beschaffungsverfahren, und es blieb das Problem, die westliche Spitzentechnik optimal zu nutzen und für Ersatzteile zu sorgen.

Das MfS in der Zeitgeschichtsforschung

Zu den Versäumnissen der westlichen DDR-Forschung in den Jahren vor dem Zusammenbruch der SED-Herrschaft gehörte ohne Frage, dass sie die Bedeutung des Staatssicherheitsapparates für die politische und gesellschaftliche Entwicklung zu wenig beachtet hat. Nach dem Zusammenbruch des Staates und der Öffnung der Archive schien sich eine gegenläufige Tendenz durchzusetzen: Die Debatte um die Stasi, insbesondere um ihre inoffiziellen Mitarbeiter, so befürchteten viele, könnte die weitere Auseinandersetzung um die DDR-Geschichte dominieren und in Vergessenheit geraten lassen, dass die diktatorische Herrschaft nicht von der Stasi, sondern von der SED ausgeübt wurde.

---

17 Detailliert untersucht hat den Machtverfall der SED und die Handlungsunfähigkeit des Repressionsapparates Walter Süß, Staatssicherheit am Ende. Warum es den Mächtigen nicht gelang, 1989 eine Revolution zu verhindern, Berlin 1999.

18 Vgl. dazu die Fallstudie von Reinhard Buthmann, Kadersicherung im VEB Carl Zeiss Jena. Die Staatssicherheit und das Scheitern des Mikroelektronikprogramms, Berlin 1997.

19 Bundesanwalt Joachim Lampe schätzt, dass die Wirtschaftsspionage den Rückstand der DDR-Ökonomie von ca. sieben bis acht auf drei bis vier Jahre reduziert hatte. Vgl. ders., Juristische Aufarbeitung der Westspionage des MfS. Eine vorläufige Bilanz, BF-informiert, Nr. 24, Berlin 1999, S. 33.

Tatsächlich hat die Zeitgeschichtsforschung erfreulich regen Gebrauch vom Angebot des Stasi-Unterlagen-Gesetzes (StUG) gemacht, diese Akten zur *„Aufarbeitung der Tätigkeit des Staatssicherheitsdienstes"* (§ 32 StUG) für Forschungs- oder journalistische Zwecke zu nutzen. Annähernd zehntausend solcher Anträge sind bisher gestellt worden. Unter den Forschern sind es vor allem die Jüngeren, die diese Akten auswerten und sich in den Lesesälen des Bundesbeauftragten mitunter den Grundstock für ihre ersten Veröffentlichungen erarbeiten. Im Mittelpunkt des Interesses steht dabei zumeist nicht das MfS selbst, untersucht wird vorrangig sein Einfluss auf andere Institutionen, auf bestimmte Personen, seine Bedeutung für einzelne Bereiche der DDR-Entwicklung. Das spricht für die Richtigkeit der Entscheidung des Gesetzgebers, die Aufarbeitung der Strukturen und Methoden des Staatssicherheitsdienstes der Behörde des Bundesbeauftragten als eine ihrer Aufgaben zuzuweisen, damit, unabhängig von den thematischen Präferenzen der externen Antragsteller, gesichert ist, dass Grundinformationen zur Organisation und Arbeitsweise des MfS bereitgestellt werden. Dazu wurde im Spätsommer 1992 die Abteilung Bildung und Forschung eingerichtet.

Das Ergebnis der bisher außerhalb und innerhalb der Behörde geleisteten Forschung ist dokumentiert in einer großen Zahl von Analysen, die die Arbeitsweise dieses gigantischen Kontroll- und Unterdrückungsapparates transparent machen und seine Bedeutung für die DDR-Geschichte offenlegen. Schon allein ein Blick auf die Quellenangaben des in jüngerer Zeit Veröffentlichten lässt erkennen, dass es für die Behandlung der meisten Themen zur DDR-Entwicklung sinnvoll ist, auch Stasi-Unterlagen zu nutzen.

Blättert man in jüngst erschienenen Gesamtdarstellungen zur DDR-Geschichte, dann wird allerdings deutlich, dass die Gefahr einer historiographischen Überbewertung des Staatssicherheitsdienstes nicht akut ist, im Gegenteil. Günter Benser verzichtet bei seiner Anfang des Jahres 2000 vorgelegten Gesamtbilanz der DDR-Geschichte gänzlich auf die Auswertung von MfS-Unterlagen und lässt schon durch die Wahl des Buchtitels erkennen, dass ihm die Rückblicke vieler jüngerer Fachkollegen auf die DDR zu kritisch erscheinen: *„DDR – gedenkt ihrer mit Nachsicht"*.

Ein Adressat dieser Mahnung mag Klaus Schroeder gewesen sein. Er charakterisiert die DDR in einer 1998 erschienenen Monographie als *„(spät-)totalitären Versorgungs- und Überwachungsstaat"*[20]. Auf fast 400 Seiten analysiert er einleitend die politisch-historische Entwicklung der SBZ/DDR von 1945 bis 1990 und bewertet den 1950 gegründeten Staatssicherheitsdienst völlig zutreffend als *„Überwachungs- und Kontrollapparat, der fortan die Geschichte der DDR nachhaltig bestimmen sollte"*[21]. Doch der Gliederungs-

---

20 Klaus Schroeder unter Mitarbeit von Steffen Alisch, Der SED-Staat. Partei, Staat und Gesellschaft 1949-1990, München 1998, S. 643.
21 Ebd., S. 105 f.

punkt „*Sicherheitsapparat*" wird dann doch nur auf zwei Seiten abgehandelt.
Wer MfS-Bezüge finden will, muss sich in den Ausführungen zu anderen
Themenfeldern auf die Suche machen, und findet sie dann insbesondere in
den Kapiteln zum Zusammenbruch der SED-Herrschaft, zur Herausbildung
der Bürgerbewegung und im zweiten Abschnitt seiner Darstellung, wo es um
„*Strukturen der DDR-Gesellschaft*" geht.[22] Immerhin gibt der Autor hier einen Abriss der MfS-Entwicklung, seiner Aufgaben und Organisationsstruktu-
ren.[23] Von einer Überbewertung der Stasi kann bei Schroeder nicht die Rede
sein. Eher überrascht es, dass er offenbar kaum eigenes Studium der MfS-
Quellen betrieben hat: Fast alle Aussagen zum Staatssicherheitsdienst gehen
auf Sekundärliteratur zurück.

Auch Ulrich Mählert kann keine MfS-Zentriertheit nachgesagt werden. Er
publizierte 1998 eine *Kleine Geschichte der DDR* als Taschenbuch. Ziemlich
am Schluss liefert er auf zwei Seiten rückblickend Grundinformationen zum
Staatssicherheitsdienst und definiert die DDR als *„ostdeutschen Überwachungsstaat"*[24].

Im Jahr 1999 erschien die überarbeitete Neuauflage von Hermann Webers
Geschichte der DDR, immer noch *das* Standardwerk zur Historie des östli-
chen deutschen Separatstaates. Weber begründet einleitend, warum er allen
Grund hat, bei seiner bisherigen Charakterisierung der SED-Herrschaft als
„Stalinismus" zu bleiben.[25] Er geht auf die Gründung des Ministeriums ein
und definiert den Staatssicherheitsdienst als das *„wichtigst(e) Instrument der
SED beim Aufbau ihrer Diktatur"*[26]. Der Autor geht in einzelnen Kapiteln,
etwa dem zur politischen Justiz oder zum Konflikt in der Parteiführung um
Zaisser und Wollweber, auf die Rolle des MfS im Herrschaftssystem ein. Auf
eine ausführlichere Darstellung der Stasi-Strukturen und dessen Arbeitsweise
verzichtet er allerdings.

Fazit: Von einer historiographischen Überbewertung des MfS kann bisher
nicht gesprochen werden. Eher ist es erstaunlich, dass sich die Geschichtsschreibung zur DDR nicht in stärkerem Maße geändert hat. Wer einen Para-
digmenwechsel erwartet hat, wird lediglich Ansätze dazu finden.

Lutz Niethammer könnte sich in Anbetracht dieses Befundes bestätigt
fühlen, den Repressionsapparat nicht als Kern, sondern lediglich als *„die
notwendige Randbedingung dieses Regimes"* zu werten, wie er es 1997 in einem brillanten Aufsatz getan hat.[27] Ein solches Urteil würde allerdings der
DDR-Wirklichkeit und auch Niethammers Typisierung der DDR als „*Sozial-*

---

22 Ebd., S. 387-587.
23 Vgl. ebd., S. 430-449.
24 Ulrich Mählert, Kleine Geschichte der DDR, München 1998, S. 172.
25 Vgl. Hermann Weber, Geschichte der DDR, aktualisierte und erweiterte Neuausgabe,
   München 1999, S. 7ff.
26 Ebd., S. 130.
27 Vgl. L. Niethammer (Anm. 7), S. 308.

staat und Polizeistaat"[28] nicht gerecht. Gleichwohl ist seine Argumentation erkenntnisfördernd und anregend. Das gilt für die von ihm benannten, die SED-Herrschaft stabilisierenden Faktoren, zu denen er u.a. das Sich-Gewöhnen an die Machtverhältnisse, die Akkommodierungstendenzen zwischen Führung und Bevölkerung sowie deren Neigung zählt, die Existenz der Stasi aus dem Bewusstsein zu verdrängen. Die Frage, worauf sich die Macht der Partei tatsächlich stützte und welchen Anteil an deren Erhalt der Repressionsapparat hatte, wird zukünftig vermutlich mehr und mehr in den Mittelpunkt der Debatte um die Aufarbeitung der DDR-Geschichte rücken.

Auffällig bei den Gesamtdarstellungen ist die Diskrepanz zwischen den sehr ähnlichen Charakterisierungen der DDR, etwa als „Überwachungsstaat", und den Darstellungen, die dann doch nicht so detailliert und durchgängig auf die Repressions- und Kontrollpraktiken eingehen, dass sich dem Leser bei der Lektüre der Befund förmlich aufdrängte. An einem pragmatischen Kriterium erläutert: Wer geglaubt hat, dass die MfS-Unterlagen nach ihrer Öffnung intensiv zitiert und in den Anmerkungen immer wieder auf Signaturen aus dem Archiv des Bundesbeauftragten verwiesen würde, der findet das in vielen Einzelanalysen, nicht aber in den Gesamtdarstellungen der DDR-Geschichte bestätigt.

Ein Grund liegt vielleicht darin, dass es ein sehr zeitintensives, mühseliges Unterfangen ist, sich in die Logik des Überwachungsstaates, in die Welt der OV, AOPK und „Maßnahmen B"[29] hinein zu denken, hinein zu arbeiten, um das Räderwerk des Repressionsapparates und seine Wirkungen offenzulegen. Eine in dieser Weise quellengesättigte Darstellung der Geschichte des Überwachungsstaates DDR steht noch aus.

---

28 Ebd., S. 318.
29 OV: Operativer Vorgang zur Überwachung und Bekämpfung „feindlich-negativer" Tendenzen; AOPK: Archivierte Akte einer Operativen Personenkontrolle; Maßnahme B: Raumüberwachung per Mikrophon.

Bildung – Einheit und Vielfalt

Oskar Anweiler

Bilanzen aus Anlass historischer Daten gehören in den Erinnerungshaushalt einer Nation. Wenn es gilt, zehn Jahre deutscher Einheit auf dem Gebiet von Bildung und Erziehung zu bilanzieren, so geht es um die Vergegenwärtigung der Voraussetzungen, der Abläufe und der bisherigen Resultate eines komplexen Prozesses, in dem politische Entscheidungen und administrative Regelungen mit sozioökonomischen Wandlungen und pädagogischen Vorstellungen nicht deckungsgleich, sondern spannungsreich verliefen. Um die Diskussion einiger dabei sichtbar gewordenen Fragen und nicht um ein Nachzeichnen der Entwicklung soll es in dem folgenden Beitrag gehen.

Voraussetzungen

Einen Tag nach dem Beitritt der DDR zur Bundesrepublik Deutschland und der damit vollzogenen staatlichen Vereinigung nahm die Kultusministerkonferenz (KMK) auf ihrer 250. Sitzung am 4. Oktober 1990 eine Erklärung an, in der sie die Minister der fünf neuen Länder *„in ihrer Mitte willkommen"* hieß und es als eine der wichtigsten Aufgaben bezeichnete, *„den neuen Ländern bei der Ausgestaltung ihres Bildungswesens, einschließlich ihrer Hochschulen und wissenschaftlichen Einrichtungen, ihrer Kulturförderung und Kulturpflege zu helfen und auf die Gleichwertigkeit in Bildung, Wissenschaft und Kultur in ganz Deutschland hinzuwirken"*. Ferner hieß es: *„Bildung und Kultur sind jetzt entscheidende Faktoren beim inneren Zusammenwachsen der bisher getrennten Teile Deutschlands. Diese Bereiche müssen bei allen Förderungsmaßnahmen, die der Angleichung der Lebensverhältnisse in ganz Deutschland dienen, einen vorrangigen Stellenwert erhalten."*[1]

---

1 Sekretariat der Ständigen Konferenz der Kultusminister der Länder in der Bundesrepublik Deutschland, Pressemitteilung vom 8.10.1990, in: Bildungspolitik in Deutschland 1945-1990. Ein historisch-vergleichender Quellenband. Hrsg. von Oskar Anweiler u.a., Opladen 1992, S. 522f.

Der Grundsatz der „Kulturhoheit der Länder", der sich auf das Grundgesetz von 1949 stützte, d.h. die föderale Organisation des Bildungswesens,
wurde bei den im Mai 1990 in einer Gemeinsamen Bildungskommission beider Seiten (neue DDR-Regierung und KMK/Bund) aufgenommenen und im
September 1990 abgeschlossenen Arbeit als selbstverständliche Voraussetzung ebenso anerkannt wie im Einigungsvertrag vom 31. August 1990. Damit hatte die zentralistische Bildungsverfassung der DDR ein Ende gefunden,
und aus elf Ländern wurden sechzehn. Die KMK wollte „*ihre Handlungsfähigkeit optimieren, um auch mit 16 Mitgliedern effektiv handeln zu können*"[2].
Noch zehn Jahre nach dieser Erklärung wird aber die Schwerfälligkeit der
Prozeduren und die fehlende Erneuerungskraft der gesamtstaatlichen Länder-
vertretung im Bildungswesen beklagt, wobei jedoch meist außer Acht bleibt,
dass der KMK schon bei ihrer Entstehung keine führende und gestaltende,
sondern nur eine koordinierende Rolle zugedacht und zugebilligt wurde. Die
Herstellung der deutschen Einheit hat daran nichts geändert.

Die Verlagerung der wichtigsten Kompetenzen im Bildungswesen auf die
neu aufzubauenden Länder wurde nicht nur auf der politischen Entschei-
dungsebene vollzogen, sondern fand auch in der Bevölkerung als Teil einer
landsmannschaftlichen Renaissance Zustimmung. Damit einher ging auch die
parteipolitische Positionsbestimmung, die sich nach den Landtagswahlen und
Regierungsbildungen in den Entscheidungen über die Schulstruktur und die
Bildungsziele niederschlug. Gefördert wurden die schon in den ersten Schul-
gesetzen der neuen Länder festgelegte Gliederung des allgemeinbildenden
Schulwesens (mit teilweise neuen Lösungen und Bezeichnungen) durch zwei
unterschiedliche Einflüsse: den Wunsch, von dem starren Einheitsschulsys-
tem der DDR so rasch wie möglich Abschied zu nehmen, und zweitens durch
Anleihen bei den westdeutschen Partnerländern, die ihre eigenen Vorstellungen einbrachten und mit Hilfe der in die neuen Verwaltungen entsandten
Schulleute auch in erheblichem Maße durchsetzten. So ergaben sich schon
bald nach Wiederherstellung der staatlichen Einheit in der bildungspolitischen Arena die aus der alten Bundesrepublik seit etwa 1970 bekannten Kon-
figurationen zwischen den so genannten (SPD-geführten) A-Ländern und den
(CDU/CSU-geführten) B-Ländern. Im Unterschied zur Wirtschafts- und Fi-
nanzpolitik gab es in der Bildungspolitik zu keinem Zeitpunkt eine gemeinsame „ostdeutsche" Position in wichtigen Fragen.

Im Wissenschaftsbereich, einschließlich der Universitäten und Hochschulen, lagen die Dinge etwas anders als im Schulwesen. Hier übertrug der Einigungsvertrag (Art. 38) dem Wissenschaftsrat die Aufgabe, durch eine Begutachtung der universitären und außeruniversitären wissenschaftlichen Einrichtungen in der DDR die „*notwendige Erneuerung von Wissenschaft und
Forschung unter Erhaltung leistungsfähiger Einrichtungen*" vorzubereiten,

---

2 Ebd., S. 523.

wobei als Ziel „*die Einpassung in die gemeinsame Forschungsstruktur der Bundesrepublik Deutschland"* genannt wurde.[3] Damit war auch die Fortexistenz der Akademie der Wissenschaften der DDR und anderer zentraler Forschungsakademien, wie der Akademie der Pädagogischen Wissenschaften, als Bundeseinrichtungen ausgeschlossen. Die Umstrukturierung der außeruniversitären Forschungseinrichtungen in den neuen Ländern und in Berlin erfolgte durch das Zusammenwirken von Bund und Ländern auf der Grundlage der vom Wissenschaftsrat ausgesprochenen Empfehlungen. Die Erneuerung der Hochschulen oblag indessen den in den Ländern gebildeten Hochschulstrukturkommissionen. Daraus ergaben sich auch unterschiedliche Bewertungen und Empfehlungen, zum Beispiel zu den geplanten Neugründungen von Universitäten, denen der Wissenschaftsrat skeptisch gegenüberstand. In kurzer Zeit haben die Länderparlamente und -ministerien, ähnlich wie im Schulwesen, auch im Hochschulwesen die westdeutschen Strukturen weitgehend übernommen, so durch die Gründung von Fachhochschulen und in der inneren Hochschulverfassung.[4]

Weil häufig übersehen, sei ausdrücklich auf die tief greifende Neuordnung des beruflichen Ausbildungswesens schon vor dem 3. Oktober 1990 hingewiesen. Der am 1. Juli 1990 in Kraft getretene Staatsvertrag über die Währungs-, Wirtschafts- und Sozialunion verpflichtete die DDR zur Einführung des Ordnungsrahmens und der Berufsstruktur der Bundesrepublik im Bereich der beruflichen Bildung, worauf die Volkskammer durch zwei Gesetze, die zu Beginn des neuen Schul- und Lehrjahres am 1. September 1990 in Kraft traten, die Regelungen der Handwerksordnung und des Berufsbildungsgesetzes für alle ab diesem Tag beginnenden Ausbildungsverhältnisse als unmittelbar geltendes Recht übernahm. Ein anderes Gesetz regelte die Trägerschaft der Berufsschulen; es war das Ende der bisherigen Betriebsberufsschulen, eines strukturbestimmenden Merkmals des Bildungssystems in der DDR. Der Zusammenhang zwischen dem radikalen Übergang von der Staatswirtschaft zur Marktwirtschaft und deren Folgen für die Berufsausbildung Jugendlicher wird daran besonders deutlich. Die Kehrseite war die sich auf die Berufsausbildung am stärksten auswirkende Negativbilanz des DDR-Wirtschaftssystems durch den Wegfall jetzt aus betrieblichen Gründen überflüssig gewordener Ausbildungsplätze.

---

3 Vertrag über die Herstellung der Einheit Deutschlands – Einigungsvertrag – vom 31. August 1990. Auszug in: ebd., S. 513f.
4 Zur Erneuerung des Wissenschaftssystems in den neuen Ländern vgl. den Beitrag von Hans-Hermann Hartwich in diesem Band.

Erwartungen und Enttäuschungen

Die skizzierten ordnungspolitischen Grundlagen der „deutschen Bildungseinheit", wie das Ziel der Wiedervereinigung damals oft genannt wurde, konnten in erstaunlich kurzer Zeit geschaffen werden. Das rechtliche Regelungswerk für die verschiedenen Bereiche des Bildungswesens zählt tausende von Seiten und konnte dabei auf den Mechanismen und der Verwaltungssprache der in beiden deutschen Staaten gut funktionierenden Schul- und Hochschulbürokratie aufbauen. Erst im Vollzug zeigten sich die Probleme, die unterschiedlichen Erwartungen und die Enttäuschungen. Nach Personengruppen und Institutionen muss man dabei unterscheiden.

Als das SED-Regime in der DDR seit dem Oktober 1989 dank der Bürgerbewegung in nur wenigen Wochen zusammenbrach, waren sich die oppositionellen Kräfte in einem Punkte einig: mehr Freiheit und weniger Kontrolle im Schulwesen, Elternrecht in der Erziehung, Autonomie der Hochschulen. Die sich in den lokalen Gruppen und später am Zentralen Runden Tisch artikulierenden Stimmen argumentierten aus verschiedenen geistigen und politischen Wurzeln: den in der DDR unerfüllt gebliebenen Idealen eines freiheitlichen Sozialismus oder den Vorstellungen der katholischen Soziallehre, mit basisdemokratischen Schulkonzeptionen alternativer Gruppen und aus dem ganzen Arsenal der Reformpädagogik seit 1900. Die Programmatik der bundesrepublikanischen politischen Parteien kam erst später zum Zuge; früher traten die konkurrierenden Lehrerverbände, vor allem die GEW und der Philologenverband, durch direkte personelle und materielle Unterstützung um Klientel werbend in Aktion.

Bemerkenswert ist, dass niemand daran dachte, die Lehrerschaft einem radikalen politischen Reinigungsprozess zu unterziehen, wie das nach 1945 durch die Entnazifizierung geschehen war, als in der SBZ mehr als zwei Drittel der damaligen Lehrer entlassen worden waren. Die politischen Überprüfungen nach 1990 erstreckten sich vor allem auf die Zusammenarbeit mit dem MfS und waren in den Ländern nicht einheitlich geregelt; leitende Funktionen aufgrund der SED-Zugehörigkeit konnten, mussten aber nicht zu Entlassungen führen. Die Frage beschäftigte in der Folgezeit vor allem die Gerichte, während die Schulverwaltungen vor dem Problem eines Lehrerüberhanges und der Verringerung der Planstellen standen. Die Umstellung, die von den weiter beschäftigten Lehrern in inhaltlicher und methodischer Hinsicht erwartet wurde, sollte durch zahlreiche Fort- und Weiterbildungskurse erleichtert werden, und hier traten vor allem die westdeutschen Akteure in Erscheinung. Die ersten Jahre nach dem Umbruch waren für die Lehrer eine Art permanente Umschulung neben ihrer täglichen Unterrichtsarbeit, wobei die anfangs noch vorhandenen politischen Bezüge immer mehr zurücktraten.

Obwohl es zahlreiche Studien über Lehrerhaltungen und -einstellungen in den neuen Ländern gibt, fällt es schwer, eindeutige Urteile darüber zu fällen,

„wie Lehrer, die ihre Ausbildung und praktischen Erfahrungen in der DDR gemacht haben und ausschließlich auf das Normen- und Wertesystem der DDR hin orientiert wurden, mit der Neuinterpretation der Lehrerrolle und der Verantwortlichkeit für Schule fertig werden"[5]. Die These vom *„Kulturschock"* als Erklärungsmodell für den schulischen Transformationsprozess mag überzogen sein[6], aber zutreffen dürfte, dass mit dem größeren zeitlichen Abstand nicht etwa eine deutliche Distanzierung vom DDR-Schulsystem eintrat, sondern eher eine selektive Erinnerung an das, was als besser empfunden wird, zum Beispiel klare Unterrichtsanweisungen, Disziplin in der Klasse, Erziehungsauftrag über die Schule hinaus, organisierte Freizeitgestaltung. Trotzdem wäre es falsch, von einer verbreiteten DDR-Nostalgie zu sprechen, da die Einkommens- und Statusverbesserung der Lehrer trotz der noch bestehenden Unterschiede zu den westdeutschen Berufskollegen nicht geleugnet werden kann.

In der politischen wie fachlichen Diskussion über den nach 1989 eingeschlagenen Weg spielt auch das Argument „vertaner Chancen" für eigene Lösungen oder gar für Bildungsreformen in ganz Deutschland eine Rolle. Solche Hoffnungen bestanden in der Aufbruchphase bei Reformern aus der Bürgerbewegung in der DDR, aber auch bei denjenigen, die sich wünschten, dass die Umgestaltung der Schulen und Hochschulen im Osten auch eine selbstkritische Prüfung des westdeutschen Bildungssystems bewirken möge. Dazu gehörte an prominenter Stelle der damalige Vorsitzende des Wissenschaftsrates, Dieter Simon, der sich bei der Evaluierung der wissenschaftlichen Einrichtungen und Universitäten, aber auch der Lehrerausbildung außergewöhnlich stark engagierte, am Ende aber feststellen musste, dass es eine Illusion gewesen sei, anzunehmen, es hätte gleichsam auf dem Umweg über die Reformen in den neuen Ländern ein allgemeiner Aufbruch in der Bildungspolitik erreicht werden können. Das Gegenteil sei eingetreten: *„Die Wiedervereinigung hat die deutschen Hochschulen entgegen den optimistischen Erwartungen der ersten Jahre sowohl im Osten wie im Westen schweren Belastungen ausgesetzt und sie insgesamt in ihrer Leistungsfähigkeit eher geschwächt als gestärkt."*[7]

Der Topos der „versäumten Chancen" ist nicht neu, er gehört vor allem in die Diskussion über die Nachkriegsjahre seit 1945, in denen ebenfalls eine entschiedene Schul- und Hochschulreform fällig und möglich gewesen, aber nicht erfolgt sei. In beiden Fällen muss aber bedacht werden, dass im Zen-

---

5 Hans Döbert/Christoph Führ: „Das Schulwesen in den neuen Ländern", in: Handbuch der deutschen Bildungsgeschichte, Bd. VI: 1945 bis zur Gegenwart. Zweiter Teilband: Deutsche Demokratische Republik und neue Bundesländer, München 1998, S. 387.

6 Wilfried Schubarth: „Zu transformationsbedingten Problemen der Schulentwicklung in den neuen Bundesländern", Deutschland Archiv 6/1998, S. 888-899.

7 Dieter Simon: „Wiedervereinigung des deutschen Hochschulwesens", in: Handbuch (Anm. 5), S. 390.

trum der zu lösenden Aufgaben die Bewältigung von Alltagsnöten des Schul-
und Bildungssystems stand; der Zusammenbruch der DDR ist auch im Bildungswesen durch Anpassung an die westdeutschen Strukturen überwunden
worden. *„Anpassung also statt Erneuerung"*, urteilte ein anderer, an der Uni-
versitäts- und Schulumgestaltung beteiligter Akteur, wobei aber die von ihm
selbst und vielen anderen geleistete Erneuerungsarbeit unerwähnt bleibt.[8]
Man muss also unterscheiden: So wenig es sich bei der Anpassung oder
Transformation um einen großen Wurf aus einem Guss handelte und handeln
konnte, so falsch wäre es, die zahlreichen Erneuerungen im Einzelnen zu
übersehen oder gering zu achten. Die Fülle der seit 1991 publizierten Beiträge darüber spricht trotz manchmal abweichender Bewertungen eine deutliche
Sprache. Es entstand zwar kein neues Bildungssystem für ganz Deutschland
als Resultat der Vereinigung, aber im Osten konnten die Folgen des SED-
Regimes weitgehend beseitigt werden, und es ergab sich die Chance, mit erheblicher materieller und personeller Unterstützung aus dem Westen den anfangs bestehenden Wettbewerbsnachteil zu überwinden.

Leistungen und Perspektiven

Zehn Jahre nach der Vereinigung sollte eine Bilanz nicht nur von dem Noch-
nicht-Erreichten sprechen, sondern mehr von dem Geleisteten und den neuen
Anforderungen. Es kann sich aber nicht nur um eine Leistungsbilanz im materiellen Sinne handeln, welche die zahlreichen sogenannten Transferleistun-
gen für das Bildungswesen in Milliardenhöhe einschließt (z.B. die Hoch-
schulerneuerungs- und -sonderprogramme). Diese waren und sind immer
noch ein wichtiger Bestandteil des Erneuerungsprozesses, aber sie verlieren
an spezifischer Bedeutung. Besonders gewürdigt werden muss die Rolle der
verschiedenen Stiftungen, die sich schon früh engagiert hatten. Über die mit
den Forschungsprojekten oder Ausstattungen geleisteten finanziellen Hilfen
hinaus haben gerade die Stiftungen dazu beigetragen, dass sich der Abschied
von der in der DDR herrschenden zentralen staatlichen Planung und paterna-
listischen Fürsorge zugunsten der Eigenverantwortlichkeit und individueller
Initiativen vollziehen konnte. Inzwischen haben sich die in der pluralistischen
Gesellschaft und in dem föderativen System Deutschlands im Allgemeinen
bewährten Formen einer differenzierten Bildungs- und Wissenschaftsförde-
rung auch in den neuen Ländern eingespielt.

---

8   Friedrich W. Busch: „Das Zusammenwachsen Deutschlands im Bereich des Bildungs-
    wesens. Perspektiven und Probleme aus der Innensicht", in: Wolfgang Hörner/Friedrich
    Kuebart/Dieter Schulz (Hrsg.), „Bildungseinheit" und „Systemtransformation". Beiträ-
    ge zur bildungspolitischen Entwicklung in den neuen Bundesländern und im östlichen
    Europa, Berlin 1999, S. 33-50.

Es gibt nach zehn Jahren noch keine das Schulwesen, die Hochschulen und die berufliche Aus- und Weiterbildung umfassende „Leistungsbilanz" der so genannten alten und neuen Bundesländer. Von den methodischen Schwierigkeiten abgesehen, die aber zu bewältigen sind, gibt es dafür einfache politische Gründe: Die Länder scheuen Vergleiche untereinander, weil die Kriterien nicht von allen akzeptiert werden und die Parteien nachteilige Resultate für sich befürchten. Die Ranking-Skalen der Wochenjournale über die Universitäten, die solche Vergleiche vornehmen, sind kein Ersatz dafür, weil sie subjektive Studienbefindlichkeiten mit wissenschaftlichen Forschungsleistungen vermischen. Ob die neuen Evaluationsverfahren, die für die Hochschulen in einigen Bundesländern angelaufen sind, mehr erbringen werden, bleibt abzuwarten. Die Bundesregierung hat bisher nicht versucht, über die gemeinsam mit den Ländern erstellten Berichte an die internationalen Organisationen, wie OECD oder UNESCO, hinaus eine solche „Leistungsbilanz" durch einen unabhängigen Kreis von Wissenschaftlern erarbeiten zu lassen.

In einem solchen Bericht würden die Ergebnisse des zehnjährigen Umbau- und Erneuerungsprozesses in den östlichen Bundesländern breiten Raum einnehmen müssen. Differenziert aufgearbeitete statistische Grundlagen liegen bis zur Mitte der neunziger Jahre schon für das Hochschulwesen vor[9], und für den beruflichen Ausbildungssektor liefern die jährlichen Berufsbildungsberichte der Bundesregierung genügend Daten. Für eine qualitative Analyse der Veränderungen und des jetzigen Standes, die bei statistischen Angaben nicht stehen bleibt, ließe sich ein Raster entwickeln, das bestimmte Sachbereiche und Probleme in den Mittelpunkt stellt und nicht nur von den formalen Strukturen des Bildungswesens ausgeht.

Ein Versuch in dieser Richtung wurde bekanntlich kurz vor dem Zusammenbruch der DDR in dem über 700 Seiten umfassenden Vergleichsband über Bildung und Erziehung in beiden deutschen Staaten unternommen, der bei seinem Erscheinen im Mai 1990 schon als historische Dokumentation gewertet werden konnte.[10]

In Deutschland ist seit Roman Herzogs Rede am 5. November 1997 in Berlin viel über den von ihm als Bundespräsident geforderten *„Aufbruch in der Bildungspolitik"*[11] gesprochen und geschrieben worden. Sozialdemokrati-

---

9 Gertraude Buck-Bechler/Hans-Dieter Schaefer/Carl-Hellmut Wagemann (Hrsg.), Hochschulen in den neuen Ländern der Bundesrepublik Deutschland. Ein Handbuch zur Hochschulerneuerung, Weinheim 1997.

10 Vergleich von Bildung und Erziehung in der Bundesrepublik Deutschland und in der Deutschen Demokratischen Republik. (Materialien zur Lage der Nation. Hrsg. vom Bundesministerium für innerdeutsche Beziehungen). Wissenschaftliche Kommission unter Leitung von Oskar Anweiler, Köln 1990.

11 Presse- und Informationsamt der Bundesregierung, Bulletin Nr. 87/1997, S. 1001-1008. Gekürzt in: Frankfurter Allgemeine Zeitung vom 6.11.1997.

sche Politiker setzten sich in einer programmatischen Erklärung vom 17. Januar 2000 ebenfalls *„für eine neue Bildungsinitiative"* ein.[12] Die Rhetorik ist in beiden Fällen ähnlich, auch der Grundtenor der als notwendig erachteten und geforderten Änderungen. Vieles erinnert an die *„erste große Bildungsreform in der Bundesrepublik in den 60er und 70er Jahren"*, wie es in dem SPD-Papier heißt, so das Postulat *„Chancengleichheit für alle"*, dem jetzt aber die *„differenzierte Leistungsförderung"* als gleichrangig daneben gestellt wird. Anderes ist neu, gemessen an den damaligen Vorstellungen, so das Bekenntnis zum Wettbewerb als Stimulans zu höheren Leistungen und eine dezidiert internationale Orientierung mit den dazu gehörigen praktischen Folgen, wie eine Verstärkung des Fremdsprachenunterrichts oder neue Studiengänge und -abschlüsse. Die ebenfalls verlangte, teilweise schon praktizierte Marktorientierung – ein schillernder Begriff – ist ambivalent: Geht es um einen sparsamen Umgang mit den Ressourcen, um eine Ökonomisierung der Bildungsziele oder um den Rückzug des Staates aus seiner Verantwortung für Bildung als öffentliches Gut?[13] Über die informationstechnische Offensive – jeder Schüler an seinen Computer – braucht nicht eigens gesprochen zu werden, so beherrschend ist das Thema in der Politik geworden, obwohl auch hier schon in den achtziger Jahren, und zwar in beiden deutschen Staaten, die wesentlichen Fragen diskutiert und erste Maßnahmen ergriffen worden sind.[14]

Eine Bilanz kann schließlich nicht die zunehmende Einbettung der Bildung in Deutschland in das Netzwerk der europäischen Kooperation auf diesem Feld übergehen. Obwohl von einer „europäischen Bildungspolitik" im Wortsinn nicht gesprochen werden kann, da hierfür die juristischen, aber auch die mentalen Voraussetzungen fehlen und das Bildungswesen gleichsam das letzte Residuum des klassischen Nationalstaates darstellt, zeigt allein schon die Vielzahl der europäischen Programme für alle Sektoren des Bildungswesens, dass hier eine neue Dimension entstanden ist. Im Vorfeld des erwarteten Beitritts ostmitteleuropäischer Staaten zur Europäischen Union kommt dabei Deutschland und hier vor allem den östlichen Bundesländern eine herausragende Rolle zu. Auch die grenzübergreifende Regionalisierung, die ökonomisch im Gange ist, wird von Schulen und Hochschulen durch entsprechende Kooperationsprojekte unterstützt. Die neuen Bundesländer und ihre Bildungseinrichtungen spielen im europäischen Rahmen eine selbstbe-

---

12 Wolfgang Clement/Edelgard Bulmahn/Manfred Stolpe/Gabriele Behler/Jürgen Zöllner/Willi Lemke, Bildung entscheidet über unsere Zukunft. Für eine neue Bildungsinitiative, Berlin 2000.

13 Wolfgang Mitter: „Staat und Markt im internationalen Bildungswesen aus historisch-vergleichender Sicht – Gegner, Konkurrenten, Partner?", Zeitschrift für Pädagogik, 35. Beiheft, Weinheim/Basel 1996, S.125-142.

14 Wolfgang Hörner: „Informationstechnische Bildung", in: Vergleich (Anm. 10), S. 620-637.

wusste Rolle, können doch ihre Universitäten, wie die in Leipzig oder die Humboldt-Universität in Berlin, an ihre führende Rolle in Deutschland vor 1933 anknüpfen oder wie die neu gegründete Viadrina in Frankfurt/Oder ein dezidiertes europäisches Programm verfolgen.

Europa kann nur als Einheit in der Vielfalt kulturell und politisch begriffen werden. Diese „*meistgebrauchte Metapher*" ist ein „*Spiegel der geistesgeschichtlichen Entwicklung*" in Europa und hat als Idee und pädagogische Aufgabe schon lange vor der praktischen Bildungspolitik bestanden.[15] Die Organe der Europäischen Union können nur „*eine gewisse Harmonisierung der bildungspolitischen Strategien der Mitgliedsstaaten anstreben*"[16], aber nicht gleichartige Strukturen oder Curricula verordnen. Für die Bundesrepublik Deutschland bedeutet das, innerhalb des Spannungsverhältnisses zwischen der EU-Kommission (Brüssel), dem Bund (Berlin) und den 16 Bundesländern nicht nur sinnvolle unterschiedliche Lösungen in vielen Bereichen des Bildungswesens zu tolerieren, sondern ausdrücklich zu fördern. Es war immer ein Vorzug des föderalistischen Bildungssystems in Deutschland, dass Fehler, die einige Länder gemacht haben, nicht von allen genau so gemacht werden mussten, und dass umgekehrt sich als richtig erwiesene Lösungen später von allen übernommen werden konnten. Der Einigungsvertrag von 1990, der die Anpassung der Bildungsstrukturen in der DDR an diejenigen in der Bundesrepublik bezweckt hatte, ließ hier nur geringe Abweichungen zu, und die KMK tat sich in den folgenden Jahren schwer, den neuen Bundesländern bei den verschiedenen Problemen der Angleichung Spielräume zu lassen.

Inzwischen scheint sich die Erkenntnis durchgesetzt zu haben, dass es nicht um Gleichartigkeit, sondern um Gleichwertigkeit gehen kann und dass das neu entdeckte Prinzip einer größeren Schul- und Hochschulautonomie und damit auch die Stärkung gesellschaftlicher, d.h. von Bürgern ausgehender Initiativen und damit verbundener Verantwortung, zu den Bedingungen des geforderten Aufbruchs in der Bildungspolitik gehört. So fordert der Wissenschaftsrat in seinen „Thesen zur künftigen Entwicklung des Wissenschaftssystems in Deutschland" vom Juli 2000 neben einer „*Vertiefung der Internationalisierung*", einer „*Profilbildung, Leistungsdifferenzierung und Durchlässigkeit*" auch einen „*Ausbau der Autonomie*" der Universitäten, Fachhochschulen und wissenschaftlichen Einrichtungen. Wörtlich heißt es dazu: „*Gerade für die Hochschulen in den neuen Bundesländern würde sich nach Ansicht des Wissenschaftsrates die Chance eröffnen, mit wachsender Autonomie eine vorantreibende Rolle bei der wirtschaftlichen Neugestaltung ihrer Region zu übernehmen. Aufgrund der krisenhaften Entwicklung der früheren Industriestrukturen und des damit verbundenen weitgehenden Ab-*

---

15 Hermann Röhrs, Die Einheit Europas und die Sicherung des Weltfriedens, Frankfurt am Main u.a. 1992, S. 67-89.

16 Martin McLean: „Bildung und Erziehung in Europa an der Schwelle zum 21. Jahrhundert", Bildung und Erziehung 52 (1999), S. 461-476.

baus der bisherigen Industrieforschung eröffnet sich für die Universitäten in den neuen Bundesländern großer Spielraum für innovative erkenntnis- und anwendungsorientierte Grundlagenforschung."[17]

Diese und andere Perspektiven gehören ebenso zur Bilanz der deutschen Einheit wie die Vergegenwärtigung der Personen und der Umstände, die sie ermöglicht haben.

---

17 Wissenschaftsrat, Thesen zur künftigen Entwicklung des Wissenschaftssystems in Deutschland. Drucksache 4594/00, Berlin, 7. Juli 2000.

Die „Erneuerung" des ostdeutschen Wissenschaftssystems im Prozess der Wiedervereinigung

Eine kritische Bilanz

Hans-Hermann Hartwich

Verfolgt man die zum Teil heftigen Auseinandersetzungen um die Art und Weise einer Reform des gesamtdeutschen Hochschulwesens am Ende der neunziger Jahre, so drängt sich die Frage geradezu auf, ob nicht die „Erneuerung" des Wissenschaftssystems in den neuen Bundesländern die notwendigen Reformen wenigstens dort hätte Wirklichkeit werden lassen müssen. Bekanntlich wird über eine Hochschulreform in der Bundesrepublik nicht erst seit 1990 gestritten. So wurde dies von den meisten Akteuren dieses „Transformations"-Prozesses der Universitäten, Hochschulen und Akademieinstitute in den Jahren von 1990 bis 1995 auch tatsächlich gesehen. Heute, nach zehn Jahren deutscher Einheit, spricht kaum noch jemand davon. Was ist geschehen, woran liegt das?

Das Erbe

Die Freiheit der Wissenschaften war mit der totalen Vereinnahmung der Universitäten durch den SED-Staat mittels der so genannten „Dritten Hochschulreform"1968 endgültig verloren gegangen. Eine akademische Selbstverwaltung und -bestimmung außerhalb der Staatspartei wurde beseitigt. Es ist ein deutsches Paradoxon, das dies in demselben Jahr 1968 geschah, in dem in Westdeutschland Studentenrebellion und APO genau entgegengesetzte Impulse in die Gesellschaft hinein vermittelten.

Spätestens ab 1968 war das wissenschaftliche Arbeiten und das akademische Leben in der DDR vom Monopol des marxistisch-leninistischen Dogmas bestimmt. Die heute so viel diskutierte Frage der Stasi-Mitarbeiter war nur die eine Seite der Diktatur. Die für die Wissenschaft bedeutsamere war die Eliminierung analytischen Denkens und Arbeitens durch Erlernen feststehender Lehrsätze, die damit zu eingeforderten Bekenntnissen wurden, sowie die Interpretation jeder tradierten Welterklärung durch „Ableitung" aus dem marxistisch-leninistischen Dogma. Aus dem Studium Generale wurde das obligatorische marxistisch-leninistische Grundstudium, durchgeführt von der so genannten ML-Sektion. Im Fachstudium betraf das Dogma in erster Linie alle Geisteswissenschaften, insbesondere Geschichte, Philosophie und Pädagogik. Es bestimmte die Rechts- und Wirtschaftswissenschaften. Es war jedoch auch ein latent zerstörerisches Prinzip in den Naturwissenschaften, in Medizin und Landwirtschaft. Die freie Fragestellung des Einzelnen und der Forschergruppen war das eigentliche Opfer dieser wissenschaftlichen Dogmatisierung.

Überdies war die Rolle der Universitäten im eigentlichen Sinne im DDR-Wissenschaftsbetrieb gleichsam „herabgestuft" worden. In ihrer planwirtschaftlichen Wissenschaftspolitik hatte die DDR zahlreiche Spezialhochschulen gegründet, die den Bedürfnissen der sozialistischen Wirtschaftsführung besser entsprachen und für ein hohes Maß an Praxisorientierung in der speziellen akademischen Ausbildung sorgten. So gesehen wurde in weiten Bereichen die „universitäre", als Einbettung in universale Zusammenhänge verstandene Ausbildung herabgestuft.

1989 gab es in der DDR 54 Hochschulen, darunter nur neun Universitäten bzw. Technische Universitäten neben 15 Technischen Hochschulen und Ingenieurhochschulen, drei Medizinischen Akademien, neun Pädagogischen Hochschulen, sechs Hochschulen für Landwirtschaft, Ökonomie, Jurisprudenz und Sport, sowie zwölf Kunst- und Musikhochschulen.[1] Das starke Engagement für die spezialisierte Ausbildung war begleitet von einer weitgehenden Ausgliederung der staatlich besonders geförderten Forschung aus den Universitäten und Hochschulen in die weit ausdifferenzierten Abteilungen der Akademie der Wissenschaften der DDR. Die Forschung war primär gesamtstaatlich organisiert mit der Tendenz, die besten Forscher unter einem großen Dach zu vereinen.

Die Universitäten hatten demgegenüber – nicht ohne Forschung, aber doch primär – ein intensives und betreuendes Lehr – und Lernsystem entwickelt. Das bedeutete in Bezug auf die Personalstruktur, dass sie von relativ wenigen Professorenstellen mit „Lehrstühlen" und einer für westdeutsche Verhältnisse ungewöhnlich großen Zahl an Dozenten, Assistenten und Lehrbeauftragten geprägt war. Hinzu war in den letzten Jahrzehnten der DDR die Praxis gekommen, Mitarbeiter aus allen möglichen Bereichen mit unterschiedlichsten Begründungen in die Universitätsinstitute zu versetzen. Dort verstärkten sie, nicht gerade einschlägig qualifiziert, den personalstarken „Mittelbau" bzw. den Stamm der Angestellten und Arbeiter. So gut wie alle Personalstellen waren unbefristet besetzt.

---

1 Vgl. Gertraude Buck-Bechler: „Das Hochschulwesen der DDR Ende der 80er Jahre", in: Renate Mayntz (Hrsg.), Aufbruch und Reform von oben. Ostdeutsche Universitäten im Transformationsprozess, Frankfurt am Main 1994, S. 11-32, hier: S. 18.

Die Umstrukturierung des Wissenschaftssystems der DDR im Sinne der wissenschaftlichen Selbstverwaltung und der Länderzuständigkeit

Die Darstellung der Ausgangssituation von 1990 soll verdeutlichen, dass fundamentale Unterschiede zum Wissenschaftssystem der Bundesrepublik bestanden. Die „Transformation" des DDR-Wissenschaftssystems war ein äußerst komplexer Vorgang und umfasste vier Bereiche:

1. Die Strukturreform des Wissenschaftssystems: Im Westen gibt es die Dominanz der Bundesländer und keine gesamtstaatlich zuständigen Institute wie die DDR-Akademie der Wissenschaften. Es gibt jedoch gesamtstaatlich organisierte und vom Bund geförderte bedeutende Selbstverwaltungseinrichtungen der deutschen Wissenschaft wie den Wissenschaftsrat, die Deutsche Forschungsgemeinschaft, die Max-Planck-Gesellschaft.
2. Die „Erneuerung" des Universitätssystems in geistiger Hinsicht.
3. Die „Neuformierung" der Universitäten mittels der Hochschulgesetzgebung und Wissenschaftspolitik der neuen Bundesländer.
4. Die Änderung der Personalstruktur der einzelnen Universitäten.

Die grundsätzliche Neustrukturierung des Wissenschaftssystems im Gebiet der ehemaligen DDR hatte im Einigungsvertrag vom 31. August 1990 besondere Ausgestaltung erfahren. Gemäß Art.38 wurde nun die Akademie der Wissenschaften der DDR als Gelehrtensozietät von den damals bestehenden Forschungsinstituten und sonstigen Einrichtungen getrennt. Die Frage künftiger Akademien im Osten sollte landesrechtlich gelöst werden (siehe heute z.B. die Berlin-Brandenburgische Akademie der Wissenschaften). In Abwandlung seiner Funktionen bis 1990 im alten Bundesgebiet wurde der Wissenschaftsrat mit der Aufgabe betraut, die Forschungseinrichtungen bis Dezember 1991 mit einer verbindlichen Entscheidung darüber zu begutachten, ob sie aufgelöst oder umgewandelt werden sollten. Für den gleichen Zeitraum erhielt das Personal dieser Einrichtungen befristete Arbeitsverhältnisse.

So wurden die gesamtstaatlich orientierten, zentralstaatlichen Forschungseinrichtungen der DDR von dem gesamtstaatlich agierenden westdeutschen Wissenschaftsrat, also der selbstverwalteten Wissenschaftsorganisation, evaluiert und – soweit die Qualifikation unstrittig war – als Forschungsinstitute in das westdeutsche System integriert. Sie wurden in die so genannte „Blaue Liste"(der Bundesförderung) übernommen, die einzelne Forschungseinrichtungen ohne feste Zuordnung umfasste. Heute trägt die dergestalt stark vergrößerte „Blaue Liste" den Namen „Wissenschaftsgemeinschaft Gottfried Wilhelm Leibniz".

„Erneuerung" und Neuformierung durch die neuen Länder machten den Kern der Neuordnung der Universitäten und Hochschulen aus. Dabei erwiesen sich die Finanzierung und die Veränderung der universitären Personalstrukturen im Mittelbau als besonders heikle und äußerst schwierige Aufgaben. Dies sei hier ohne den Anspruch auf Vollständigkeit erwähnt. Sie sind vielmehr besonders kritische Probleme der sogenannten „Transformation" des DDR-Wissenschaftssystems und müssen als Schwerpunkte besonders in Augenschein genommen. Für diese Neugestaltung hatte der Wissenschaftsrat keinen verbindlichen Auftrag durch den Einigungsvertrag. Er wirkte allerdings stark als gutachtliche Instanz auf die Länderkultusverwaltungen und die „Gründungskommissionen" der Universitäten und Fakultäten ein.

Recht pauschal und unerschrocken operierten die „Zwölf Empfehlungen" des Wissenschaftsrates: *„Insgesamt gesehen kann es nicht einfach darum gehen, das bundesdeutsche Wissenschaftssystem auf die DDR zu übertragen. Vielmehr bietet der Prozeß der Vereinigung auch der Bundesrepublik Deutschland die Chance, selbstkritisch zu prüfen, inwieweit Teile ihres Bildungs- und Forschungssystems der Neuordnung bedürfen."*[2] *„Verschmelzung"*, stellte der Heidelberger bzw. Erfurter Soziologe Wolfgang Schluchter 1994 fest, sei hier geplant gewesen. Aber nicht Umbau nach dem Muster Westdeutschlands, sondern *„ein Neubau, errichtet mit Bausteinen aus West und Ost".*[3] Nach Schluchters Beobachtungen hatte es drei Modelle der Vereinigung gegeben: Anpassung, Anschluss oder Verschmelzung. Herausgekommen sei die Vereinigung als „Übertragung" der westlichen Institutionen auf den Osten und damit eine „strukturelle" Anpassung des Ostens an den Westen. Diese Feststellung bedarf weiterer Differenzierungen.

Die damaligen Akteure und Beobachter des Transformationsprozesses, der zumeist sehr pauschal „Erneuerungsprozess" genannt wurde, sind sich, soweit erkennbar, in diesem Punkt mit Schluchter einig. Rechtlich betrachtet konnte es auch kaum anders sein, nannte doch der Einigungsvertrag in Art.38 Abs.1 Satz 2 selbst das Ziel der *„Einpassung"* von Wissenschaft und Forschung in die *„gemeinsame Forschungsstruktur"*, de facto also in das bestehende westdeutsche System. Dieser Passus bezog sich zwar nur auf die außeruniversitären Einrichtungen, wie die Akademie der Wissenschaften. Für die Universitäten wurden wie in der alten Bundesrepublik die Länder mit ihren vielfältigen Gestaltungsvorstellungen gesetzgeberisch zuständig. Dennoch waren erste Weichen in einem weitergehenden Sinne gestellt, weil der Wissenschaftsrat beauftragt war, *„Empfehlungen"* auszusprechen. Darunter fiel z.B. die künftige Fächerstruktur und die Neugründung von Universitäten (Beispiele: Frankfurt/Oder und Erfurt). Dies kam einer „Koordinierungskompetenz" gleich, die durch die darauf aufbauenden bundesgesetzlichen Finanzierungen verstärkt wurde. Im Übrigen galt auch hier die schon immer bestehende gesetzliche Kompetenz des Wissenschaftsrates, Anträge zur

---

2 Perspektiven für Wissenschaft und Forschung auf dem Weg zur deutschen Einheit. 12 Empfehlungen, Köln 1990, S.7 ff.
3 Nova Acta Leopoldina NF 71, Nr.290 (1994), S.19.

Hochschulbaufinanzierung verbindlich für die staatliche Bund-Länder-Kommission zu begutachten.

Während der zentralistische Charakter des Forschungsbetriebes aus der DDR-Zeit von den bundesweiten Einrichtungen der primär selbstverwalteten Wissenschaftsorganisation abgelöst wurde, wurden die Universitäten wieder den Ländern zugeordnet, ohne spezifische Zielsetzungen aus dem Einigungsvertrag. Aber die Länderkompetenz für die Erneuerung der Universitäten unterlag durchaus von Anfang an unitarisierenden Zwängen. Sie wurden von den einzelnen Universitäten als „exogene Interventionen" wahrgenommen.

Andererseits ließ die wieder eingeführte Geltung der sogenannten „Länderhoheit" sehr viele Gestaltungsmöglichkeiten offen. Mit den Bestimmungen über die „Abwicklung" von Einrichtungen des DDR-Systems (§ 13) wurde überdies den Landesregierungen ein scharfes Instrument zur Durchsetzung institutioneller und personeller Erneuerungen an die Hand gegeben. Hinter diesem inhaltsreichen Begriff des Verwaltungsrechts verbirgt sich die Möglichkeit, eine Einrichtung wie z.B. eine „Sektion" Rechtswissenschaften einer DDR-Universität zu schließen und damit die Beschäftigten als entlassen zu erklären. Zumeist war der Zeitpunkt der 1. Januar 1991 mit einer letzten Entlassungsfrist zum 30. September 1991.

Es ist hier nicht möglich, eine umfassende und materialreiche Analyse vorzulegen. Zwar ist die Zahl der Universitäten, die aus der DDR-Zeit kommend vom Umbau nach 1990 betroffen waren, begrenzt. Auch gab es allerorts Zusammenlegungen mit Pädagogischen Hochschulen oder technischen Fachbereichen. Aber die durch Traditionen, Gründungspersonal und Landeseigenheiten bestimmte Vielfalt lässt eine Gesamtwürdigung nicht zu. Auch wären da noch die Unterschiede in den Fachrichtungen von Ort zu Ort, von der Medizin über die Landwirtschaft bis hin den Naturwissenschaften und den klassischen Geisteswissenschaften zu beachten. So beschränkt sich dieser Beitrag auf die persönlichen Erfahrungen und Wege des Verfassers[4] an der Martin-Luther-Universität Halle-Wittenberg zwischen 1990 und 1995, wobei

---

4 Der Verfasser dieses Beitrages hatte nach einem Studium der Wirtschafts-, Politik- und Rechtswissenschaften Lehrstühle für Politikwissenschaft und Regierungslehre in Berlin (1970) und Hamburg (ab 1973) inne. Er verfasste im Herbst 1990 für das Bundesbildungsministerium einen ersten Bericht über die internen Veränderungen an den Universitäten der Noch-DDR. Anfang 1991 wurde er zum Gründungsdekan für Geschichte, Philosophie und Sozialwissenschaften an die Martin-Luther-Universität Halle-Wittenberg berufen. 1992 gab er seinen Lehrstuhl in Hamburg auf, um einen Ruf nach Halle anzunehmen. Dort wurde er Ende des Jahres vom neukonstituierten Konzil und Senat als erster Westdeutscher zum Prorektor für Strukturreform und Entwicklungsplanung gewählt. Als solcher hat er bis Ende 1994 maßgeblich den Prozess der „Erneuerung" einer klassischen Universität mitbestimmt. Zudem war er Vorsitzender des Vorstandes der „Leucorea", die die Wiederbelebung akademischer Traditionen an der „Luther-Universität" in Wittenberg betrieb. Seit 1996 ist er wieder an der Universität Hamburg, als Emeritus, tätig.

die seinerzeit ausgeübten Universitätsfunktionen allerdings durchaus Aussagen über den Bereich dieser Universität hinaus zulassen.

Zunächst aber soll noch ein Umstand erwähnt werden, der häufig übersehen wird: das vielfältige Interessen- und Interessentenspektrum auf westdeutscher Seite an der Erneuerung und der Neuformierung im Osten. Es reichte von Einzelpersonen, z.b. Privatdozenten, die sich gleich nach der „Wende" als Dozenten anboten, über die wissenschaftlichen Fachgesellschaften der Bundesrepublik bis hin zu den Beamten aus den Hochschulverwaltungen der westdeutschen Bundesländer. Eine Zeitlang geisterte das böse Wort von der „Landnahme" durch die Publikationen. Das aber konnten nur jene formulieren, die aus der Vogelperspektive die kräftezehrenden Engagements des Neubeginns betrachteten, ohne sich einzulassen. Viele Wissenschaftler und Fachvertreter aus dem Westen haben sich engagiert. Sie haben natürlich auch profitiert, indem sie neue berufliche Chancen erhielten. Aber sie haben sich „eingelassen" und mit gar nicht so vielen Vertretern der „Erneuerungsgruppen" darüber mitbestimmt, welchen Weg die „Transformation" oder „Erneuerung" nahm. Der beste Beweis für Auswirkungen dieses „Sich-Einlassens" war, dass z.B. an der Martin-Luther-Universität Halle-Wittenberg, innerhalb der erneuerten Universität und in den Gremien, ein Ost-West-Konflikt nicht bestand.

„Erneuerung" der Universitäten (1990-1994)

Nicht Reform, sondern „Erneuerung" lautete das Motto für die zum großen Teil „klassischen" Universitäten der früheren DDR. Für viele Beteiligten war dieser Vorgang trotz der Nöte des Personalwechsels ein „Noch-einmal-von-vorne-anfangen-Können". Wer hatte sie bis 1990 noch gekannt, diese Universitäten im „Osten" Deutschlands, die früher vor allem die „mitteldeutschen" genannt wurden? Es sind, gemessen an der westdeutschen Vielfalt, wenige und eher kleine Universitäten, aber mit achtbaren Traditionen. Die Universitätsgründungen in Leipzig (gegründet 1409), Rostock (1419), Greifswald (1456), Wittenberg (1502), 1817 vereinigt mit der Universität in Halle, Jena (1558), Halle (1694) und Berlin (1809/10) stellten Kristallisationskerne landesherrschaftlichen und bürgerschaftlichen Bemühens um neuzeitliche Wissenschaftsentwicklungen dar.

Nach 1990 wurden zwei alte Universitäten, in Erfurt (1392) und Frankfurt an der Oder (gegründet 1506 und 1811 nach Breslau verlegt), wiedergegründet. Umgründungen und Ausbau zu kompletten Universitäten erfolgten in den Landeshauptstädten Dresden, Magdeburg, Potsdam sowie in Chemnitz und in Ilmenau mit der Technischen Universität. In den Hauptstädten stellten sich besondere Probleme, hervorgerufen etwa durch die Zusammenführung unterschiedlichster Einrichtungen und den nicht immer rational zu begründenden

Ehrgeiz der Landesregierungen, eine Landeshauptstadt müsse eine voll aus-
gebaute Universität besitzen, auch wenn dies die finanziellen Mittel des Landes bei weitem übersteigt („Hauptstadt-Syndrom").

„Erneuerung" im engeren Sinne muss verstanden werden als Befreiung
von der 40-jährigen totalen Vereinnahmung durch die Politik und ihre Ideologie. Aus dieser Situation befreit zu sein bedeutete, Wissenschaft neu zu entdecken und zu definieren, die „richtigen" Fragen offen zu stellen, die an den
Wurzeln der Fragefreiheit ansetzen und nicht nur die Bezahlung der Hilfs-
kräfte im Blick haben. Es bedeutete, den Blick zu schärfen für den Wert der
Interdisziplinarität als notwendigen Bestandteil individueller Erkenntnisge-
winnung und Spezialisierung. Gerade die Interdisziplinarität, der Blick über
die engeren Fachgrenzen hinweg, die daraus erwachsenen methodologischen
Aufgaben, das Aufscheinen neuer Fragen, waren Sternstunden der Erneuerung. Die Initiierung und Realisierung interdisziplinärer Kooperation über
Fakultätsmauern hinweg schlossen sich an. Eine Vitalisierung akademischer
Kultur, die Gewinnung verantwortlicher Selbststeuerungsfähigkeit akademischer Institutionen und die internationale Öffnung des Wissenschaftsbetriebes
erwuchsen aus der Aufbruchstimmung. Die notwendigen legislativen und
administrativen Maßnahmen institutioneller, personeller, studieninhaltlicher
und ausstattungsmäßig-baulicher Art waren begleitet vom befreitem Nachdenken über grundsätzliche Fragen wissenschaftlicher Dignität und über begründete Autorität innerhalb der Universität. Diese hat ihre Wurzeln im wissenschaftlich qualifizierten Lehrkörper, in ihrer Rechenschaftspflichtigkeit
nach innen und in der universitären Autonomie nach außen.

Der mit der deutschen Vereinigung einsetzende Prozess der „Transformation" von 1991 bis 1994 brachte zwei in sich widersprüchliche Ergebnisse
hervor.

1. Auf der einen Seite stand das Beschriebene: Anders und deutlicher als im
   Westen nach 1945 gab es im deutschen Osten ab 1990 einen hohen Grad
   an Sensibilität für das Phänomen der Wissenschaftszerstörung und die Bedeutung wiedergewonnener Wissenschaftsfreiheit. Die Ereignisse von
   1989/90 brachten eine scharfe Zäsur. Sie schufen eine Art „Stunde Null"
   der Ungewissheit und ungewöhnlicher Initiativen. Nur ganz kurzfristig,
   zwischen November 1989 und den freien Wahlen im März 1990, dominierte noch das Stichwort „Reform" in dem Sinne, dass kritische und dynamische „Kader" des alten Systems selbst die Neugestaltung in die Hand
   zu nehmen versuchten, indem sie z.B. als erstes das obligatorische Studium
   des Marxismus-Leninismus abschafften und „freie" Universitätswahlen
   anberaumten, die natürlich von den noch im Dienst befindlichen Mitgliedern der SED-Universität bestimmt wurden. Daneben, ebenfalls schon ab
   November 1989, stand, tatkräftig eingefordert von einzelnen herausragen-
   den Wissenschaftlern, die sich dem SED-Regime verweigert hatten, und

verschiedensten Erneuerungs- und Reformgruppen sowie nicht zuletzt befördert durch kompetente, mutige, neugierige und einsatzwillige Fachkollegen aus dem alten Bundesgebiet, die Wahrnehmung der Chancen einer
geistigen Erneuerung der Universität.[5]

2. Auf der anderen Seite stand die Anpassung: Die ostdeutschen Universitäten
   mussten trotz mannigfacher Bedenken in kürzester Zeit das defizitäre
   westdeutsche Universitätssystem ohne große Differenzierungen übernch-
   men. Da sie nicht für eine gewisse Zeit geschlossen worden waren, ging
   der Lehrbetrieb weiter. Dabei verlangten die Studierenden, die so gut wie
   gar nicht an der Erneuerungsbewegung mitwirkten, mit ihrer neuen Freiheit sogleich eine Ausbildung, die ihnen die gleichen Berufschancen bieten
   sollte wie den westdeutschen Kommilitonen. So musste rasch ein neuer
   professoraler Lehrkörper geschaffen und die Forschungsfinanzierung ange-
   schoben werden.

Von dieser Seite her kam es zu staatlich-fiskalischer Steuerung durch die neu
geschaffenen Länder und den Bund mit seinen Transferzahlungen. Wissen-
schaftspolitisch erfolgte die Steuerung durch den Wissenschaftsrat und die
Landesstrukturkommissionen, in denen Fachwissenschaftler und Beamte vertreten waren. Die wissenschaftliche Literatur zu diesem Thema ist sich weitgehend einig: Es gab keine Alternative zur Übernahme des westdeutschen
Universitätssystems. Die Vorteile freiheitlicher Gestaltung und die Symptome
der Misere wurden somit sehr rasch auch nach Ostdeutschland transferiert.

Doch gleichzeitig blieb immer klar, dass das Überleben der einzelnen Universität und ihr Rang in der neuen, offenen Scientific community entscheidend davon abhing, dass sie zur Herausbildung eines neuen „spirit of innovation" fähig war. Die Universitäten in den neuen Ländern wurden auf diese
Weise für eine gewisse Zeit gleichermaßen zu Vorbildern akademischer Erneuerung und zu Indikatoren der Reformbedürftigkeit des Gesamtsystems.

Als Ergebnis dieses Versuchs einer „Erneuerung" der „Transformation"
darf grundsätzlich gelten, dass die erneuerten Universitäten in den neuen
Bundesländern mit ihrer – im Gegensatz zu westdeutschen Universitäten –
durchweg „evaluierten" Professorenschaft ein erhebliches Potenzial für die
Reform des nunmehr gesamtdeutschen Universitätssystems besaßen. Sie
kannten zunächst nicht diese „versteinerte Reform", die die Bewegungsfähig-
keit individueller und kollegialer Art untergräbt und blockiert. Es gab noch
keine endgültig verfestigten Strukturen, faktische Hierarchien, abgekapselte
Fakultäten und Fachbereiche.

---

5 Vgl. Johannes Mehlig, Wendezeiten. Die Strangulierung des Geistes an den Universitäten der DDR und dessen Erneuerung, Bad Honnef 1999.

Die neuen Bundesländer und ihre Hochschulen

Hochschulgesetzgebung und Hochschulpolitik der neuen Länder standen – anfangs ohne ausreichend qualifiziertes Personal und immer auf westdeutsche Sonderprogramme und Finanzierungen angewiesen – vor schwierigsten Aufbauproblemen, die sie zumeist bis heute nicht bewältigt haben. Zunächst musste die übernommene Hochschulstruktur jedes Landes neu organisiert werden. Denn vielfach waren in der DDR die Spezialhochschulen und Akademien aus „Berliner Sicht" geschaffen worden. So konnte es sein, dass die neuen Länder von dem einem zu viel und von dem anderen zu wenig übernahmen.

Das Rückgrat der Neuordnung des Wissenschaftssystems eines Landes bildeten die (wenigen) Universitäten. Beispielhaft sei kurz über Sachsen-Anhalt berichtet: Dieses Land hatte eine bedeutende und traditionsreiche Universität, die Martin-Luther-Universität in Halle, mit etwa 9000 Studenten. In diese Universität wurden z.B. die Pädagogische Hochschule Halle mit einigen Ablegern in umliegenden Kleinstädten sowie zwei „Sektionen"/Fachbereiche der früheren Technischen Hochschule Merseburg „integriert". Die alte Universität erhielt auf diese Weise eine Technisch-ingenieurwissenschaftliche Fakultät. Der Hauptteil der Merseburger Hochschule wurde zu einer Fachhochschule. Derartige Fachhochschulen nach westlichem Muster entstanden danach in weiteren Orten des Landes.

Alle Landesregierungen hielten es aber für nötig, in der Landeshauptstadt Magdeburg eine zweite Universität mit möglichst allen Disziplinen zu gründen. So wurden die vorhandene Hochschule für Schwermaschinenbau, eine Medizinische Akademie, eine Pädagogische Hochschule und Teile einer Leipziger Musikhochschule zu einer neuen Gesamtuniversität vereinigt, die nach und nach die bekannten Fakultäten erhielt. Auch wurde die Medizin, schon in Halle umfassend vertreten, weiter ausgebaut. So kam es bald dazu, dass zunächst einmal beide Universitäten, die alte und die neue, trotz unterschiedlicher Voraussetzungen und Studentenzahlen in den Haushalten fiskalisch gleichberechtigt behandelt wurden. Als dann das Land mit einer rigiden Sparpolitik ernst machen musste, bezahlten und bezahlen dies heute beide Universitäten mit drastischen Einschränkungen gerade erneuerter oder aufgebauter Strukturen.

Unter diesen Umständen muss auch das Scheitern des im Grunde verständlichen Ehrgeizes, als dritte Landesuniversität die alte „Luther-Universität" (1502) in Wittenberg, die „Leucorea" wieder zu begründen, eher als Glücksfall denn als Verlust angesehen werden. Das Projekt scheiterte an fehlender Finanzierung und Zustimmung des Wissenschaftsrats sowie dem anhaltenden Widerstand der Martin-Luther-Universität in Halle. Diese sah Umbau, Ausbau und Erneuerung ihrer eigenen bereits vorhanden Ressourcen natürlich zusätzlich gefährdet.

Ein bezeichnendes Merkmal der DDR-Hochschulen Ende der achtziger
Jahre war ein geradezu jämmerlicher Zustand aller Bauten und Einrichtungen.
Die notwendige Renovierung und die Neubauten überschreiten bis heute die
finanziellen Mittel des jeweiligen Landes, zum Teil sogar die Fähigkeit für
einen Eigenbeitrag zur Bundesfinanzierung. Angesichts dieses finanziellen
Strukturdilemmas ist es bewundernswert, was bis heute neu aufgebaut worden
ist bzw. sich im Bau befindet.

Die Landeshochschulgesetze wurden in den vergangenen zehn Jahren verständlicherweise einige Male geändert. In Sachsen-Anhalt wird heute auf diese Weise auch dem Umstand Rechnung getragen, dass es seit der Evaluierung
der Professoren 1992 eine ganze Reihe von Professoren gibt, die nicht in eine
Stelle des neuen (C4/C3-) Rechts übernommen wurden. Damit diese Gruppe
nicht zusammen mit den verbliebenen Personen des Mittelbaus die Professoren der neuen Universitätsstruktur in den Selbstverwaltungskörperschaften
überstimmen konnte, hatte sie zunächst kein adäquates Stimmrecht. Das hat
sich heute geändert.

Überhaupt hat sich spätestens in den Jahren von 1995 bis 2000 die Situation zum Teil grundlegend gewandelt. Viele Professoren der ersten Wendezeit
sind in die Ruhestand getreten, wobei dies für die nach den fachlichen Evalu-
ierungen in den Status von C4-Professoren berufenen ehemaligen DDR-
Wissenschaftler wegen der zu kurzen Dauer ihrer aktiven Zeit eine drastische
finanzielle Benachteiligung im Ruhestand gegenüber gleichaltrigen westdeutschen Professoren mit sich brachte. Für viele neu berufene westdeutsche Wissenschaftler, die es natürlich vor allem in den Abwicklungsfakultäten
Rechtswissenschaften, Wirtschaftswissenschaften, Philosophie und den völlig
neu aufgebauten Instituten der Soziologie, Politikwissenschaft, Psychologie,
aber auch der Geschichte und der Sprachen gab, war es häufig eine „Erst-
Berufung" gewesen. So mancher wurde nach wenigen Jahren aufgrund seiner
Qualifikation wieder an eine Universität im alten Bundesgebiet berufen. Die
Fluktuation blieb hoch; damit bekam allerdings auch der Wille zur Neugestaltung eine Diskontinuität, die die Tendenz zu immer stärkerer Anpassung
an die westdeutschen Verhältnisse in sich trägt.

Druck in diese Richtung erzeugte vor allem die Tatsache, dass die Landes-
haushalte den hochfliegenden Neuordnungsplänen nicht gewachsen waren.
Am Ende des Jahrzehnts stehen drastische Einsparungen, die zum größten
Teil zu einer Rücknahme so mancher neuer Einrichtungen und Wege zwin-
gen. Die Sparpolitik wirkt in den neuen Bundesländern, deren Universitätsinstitute zunächst zum Teil (vor allem in den Abwicklungs- und Neugrün-
dungsbereichen) recht gut ausgestattet waren, deswegen so verheerend, weil
die „Abwicklung" nicht das eingangs geschilderte Problem des Personalüber-
hangs im Mittelbau lösen konnte. So gibt es noch heute an einigen Universitäten mehrere hundert Mitarbeiter, die eigentlich zu den neuen Instituten nicht
passen und für die modernen Lehr- und Forschungsanforderungen nicht quali-

fiziert sind. Da sie in unbefristeten Arbeitsverhältnissen standen, blieben sie der Universität über Wende- und Erneuerungszeiten hinweg erhalten. Das westdeutsche Kündigungsrecht unterbindet in der Regel die (betriebsbedingte) Entlassung. Mit teuren Abfindungen wurden die Probleme nur zum Teil gelöst. So blieben Personalhaushalte der Universitäten überdimensional aufgebläht und dennoch nicht aufgabengerecht. Die Universitätsleitungen sind weitgehend machtlos und müssen auf den altersbedingten Stellenabbau hoffen. Kürzungsauflagen der Länderfinanzminister treffen neben nicht nachvollziehbaren Stellenstreichungen vor allem die so genannten Sachtitel. Beides zusammen bedeutet nicht nur eine schlechtere Ausstattung, sondern wegen der Mittelübertragbarkeit auch einen Zugriff auf die „befristeten" Stellen. Diese können ohne Kündigungen eingespart werden. Auf diesen Stellen aber sitzt der qualifizierte wissenschaftliche Nachwuchs. Ausgerechnet diese Stellen müssten ausgebaut und nicht abgebaut werden. Hält diese Art Druck an, so muss das wissenschaftliche Niveau der betroffenen Universitäten letztlich Schaden nehmen. Dann aber kommen weniger Studenten, es gibt noch weniger Geld für Lehre und Forschung – ein verhängnisvoller Circulus vitiosus.

Die Universitäten in den neuen Bundesländern sind stärker als vor fünf Jahren integrierter Teil des defizitären deutschen Universitätssystems. Sie haben sich manche Besonderheiten bewahrt und verfügen über zum Teil mit hohem Engagement erhaltene, exzellente, vergleichsweise kleine und sehr moderne Fakultäten und Institute mit bester Ausstattung und gutem Betreuungsverhältnis. Aber die Entwicklung der vergangenen zehn Jahre hat insgesamt doch ergeben, dass die Vorstellung, von erneuerten Universitäten in den neuen Bundesländern könnten nennenswerte Impulse auf die Erneuerung und Reform der westdeutschen Universitäten ausgehen, illusionär war.

Verlorene Generation Ost?

Jugend in Ostdeutschland zehn Jahre nach der Vereinigung

Hans-Georg Golz

Zehn Jahre nach der staatlichen Vereinigung konstatieren auf Methoden der quantitativen empirischen Sozialforschung beruhende Jugendstudien ein frappierendes Maß an Gemeinsamkeiten der Werte und Lebensstile der 16- bis 24-Jährigen in beiden Teilen der Republik.[1] „Die" Jugend sorgt sich um die Zukunft, schätzt ihre Eltern, wünscht sich eine harmonische Familie und einen interessanten Beruf, dehnt die Jugendphase durch verlängerte Bildungszeiten aus, lebt in relativem Wohlstand, ist nicht kriminell und verhält sich auch sonst völlig unauffällig. In Ostdeutschland wirken das Erbe des sozialistischen Systems und traditionellere Erziehungsmuster allenfalls noch in Teilbereichen nach, etwa in der engeren Bindung an die Familie oder bei der höheren Wertschätzung der oft geschmähten Sekundärtugenden.

Auch die politischen Orientierungen zeigen eine große Übereinstimmung in Ost und West – mit einigen bemerkenswerten Ausnahmen. So ist das Vertrauen in die politischen und gesellschaftlichen Institutionen im Osten deutlich geringer, und zwar mit weiter sinkender Tendenz. Auch die niedrigere Wahlbeteiligung von Jung- und Erstwählern verweist auf eine Politikferne, die nach den weltgeschichtlichen, von den Jugendlichen in der DDR wesentlich mit bewirkten Ereignissen von 1989 und 1990 nicht zu erwarten war. Die subjektive Bilanz des Vereinigungsprozesses fällt häufig negativ aus: Es

---

1 Vgl. für einen ersten Überblick die Expertise von Hans-Joachim Veen: „Jugend in den neuen Bundesländern – ihre soziale und wirtschaftliche Situation im Vereinigungsprozeß", in: Materialien der Enquete-Kommission „Überwindung der Folgen der SED-Diktatur im Prozeß der deutschen Einheit", hrsg. vom Deutschen Bundestag, Bd. III/3, Baden-Baden-Frankfurt/M. 1999, S. 2394-2448. Veen hat die wichtigsten Jugendstudien einschließlich der Shell-Studie von 1997 aufgearbeitet und zusammengefasst. Vgl. auch Uta Schlegel/Peter Förster (Hrsg.), Ostdeutsche Jugendliche. Vom DDR-Bürger zum Bundesbürger, Opladen 1997, sowie die Ergebnisse der 2. Welle des DJI-Jugendsurveys in Martina Gille / Winfried Krüger (Hrsg.), Unzufriedene Demokraten. Politische Orientierungen der 16- bis 29jährigen im vereinigten Deutschland, Opladen 2000.

gibt in Ostdeutschland ein hohes Potenzial von dem demokratischen System zunehmend entfremdeten Jugendlichen.

Ein besonders erschreckendes Phänomen sind brutale Gewalttaten, die sich gegen Fremde und fremd Aussehende, gegen Schwächere und Hilflose richten – mit einer gravierend größeren Häufigkeit als im Westen der Republik. Doch längst ist ein trauriger Gewöhnungseffekt eingetreten. Zehn Jahre nach der „Wende" vergeht keine Woche ohne solche Vorfälle, aber bis zur Gewaltwelle dieses Sommers, die einen „Qualitätssprung" markierte, erregten nur wenige bundesweit Aufsehen. Flüchtlinge flehen um die Verlegung in ein westliches Bundesland, um dem alltäglichen Rassismus zu entgehen; ein algerischer Asylbewerber wird in Guben zu Tode gehetzt, der mahnende Gedenkstein wiederholt geschändet; in Eggesin werden zwei Vietnamesen fast erschlagen; in Erfurt wird die Synagoge am Hitler-Geburtstag Ziel eines antisemitisch motivierten Brandanschlags; an Pfingsten wird in Dessau ein seit den achtziger Jahren in Deutschland lebender Mosambikaner so schwer misshandelt, dass er wenig später stirbt; in Wismar, Greifswald und Ahlbeck werden Obdachlose zu Mordopfern. Unzählige Übergriffe tauchen, wenn überhaupt, nur als kleine Meldungen in der Presse auf. Tatverdächtig oder der Tat überführt sind Jugendliche.

In manchen ostdeutschen Regionen erscheint es als Selbstverständlichkeit, rechts und gegen Ausländer eingestellt zu sein. Diese „Veralltäglichung" rechtsextremer Gewalt bereite ihm größte Sorgen, so der Beigeordnete für Jugend, Schule und Sport der Stadt Leipzig, Burkhard Jung, bei der Eröffnung eines Fachkongresses über „Rechtsextreme Jugend: Eine Erschütterung der Gesellschaft?" im März 2000 in Leipzig.[2] Moralappelle und Beschwichtigungsformeln reichten nicht mehr aus: „Wir schauen weg, wo wir hinsehen müssten." Der Heidelberger Erziehungswissenschaftler Micha Brumlik zeichnete das Bild einer „flächendeckenden rechtsextremen Jugendkultur" in Ostdeutschland, die zehn Jahre nach der „Wende" alle sozialen Schichten erfasst habe.

Ausländerhass und Intoleranz gibt es auch im Westen, und es besteht kein Grund, selbstgerecht auf den Osten zu schauen. Fremdenfeindliche und rassistische Gewalttaten rechter Jugendlicher sind ein trauriges gesamtdeutsches Phänomen. Doch sie kommen in Ostdeutschland deutlich häufiger vor – bei einem tatsächlichen Ausländeranteil von kaum über zwei Prozent. Nur rund 19 Prozent der Deutschen leben im Osten, dennoch werden dort fast 50 Prozent aller rechtsextremen Gewalttaten registriert. Die Dunkelziffer bei diesen Verbrechen ist besonders hoch. Das Risiko eines Ausländers, auf offener

---

2 Am 8. März. Veranstalter waren die Stadt Leipzig, die Universität Leipzig, die Hochschule für Technik, Wirtschaft und Kultur (HTWK) (FH), das Deutsche Jugendinstitut e.V. (DJI), die Bundesarbeitsgemeinschaft Regionale Arbeitsstellen für Ausländerfragen, Jugendarbeit und Schule e.V. (RAA) und die Friedrich-Ebert-Stiftung, Büro Leipzig.

Straße verprügelt zu werden, ist dort 20- bis 30-mal höher als im Westen. Es gibt Landstriche, die Menschen mit anderer Hautfarbe meiden sollten. Ostdeutsche Wissenschaftler schlagen Alarm, für sie wird es immer schwerer, ausländische Kollegen an ihre Einrichtungen zu locken. Im Gegensatz zu den alten Bundesländern, wo ideologische Splittergruppen rechtsextreme Umtriebe lange Zeit vorwiegend als parteiorganisiertes Phänomen Ewiggestriger erscheinen ließen, ist der Rechtsextremismus im Osten spontaner, brutaler und nicht an eine Organisation gebunden. Häufig sind die organisatorischen Rädelsführer und ihre Logistik im Westen Deutschlands angesiedelt. Gewalttaten geschehen aus einer Gruppe heraus, oft ist Alkohol im Spiel.

Die rechtsextreme jugendliche Subkultur in Ostdeutschland wird durch ein gesellschaftliches Klima begünstigt, dessen Wurzeln im autoritären und ausländerfreien Alltag des DDR-Sozialismus heute Langzeitwirkung entfalten und fremdenfeindliche Einstellungen befördern.[3] Knapp 100.000 Vertragsarbeiter aus Afrika und Asien arbeiteten in der DDR, wohnten aber abgeschottet und kaserniert wie die sowjetischen Armeeangehörigen, und der Kontakt mit DDR-Bürgern war auf den Arbeitsplatz beschränkt. Rechtsextremismus gab es damals auch, doch er war bis zuletzt ein Tabu. In der Endphase des DDR-Sozialismus nahmen Proteste unter Benutzung von Nazi-Symbolik zu, aber rechtsextreme Gewalttaten von Skinheads und Fußballfans wurden verharmlost und wegdefiniert.[4] Eine öffentliche Auseinandersetzung mit der NS-Vergangenheit fand kaum statt in einem Staat, der sich als antifaschistisch definierte.

Klaus Farin, Leiter des Berliner Archivs der Jugendkulturen, skizzierte während der Leipziger Tagung die rechtsextremen, männlich dominierten Jugendszenen im Osten mit vier Thesen. 1. Nur ein geringer Teil der Jugendlichen sind *„historische Nazis"*; aufklärerische Verweise auf die NS-Zeit verfangen daher nicht. Als Utopie dienen ein patriarchalischer Staat und Vorstellungen von „Männlichkeit", die Gruppenzugehörigkeit vermitteln. 2. Kernsegmente rechtsextremer Einstellungen sind diffuse Vorurteilsstrukturen: Rassismus („rechts" sein heißt, gegen Ausländer zu sein; „Ausländer" ist derjenige, der „undeutsch" aussieht), Sozialdarwinismus und Sexismus. 3. Rechtsextreme Jugendszenen sind Alltagskulturen, die Politisierung der Cliquen und „Kameradschaften" ist gering. 4. Rechtsextreme Jugendliche sehen sich als *„tatkräftige Avantgarde der Erwachsenenwelt"*, die vollstreckt, was die stumme Mehrheit für richtig hält.

---

3   Vgl. den Beitrag von Richard Stöss in Deutschland Archiv 2/2000. Einer Erhebung von Stöss und Oskar Niedermayer vom Juli dieses Jahres zufolge hat jeder fünfte Brandenburger und jeder achte Berliner ein rechtsextremes Weltbild.

4   Vgl. Hans-Georg Golz: „,Kopien' und ,Nachäffer'. Rechtsextreme Gewalt im letzten Jahrzehnt der DDR", in: Gisela Helwig (Hrsg.), Rückblicke auf die DDR. Festschrift für Ilse Spittmann-Rühle, Köln 1995, S. 208-219.

Farin und der Erfurter Sozialarbeiter Ingo Weidenkaff präsentierten 1999 eine Studie über Jugendkulturen in Thüringen.[5] Ein Fünftel der über 700 Befragten zwischen 13 und 21 Jahren gab an, sich bereits einmal über *„bestimmte Ausländer"* geärgert zu haben; über 13 Prozent waren der Ansicht, dass Ausländer in Deutschland nichts zu suchen hätten. Da Neonazis, Skinheads und Rechte von den meisten Befragten jedoch vehement abgelehnt werden, handele es sich nicht um ein Neonazi-Problem, sondern die rassistischen Vorurteile spiegelten die *„gesamte Gesellschaft"* in Ostdeutschland wider. Im als Zustimmung gedeuteten Schweigen der Erwachsenen, so Farin, liege das gefährlichste Moment rechtsextremer Jugendgewalt. Jugendliche sind gute Seismographen gesellschaftlicher Verwerfungen: *„Sie spitzen radikal zu, was im Mainstream vorhanden ist."* Daher müsse die Erwachsenengesellschaft, in der jugendlicher Rechtsextremismus gedeiht, *„deutlich ideologisch abrüsten"*. Die Förderung alternativer Kulturen sei wichtiger und effektiver als die Bekämpfung rechtsextremer.

Doch in manchen Orten ist die rechtsextreme Subkultur das einzige Angebot für Heranwachsende, Tabubrüche vermitteln ein „cooles" Lebensgefühl, mit dazugehörigem Outfit, Szene-Musik und Kontakten im Internet. Selbst kleinen Gruppen rechter Skinheads gelingt es, ganze Wohngebiete zu terrorisieren. Die Einschüchterung funktioniert, weil sich die Gewalttäter im Einklang mit der schweigenden Mehrheit zu wissen glauben: Sie sagen das, was viele klammheimlich denken, und handeln danach. Statt blühender Landschaften entstehen „national befreite Zonen".

Woher stammt dieser Hass auf alles Andersartige? Woher diese *„vorzivilisatorische Einstellung"* (Günter de Bruyn)? Der Kriminologe Christian Pfeiffer macht mit provokanten Thesen die autoritäre DDR-Erziehung, von den Kindergärten („Töpfchen-Sitzen") bis in die späte Schulzeit, für die Exzesse verantwortlich. Der Psychotherapeut Hans Joachim Maaz deutet den ostdeutschen Rechtsextremismus als Kompensation seelischer Defizite, als Produkt eines „Gefühlsstaus", der auf Erziehungsmängel im Elternhaus und in den Kinderkrippen zurückzuführen ist und sich auch im Transformationsprozess nicht Bahn brechen konnte. Heute schlage man den Ausländer und meine den Westdeutschen.

Die prägende Phase der Persönlichkeitsentwicklung der ersten gesamtdeutschen Nachkriegsgeneration wurde in der Umbruchszeit durchlebt. Dabei sind die Jugendlichen stärker von den Problemen des vereinten Deutschlands geprägt als von der 40-jährigen Geschichte der Teilung in zwei unterschiedlichen politischen Systemen. Die heute 15- bis 25-jährigen Ostdeutschen sind wie selten eine Generation zuvor von ökonomischen wie sozialen Brüchen betroffen – es sind die Kinder der Einheit. Zu DDR-Zeiten hatte ein umfassendes Bildungs- und Betreuungssystem Vereinnahmung bedeutet, aber auch

---

5 Klaus Farin/Ingo Weidenkaff, Jugendkulturen in Thüringen, Bad Tölz 1999.

Sicherheit und Gewissheiten vermittelt. Nach der Kindheit in einem abge-
schotteten, monokulturellen Staat, der ihnen Massenorganisationen zumutete
und hohen Konformitätsdruck ausübte, aber vieles auch gewährte – von flä-
chendeckender Krippenversorgung, von Horten und Jugendklubs bis zur Aus-
bildungs- und Arbeitsplatzsicherheit auf einem vorgezeichneten Lebensweg[6] –,
kennzeichnen heute enttäuschte Hoffnungen, gekränktes Selbstbewusstsein,
Entwurzelung, Langeweile und Perspektivlosigkeit den Alltag vieler. Zum
autoritären Erbe der DDR gehört auch mangelnde Konfliktfähigkeit; Sünden-
böcke werden gesucht und gefunden. Neue Erfordernisse (Flexibilität, Mobilität) stellen viele vor existenzielle Probleme.[7] Unsichere Zukunftsaussichten,
ungleich verteilte Berufschancen und die hohen Anforderungen der Informa-
tionsgesellschaft erfordern steigende Kompetenzen zur Enttäuschungsverar-
beitung. In diesem sozialen Vakuum ist selbst von intakten Familien nicht
immer der nötige Rückhalt zu erwarten. Eine Erhebung des Kriminologischen
Forschungsinstituts Niedersachsen unter Neuntklässlern in Rostock zeigte zudem, dass das Ausmaß häuslicher Gewalt und autoritärer Erziehungsstile im
Osten deutlich höher ist: *„Zu Hause wird Toleranz erlernt – oder eben
nicht.“*[8] Viele Eltern sind arbeitslos und leben von der Sozialhilfe. Sie haben
nach 1990 erfahren müssen, dass ihre eigene Berufsausbildung kaum noch
etwas gilt.

Jugendklubs sind nicht selten abends und am Wochenende geschlossen,
dann, wenn sie am meisten benötigt würden. Sozialarbeiter verwalten den
Mangel. Dort, wo die jugendkulturelle Infrastruktur ersatzlos gestrichen wurde, bieten rechtsextreme Orientierungen Halt und Entlastung. Wenn Jugend-
einrichtungen gar durch rechtsextreme Skins übernommen werden, gerät das
im Osten vielerorts versuchte Konzept „akzeptierender Jugendarbeit" ins
Zwielicht. Zudem ist mit überwiegend unausgebildeten ABM-Kräften kaum
dauerhaft effektive Jugendarbeit zu machen. Bernd Wagner, Kriminalist und
schon zu DDR-Zeiten mit dem Skinhead-Problem konfrontiert, hält Sozialar-
beit nur bei Jugendlichen bis 16 Jahren für sinnvoll – bevor sie völlig fanati-
siert sind. Die Älteren seien Fälle für Polizei und Justiz.[9] Die Bundesregierung will der „präventiven" Jugendarbeit mehr Geltung verschaffen und stellt

---

6 Allerdings war das Verhältnis der SED-Führung zur Jugend in der DDR stets von
    Misstrauen geprägt: „Die SED ist sich im Grunde völlig darüber im klaren, daß die Ju-
    gend in ihren Plänen eine unbekannte Größe darstellt. Deshalb ist die Partei unablässig
    bemüht, die Jugend in ihren Griff zu bekommen und ideologisch sattelfest zu machen."
    Gisela Helwig: „Jugend – eine unbekannte Größe. Schlechte Bilanz der 12. FDJ-
    Zentralratstagung", SBZ-Archiv 17 (1966), H. 14, S. 213f., Zitat S. 213.
7 Vgl. Thomas R. Henschel: „Jugend", in: Werner Weidenfeld/Karl-Rudolf Korte
    (Hrsg.), Handbuch zur deutschen Einheit. 1949-1989-1999, Frankfurt am Main 1999, S.
    475-486.
8 Berliner Zeitung vom 4.8.2000.
9 Sächsische Zeitung vom 31.8.2000.

ab 2001 jährlich 25 Mio. DM für Maßnahmen und Initiativen gegen rechtsextreme Erscheinungen zur Verfügung.

Der von der NPD geschickt propagierte *„nationale Sozialismus"* setzt bei
romantisierenden Rückblicken auf die DDR den Propagandahebel an und fällt
im von ihr als *„Hauptkampfgebiet"* deklarierten Osten auf fruchtbaren Boden, je weiter der Untergang des SED-Staates zurückliegt. Antikapitalistische
Rhetorik und nationale Ressentiments gehen eine unheilvolle Allianz ein.
Dem sächsischen Verfassungsschutz sind rund 250 „Kameradschaften" bekannt, lockere Zusammenschlüsse, denen jeweils bis zu 50 Personen angehören. Zwei Drittel der etwa 3000 Anhänger rechtsextremer Parteien und Gruppierungen im Freistaat sind bis zu 26 Jahre alt. Der NPD ist es als einziger
Partei gelungen, in der Jugendszene Fuß zu fassen. Thüringens Innenminister
Christian Köckert bezeichnet die NPD aufgrund ihrer *„inneren Sprengkraft"*
und der schillernden Vielfalt ihrer Anhänger als *„Faszinosum"* für junge
Leute. Jeder dritte Jugendliche, so Mecklenburg-Vorpommerns Innenminister
Gottfried Timm, sei für ihr Gedankengut empfänglich.

Rechtsextreme Parteien erzielen ihre besten Stimmergebnisse bei Jugendlichen. Bei der sächsischen Landtagswahl im Herbst 1999 erreichte die NPD
bei den 18- bis 24-Jährigen 8,5 Prozent der Stimmen; über 30 Prozent der
männlichen Jungwähler stimmten bei der Landtagswahl in Sachsen-Anhalt
1998 für die DVU. Eine Forsa-Umfrage belegte im Juni 1998 eine Verdop-
pelung des rechten Potentials unter ostdeutschen Jugendlichen seit 1995: Jeder Sechste konnte sich vorstellen, eine rechtsextreme Partei zu wählen. Der
Berliner Bildungsforscher Hans Merkens warnt vor *„Weimarer Verhältnissen"*; im Osten Berlins bekannten sich bei seiner Erhebung „Lebensstile Berliner Jugendlicher 1997" über 30 Prozent der männlichen Auszubildenden dazu, extreme Parteien zu wählen. Eine ganze Generation drohe, für die Demokratie verloren zu gehen.[10]

Dabei ist die große Mehrzahl der Jugendlichen in Ost wie in West antinazi-
stisch eingestellt. Das belegen die Ergebnisse der 13. Shell-Jugendstudie „Jugend 2000". In der repräsentativen Haupterhebung wurden über 4500 Jugendliche zwischen 15 und 24 Jahren befragt, erstmals auch nichtdeutsche
Einheimische.[11] Das Verhältnis zwischen jungen Deutschen und ihren ausländischen Altersgenossen sei weitgehend *„undramatisch"*, so Richard Münchmeier,
Mitautor der Studie. Allerdings sind rechtsextremistische und fremdenfeindliche Einstellungen häufiger als früher anzutreffen, und öfter im Osten als im
Westen. Ein hoher Anteil, 62 Prozent der befragten deutschen Jugendlichen,
meint, es lebten zu viele Ausländer in Deutschland (im Osten sogar knapp 70

---

10 Die Erhebung entstand am Zentrum für Europäische Bildungsforschung der FU Berlin
   im August und September 1997.
11 Jugend 2000. Die 13. Shell-Jugendstudie, hrsg. von der Deutschen Shell. Konzeption
   und Durchführung: Arthur Fischer, Yvonne Fritzsche, Werner Fuchs-Heinritz und Richard Münchmeier, Institut Psydata (Frankfurt am Main). 2 Bde., Opladen 2000.

Prozent). Dabei hat die Hälfte der Befragten im Osten überhaupt keinen Kontakt mit gleichaltrigen Ausländern. Die Ablehnung ist dort am größten, wo die wenigsten Ausländer leben, und in Dörfern und Kleinstädten verbreiteter als in Großstädten: *„Im Kern der Ausländerfeindlichkeit scheinen sich Konkurrenzgefühle zu verstecken, bzw. die Furcht, in der wachsenden Konkurrenz um Arbeitsplätze und Zukunftschancen (...) zu unterliegen. (...) Eine geeignete politische Gegenstrategie ergibt sich deshalb nicht aus dem Ansatz an der Widerlegung und argumentativen Auseinandersetzung mit ‚rechten' Thesen oder Gruppierungen, sondern aus einem arbeits- und ausbildungsplatzbezogenen Programm."* Nicht die *„Attraktivität rechtsextremer Milieus oder autoritäre Verhaltensmuster"*, so Münchmeier, liegen der Ausländerfeindlichkeit unter Jugendlichen zugrunde, sondern *„die Angst vor eigener Arbeits- und Chancenlosigkeit"*.[12]

Bundestagspräsident Wolfgang Thierse, der seit 1999 regelmäßig Anti-Rassismus-Projekte in Ostdeutschland besucht und ermutigt, attestiert den Jugendforschern *„eine gewisse Naivität"*, wenn sie als Gegenstrategie gegen Rechtsextremismus mehr Arbeits- und Ausbildungsplätze empfehlen: *„Ich fürchte, das ist zu kurz gesprungen."* Vorrangiges Ziel müsse es sein, *„eine wehrhafte Demokratie und eine engagierte ostdeutsche Zivilgesellschaft zu erreichen"*, indem *„demokratische und rechtsstaatliche Kräfte gestärkt, gefördert und unterstützt werden"*.[13]

Neben der Erwägung, ein Verbot der NPD zu beantragen, werden Rufe nach härteren Strafen für auffällige bzw. kriminelle Jugendliche lauter, zum Beispiel durch die Wiedereinrichtung von geschlossenen Heimen – die die finanzschwachen Kommunen überfordern würde. Die Zeit der relativ milden Gerichtsurteile scheint vorüber. Der Generalbundesanwalt sieht die innere Sicherheit der Bundesrepublik gefährdet und übernimmt immer öfter die Ermittlungen. Der Verfassungsschutzpräsident und die Bundesjustizministerin warnen vor einem sich abzeichnenden braunen Terrorismus. Konsequente Strafverfolgung gehört auch zu einem Aktionsplan, den die Bundesregierung als „Bündnis für Demokratie und Toleranz" ins Leben rief.

Klaus Breymann, seit 1990 Staatsanwalt in Magdeburg, lehnt Forderungen nach Strafverschärfungen ab: Die strafrechtliche Ahndung sei unverzichtbar, doch viel wichtiger sei soziale Prävention unter Einsatz nicht repressiver Mittel, also die Sicherstellung von Chancen und die Gewährung von Freiräumen, die die Erwachsenenwelt heute so häufig verbarrikadiere. Jugendliche Gewalttäter handelten vor allem aus Angst vor sozialer Deklassierung. *„Jugendliche fühlen sich bedroht in fundamentalen Lebensbereichen wie Arbeit, Wohnung, Familiengründung und anderen Formen der Verwirklichung von Lebensglück außerhalb der Sozialhilfe."* Das (Erwachsenen-)Strafrecht sei

---

12 Ebd., Bd. 1. S. 258ff.
13 Die Welt vom 19.4.2000.

ein Ausgrenzungsmechanismus, löse keine Probleme und führe nur selten zu Legalverhalten. *„Soziale Stabilisierung ist ein zentraler Faktor in der Krimi-nalitätsbekämpfung, auch bei rechtsextremen Gewalttätern, deren Lebensziel eigentlich nicht mehr ist als das, was sich (fast) jeder wünscht: eine kleine ge-sicherte, bürgerliche Existenz.“*[14] Als allgemeines ethisches Prinzip, so Brey-mann, müsse die soziale Gerechtigkeit – ein Wert, der im Osten größere Zu-stimmung als die im Westen präferierte individuelle Freiheit genießt – besser beachtet werden. So sei es nicht hinnehmbar, dass jedes dritte Kind in Ost-deutschland in einer Familie aufwächst, die (zeitweise) von Sozialhilfe leben muss. Es gelte, *„durch Befähigen“* zu erziehen.

Demokratie im Alltag soll vorgelebt werden, damit eine „Kultur der Zi-vilcourage" entsteht, die der jungen Generation gesellschaftliche Teilhabe ermöglicht – die Appelle des Leipziger Kongresses müssen sich in der dra-matischen Veränderungen ausgesetzten ostdeutschen Teilgesellschaft bewäh-ren, in der gewachsene demokratische Traditionen fehlen. Doch wenn Lebens-chancen verbaut werden, stoßen solche Appelle auf unüberwindliche Hürden. Zivilcourage kann erst gedeihen, wenn Grundvertrauen in die gesellschaftli-chen und politischen Institutionen gestärkt wird. Schwindendes Vertrauen der Jugendlichen in das Regime hatte den Untergang der DDR besiegelt.[15] Da-mals geheim gehaltene und von der SED-Führung kaum zur Kenntnis ge-nommene Forschungsergebnisse des Leipziger Zentralinstituts für Jugendfor-schung (ZIJ)[16] belegten in den achtziger Jahren eine dramatische Entfremdung der DDR-Jugendlichen von Staat und System und ein ständig wachsendes In-teresse am westdeutschen Nachbarstaat. Zwar forderte 1989 nur eine Minder-heit die Übernahme des Wirtschafts- und Gesellschaftssystems der Bundesre-publik, und noch im November 1989 votierten 88 Prozent der vom ZIJ be-fragten Jugendlichen für einen *„besseren, reformierten Sozialismus“*. Für die Vereinigung sprachen sich jedoch bereits fast 50 Prozent aus[17], auch wenn das Tempo durchaus mit gemischten Gefühlen gesehen wurde.

---

14 Die Welt vom 14.8.2000.
15 Vgl. das Dokument, das ZIJ-Leiter Walter Friedrich am 9. Oktober 1989 Egon Krenz in Berlin überreichte, um Gewaltanwendung bei der bevorstehenden Montagsdemonstra-tion in Leipzig zu verhindern. Reproduziert in: Ekkehard Kuhn, Der Tag der Entschei-dung. Leipzig, 9. Oktober 1989, Frankfurt/M. 1992, S. 91-111. Friedrich hatte die De-monstration am Leipziger Hauptbahnhof zwei Tage zuvor beobachtet: „Vielleicht 2000 Jugendliche (von 15 bis 25 Jahren) standen einigen Hundert Polizisten gegenüber, die dann abzogen. Sie riefen Gorbi, Gorbi, – Wir bleiben hier – 1, 2, 3 – Knüppelpolizei." (ebd., S. 104)
16 Vgl. dazu Walter Friedrich/Peter Förster/Kurt Starke (Hrsg.), Das Zentralinstitut für Jugendforschung Leipzig 1966-1990. Geschichte, Methoden, Erkenntnisse, Berlin 1999.
17 Vgl. T. Henschel (Anm. 7), S. 480.

Heute liegt der Prozentsatz der Jugendlichen, die Unzufriedenheit mit dem demokratischen System der Bundesrepublik und seinen zentralen politischen Institutionen äußern, im Osten signifikant höher als im Westen. Zwar hat in der „Jugend 2000" die persönliche Zuversicht und der allgemeine Optimismus im Vergleich zur letzten Shell-Studie 1997 wieder zugenommen – die Hälfte sieht ihrer persönlichen Zukunft zuversichtlich, allerdings auch pragmatisch und ohne Illusionen entgegen –, doch die Bereitschaft zum politischen Engagement und das Interesse an politischen Vorgängen und Mechanismen sind weiter auf dem Rückzug. Nur noch 35 Prozent der Jugendlichen im Osten äußern zehn Jahre nach dem Mauerfall politisches Interesse, 1997 waren es noch 50 Prozent (im Westen 45 bzw. 46 Prozent). Besonders die in Ritualen erstarrten politischen Parteien „nerven", aber auch die großen Kirchen werden links liegen gelassen. Auch Bürgerinitiativen und Umweltgruppen haben stark an Zustimmung eingebüßt. Das Vertrauen in die Lehrerschaft ist mangelhaft: Ostdeutsche Jugendliche fühlen sich durch die Schulen nur schlecht auf das Leben vorbereitet.

Dabei wurden die Daten der Shell-Studie noch vor dem Beginn des CDU-Finanzskandals und dem Sturz des Denkmals Kohl im Herbst 1999 erhoben. Nach einer im März 2000 veröffentlichten repräsentativen Umfrage des Leipziger Instituts für Marktforschung vertraut nur noch jeder Siebte in Ostdeutschland den Bundestagsparteien. In einer Forsa-Umfrage äußerten im Mai fast 60 Prozent der befragten Ostdeutschen Unzufriedenheit *„mit dem politischen System in Deutschland"* (32 Prozent im Westen), 66 Prozent hielten die Gesellschaftsordnung nicht für *„gerecht"* (52 Prozent im Westen).

Der Leipziger Jugendforscher Peter Förster untersucht seit 1987, damals noch im Auftrag des 1991 abgewickelten ZIJ, in einer Längsschnittstudie Werteorientierungen und Einstellungswandel von um 1973 geborenen DDR-Jugendlichen und kommt bei der Auswertung seiner letzten Untersuchungswelle von 1998 zu dem Schluss, dass die Distanz der Ost-Jugend zum politischen System der Bundesrepublik seit 1996 stark gewachsen ist. Zwar ist die deutsche Einheit zur Selbstverständlichkeit geworden und die Ablehnung des SED-Regimes ungebrochen. Doch die gesellschaftlichen Krisen dämpfen die persönliche Zuversicht. Über die Hälfte der von Förster befragten und 1998 durchschnittlich 25 Jahre alten Jugendlichen war seit 1990 bereits einmal oder mehrmals arbeitslos, 37 Prozent gaben an, dass ihre Eltern (beide oder ein Elternteil) von Arbeitslosigkeit betroffen sind. Möglichkeiten der demokratischen Mitgestaltung werden als gering empfunden, und viele fühlen sich als „Bürger zweiter Klasse".[18]

Die meisten Jugendlichen, so der Psychologe Arthur Fischer, Co-Autor der Shell-Studie, hätten sich darauf eingestellt, dass keine *„vernünftige Le-*

---

18 Peter Förster: „Die 25jährigen auf dem langen Weg in das vereinte Deutschland", Aus Politik und Zeitgeschichte B 43-44/99, S. 20-31.

bensplanung" mehr garantiert werden kann, und attestiert ihnen ein beachtliches Krisenmanagement. Die Jugendlichen im Osten seien *„mit einer unheimlichen Motivation bei der Sache, obwohl ihre Startbedingungen in allen Bereichen deutlich schlechter sind als die ihrer Altersgenossen im Westen. (...) Man kann nur hoffen, dass die Startbedingungen endlich besser werden."*[19]

Die Zahl derer, die durch alle Netze fallen, wächst. Die Angst vor Arbeitslosigkeit und gesellschaftlichem Abstieg beschäftigt bereits Zehnjährige. Die 12. Shell-Jugendstudie 1997 brachte das auf die Formel: *„Die gesellschaftliche Krise hat die Jugend erreicht."*[20] Jährlich verlassen rund 80.000 Jungen und Mädchen die Schulen ohne einen qualifizierenden Abschluss. Dagegen haben mittlerweile bereits 54 Prozent der Lehrlinge entweder Mittlere Reife oder Abitur; viele Berufe erfordern eine immer größere Spezialisierung. Nach Schätzungen der Bundesanstalt für Arbeit wird in zehn Jahren nur noch jeder zehnte Arbeitsplatz in Deutschland für Nichtqualifizierte geeignet sein. Die Schere zwischen hoch qualifizierten, leistungsbereiten Berufseinsteigern und ungelernten Jugendlichen klafft immer weiter auseinander.

Die rotgrüne Bundesregierung reagierte nach dem Machtwechsel mit einem milliardenschweren öffentlich finanzierten Sofortprogramm auf die anhaltende Arbeitsplatz- und Ausbildungsmisere. „Jump" („Jugend mit Perspektiven") soll insbesondere „Problemjugendlichen" zugute kommen und vermittelt bzw. finanziert Lehr- und Ausbildungsplätze. Außerdem wurden die Ausbildungsordnungen überarbeitet und neue Ausbildungsberufe, besonders im IT-Bereich, geschaffen. Laut Berufsbildungsbericht 2000 hat sich die Lage auf dem Lehrstellenmarkt im letzten Ausbildungsjahr etwas entspannt, nicht zuletzt aufgrund von Programmen wie „Jump"; über 27.000 neue Ausbildungsplätze wurden staatlich finanziert. Zwar waren Ende März 2000 immer noch rund 7600 Jugendliche des Schulabschlussjahres 1999 als Ausbildungsplatzsuchende bei den Arbeitsämtern registriert, doch die Lehrstellenlücke beginnt sich wieder zu schließen, nachdem 1998 (erstmals rechnerisch auch im Westen) die Nachfrage das Angebot an Lehrstellen überstiegen hatte. Insgesamt wurden bis Ende September 1999 über 631.000 Verträge abgeschlossen, 18.500 mehr als 1998, das ist im Westen ein Plus von 1,2 Prozent.

Allerdings werden die Zahlen insbesondere in Ostdeutschland (insgesamt minus 4,2 Prozent) durch die öffentlich finanzierten Sonderprogramme geschönt. Im Juli 2000 waren dort für noch fast 80.000 Bewerber nur 15.100 freie Plätze vorhanden. Die Zahl der von Oktober 1999 bis Juli gemeldeten Lehrstellen hatte sich um zehn Prozent auf gut 94.000 verringert. Das viel und zu Recht gelobte duale System der Berufsausbildung in Deutschland trägt im

---

19 Sächsische Zeitung vom 28.3.2000.
20 Jugendwerk der Deutschen Shell (Hrsg.), Jugend '97. Zukunftsperspektiven, Gesellschaftliches Engagement, Politische Orientierungen, Opladen 1997.

Osten immer deutlichere Züge der Verstaatlichung: Mehr als 70 Prozent der Lehrstellen sind zum Teil oder komplett subventioniert, mehr als jede dritte der 1999 begonnenen Ausbildungen findet außerhalb der Betriebe statt (im Westen lag der Anteil bei unter zehn Prozent). Mittlerweile wird vor außerbetrieblichen Ausbildungen gewarnt, weil diese nur selten eine Brücke in ein reguläres Beschäftigungsverhältnis bilden. Dresdens Arbeitsamtschef Thomas Wünsche: *„Solche Programme werden von der Wirtschaft kaum akzeptiert.*"[21] Nur sieben von zehn ausbildungsfähigen Betrieben stellen auch tatsächlich Lehrlinge ein, ein Reflex auf die weiterhin miserable wirtschaftliche Situation vieler kleiner und mittlerer Betriebe, die an eine Ausbildung, gar über Bedarf, kaum denken können. Andererseits zögern manche Unternehmen ihre Lehrstellenzusagen lange heraus, um Geld aus öffentlichen Sonderprogrammen zu erhalten.

Nach Berechnungen der Kultusministerkonferenz werden die Absolventenzahlen von allgemein bildenden und beruflichen Schulen bis 2006 weiter steigen. Für den Osten hingegen wird mit dem Schulabgang der geburtenschwächeren „Wende"-Jahrgänge spätestens ab 2007 ein dramatischer Lehrlings- und Facharbeitermangel prognostiziert. Nicht die Bewerber, sondern viele Betriebe werden dann leer ausgehen. Bereits heute verlassen pro Jahr fast 20.000 junge Menschen den Osten, um Berufsperspektiven in Westdeutschland zu suchen. Ab 2001 werden den ostdeutschen Arbeitsämtern rund 100 Mio. Mark als Mobilitätshilfen zur Verfügung stehen, die es ostdeutschen Jugendlichen erleichtern sollen, eine Lehrstelle in den alten Ländern anzunehmen. Auch Sachsens DGB-Chef Hanjo Lucassen rät dazu, denn *„ohne Ausbildung ist ein junger Mensch heute verloren".*[22]

Jugendarbeitslosigkeit bedeutet Perspektivlosigkeit und lähmende Langeweile in einer Lebensphase, in der einem „die Welt zu Füßen liegen" sollte. Im Jahresdurchschnitt 1999 waren rund 430.000 Jugendliche (fast 100.000 unter 20 Jahren) arbeitslos gemeldet; dazu kommt noch eine erhebliche Anzahl von nicht registrierten Arbeitslosen. Die offizielle Quote betrug im August 2000 im Westen 7,9 Prozent – Tendenz weiter fallend –, im Osten war sie mehr als doppelt so hoch und lag – bei steigender Tendenz – bei 18,9 Prozent. Bundeskanzler Gerhard Schröder hat auf der zentralen Kundgebung des Deutschen Gewerkschaftsbundes am 1. Mai 2000 versprochen, die Zahl der Arbeitslosen noch in dieser Legislaturperiode unter 3,5 Millionen zu drücken und die Jugendarbeitslosigkeit *„nach und nach"* ganz zu beseitigen. „Jump" wurde verlängert: Für 2001 soll der überproportionale Anteil, der vom Regierungsprogramm zur Bekämpfung der Jugendarbeitslosigkeit in den Osten fließt, weiter erhöht werden, um das Schlimmste zu verhindern.

21 Sächsische Zeitung vom 11.4.2000.
22 Frankfurter Rundschau vom 27.7.2000.

Es ist kaum verwunderlich, dass angesichts der schwierigen ökonomischen und sozialen Situation in Ostdeutschland die Zahl der Anhänger einer „Idee des Sozialismus" (die wohl im Wesentlichen einen aktiven und effektiven Sozialstaat meint) wieder wächst. „Die DDR zurück haben" möchten die Allerwenigsten. Doch sollten Start- und Integrationschancen weiter verbaut werden, darf man sich nicht wundern, wenn Ersatzkarrieren eingeschlagen werden. Ein Ausbildungsplatz allein ist keine Garantie dafür, dass gesellschaftliche Teilhabe gelingt. Es ist allerdings erwiesen, dass mit einem niedrigen Bildungs- und Qualifikationsgrad auch die Anfälligkeit für militante Nationalismen und Ausländerfeindlichkeit wächst.

Verlorene Generation Ost? Fast scheint es so. Fortschreitende soziale Desintegration, immer häufiger fehlender familiärer Rückhalt, nachlassende Wert- und Normorientierungen, Angst vor dem sozialen Scheitern und das Aufwachsen in Arbeitslosigkeit oder in der Furcht vor ihr sind der Nährboden für eine Radikalisierung, die einfache Auswege verspricht und Gewalt als Mittel zur Lösung von Konflikten akzeptiert. Ein wirksamer Ort der Prävention ist die Schule; hier geht es nicht nur um Wissensvermittlung, sondern vor allem auch um Erziehung. Doch viele Lehrer haben aus dem Ende der DDR offenbar den Schluss gezogen, dass jede Wertevermittlung politischer Indoktrination gleichkomme. Manchmal genügt es bereits, wenn laut und deutlich widersprochen wird, um bei der Mehrheit der „Normalen" die Abwehrpotenziale zu stärken und den einen oder die andere aus der rechten Szene zurückzuholen bzw. vor ihr zu bewahren.

Wolfgang Thierse kritisiert zu Recht den *„konjunkturellen Umgang der Medien mit Fremdenfeindlichkeit und Rechtsextremismus"*. Natürlich müsse über die Gewalttaten und die Täter berichtet werden. *„Aber das viel weniger Spektakuläre, das alltägliche demokratische Engagement, die unscheinbare und doch nicht selbstverständliche zivile Courage gilt es zu zeigen. Ich wünsche mir mehr Lobeshymnen auf die Leute, die einfach anständig sind."* Thierse setzt auf die „kleinteilige", demokratische Auseinandersetzung vor Ort, begegnet aber unter Kommunalpolitikern allzu häufig einer *„Mischung von Blindheit, Nichtwahrhaben-Wollen, Beschönigung und Hilflosigkeit"*. Ziel der Politik müsse es sein, *„irgendwie die Arbeitslosigkeit im Osten zu senken"*, aber noch wichtiger sei es, dass *„Politiker und Öffentlichkeit (...) Gewalt, Ausländerfeindlichkeit und Fremdenhass eindeutiger als bisher ablehnen. Justiz und Polizei sollten ihre Arbeit tun und schneller die Grenzen aufzeigen."*[23]

Bilanziert man die Veränderungen der letzten zehn Jahre, so ist der Befund für viele Jugendliche in Ostdeutschland wenig hoffnungsvoll. Die Transformation der ostdeutschen Gesellschaft steht im zehnten Jahr der Einheit vor gewaltigen ungelösten Aufgaben, von deren Bewältigung nichts weniger als die Zukunft des demokratischen Systems in der Bundesrepublik abhängt.

---

23 Im Gespräch mit der Zeit vom 27.7.2000.

Presse und Rundfunk in Ostdeutschland

Irene Charlotte Streul

Der Pressemarkt

Zehn Jahre nach der Umgestaltung des ostdeutschen Pressewesens wird in Tages- und Wochenzeitungen des Westens, in der Medienwissenschaft und auch in Statements von Politikern eine negative Bilanz gezogen. „*Die Zeitungslandschaft in den neuen Bundesländern ist ärmer als zu DDR-Zeiten*"[1] und „*Deutschland – einig Medienland? Von wegen! Die Gräben bestehen weiter*"[2] lauten heute die Schlagzeilen. Während in den alten Bundesländern große, mittlere und kleinere Zeitungsverlage miteinander im Wettbewerb stehen, beherrschen in Ostdeutschland wenige Großunternehmen den Markt - mit allen nachteiligen Folgen für die Qualität der Tagespresse.

Kooperationen und Neugründungen

Die besten Aussichten, in dem bald nach der „Wende" einsetzenden Wettbewerb auf dem Pressemarkt Ost bestehen zu können, hatten die 15 ehemaligen SED-Bezirkszeitungen, die 1989 in einer Auflage von insgesamt ca. 5,58 Millionen Exemplaren erschienen. Im Januar 1990 erklärten sich die meisten von ihnen für unabhängig und wurden von Partei- in Volkseigentum überführt. Da die Privatisierung damit näher gerückt war, bemühten sich bundesdeutsche Großverlage sofort um Kooperations- und Beteiligungsverträge. Durch eine enge Zusammenarbeit wollten sie sich schon im Vorfeld eine gute Ausgangsposition sichern. Mitte Mai 1990 hatten bereits zwei Drittel dieser Zeitungen westdeutsche Kooperationspartner gefunden und konnten dadurch ihren Vorsprung weiter ausbauen.

---

1 Frank Pergande: „Überleben in der Marktwirtschaft", Frankfurter Allgemeine Zeitung vom 7.8.1999, S. 4.
2 Matthias Gierth: „Jubeln mit der Politgarde", Rheinischer Merkur/Christ und Welt vom 22.9.2000, S. 29. Siehe auch Barbara Held: „Zehn Jahre danach. Der Deutsche Zeitungsmarkt bleibt gespalten", Der Tagesspiegel vom 28.3.2000, S. 39.

Auch für die 17 Zeitungen der Blockparteien CDU, NDPD und LDPD, deren Marktanteil mit neun Prozent vergleichsweise gering war (zusammen 745.000 Exemplare), fanden sich westdeutsche Kooperationspartner und Kaufinteressenten.

Grenznahe Verlage versuchten in Ostdeutschland Fuß zu fassen, indem sie bald nach der Grenzöffnung zunächst ihre westdeutschen Zeitungsausgaben in die DDR lieferten und diese später durch Lokalausgaben ergänzten. Dieses Engagement war bei weitem nicht so risikoreich wie die kapitalintensive Neugründung von insgesamt 58 Tageszeitungen, mit denen sich kleine und mittlere Verlage auf dem ostdeutschen Pressemarkt zu platzieren versuchten.

„Neues Deutschland" und „Junge Welt"

Die zu DDR-Zeiten auflagenstärksten Tageszeitungen „Neues Deutschland" (1989: 1,1 Millionen) und „Junge Welt" (1,5 Millionen) mussten und müssen sich bis heute im Wettbewerb aus eigener Kraft behaupten. Nach zwei vergeblichen Versuchen von Westberliner Verlagen, die „Junge Welt" (JW) rentabel weiterzuführen, geben heute JW-Mitarbeiter das Blatt in Eigenregie heraus. Obwohl durch Verringerung des Umfangs die Kosten gesenkt werden konnten, ist der Fortbestand zweifelhaft, da die Auflage im Laufe des vergangenen Jahrzehnts auf 22.000 Exemplare (April 2000) gesunken ist.

Auch das frühere SED-Zentralorgan „Neues Deutschland" (ND) verlor die meisten seiner Leserinnen und Leser (64.600 Exemplare im November 1999). Seit 1999 versucht ein Chefredakteur aus dem Westen, Jürgen Reents, das Blatt zu modernisieren und im politischen Spektrum von Rot-Grün neue Leserschichten anzusprechen. Dabei arbeitet er allerdings mit Journalisten zusammen, die wie der frühere Chefredakteur der JW, Hans-Dieter Schütt, als ideologische Einpeitscher berüchtigt waren. *„Viele haben immer noch Schwierigkeiten, ihre alten Sprachmuster (1. Mai, Kampftag in der Hauptstadt) abzulegen (...), und kaum einer der Mitarbeiter hätte auf dem freien Markt eine Chance"*, hieß es deshalb in einem „Spiegel"-Artikel. Ob es dem neuen Chef gelingen wird, mit diesem Personal die Auflagenzahlen zu erhöhen, bleibt abzuwarten. Die selbstkritische Einschätzung Schütts: *„In die wirkliche Freiheit ist bisher keiner von uns so richtig gelangt"*[3], macht die Schwierigkeit der Aufgabe deutlich.

---

3 Konstantin von Hammerstein : „Das Neue Deutschland: Orientierung und Auflage Fehlanzeige", Der Spiegel 19/1999, S. 104.

Ungleiche Wettbewerbsbedingungen für Bürgerrechtler

Die Demokratiebewegung war zwar Motor der „Wende", ihr blieb in der Phase des Umbruchs aber ein gleichberechtigter Zugang zur Presse versagt. Dafür war die zentrale Lenkung des Pressewesens durch die Partei- und Staatsbürokratie verantwortlich. Jahrzehntelang vergab das Presseamt beim Vorsitzenden des Ministerrates im Auftrag des SED-Zentralkomitees die Lizenzen und legte die Höhe der Auflagen und Papierkontingente fest. Die meisten Presseerzeugnisse erschienen in Verlagen, die sich im Besitz der Parteien und Massenorganisationen befanden. Dabei verfügte die SED über 90 Prozent der Druckkapazität. Auch der Vertrieb durch die Post, die nur offiziell zugelassene Zeitungen und Zeitschriften aus dem In- und Ausland in Umlauf bringen durfte, wurde von der Einheitspartei kontrolliert.

Solange sich an diesen Rahmenbedingungen und insbesondere am Zuteilungsmodus für das knappe Papier nichts änderte, hatten die Bürgerrechtler keine Möglichkeit, eigene Zeitungen zu gründen und dem Leser eine Alternative zum SED-Journalismus anzubieten. Sie blieben vielmehr monatelang darauf angewiesen, in der etablierten Presse Gastbeiträge zu publizieren. Zu einer Zeit, als es um politische Weichenstellungen ging, war das ein Nachteil, der später nicht mehr auszugleichen war. Statt einen eigenen Kundenstamm zu gewinnen, half die politische Opposition mit ihren kritischen Beiträgen ungewollt den diskreditierten Zeitungsredakteuren bei dem Versuch, die angestammten Leser weiterhin an sich zu binden.

Als der DDR-Ministerrat die Papierverteilung im Januar 1990 neu regelte, ergriff die Bürgerbewegung sofort die Initiative und gründete 30 alternative (Wochen-)Zeitungen. Die Aufbruchstimmung dauerte jedoch nicht lange, denn knapp zwei Jahre später existierten nur noch drei dieser Blätter. Heute sind auch diese vom Markt verschwunden, weil Millionen Leser ihrer SED-Lokalzeitung weiterhin die Treue hielten.

Verdrängungswettbewerb

In Ostdeutschland gab es niemals wieder ein so reiches publizistisches Angebot wie 1990. Schon 1990 begann ein Schrumpfungsprozess, der 1991/92 alle Marktsegmente erfasste. Ursache dafür war der Verkauf der früheren SED-Bezirkszeitungen an einige wenige bundesdeutsche Großverlage durch die Treuhandanstalt im Jahre 1990/91. Um kleinen und mittleren Verlagen den Marktzutritt zu ermöglichen, hätten die großflächigen Verbreitungsgebiete vorher in kleinere Einheiten aufgeteilt werden müssen. Da die Treuhandanstalt jedoch auf eine Entflechtung verzichtete und die Zeitungen mit ihren Druckereien nach dem Prinzip des Höchstgebotes veräußerte, konnten nur bundesdeutsche Pressegiganten mitbieten. Bei der Verkaufsentscheidung ging es der Treuhandanstalt nach ihrer eigenen Aussage um Schnelligkeit, hohe Verkaufserlöse, Arbeitsplatzsicherung und Investitionszusagen. Diese Verkaufsstrategie ermöglichte es den finanzkräftigsten Verlagen – wie Springer, Gruner+Jahr, Verlag der „FAZ", Heinrich Bauer oder die „WAZ"-Gruppe –, ihre ökonomische Macht und ihren politischen Einfluss weiter auszubauen. Die Behörde ließ diesen Umstand aber genauso außer Acht wie die Auffassung des Bundesverfassungsgerichts, wonach dem Prinzip der Kommunikationsfreiheit und Informationsvielfalt Vorrang vor den Gesetzen des Marktes einzuräumen ist.

Die Folgen der verfehlten Privatisierungspolitik wurden schnell sichtbar. 1993 war die Hälfte der 1990 gegründeten 58 neuen Tageszeitungen wieder vom Markt verschwunden. Der Presse der Blockparteien erging es nicht besser. Bereits zwischen 1990 und 1992 mussten von den 17 Zeitungen 11 ihr Erscheinen einstellen, 1994 und 1995 folgten zwei weitere. Die verbleibenden vier Blätter verloren ihre Eigenständigkeit, wobei drei Titel von Verlagen übernommen wurden, die seit 1991 Besitzer der ehemaligen SED-Bezirkszeitungen in Leipzig, Schwerin, Gera und Erfurt sind. Der vierte Titel erscheint de facto als Bezirksausgabe des „Tagesspiegel" in Berlin.[4]

Der Wettbewerb wurde in aller Härte ausgetragen, ohne dass das Kartellamt regulierend eingriff. So blieb es ohne Folgen, dass die Großverlage die wenigen Mitbewerber mit Dumpingpreisen vom Markt verdrängten.

Die beispiellose Pressekonzentration in Ostdeutschland und der damit einhergehende Verlust an Meinungsvielfalt stieß zunächst nur in medienwissenschaftlichen Untersuchungen auf scharfe Ablehnung. „Tristesse im Blätterwald", „verpasste Chance", „öde Eintönigkeit", „eine traurige Bilanz", so lautete das Urteil. Eine breite öffentliche Debatte über die „monopolisierte Einfalt" im ostdeutschen Pressewesen blieb aus. Auch die Bundesregierung unter Helmut Kohl, die diese Entwicklung durch rechtzeitige ordnungspolitische Eingriffe hätte verhindern können, ging in ihrem Medienbericht nach der Wiedervereinigung nur auf die wettbewerbsrechtliche Dimension der Konzentrationsvorgänge ein – nicht aber auf die negativen Folgen für die öffentliche Meinungs- und Willensbildung.

Personelle Kontinuität

Die beschriebenen Nachteile sind umso größer, als es in den Redaktionen nach der „Wende" keinen grundlegenden personellen Neuanfang gegeben hat. Die Mehrheit der bei ehemaligen SED-Zeitungen beschäftigten Journalisten übte diesen Beruf bereits zu SED-Zeiten aus. Zu dem von den neuen Eigentümern übernommenen journalistischen Personal gehören auch Chefredakteure, die 1990 von den Belegschaften gewählt worden waren. Bei der „Schweriner

---

4 Tabelle: Kooperationen und Eigentumsstrukturen der nicht SED-gebundenen Tageszeitungen 1990/1991, in: Beate Schneider/Dieter Stürzebecher, Wenn das Blatt sich wendet. Die Tagespresse in den neuen Bundesländern, Baden-Baden 1998, S. 241-243.

Volkszeitung", der „Thüringer Allgemeinen", der „Ostthüringer Zeitung"
und der „Ostsee-Zeitung" Rostock sind sie zehn Jahre später noch immer auf
ihrem Posten. Deshalb verwundert es nicht, wenn der ehemalige Herausgeber
der „Märkischen Oderzeitung" sagt, *„die Kritikfähigkeit ostdeutscher Journalisten an der neuen politischen Ordnung sei ausgeprägter als an der DDR-
Vergangenheit"*[5]. Warum etwa der Springer-Konzern als neuer Hausherr der
„Ostsee-Zeitung" trotzdem seit einem Jahrzehnt an seinem Chefredakteur
festhält, sei vor allem dessen Konzept geschuldet: *„biederer Journalismus,
viel Lokales und Geräuschlosigkeit in eigener Sache"*, hieß es in der „FAZ".

Was die „Geräuschlosigkeit" anbelangt, so hat es eine offene Auseinandersetzung mit der SED-Vergangenheit und mit Stasi-Verstrickungen in der
Tat nicht gegeben. Anders als beim Rundfunk, wo jeder Mitarbeiter über-
prüft worden ist, mussten sich die meisten Zeitungsredakteure nicht nach ihren Stasi-Kontakten fragen lassen. Bei der „Ostsee-Zeitung" blieb sogar für
diejenigen, die sich freiwillig erklärten, ihre Zuträgerschaft folgenlos, wie
der Chefredakteur offen zugab. *„Jeder müsse dies mit sich selbst ausmachen,
so dass man nicht sagen könne, ob dieser Prozess inzwischen abgeschlossen
sei"*, erklärte er.

Als „geräuschlos" ist auch eine andere Methode des Umgangs mit der Vergangenheit zu bezeichnen. 1993 bestellten die „Märkische Oderzeitung", die
„Sächsische Zeitung" in Dresden und die „Berliner Zeitung" bei der TU
Dresden eine Auftragsstudie über die Stasi-Mitarbeiter unter den Journalisten. 50 von ihnen wurden bei dieser Gelegenheit zwar enttarnt und entlassen,
zu einer Debatte über die Vergangenheit kam es in den Redaktionen und der
Öffentlichkeit jedoch nicht.

Für die Leser hat das personelle Übergewicht der früheren SED-Journa-
listen in den Redaktionen und die fehlende Angebotsvielfalt zur Folge,
dass sie in Gebieten mit nur einer örtlichen Tageszeitung deutlich weniger
Informationen über das Geschehen in ihrem Lebensumfeld erhalten als in
Gebieten, wo es Konkurrenzblätter gibt. Der vergleichsweise geringe Stellenwert der örtlichen Berichterstattung, die sich zudem auf Staat und Obrigkeit verengt, ist ein Indiz für das Nachwirken alter Traditionen bei den einstigen SED-Blättern. Umfragen in Ostdeutschland zeigen, dass aus all diesen
Gründen die Leser-Blatt-Bindung seit einiger Zeit brüchig wird. Da die Be-
völkerungsmehrheit in Ostdeutschland dem politischen Geschehen weitgehend desinteressiert gegenübersteht, ist der ausgeprägte Politikbezug in den
Lokalteilen für den anhaltenden Leserschwund mit verantwortlich. In letzter
Zeit werden die Lücken in der Lokalberichterstattung von kostenlosen An-
zeigenblättern, lokalen Wochenblättern, Stadtmagazinen sowie lokalen Amts-
und Mitteilungsblättern gefüllt. Deren wachsende Bedeutung könnte die Position der marktbeherrschenden Traditionsblätter künftig weiter schwächen.

---

5 Hier und im Folgenden zit. nach F. Pergande (Anm. 1).

Zusammenfassend ist festzustellen, dass nach Wiederherstellung der deutschen Einheit von einer publizistischen Einheit nicht die Rede sein kann und derzeit auch nicht erkennbar ist, wie diese hergestellt werden könnte. In den alten Bundesländern hat zwar in der Vergangenheit auch eine Konzentration im Pressebereich stattgefunden. Eine marktbeherrschende Stellung weniger Großunternehmen wie in Ostdeutschland gibt es aber nicht. Die im Westen selbstverständlich wahrgenommene Chance der lokalen Medien, ihre *„integrations- und partizipationsfördernde Wirkung"*[6] zu entfalten, ist in den neuen Bundesländern ebenfalls vertan worden.

Öffentlich-rechtlicher Rundfunk

Der Mitteldeutsche Rundfunk - ein Unterhaltungssender

Der Mitteldeutsche Rundfunk (MDR) erreicht im Jahr 2000 die höchsten Zuschauerquoten aller Dritten Programme der ARD, hat aber in der überregionalen Presse, der Medienforschung und bei Politikern von SPD und Bündnisgrünen nach wie vor keinen guten Ruf. In seriösen Blättern wird die Dreiländeranstalt als Heimat-, Volksmusik- oder Unterhaltungssender bezeichnet, der eine *„spezielle (...) Heimeligkeit zäh als wichtiges Stück DDR-Identität verteidigt"*. Nicht wenige Sendungen seien eine Art Kriegserklärung an den guten Geschmack.[7]

Medienexperten von SPD und Bündnisgrünen beziehen sich bei ihrer Kritik vor allem auf den Auftrag des öffentlich-rechtlichen Rundfunks, möglichst neutral zu informieren und bemängeln, dass Aufklärung im MDR nicht gefragt sei. Brigitte Witzler (Bündnis 90 / Die Grünen) ist davon überzeugt, dass das Volksmusikprogramm die Leute einlullt, und meint darin ein „politisches Prinzip" zu erkennen.

Die Einwände der Politiker lassen sich durch Forschungsergebnisse untermauern. In einer von Leipziger Wissenschaftlern erarbeiteten Programmstudie über den MDR heißt es: *„Sehr viel Unterhaltung und Sport, bei der Information eindeutige Parteilichkeit zum Vorteil der CDU. Wenig Kritisches, dafür viele Berichte über erfolgreiche Manager und neue Industrieprojekte."*[8] Die Gesellschaft für Konsum-, Markt- und Absatzforschung kommt zu ähnlichen Ergebnissen. Einer vergleichenden Spartenanalyse von 1999 zufolge sendet der MDR fast zehn Prozent mehr Unterhaltung und re-

---

6   B. Schneider/D. Stürzebecher (Anm. 4), S. 220; passim.
7   Peter Glaser: „Die DDR im Gurkenglas. Der MDR – eine Betrachtung mitteldeutscher Medienkultur", Die Woche vom 5.11.1999, S. 43.
8   Hier und öfter Matthias Gebauer: „Liebling der Zuschauer. Der MDR funktioniert nach einem simplen Erfolgsrezept", Die Zeit vom 18.11.1999, S. 20.

duziert dafür die Sendezeit bei der Sparte Information. Bedingt durch den wachsenden Konkurrenzdruck der Privatsender versuchen in letzter Zeit zwar alle dritten Programme, mehr Zuschauer durch Unterhaltungssendungen an sich zu binden, betrachtet man aber die Hauptsendezeit von 20 bis 23 Uhr, so wird beim MDR mit etwa 15 Stunden doppelt soviel Volksmusik angeboten wie beim ORB oder SFB. Die jahrzehntelang verbindlichen Qualitätsmaßstäbe der Dritten Programme werden also gerade beim MDR immer weniger beachtet und nicht selten ganz außer Kraft gesetzt. Intendant Udo Reiter scheint kein Problem damit zu haben, dass sein Sender Vorreiter einer solchen Entwicklung ist. Er ist der Auffassung, man könne an den MDR keine westlichen Ansprüche stellen, und verteidigt sein Medienkonzept: *„Die Menschen hier haben in den letzten Jahren genug Veränderung gehabt, warum soll man ihnen dann auch noch ihre paar alten Schlagersendungen nehmen? (...) Der Erfolg gibt uns Recht."*

Welche Senderphilosophie hinter diesen Worten steckt, drückte MDR-Fernsehdirektor Henning Röhl (CDU) in einem Interview mit dem „Tagesspiegel" in wünschenswerter Deutlichkeit aus: Im Osten herrsche *„eine andere ästhetische Kategorie".* Der MDR mache sein Programm für ein *„Land ohne Bildungsbürgertum".*

Zwar ist unbestritten, dass ostdeutsche Zuschauer das Fernsehen überwiegend zur Unterhaltung nutzen[9] und den Sender auch wegen der Wiederholung bzw. Weiterführung beliebter Sendungen des DDR-Fernsehens einschalten. Bei der generellen Ausrichtung des Programms am Massengeschmack ist jedoch der verfassungsrechtlich festgeschriebene Grundversorgungsauftrag des öffentlich-rechtlichen Rundfunks ganz aus dem Blick geraten. Gerade weil im Hinblick auf Bildungsinhalte und die Entwicklung einer demokratischen Kultur Nachholbedarf besteht, müsste ein differenziertes Programmangebot unterbreitet werden, das parteipolitisch neutrale Informations-, Dokumentations-, Kultur- und Wirtschaftsprogramme einschließt. Nur so können Informationsfreiheit und Meinungsvielfalt garantiert und die Menschen in die Lage versetzt werden, die gesellschaftliche Pluralität wahrzunehmen und sich am gesellschaftlichen Dialog zu beteiligen.

Der Einfluss der Regierungsparteien beim Aufbau des MDR

Die Parteilichkeit des MDR zum Vorteil der CDU kommt nicht von ungefähr. Seit dem Gründungsjahr 1991 gab es eine Fülle von kritischen Kommentaren über die Rolle der Parteipolitik beim Aufbau des MDR. Die nach den Landtagswahlen im Herbst 1990 in Sachsen, Sachsen-Anhalt und Thü-

---

9 So ergab die Frage von ZDF-Medienforschern nach den 100 meistgesehenen Sendungen des ersten Halbjahres 1999, dass in den alten Ländern 41 Tagesschau-Sendungen und in den neuen Ländern 53 Folgen einer RTL-Soap dominierten. Vgl. P. Glaser (Anm. 7)

ringen regierenden CDU-Ministerpräsidenten einigten sich Anfang 1991 auf
die Gründung einer Mehrländeranstalt und unterzeichneten am 30. Mai 1991
den Staatsvertrag über den MDR. In der kurzen Zeit bis zum Sendebeginn im
Januar 1992 war Enormes zu leisten. Wie in den Landesrundfunkgesetzen
vorgesehen, hätte zuerst ein regulärer Rundfunkrat mit 43 Vertretern aus
Parteien, Kirchen, Gewerkschaften und anderen gesellschaftlich relevanten
Gruppen als demokratische Kontrollinstanz eingerichtet und von diesem
Gremium anschließend der Intendant gewählt werden müssen. Wegen des
hohen Zeitdrucks erlaubte der Vertrag aber als Übergangslösung die Schaffung eines nur neunköpfigen Rundfunkbeirates, in den die regierenden Parteien aufgrund der Mehrheitsverhältnisse sechs Mitglieder entsenden durften.
Die politische Einflussnahme über die Personalpolitik war damit sicherge-
stellt. Intendant wurde Udo Reiter, ein Rundfunkfachmann aus der CSU, der
mit Ausnahme der Position des Technischen Direktors westdeutsche Fachleute aus dem christdemokratischen Lager für die insgesamt acht Direktorenposten berief. Als nächster Schritt musste der technische Aufbau des Senders
und die Rekrutierung des Personals folgen.

Ohne Unterstützung aus dem Westen wären alle diese Aufgaben nicht zu
bewältigen gewesen, und die „Aufbauhelfer" vom Bayerischen Rundfunk
haben in der Tat beträchtliche praktische Hilfe geleistet. Es bleibt jedoch
festzuhalten, dass bei der Gründung des Senders verfassungsrechtliche
Grundnormen wie das Verbot einseitiger Einflussnahme einer gesellschaftlichen Gruppe auf den Rundfunk und das Gebot der Meinungsvielfalt missachtet worden sind. Der SPD-Vorstand kommentierte die Inbesitznahme des
Senders durch die CDU folgendermaßen: „*Es ist gegen die politische Hygie-
ne, das Rundfunkwesen der ehemaligen DDR unvermittelt aus der Regie einer Partei unter die Herrschaft einer anderen Partei zu bringen – auch wenn
es sich um eine demokratische Partei handelt.*"[10] Die Proteste der SPD, der
IG Medien und des Deutschen Journalistenverbandes richteten sich nicht nur
auf die Personalpolitik nach Parteibuch, sondern auch auf das Übergewicht
von Westdeutschen. Diesen Vorwürfen begegnete der Intendant mit dem
Hinweis auf seine „Tandemlösung", womit die Besetzung von sechs der acht
Stellvertreterpositionen mit Ostdeutschen gemeint war. Die Bevorzugung der
Westdeutschen begründete er 1991 mit deren größerer Fachkompetenz.

Bei der Besetzung der Schlüsselpositionen haben sich Mitte der neunziger
Jahre wichtige Veränderungen ergeben. Nach dem Regierungswechsel in
Sachsen-Anhalt forderten Vertreter der rotgrünen Regierung 1995 die Ablö-
sung des von der CDU-Mehrheit gewählten Landesfunkhausdirektors in
Magdeburg. Die „FAZ" meinte dazu, dass besonders in Sachsen und Sach-
sen-Anhalt die Nähe des MDR zur jeweiligen Regierung manchmal ungute

---

10 Erklärung der Sprecherin des SPD-Vorstandes Cornelie Sonntag, auszugsweise abgedruckt in Frankfurter Rundschau vom 10.7.1991, S. 8.

Erinnerungen an den Verbeuge- und Verkündigungsjournalismus der SED-Medien haben aufkommen lassen, so dass es in der Logik dieser Fehlentwicklung liege, wenn Journalisten gehen müssen, sobald sich die politische Großwetterlage ändere.[11] Nachfolgerin wurde eine Ostdeutsche, die bis 1990 im DDR-Rundfunk und ab 1992 auf Vorschlag der Sozialdemokraten als Hörfunkchefin im Landesfunkhaus Magdeburg tätig war. Nach Ablauf der fünfjährigen Amtszeit der anderen MDR-Direktoren wählte der reguläre Rundfunkrat 1996 zwei weitere ostdeutsche Frauen in Leitungspositionen (Juristische Direktion und MDR-Hörfunkdirektion). Seitdem gib es eine paritätische Besetzung der Direktorenposten nicht nur mit Ost- und Westdeutschen, sondern auch mit Frauen und Männern.

Ostdeutscher Rundfunk Brandenburg

Die SPD zog als Wahlsieger in Brandenburg Rundfunkexperten aus dem SPD-regierten Nordrhein-Westfalen zu Rate und gründete unter tatkräftiger Mithilfe des WDR den Ostdeutschen Rundfunk Brandenburg (ORB) als Landessender. Wie die Politiker von CDU und FDP in Sachsen, Sachsen-Anhalt und Thüringen, versuchte auch die SPD in Brandenburg, ihre Interessen durchzusetzen und Einfluss auf die Wahl des Rundfunkratsvorsitzenden und des Intendanten zu nehmen. Da die 25 Mitglieder dieses Gremiums jedoch in einem demokratischen Wahlverfahren benannt worden waren und SPD, CDU, FDP, Bündnis 90 und PDS nur je einen Vertreter entsenden durften, ging der Plan nicht auf: Der Rundfunkrat entschied sich für einen parteipolitisch unabhängigen Kandidaten als Rundfunkratsvorsitzenden und setzte außerdem eine Findungskommission für den Intendanten ein. Als es zur Abstimmung kam, konnte der Rundfunkrat zwischen drei Bewerbern wählen. Zwei von ihnen waren Favoriten des Ministerpräsidenten bzw. des SPD-Fraktionsvorsitzenden im Potsdamer Landtag. Sie wurden vom Rundfunkrat abgelehnt. Das Gremium entschied sich für den von einem Rundfunkratsmitglied vorgeschlagenen Hauptabteilungsleiter Kultur und Wissenschaft beim WDR, Hansjürgen Rosenbauer.

Ein wesentlicher Unterschied zum MDR war die Vergabe der Direktorenpositionen. Mit vier ostdeutschen und vier westdeutschen Führungskräften waren die Stellen von Anfang an paritätisch besetzt. Nach Ablauf der ersten Amtsperiode haben sich auch hier personelle Veränderungen ergeben. Neu berufen wurden die Hörfunk- und Fernsehdirektion, so dass beim ORB nunmehr beide Leitungsfunktionen, die mit Verantwortung für das Programm verbunden sind, von Ostdeutschen ausgeübt werden.

---

11 Stefan Dietrich: „Öffentlich-rechtlicher Absolutismus", Frankfurter Allgemeine Zeitung vom 18.9.1995, S. 16.

Brandenburg ist das einzige der neuen Bundesländer, in dem es von Anfang starke politische Bestrebungen zur Gründung einer selbständigen Rund-
funkanstalt gab, weil die für eine Mehrländeranstalt in Frage kommenden
Länder Mecklenburg-Vorpommern und Sachsen-Anhalt seinerzeit von der
CDU regiert wurden. Um nicht vom ARD-Finanzausgleich abhängig zu werden, entwickelten die Verantwortlichen das Modell einer „schlanken Anstalt". Es sollte ein sparsam wirtschaftender Sender mit flachen Hierarchien
und flexiblen Strukturen entstehen, der mit dem zur Verfügung stehenden
Geld auskommt. Dieses Konzept hat Intendant Hansjürgen Rosenbauer zumindest bis 1997 erfolgreich umgesetzt. Seit 1998 schreibt der Sender jedoch
rote Zahlen.

Der kleine Sender machte mit anspruchsvollen Sendungen auf sich aufmerksam. Hier seien die bundesweit ausgestrahlte Adaption von Erwin
Strittmatters Roman-Trilogie „Der Laden" und die „Chronik der Wende" genannt, aber auch der „Polizeiruf 110" mit der renommierten Schauspielerin
Jutta Hoffmann.

Wenn der Sender seine Eigenständigkeit behalten will, sind Einsparungen
unvermeidlich, wie der Intendant einräumt. Die mittelfristige Finanzplanung
hat ergeben, dass bis 2004 Fehlbeträge von 253 Millionen auflaufen werden,
denen 182 Millionen an Rücklagen gegenüberstehen. Da Einschnitte bei Programm und Sachmitteln nicht ausreichen dürften, um den Haushalt auszugleichen, schließt Hansjürgen Rosenbauer betriebsbedingte Kündigungen
nicht aus.[12]

Die finanziellen Engpässe haben die ORB-Geschäftsleitung 1999 veranlasst, über eine engere Kooperation mit dem MDR nachzudenken. Die geplante Übernahme des MDR-Fernsehprogramms am Nachmittag und die Produktion eines gemeinsamen Ländermagazins ist jedoch nicht zu Stande gekommen, da dem ORB die geforderten Summen zu hoch waren. Die Anfang
1997 beschlossene Hörfunk-Kooperation mit dem Sender Freies Berlin hat
sich ebenfalls als schwierig erwiesen. Zwar funktioniert nach Aussage des
ORB-Intendanten die Zusammenarbeit beim „Jugendradio Fritz" und bei
„radio eins" hervorragend, aber bei der Kulturwelle haben sich die Hoffnungen nicht erfüllt. Deshalb bleibt abzuwarten, ob der ORB im Kulturbereich
künftig enger mit dem NDR zusammengehen wird. Ein entsprechendes Angebot liegt seit Januar 2000 vor.[13]

Noch besser als Kooperationen bei einzelnen Programmen wäre es nach
Ansicht Rosenbauers jedoch, wenn die Politiker in Potsdam und Berlin die
Fusion von ORB und SFB zu einer Zweiländeranstalt beschließen würden.

---

12 „Verwaltetes Elend. Dem ORB, einst Inbegriff einer effizienten Anstalt, mangelt es an
Quoten und Finanzen", Die Welt vom 9.9.1999, S. 16.
13 Hier und im Folgenden: Ulrich Thiessen: „Interview mit dem Intendanten des Ostdeutschen Rundfunks Brandenburg, Hansjürgen Rosenbauer", Märkische Oderzeitung vom
28.1.2000, S. 4.

„Von dem Moment an würden sich viele Probleme von selbst erledigen", sagte er in einem Interview. Sollten die Politiker eine solche Entscheidung weiterhin vermeiden, bleibt die Perspektive einer Länderfusion. In diesem Falle, so Rosenbauer, wäre es *„für beide Intendanten eine ehrenvolle Aufgabe, diese Fusion bei den Sendern sehr schnell voranzutreiben"*.

Wegen dieser unsicheren Aussichten hat sich der ORB 1999 zunächst auf das Machbare konzentriert und eine Reform des Fernsehprogramms in Angriff genommen. Stagnierende Einschaltquoten und die wachsende Konkurrenz privater Veranstalter haben die Potsdamer zu einer Kurskorrektur gezwungen.[14] Auch beim ORB wird es künftig mehr Regionales und mehr Unterhaltung geben als bisher.

Fazit

Eine wissenschaftliche Untersuchung von 1996 belegt, dass täglich 60 Prozent der Fernsehnutzung aller Deutschen auf Fiction- und Unterhaltungsprogramme entfallen, weniger als 25 Prozent auf Information, zehn Prozent auf Werbung und sieben Prozent auf Sport. Die Tatsache, dass die Realitäten des gesellschaftlichen Lebens in den Massenmedien immer mehr verschwinden, ist von der Öffentlichkeit lange Zeit nicht beachtet worden. Nur vereinzelt konnte man nachdenkliche Kommentare über den Verfall der Medien und die damit einhergehende schleichende Entmündigung der Bürger finden.[15]

Seit die Versuche jedoch zugenommen haben, die Existenzberechtigung des gebührenfinanzierten öffentlich-rechtlichen Rundfunks in Frage zu stellen, findet das Thema größere Beachtung. Im September 2000 gab die Wochenzeitung „Die Zeit" mit einer Artikelserie den Anstoß zu einer Debatte über die Qualität von ARD und ZDF. In diesem Zusammenhang wurde auch die Rede des Bundestagspräsidenten Wolfgang Thierse zum 50jährigen Gründungsjubiläum der ARD publiziert, in der er die öffentlich-rechtlichen Sender an ihre Pflicht zur „Grundversorgung" erinnert, das heißt: *„Für Demokratie, für Aufklärung, für Information, für Meinungsvielfalt, für die Abbildung des wirklichen sozialen Lebens".*[16]

Für den gegenwärtigen Demokratisierungsprozess in Ostdeutschland könnte es nur von Nutzen sein, wenn die Medien sich dieser Verantwortung stellen.

---

14 Holger Wenk: „ORB reformiert TV-Programm", Berliner Morgenpost vom 15.12. 1999, S. 16.

15 Manfred Buchwald, Medien-Demokratie. Auf dem Weg zum entmündigten Bürger, Berlin 1997, S. 91f.

16 Wolfgang Thierse: „Mehr Langsamkeit! Ein Plädoyer gegen öffentlich-rechtliche Quotenhörigkeit", Die Zeit vom 22.9.2000.

Die Nachdenklichkeiten des DDR-Medaillenerbes

Willi Ph. Knecht

Als Birgit Fischer vom Wassersportverein Mannheim-Sandhofen, inzwischen im bei Kanusportlerinnen betagt zu nennenden Alter von 38 Jahren, am 6. Juli vom Nationalen Olympischen Komitee für Deutschland für die Spiele der XXVII. Olympiade in Sydney 2000 nominiert wurde, erreichte sie damit die nur selten markierte Quote einer fünften Olympiateilnahme. Diese Zeitspanne ist im Kanu-Rennsport leistungssportlich kaum überbrückbar. Zweimal – 1980 und 1988 – nahm sie als Repräsentantin der DDR, nunmehr dreimal – nach 1992 und 1996 – als Olympiastarterin für das ganze Deutschland teil. Hätte die DDR 1984 nicht, wie vier Jahre zuvor die USA und mit ihr aus falsch verstandener Bündnistreue die Bundesrepublik die Olympischen Spiele in Moskau 1980, in erzwungener Gefolgschaft der Sowjetunion die Spiele in Los Angeles 1984 boykottiert, Birgit Fischer wäre zu den Reitern Hans Günter Winkler und Dr. Reiner Klimke und neuerdings auch dem Segler Jochen Schümann in die deutsche Spitzengruppe der häufigsten Olympiateilnehmer aufgerückt.

Bei ihrer olympischen Premiere 1980 in Moskau errang sie, Angehörige des Armeesportklubs (ASK) Vorwärts Potsdam und Schülerin der dortigen Kinder- und Jugendsportschule, 18-jährig im Einerkajak über 500 m die Goldmedaille. Nach der zwangsweise verpassten Chance 1984 glänzte sie 1988 in Seoul als Olympiasiegerin im Zweier- und Viererkajak und als Zweite im Einerkajak. Sie hieß nun Birgit Schmidt, war verheiratet mit dem in Seoul im Einercanadier über 1000 m ebenfalls auf Platz zwei einkommenden Jörg Schmidt, war als Sportstudentin der Deutschen Hochschule für Körperkultur Leipzig (DHfK) registriert und erschien zur feierlichen Ehrung der Medaillengewinner durch die Staats- und Parteiführung mit Erich Honecker und Egon Krenz an der Spitze in der Uniform der Nationalen Volksarmee mit den Rangabzeichen eines Hauptmanns. Dank ihrer Medaillenerfolge kassierte sie den Höchstbetrag erreichbarer Siegprämien in Höhe von 60.000 DDR-Mark inklusive 6.000 Mark Forumschecks. Beim Beginn der Währungsunion am 1. Juli 1990 staunten die Bediensteten der Sparkassen-

Filiale Kleinmachnow bei Berlin, welches Kapital das Sportlerehepaar Fischer-Schmidt umzutauschen hatte.

Zu diesem Zeitpunkt hatte sich Birgit Schmidt vom Wettkampfsport zurückgezogen, um ihr zweites Kind zu gebären. Doch außer dem Geldumtausch brachte ihr die „Wende" vorerst nur ärgerliche Rückschläge. Sie verlor ihr von der Kommune gekauftes Haus in Kleinmachnow an den Alteigentümer aus dem Westen; das an der DHfK erworbene Sportlehrer-Diplom bot keine Existenzbasis. So reaktivierte sie 1991 nach dreijähriger Wettkampfpause und feierte 1992 in Barcelona innerhalb der gesamtdeutschen Mannschaft als Olympiasiegerin im Einer- und Olympiazweite im Viererkajak ein grandioses Comeback. Aus dem ASK Potsdam war der Olympische Sportclub geworden. Wiederum vier Jahre später, 1996 in Atlanta, trug sie, inzwischen geschieden, wieder den Namen Fischer und startete für den WSV Mannheim-Sandhofen, ohne ihren Wohnort Berlin gewechselt zu haben. Diesmal gewann sie als Mitglied des Viererkajaks Gold und im Zweierkajak Silber und setzte sich dadurch mit insgesamt fünf Olympiasiegen und drei zweiten Plätzen auf die dritte Position der Rangliste der erfolgreichsten deutschen Medaillengewinner hinter Dr. Reiner Klimke (sechs Gold, zwei Bronze) und der vormaligen DDR-Rekordolympionikin Kristin Otto, die 1988 als umjubelte Schwimmkönigin in Seoul sechs Goldmedaillen kassierte. Die Spiele von Sydney katapultierten sie endgültig ganz nach oben: Bei der Eröffnungsfeier trug sie die deutsche Fahne; bei den Rennen im Vierer- und Zweierkajak eroberte sie mit ihren Olympiasiegen Nummer 6 und 7 den ersten Rang der erfolgreichsten deutschen Olympioniken seit der Athener Premiere 1896.

Weit turbulenter noch als bei Birgit Fischer gestalteten sich die politischen, sportlichen und privaten Wirren der Wendezeit für Heike Drechsler, die am 5. August 2000 vom NOK zum vierten Male für Olympische Spiele nominiert wurde. In der „Presse-Information Olympiamannschaft der Deutschen Demokratischen Republik Spiele der XXIV. Olympiade 1988", zu deren textlicher Einleitung Agitprop-Abhandlungen wie „Für den Frieden der Welt" und „Für das Wohl des Volkes" gehören, beginnt die Liste der sportlichen Triumphe der 1964 in Gera geborenen Leichtathletin mit dem Mädchennamen Heike Daute 1979 mit der Kinder- und Jugendspartakiade, bei der sie jeweils den ersten Platz im Weitsprung, Hochsprung und Fünfkampf belegte. Seit 1986 als Mitglied der FDJ-Fraktion Volkskammerabgeordnete, belegte sie nach Welt- und Europameisterschaftserfolgen bei ihrer Olympiapremiere in Seoul im Weitsprung den zweiten und im 100- und 200-m-Lauf jeweils den dritten Rang, eine in der Folgezeit von deutschen Sprinterinnen nicht mehr erreichte oder gar übertroffene Platzierung. Durchgängig zur Weltspitze gehörend, erklang für sie 1992 in Barcelona bei der Siegerehrung im Weitsprung das Deutschlandlied. Ihr früherer Club SC Motor Jena hieß jetzt TuS Jena. 1993 in Stuttgart errang sie – einschließlich Halle – ihren dritten Weltmeistertitel im Weitsprung.

Doch danach trat ihr Glück kürzer. Im März 1994 wurde sie im Zusammenhang mit gegen sie gerichteten Enthüllungen über Dopingversuche gerichtlich zum Widerruf von „Verleumdungen" gezwungen. Stasi-Dokumente, die sie für die Zeit von Ende 1986 bis 1988 als IM „Jump" auswiesen, veranlassten ein Berufsverbot als Erzieherin in Thüringen und führten zum Klubwechsel zum LAC Chemnitz. Die Scheidung von ihrem Mann Andreas nach mehr als zehn Ehejahren war mit der Trennung vom hart erkämpften 40.000 DM-Mercedes als der WM-Prämie 1993 und dem Verlust des gemeinsamen Sportartikelgeschäfts und der Hälfte des gemeinsamen Hauses verbunden. Bei der Weltmeisterschaft 1995 belegte sie nur einen enttäuschenden neunten Rang. Die Nominierung zu den Olympischen Spielen 1996 konnte sie wegen Verletzung nicht wahrnehmen. Vier Jahre später feierte sie in Sydney, inzwischen fast 36-jährig, ein glänzendes Comeback und wurde zwölf Jahre nach ihrer Silbermedaille 1988 zum zweiten Male Olympiasiegerin im Weitsprung.

Als stützender Halt in diesen Zeiten harter Schicksalsschläge erwiesen sich neben ihrem Lebensgefährten, dem ehemaligen französischen Zehnkämpfer Alan Blondel, vor allem Walter und Inge Spix aus Aachen. Das kinderlose Ehepaar, ansonsten der Leichtathletik ziemlich fern stehend, hatte kurz nach der „Wende", animiert durch ein Fernsehinterview, Briefkontakt zu Heike Drechsler aufgenommen. Schnell entwickelte sich daraus innige Zuneigung, gipfelnd in der am 25. November 1999 vollzogenen Adoption der damals 34-jährigen. *„Wir lieben Heike wie unser eigenes Kind"*, sagte der 74-jährige Mitinhaber einer Eissport- und Besitzer einer Tennishalle. *„Wenn wir einmal nicht mehr sind, soll sie alles erben."*

Außergewöhnlicher Fürsorge, allerdings DDR-spezifischer Art, erfreute sich auch Katarina Witt, Jahrgang 1965, mit zwei Olympiasiegen 1984 und 1988, vier Weltmeister- und sechs Europameisterschaften die erfolgreichste Eiskunstläuferin der Welt. Der vom Bundesbeauftragten für die Unterlagen des Staatssicherheitsdienstes der ehemaligen Deutschen Demokratischen Republik veröffentlichten Niederschrift der Zentralen Auswertungs- und Informationsgruppe 2 des Ministeriums für Staatssicherheit zufolge schilderte der DDR-Sportchef Manfred Ewald am 31. März 1986 im Gespräch mit Erich Mielke und dem Leiter der Abteilung Sport des Zentralkomitees der SED, Rudi Hellmann, die Abwehrmaßnahmen gegen drohende Risiken: *„Damit uns mit Katarina Witt nichts passiert, hatte ich neun Mitarbeiter in Bereitschaft gehalten, die im Notfall eingesetzt werden können, um Vorsorge zu treffen, dass mit ihr nichts passiert. Die Eislaufrevue hatte ihr vier Millionen Dollar angeboten, wenn sie ein Engagement annimmt. Wir waren uns nicht ganz sicher, inwieweit sie auf dieses Angebot eingehen würde. (...) Was gegenwärtig durch den Kommerz geboten wird, ist unwahrscheinlich."*

Quasi notgedrungen bekämpfte die DDR-Sportführung Teufel mit Beelzebub. Seit 1984 Mitglied im Zentralrat der FDJ, 1987 vom US-Magazin

„Sports Illustrated" als *„schönstes Gesicht des Sozialismus"* tituliert, nach ihrem zweiten Olympiasieg 1988 von Erich Honecker mit einer der höchsten DDR-Auszeichnungen, der Ehrenspange zum Vaterländischen Verdienstorden in Gold, und vom Präsidenten des Internationalen Olympischen Komitees, Juan Antonio Samaranch, mit dem Olympischen Orden dekoriert, erhielt Katarina Witt Mitte 1988 zur Finanzierung einer eigenen Eisschau gemeinsam mit ihrer Trainerin Jutta Müller einen staatlichen Kredit in Höhe von 750.000 DM-West. Ursprünglich war dieser Betrag aufgrund einer Absprache zwischen Ewald und Honecker als Geschenk vorgesehen, wurde dann jedoch mittels eines von Ewald, Katarina Witt und dem damaligen DDR-Finanzminister Ernst Höfner unterzeichneten Vertrages nur als Kredit auf ein Konto der Deutschen Außenhandelsbank der DDR deponiert. Die Eisschau wurde nicht gegründet; ein Teil des Geldes bei anderen Operationen eingesetzt. Katarina Witt zahlte bis zum Beginn der Währungsunion mit der Bundesrepublik am 1. Juli 1990 von der Kreditsumme 701.000 DM zurück. Den Ausgleich der restlichen 49.000 DM übernahm der Deutsche Turn- und Sportbund der DDR vor dessen Selbstauflösung per 5. Dezember 1990.

Für den mit kühlem Geschäftssinn genau so allumfassend wie mit sportlichem Talent ausgestatteten Eiskunstlauf-Star bedeutete der Umgang mit Valuta kein Neuland. Das kleine Einmaleins hatte Katarina Witt schon beim Feilschen mit der DDR-Sportführung um die Beteiligung an den in Schweizer Franken gezahlten Honoraren für Schaulaufveranstaltungen geübt. Nachdem ihr als erster DDR-Sportlerin gestattet worden war, im November 1988 eine Profi-Karriere bei „Holiday on Ice" zu starten, begann die Zeit der großen Einnahmen. Insider schätzen, sie habe schon vor der Währungsunion in der DDR eine Million DM-West eingenommen.

In Deutschland-West und in den USA lagen ihre Popularitätswerte bereits höher als in der DDR. Ein 1988 vom damaligen Sportchef des FDJ-Zentralorgans „Junge Welt", Volker Kluge, und dessen Kollegen Manfred Hönel verfasstes Buch mit dem Titel *Katharina – Eine Traumkarriere auf Eis* durfte nach Grundsatzdiskussionen unter Beteiligung von Manfred Ewald und Egon Krenz einschließlich der Beurteilung durch eine eigens dafür eingesetzte Kommission nicht in der DDR verkauft werden, weil Texte und Bilder Irritationen hätten auslösen können. Nur auf dem bundesdeutschen Buchmarkt angeboten, fand die Biographie reißenden Absatz: Nach chaotischem Gedränge bei der Autogrammstunde mit Katarina Witt am 30. August 1988 im Berliner „Kaufhaus des Westens" war das Tagesangebot von 2.500 Exemplaren bereits nach 80 Minuten vergriffen.

Die Kehrseite der Medaille offenbarte sich nach der „Wende" in der DDR. In einem vom „Tagesspiegel" veröffentlichten Interview von Helmut Schümann und Norbert Thomma klagt Katarina Witt im Rückblick: *„Ich war in der Presse die 'SED-Ziege', die 'rote Socke'. Man hat auf uns Sportler eingedroschen und die Wut auf die bekanntesten Gesichter gelenkt. Ich habe da-*

mals Reißaus genommen aus der realen Welt. (...) Aber für mich stimmt weiterhin: Ich habe der Förderung in der DDR meine ganze Karriere zu verdanken. In Amerika hätten sich meine Eltern diesen Sport nicht leisten können."
Gleichwohl verlagerte sie fortan ihr Leben immer mehr in die USA. 1990 feierte sie als Hauptdarstellerin des Films „Carmen on Ice" Triumphe. 1993 ließ sie sich reamateurisieren und startete 1994 bei den XVII. Olympischen Winterspielen in Lillehammer, diesmal für Deutschland. Einfühlsam gestaltete sie ihre Kür nach dem Marlene-Dietrich-Song „Sag' mir, wo die Blumen sind", belegte im Endergebnis jedoch nur den siebenten Rang. Von untrüglichem Marketing-Instinkt geleitet und klug gemanagt, avancierte sie über Schauspielunterrichte, Fernsehauftritte, Repräsentationen als UNICEF-Botschafterin und Promotionaktionen zu einem viel gefragten Glamourgirl auf der Bühne der Schönen und Reichen, so im letzten Juni bei der Einweihung des Sony-Hauptquartiers am Potsdamer Platz, einem 1,6-Milliarden-Glaspalast, 500 Meter von ihrer Berliner Wohnung im früheren Grenzbezirk entfernt. Ihr weltweit hoher Bekanntheitsgrad beschränkt sich nicht mehr nur auf ihr von „Sports Illustrated" bewundertes Angesicht: 1998 entkleidete sie sich für das US-Magazin „Playboy": Die deutsche Auflage von 450.000 Exemplaren war schnell vergriffen; insgesamt wurden rund um den Erdball dreimal so viele Exemplare wie üblich verkauft. „Playboy" zahlte für die Veröffentlichungsrechte der Aktfotos eine Million US-Dollar. Spekulationen über die Höhe der Gesamterträge aller Unternehmungen Katarina Witts in den zehn Jahren seit 1990 belaufen sich auf rund 20 Millionen DM. Allein 1999 erreichte der hauptsächlich aus der eigenen Produktionsfirma der Eislauftourneen und ihren persönlichen Auftritten resultierende Umsatz die Marke von zehn Millionen. In ihrem Selbstverständnis heißt das: *„Ich kann mein Leben leben, wie ich möchte."*
Das kann auch Jens Weißflog, allerdings nicht alltäglich umgeben vom Duft der großen weiten Welt, sondern heimisch im beschaulichen und aus sozialpolitischer Sicht eher tristen Oberwiesenthal im sächsischen Erzgebirge, hart an der Grenze zu Tschechien. Am 21. Juli 1964 in Erlabrunn geboren, verkörpert der später liebevoll „Floh vom Fichtelberg" genannte Skispringer systemtypisch die Kontinuität der Talentsuche und -förderung im DDR-Leistungssport: erste Wettkämpfe im Alter von elf Jahren, Schüler der nach dem ersten deutschen Astronauten benannten Kinder- und Jugendsportschule „Siegmund Jähn", Sieger bei den Kinder- und Jugendspartakiaden 1979 und 1981, DDR-Juniorenmeister im Skispringen 1982, zwei Jahre später bei den Olympischen Winterspielen 1984 in Sarajewo Goldmedaille auf der Normalschanze und Silber von der Großschanze. Als Mitglied des SC Traktor Oberwiesenthal war Jens Weißflog nicht so stark politischem Sog ausgesetzt wie die Wintersportkollektive der in Armee und Volkspolizei beheimateten SC Dynamo Berlin (Eiskunstlauf, Eisschnellauf), SG Dynamo Zinnwald (Biathlon), ASK Vorwärts Oberhof (Biathlon, Skilanglauf, Bob-

sport, Rennschlittensport) und SC Dynamo Klingenthal (Nordische Kombination, Skilanglauf, Spezialsprunglauf). Immerhin wurde er 1984 als Nachfolgekandidat der FDJ-Fraktion für die Volkskammer berufen und erhielt den für Olympiasieger obligatorischen Vaterländischen Verdienstorden in Gold.

Bedingt durch Verletzungen und Schwierigkeiten bei der Umstellung auf die sogenannte V-Technik zeigte die Karriere Jens Weißflogs neben Höhepunkten wie den Weltmeistertiteln 1985 und 1989 und dem Gewinn der Vier-Schanzen-Tournee 1984, 1985 und 1991 auch Abstürze, so bei den Olympischen Winterspielen 1988 in Calgary enttäuschende 9. und 31. Plätze und bei seiner ersten Teilnahme innerhalb einer gesamtdeutschen Olympiamannschaft 1992 in Albertville ebenso unbefriedigend Rang neun von der Normal- und Rang 33 von der Großschanze.

Trotz derartiger Rückschläge sprang Jens Weißflog bei seiner vierten Olympiateilnahme 1994 in Lillehammer an die Spitze der erfolgreichsten Skispringer aller Zeiten, als er nach seinem vierten Platz von der Normalschanze die Goldmedaille von der Großschanze und gemeinsam mit den Schwarzwäldern Hansjörg Jäckle, Christof Duffner und Dieter Thoma auch in der Mannschaftswertung Gold gewann. So stornierte er sein Vorhaben, in Lillehammer seine Karriere zu beenden, und hängte zwecks Vermarktung noch zwei Wettkampfjahre an.

Sein hauptsächlicher Sponsor war in dieser Zeit der Münchner Bau- und Immobilienunternehmer Werner Langenbahn, später von 1997 bis Mitte 2000 Präsident der Deutschen Olympischen Gesellschaft. Sein großherziges Mäzenatentum endete, als am 10. Mai 2000 gegen ihn Haftbefehl wegen des Verdachts der Untreue und des Betruges zu Lasten von Anlegern stiller Einlagen in dreistelliger Millionenhöhe erging.

Auch parteipolitisch operierte Jens Weißflog an der Seite eines Verlierers. Privat mit dem sportpolitisch als Partner des Präsidenten des Deutschen Sportbundes, Manfred von Richthofen, sehr aktiven Kanzleramtsministers Friedrich Bohl befreundet, engagierte er sich vor der Bundestagswahl am 27. September 1998 als CDU-Wahlhelfer, so unter anderem als einziger Mitunterzeichner aus dem Kreis vormaliger DDR-Sportprominenz bei einer Anzeigenkampagne für Helmut Kohl. Doch während Kohls Stern sank, stabilisierten sich die wirtschaftlichen Verhältnisse des wintersportlichen Überfliegers. Unter Aufgabe des nach der „Wende" zeitweilig betriebenen Sportartikelgeschäfts erwarb er via Treuhand und Kommune Oberwiesenthal das dortige ehemalige Gästehaus des Staatssicherheitsdienstes. Aufwendig modernisiert und verschönert, erfreut es sich seit 1996 als Appartmenthotel, 63 Betten in 24 Zimmern mittlerer Preisklasse, durchgängig regen Gästezuspruchs – Resultat gleichermaßen des sportlichen Ruhm des Hoteliers und seiner stets Sympathie ausstrahlenden Präsenz als Skisprungexperte bei ZDF-Übertragungen.

„Die Umstellung vom gelernten Sozialisten zum gelernten Kapitalisten fällt meist leichter, als man glaubt", sagte in seiner Rückschau Olaf Heuk-

rodt, im Canadier 1980 und 1988 olympischer Medaillengewinner für die DDR, 1992 für das ganze Deutschland. *„Auch unter den veränderten gesellschaftlichen Verhältnissen hat es keine grundsätzliche Veränderung der Bedeutung des Leistungsprinzips gegeben."* Will heißen: Für die Umsetzung von sportlichem Erfolg in materiellen Ertrag änderten sich lediglich die Bewertungsmaßstäbe. Als vorzeigbarer Beweis für die leistungssportliche Überlegenheit des Sozialismus wog statistisch eine Medaille genau so viel wie die andere; bei kommerzieller Nutzung im Kapitalismus differiert die Medaillenwertigkeit entsprechend den Vermarktungsmöglichkeiten der betreffenden Sportart und des jeweiligen Protagonisten.

Zu denjenigen, die von diesen Gesetzmäßigkeiten profitierten, gehören – um weitere Beispiele zu nennen – insbesondere auch die Boxer Henry Maske und Axel Schulz, die Radfahrer Olaf Ludwig, Jan Ullrich und dessen aus der DDR stammende Telekom-Gefährten, der Diskuswerfer Jens Riedel und an der Spitze von ihnen allen die Schwimmerin Franziska van Almsick. Vom 14-jährigen Teenager-Star mit vier Medaillengewinnen bei den Olympischen Spielen 1992 in Barcelona mutierte die ehemalige Schülerin der Kinder- und Jugendsportschule „Werner Seelenbinder" in Berlin unter dem Management des früheren „Bild"-Sportchefs Werner Köster zu einer begehrten Hauptdarstellerin der Werbebranche. Nachdem sie sich im Juni dieses Jahres für ihre dritte Olympiateilnahme qualifizierte, galt sie zu Recht als das wohl reichste Mitglied der deutschen Olympiamannschaft 2000: geschätzte Einnahmen seit 1992 um 15 Millionen DM. Dem Vernehmen nach leistete sie eine Beihilfe zu den Prozesskosten ihres früheren Trainers Dieter Lindemann, der 1998 *„wegen des Vorwurfs der Körperverletzung durch die Verabreichung von Anabolika im DDR-Sport"* vor der 34. Großen Strafkammer des Landgerichts Berlin stand; das Verfahren wurde nach sechseinhalbmonatiger Dauer gegen die Zahlung einer Geldbuße in Höhe von 4.000 DM eingestellt. Von einer Spende Franziska van Almsicks an ihre weiterhin bestehende und permanent unter Sparzwängen leidende Lehranstalt, jetzt ohne das Kürzel „KJS" nur noch „Werner-Seelenbinder-Schule", wurde nichts bekannt.

Aus der Wohlhabenheit von Witt, van Almsick, Ullrich & Co. Schlüsse auf die Besitzstände aller Mitglieder des vormaligen DDR-Medaillenkollektivs zu ziehen, wäre allerdings unrealistisch. Im unmittelbaren Vorfeld der Olympischen Spiele Sydney recherchierte Volker Kluge, bis zur Selbstauflösung des NOK der DDR am 17. November 1990 dessen Pressechef und außerdem Sportchef der „Jungen Welt", die Lebensläufe von rund 1.000 überragenden DDR-Sportlerinnen und -Sportlern nach der „Wende". Die im Berliner Verlag Schwarzkopf & Schwarzkopf edierte Publikation mit dem Titel *DDR-Sportler-Lexikon*, die erste und einzige ihrer Art, eröffnet vielfältige Einblicke, so zum Beispiel auf die außergewöhnlich hohe Scheidungsquote vormaliger DDR-Spitzensportlerinnen und den bei den Akteuren beider Geschlechter extrem hohen Anteil an Abiturienten und Studenten. Dagegen sind Generalnenner für gesellschaftliche und soziale Positionen nicht auszumachen: Ohne messbare Nominierung differiert die Ansehensskala von „Unperson" bis „Idol"; die beruflichen Einstufungen reichen von Arbeitslosigkeit bis zu Professuren. Gewisse gruppenkonforme Erkenntnisse betreffen eine etwa Mitte der sechziger Jahre verlaufende Zeitschwelle: Die in den Jahren 1956 bis 1964 erfolgreichen Kader weisen heute die meisten sozialen Problemfälle aus; hier herrscht aus vielerlei Gründen die meiste Bitternis. Die Siegergenerationen von 1968 bis 1990 befinden sich dank der im Spitzensport der DDR gebotenen Ausbildungs- und Bildungsprivilegien mehrheitlich in überdurchschnittlichen Berufspositionen und Lebensverhältnissen. Selbst unter Einbezug der nicht mit olympischen Meriten versehenen, hoch dotierten Fußball-Profis mit DDR-Herkunft bilden die nach der „Wende" zu „Millionarios" avancierten DDR-Medaillisten eine untypische Minderheit.

In der Zeit der Selbstständigkeit des NOK der DDR bei Olympischen Spielen und Olympischen Winterspielen von 1968 bis 1988 errangen dessen Repräsentanten insgesamt 192 Gold-, 164 Silber- und 162 Bronzemedaillen, die nun die 1896 beginnende gesamtdeutsche Olympiastatistik schmücken. Auf der Kehrseite dieses Erbes stehen als sicht- und hörbare Kronzeugen eines längst nicht mehr latenten Sachverhalts jene etwa zwei Dutzend Sportlerinnen, die bei den diversen Dopingprozessen als Nebenklägerinnen Wiedergutmachung beanspruchen. Alle gehörten zur hoffnungsvollen DDR-Elite, wenngleich vornehmlich ohne den an sie gestellten Höchstansprüchen genügt zu haben; alle beklagen Folgeschäden ihrer vorwiegend schon als Minderjährige erlittenen systematischen Behandlung mit „unterstützenden Mitteln"; alle bekunden, unwissentlich Dopingmittel konsumiert zu haben.

Die Tatsache flächendeckenden Dopings im DDR-Sport ist anhand des Staatsplans Wissenschaft und Technik, Thema 14.25, und von Stasi-Unterlagen mindestens ab Dezember 1972 dokumentiert und somit nicht bestreitbar. Eine letzte detaillierte Beschreibung des Ausmaßes lieferte die MfS-Hauptabteilung XX/3 am 23. Mai 1989: „*Seit Anfang 1989 wurde, jedoch mit Abstrichen, die Anwendung von unterstützenden Mitteln im Juniorenbereich abgesetzt. Im Spitzenbereich wurde zwar eine etwa 50 %ige Einschränkung vorgenommen, jedoch gibt es gegenwärtig noch immer ca. 600 Sportler mit bestätigtem Programm. Fakt ist, daß bei einer konsequenten Durchsetzung des Verbotes, die bisher erzielten Leistungen, vorrangig in der Leichtathletik, im Schwimmen und Gewichtheben sowie in einigen Wintersportdisziplinen, nicht mehr erbracht werden können. Verbunden damit ist, daß die im Politbüro-Beschluß enthaltene Zielstellung für den Zeitraum bis 1994 nicht realisiert werden kann.*"

Ein weites Feld drängender Fragen tut sich auf. Aus welchen Gründen konnten sich bei den ersten Doping-Prozessen, insbesondere beim so genannten Pilotprozess 1998 in Berlin, die weitaus meisten der vernommenen Zeuginnen nicht mehr an die Praktiken der Dopingvergabe erinnern? Wie erklärt sich, dass die nunmehr Entschädigung fordernden Nebenklägerinnen unwissentlich Doping-Opfer wurden, alarmierende physische und psychische Reaktionen ignorierten und selbst engste Freundschaften nicht zum Meinungsaustausch veranlassten? Wie kommt es, dass niemand im familiären und freundschaftlichen Umfeld der Doping-Opfer die Gefahren ahnte, obwohl seit Anfang der siebziger Jahre in Rundfunksendungen des RIAS und des Deutschlandfunks und in illegal in der DDR kursierenden Publikationen wie dem Deutschland Archiv permanent Doping-Praktiken des DDR-Sports enthüllt wurden? Weshalb blieben Anzeigen wie die der Ostberliner Leichtathletin Renate Neufeld, die bei ihrer Flucht im Januar 1978 für sie bestimmte Anabolika-Tabletten in den Westen brachte, Einzelfälle des „Geheimnisverrats" durch Republikflüchtlinge? Und schließlich: Wie gehen vormalige DDR-Medaillisten damit um, dass heutzutage alle Welt weiß, welch unlautere Methoden zum Ruhm des DDR-Sports beitrugen?

„Außer den Hauptverantwortlichen hat wohl niemand hundertprozentig Bescheid gewußt", sagt der Kanu-Olympionike Olaf Heukrodt, *„aber viele haben manches geahnt. Die unkündbare Teilhaberschaft am System, die Unentrinnbarkeit aus der gegebenen Situation, das Bestreben der Zukunftssicherung und des Erhalts der Karriere und sicherlich auch die erworbenen Privilegien haben das Denken kanalisiert und kritische Nachfragen verhindert. Vereinfacht ausgedrückt: Privilegien sind gut geeignet, böse Ahnungen zu vertreiben. "*

Wer nunmehr den Schluss zieht, das gesamte DDR-Medaillenerbe sei das Produkt von Doping-Betrug, darf nicht die Medaillenstatistiken der gesamtdeutschen Olympiaaufgebote seit der Vereinigung 1990 analysieren. Gemischte Staffeln und Spielsportmannschaften nicht gerechnet, wurden bei den Sommerspielen 1992 in Barcelona und 1996 in Atlanta in den Einzeldisziplinen von den deutschen Goldmedaillen 30 von Athletinnen und Athleten aus den neuen Bundesländern gewonnen und 15 von denen aus der Alt-Bundesrepublik. Bei Silbermedaillen lautete das Verhältnis 23:14, bei Bronzemedaillen 26:24. Bei den Winterspielen 1992 in Albertville, 1994 in Lillehammer und 1998 in Nagano brachten es Athletinnen und Athleten aus den neuen Bundesländern auf 17 Gold-, 16 Silber- und 13 Bronzemedaillen, ihre Westkameraden und -kameradinnen auf zwölfmal Gold, siebenmal Silber und neunmal Bronze.

Diese Zahlenverhältnisse erinnern an die Epoche, als dem bundesdeutschen Sport vorgerechnet wurde, trotz eines dreifach höheren Bevölkerungspotentials dem DDR-Sport leistungsmäßig weit unterlegen zu sein. Inzwischen ist ein derartiges Leistungsgefälle nicht mehr mit Dopingmanipulationen und motivationsfördernden Privilegien erklärbar. Vorwiegend handelt es sich vielmehr (noch) um Zinseszins des zu DDR-Zeiten in 25 Kinder- und Jugendsportschulen investierten Kapitals mit zuletzt (September 1989) 10.052 Schülerinnen und Schülern und die Früchte der in den neuen

Ländern seit einem Modellversuch 1993 etablierten 21 sportlichen Elite-schulen als modifizierte KJS-Nachfolgeeinrichtungen. Komplettiert wird die erfolgreiche Nachwuchsförderung durch die hohe Qualität der in Ost-deutschland tätigen, meist noch nach Richtlinien des Deutschen Turn- und Sportbundes ausgebildeten Trainerinnen und Trainern. Das führt zu teils kuriosen und frappierenden Auswirkungen: Obwohl der DDR-Fußball ins-gesamt international nur eine untergeordnete Rolle spielte, bilden viele der 643 Nachwuchstalente, die 1989 eine der damals elf mit Fußball befaßten Kinder- und Jugendsportschulen besuchten, inzwischen den elitären Stamm der Bundesligamannschaften oder kassieren als hoch dotierte Kicker gutes Geld im Ausland.

Die diesjährigen Olympischen Spiele bestätigen die regionalen Eigenarten der leistungssportlichen Strukturen Deutschlands. In der 433-köpfigen deut-schen Sydney-Mannschaft standen 171 Teilnehmer/innen mit Geburtsorten in den neuen und 247 mit Geburtsorten in den alten Bundesländern; der Rest wurde im Ausland geboren. Wie ersichtlich, ist auch nach zehn Jahren Verei-nigung das DDR-Medaillenerbe ein Thema voller Nachdenklichkeiten.

Ohne große Feierlichkeit, ohne besondere Bekundungen der Dankbarkeit

Anmerkungen zum Weg der evangelischen Kirchen in die Einheit

Peter Maser

Der von Gisela Helwig zusammen mit Detlef Urban 1987 herausgegebene Aufsatzband *Kirchen und Gesellschaft in beiden deutschen Staaten* hat seinerzeit viel Beachtung gefunden. Im Vorwort gaben die Herausgeber ihrer Überzeugung Ausdruck, *„daß die Kirchen auch in der DDR eine maßgebliche gesellschaftliche Kraft bleiben werden. Sie haben – auf je verschiedene Weise – die Herausforderung angenommen, mit der sie sich durch die herrschenden Verhältnisse konfrontiert sehen. Dadurch sind sie auch für viele Nichtgläubige zu Hoffnungsträgern geworden. "*[1]

Diese Feststellung sollte sich im Herbst 1989 und später an den Runden Tischen in der Umbruchzeit in vollem Umfang bewahrheiten. Umso fraglicher ist aber, ob sich die evangelischen Kirchen in beiden deutschen Staaten dann jenen Herausforderungen „gewachsen" zeigten, denen sie sich im Prozess der deutschen Wiedervereinigung ausgesetzt sahen. Im Folgenden seien deshalb die wichtigsten Stationen dieses auch für die Kirchen so schwierigen Prozesses nachgezeichnet. Dabei geht es zunächst um die Entwicklungen innerhalb der geteilten Evangelischen Kirche in Berlin-Brandenburg, dann um den Wiedervereinigungsprozess des Bundes der Evangelischen Kirchen in der DDR (BEK) und der Evangelischen Kirche in Deutschland (EKD) und schließlich um die in eine östliche und eine westliche Region geteilte Evangelische Kirche der Union (EKU).

Die Wiedergewinnung der vollen Einheit in der Evangelischen Kirche in Berlin-Brandenburg

Schon am 27. November 1989 wurde auf einer Sitzung der Kirchenleitungen beider Regionen der Evangelischen Kirche in Berlin-Brandenburg beschlos-

---

1 Gisela Helwig/Detlef Urban (Hrsg.), Kirchen und Gesellschaft in beiden deutschen Staaten, Köln 1987, S. 3.

sen, eine gemeinsame Arbeitsgruppe zu bilden, die „*die Möglichkeiten der Zusammenarbeit*" prüfen und bis Mitte Januar 1990 Vorschläge unterbreiten sollte, wie mit der 1961 vorgenommenen Aufgliederung der Landeskirche in zwei Regionen in Zukunft umgegangen werden könnte.[2] Gleichzeitig begannen die beiden Kirchenleitungen und Konsistorien der Evangelischen Kirche von Berlin-Brandenburg mit gemeinsamen Sitzungen. Trotz mancher zur Zurückhaltung mahnenden Stimmen stellte die gemeinsame Arbeitsgruppe in einem schon am 13. Januar 1990 veröffentlichten Bericht fest, die Landeskirche sei jetzt verpflichtet, „*Schritte zur Wiederherstellung der organisatorischen Einheit und einer gemeinsamen Rechtsordnung einschließlich der Wiedergewinnung einer einheitlichen Grundordnung zu gehen*"[3].

Im Eröffnungsgottesdienst zur 1. Tagung der Gemeinsamen Synode der Evangelischen Kirche in Berlin-Brandenburg am 16. März 1990, die kirchenrechtlich freilich noch nicht die Vereinigung der beiden regionalen Synoden in Ost und West bedeutete, sagte Bischof Gottfried Forck in seiner Predigt: „*Wir haben durch die Ordnung der gemeinsamen Synode (...) ein bißchen Acht darauf gehabt, daß wir alles behutsam und sorgfältig anpacken. Daß nicht plötzlich eine Eile über uns kommt, es müsse nun dieses und jenes möglichst gleich ab morgen für beide Regionen in unserer Kirche Gültigkeit haben, sondern daß man das in Ruhe und Verantwortung miteinander bedenken kann.*"[4]

Zu solcher Vorsicht gab es am Vorabend der ersten freien Wahlen zur Volkskammer der DDR Anlass genug. Gewiss hatte der Bischof der Westregion, Martin Kruse, Recht, wenn er feststellte: „*Wir haben uns nicht getrennt, wir sind beieinander geblieben in partnerschaftlicher Freiheit.*"[5] Zugleich machten die ersten Versuche der Annäherung von beiden Seiten aber auch klar, wie weit man inzwischen im „*eigenen Selbstverständnis*" auseinander geraten war. Der Eberswalder Generalsuperintendent Leopold Esselbach verwies angesichts dieser Entwicklungen auf die Möglichkeit, „*daß wir in geistlicher Gemeinsamkeit miteinander leben, aber organisatorisch getrennt sind*". Vorstellbar sei aber auch, dass, „*wenn die Länderbildung dazu führen sollte, daß die beiden Teile Berlins ein Land bilden und Brandenburg ein Land bildet, (...) die Kirchen dem folgen*"[6]. Trotz solcher und ähnlicher Bedenken endete die Synode jedoch erwartungsgemäß mit dem „*Beschluß*

---

2 Evangelischer Pressedienst. Zentralausgabe (epd-ZA) Nr. 229, 27.11.1989, S. 2, und Nr. 230, 28.11.1989, S. 1.

3 epd-ZA Nr. 10, 15.1.1990, S. 1f.

4 Verhandlungen der 1. Tagung der Gemeinsamen Synode der Evangelischen Kirche in Berlin-Brandenburg (...) vom 16. bis 17 März 1990 (Predigt Forck, S. 1).

5 Ebd. (Beitrag Kruse, S. 3).

6 Ebd. (Beitrag Esselbach, S. 1).

zur Konstituierung der gemeinsamen Synode "[7] und dem *„Beschluß über gemeinsame Beratungen "*[8], die beide mit überwältigender Mehrheit angenommen wurden.

Die Tagung der Regionalsynode Ost der Berlin-Brandenburgischen Kirche vom 20. bis 24. April 1990 zeigte erneut das ganze Spektrum der damaligen innerkirchlichen Diskussionen auf. In der Erwartung, in naher Zukunft für beide Regionen der Berlin-Brandenburgischen Kirche einen gemeinsamen Bischof wählen zu können, verzichtete die Synode darauf, einen Nachfolger für Bischof Forck zu wählen, der im Herbst 1991 der kirchlichen Ordnung entsprechend in den Ruhestand treten musste. Weiter wurde die Einführung des bundesdeutschen Kirchensteuereinzugsverfahrens beschlossen, allerdings ohne die Klausel des möglichen Zwangsvollzugs.[9]

Auf der Gemeinsamen Tagung der beiden Regionalsynoden der Berlin-Brandenburgischen Landeskirche vom 7. bis 9. Dezember 1990 wurde dann schließlich die seit dem Mauerbau geltende *„Notverordnung über einstweilige regionale Synoden "* aufgehoben und mit Wirkung vom 1. Januar 1991 die Bildung einer Gesamtsynode[10], einer Kirchenleitung – in der vorerst die Bischöfe Forck und Kruse den Vorsitz im Wechsel wahrnehmen sollten – und eines vereinigten Konsistoriums beschlossen.[11] Die Ausarbeitung einer neuen Grundordnung wurde der Gesamtsynode übertragen.[12]

Die konstituierende Tagung der neuen Synode, die vom 17. bis 20. Januar 1991 im Berlin-Spandauer Johannesstift abgehalten wurde, führte die Vereinigung der Evangelischen Kirche in Berlin-Brandenburg durch die Verabschiedung des neuen Bischofwahlgesetzes weiter, die durch die neue Grundordnung 1995 abgeschlossen wurde. In einem Bericht über das Forum „Zur Zukunft der Evangelischen Kirche in Berlin-Brandenburg" wurden allerdings auch die Probleme sehr deutlich benannt, mit denen sich die wiedervereinigte Kirche in Zukunft auseinanderzusetzen haben würde: *„Die Situation ist so neu, und das Erschrecken darüber, wie verschieden die Menschen in den beiden Regionen sich entwickelt haben, so groß, daß es nur erste tastende Vorstellungen geben kann, wohin der gemeinsame Weg führt. "*[13]

---

7 Vgl. Synoden-Drucksache Nr. 102; epd-Dokumente Nr. 14, 1990, S. 28; Kirchliches Jahrbuch (KJ) 1990/91, S. 337f.

8 Vgl. Synoden-Drucksache Nr. 104; KJ 1990/91, S. 338.

9 Vgl. epd-ZA Nr. 81, 26.4.1990, S. 3f.

10 Verhandlung der 2. Tagung der Gemeinsamen Synode der Evangelischen Kirche in Berlin-Brandenburg (...) vom 7. bis 9.12.1990 (Geschäftsordnung der Synode der Ev. Kirche in Bln.-Brdbg. vom 9.12.1990, Drucksache 103 mit Anlagen).

11 Ebd. (Kirchengesetz über die Synode, die Kirchenleitung und das Konsistorium der Ev. Kirche in Bln.-Brdbg. vom 9.12.1990, Drucksache 101 mit Anlagen).

12 Ebd. (Zwischenbericht des Grundordnungsausschusses, Drucksache 9); epd-ZA Nr. 182, 20.9.1990, S. 11f.

13 Verhandlungen der 1. konstituierenden Tagung der 10. Synode der Ev. Kirche in Bln.-Brdbg. vom 17. bis 20.1.1991 (Drucksache 21).

Der Wiedervereinigungsprozess von BEK und EKD

Innerhalb der Kirchen des BEK und der EKD, ihrer Kirchengemeinden, Synoden und Kirchenleitungen gab es kaum grundsätzliche Zweifel daran, dass dem staatlichen auch der kirchliche Wiedervereinigungsprozess folgen müsse. Wenn dieses Ziel auch allgemein akzeptiert wurde, so gab es doch beträchtliche Differenzen über den Weg dahin: *„Die evangelische Kirche in beiden Staaten (bzw. seit 3.10.1990 in Ost- und Westdeutschland) konnte sich der Veränderung nicht entziehen, doch sie geriet zunehmend in ein seltsames Abseits, weil viele ihrer Repräsentanten dem Tempo der Entwicklung nicht zu entsprechen vermochten."*[14]

Öffentlich gemacht wurden die vielfältigen innerkirchlichen Probleme und Differenzen auf einer Klausurtagung mit hohen Kirchenvertretern aus beiden deutschen Staaten am 17. Januar 1990 in Loccum, die die so genannte „Loccumer Erklärung" verabschiedete. In dem überraschend vorgelegten Papier wurde der Wille bekräftigt, an der Verwirklichung des kirchlichen Zusammenschlusses unabhängig von der künftigen politischen Entwicklung festzuhalten. Der vielstimmige Einspruch gegen diese Erklärung richtete sich weniger gegen deren Zielsetzung als vielmehr gegen die Legitimation der in Loccum versammelten Kirchenführer und deren eindeutige Aussage: *„Wir wollen, daß die beiden deutschen Staaten zusammenwachsen."*[15] So warnte die Ostberliner Wochenzeitung „Die Kirche" vor *„Wiedervereinigungs-Trunkenheit"* und einem handstreichartigen Zusammenschluss der Kirchen.[16]

Eine weitere Verschärfung des innerkirchlichen Streits bewirkte die von Ulrich Duchrow (Heidelberg), Heino Falcke (Erfurt), Joachim Garstecki (Ost-Berlin) und Konrad Raiser (Witten) am 9. Februar 1990 veröffentlichte „Berliner Erklärung", die ein stellvertretendes Aushalten der noch bestehenden Trennungen um des Zusammenwachsens Europas in Frieden und Gerechtigkeit beschwor, vor einer Verleugnung der Lernerfahrungen der „Kirche in der sozialistischen Gesellschaft" warnte und grundsätzlich erklärte: *„Wir müssen der irreführenden Alternative von Kapitalismus und Sozialismus widerstehen, die das deutsch-deutsche Gespräch immer stärker beherrscht."*[17] Richard Schröder qualifizierte das als *„moralistischen Provinzialismus"*; eine *„künstlich festgehaltene DDR-Identität"* sei *„weder christlich noch vernünftig"*[18].

Trotz solcher Irritationen, die nicht nur auf kirchenleitender, sondern auch auf Gemeindeebene ständig zunahmen, wurde der kirchliche Einigungsprozess nach der ersten freien Volkskammerwahl in der DDR zügig durchge-

---

14 KJ 1990/91, S. 182 (W.-D. Hauschild).
15 epd-ZA Nr. 13, 18.1.1990, S. 1f.
16 epd-ZA Nr. 32, 14.2.1990, S. 3f.
17 epd-ZA Nr. 35, 19.2.1990, S. 13.
18 epd-ZA Nr. 78, 23.4.1990, S. 5.

führt. Bei der ersten Tagung einer gemeinsamen Kommission von EKD und BEK im Mai 1990 in Iserlohn wurden Arbeitsgruppen eingesetzt, um die weiteren Schritte der „Zusammenführung" beider Kirchen zu beraten. In welcher Weise diese Vereinigung geschehen sollte, ob als Beitritt der DDR-Landeskirchen zur EKD oder unter Bildung einer Föderation, blieb aber immer noch umstritten. Zunächst sollte deshalb geklärt werden, welche kirchlichen Arbeitsgebiete „bald" zusammengeführt werden könnten und welche „Zwischenschritte auf dem Weg der Gemeinsamkeit (...) wünschenswert" seien.[19] Einig war man sich darin, dass den DDR-Kirchen in einer künftigen gesamtdeutschen Verfassung dieselben rechtlichen Positionen eingeräumt werden sollten wie den bundesdeutschen Partnern, vor allem der Status einer Körperschaft des öffentlichen Rechts. Während man bei der Kirchensteuer auf jeden Fall und teilweise auch beim Religionsunterricht eine Angleichung an die westdeutschen Verhältnisse befürwortete, sprachen sich die DDR-Kirchenvertreter entschieden gegen eine Militärseelsorge als „Veranstaltung des Staates" aus. Einig war man sich hingegen in der Absicht, die Zusammenführung von BEK und EKD bis 1993 abzuschließen.[20]

Im Zusammenhang mit der Umsetzung der Währungsunion am 1. Juli 1990 wurde auch einer breiteren Öffentlichkeit klar, wie groß die Vorbehalte gegen den Ablauf der deutschen Wiedervereinigung innerhalb der evangelischen Kirchen waren. Prägnant hatte Manfred Stolpe diese Besorgnisse schon in seiner Gedenkrede zum 17. Juni 1990 vor beiden deutschen Parlamenten im Schauspielhaus Berlin formuliert, als er davon sprach, dass uns insbesondere „das Geld (...), durch den Willen des Volkes bestärkt, wieder zusammenführt"[21]. Bischof Christoph Demke (Magdeburg) warnte davor, die künftige Ordnung in Mitteleuropa auf der Schwäche der Schwachen aufzubauen. Der Wittenberger Pfarrer Friedrich Schorlemmer glaubte sogar zu erkennen, dass die Volksbewegung im Herbst 1989 zwar eine wirkliche Revolution gewesen, „aber schließlich gekauft" worden sei, „weil das Volk sich in seiner Mehrheit auch hat kaufen lassen"[22].

Der Hintergrund solcher Äußerungen und Einstellungen innerhalb der Kirchen zum deutschen Wiedervereinigungsprozess wurde mit besonderer Schärfe auf einer Tagung der Evangelischen Akademie Mülheim/Ruhr unter dem Thema „Sozialismus am Ende?" im August 1990 diskutiert. Anlass für diese Kontroverse war ein Rundbrief des Präses der Evangelischen Kirche im Rheinland, Peter Beier, nach dem der Begriff des Sozialismus ein „unaufgebbares Humanum" bewahre. Eine „wohlfeile Sozialismusschelte" sei deshalb jetzt nicht angebracht, laufe diese doch auf die Denunziation eines

---

19 epd-ZA Nr. 103, 30.5.1990, S. 1.
20 epd-ZA Nr. 113, 15.6.1990, S. 3.
21 Manfred Stolpe, Den Menschen Hoffnung geben. Reden, Aufsätze, Interviews aus zwölf Jahren, Berlin 1991, S. 256-262, bes. S. 256.
22 idea Nr. 59, 5.7.1990, S. 1f.

„wichtigen philosophischen und historischen Begriffs" sowie auf die Ver-
höhnung der Geschichte und der Leiden der Arbeiterbewegung hinaus.[23]
Auch der „Glockenstreit" über die Frage, ob man aus Anlass der deutschen
Wiedervereinigung am 3. Oktober 1990 die Kirchenglocken läuten dürfe,
vermittelte der Öffentlichkeit den Eindruck, die evangelischen Kirchen be-
gleiteten den deutschen Einigungsprozess nur mit Widerwillen.[24] Daran änderte auch der zentrale Gottesdienst zur deutschen Einheit in der überfüllten
Berliner Marienkirche nur wenig, in dem der stellvertretende BEK-Vor-
sitzende, Bischof Johannes Hempel (Dresden), und der Vorsitzende der katholischen Deutschen Bischofskonferenz, Bischof Karl Lehmann (Mainz),
die Predigten hielten.[25]

Auf der letzten BEK-Synode vor der deutschen Wiedervereinigung, die
vom 21. bis 26. September 1990 in Leipzig stattfand, befassten sich die Synodalen vorrangig mit der angestrebten Vereinigung des BEK mit der EKD.
Die Grundbefindlichkeit, mit der die Synode, besonders hinsichtlich der wirtschaftlichen und sozialen Entwicklung, in die Zukunft blickte, formulierte
der Leipziger Theologiedozent Christoph Kähler im Synodalgottesdienst:
*„Die Sorge hat uns fest im Griff, uns in Leipzig, im ganzen Land und auch in
unseren Kirchen."* Im Einzelnen ging es um die Bewahrung der eigenen
Identität, die Erfahrungen mit dem Staatssicherheitsdienst der DDR, die Frage, inwieweit die DDR-Kirchen *„faktisch und warum sie mitunter auch wil-
lentlich zur Stabilisierung des Staatswesens und damit des Herrschaftssy-
stems beigetragen haben"*, den Verfassungsentwurf des Zentralen Runden
Tisches, die Kontroverse über den Besitz von Grund und Boden, die Kirchensteuer und den Religionsunterricht.[26] Nüchtern stellte der Vorsitzende
des BEK, Bischof Demke, fest: *„Wir haben nicht die Kraft, zukunftsweisende
Gestaltungen vorzunehmen."*[27] Trotzdem oder gerade deswegen sprachen
sich die Synodalen schließlich einmütig dafür aus, die Tätigkeit des BEK bis
spätestens November 1991 einzustellen und dessen Aufgaben auf die dann
wieder gesamtdeutsche EKD zu übertragen.[28] Damit war der weitere Weg für
BEK und EKD festlegt.

Vom 22. bis 24. Februar 1991 tagten in Berlin parallel die Synoden der
EKD und des BEK; am 24. Februar erstmals gemeinsam. Im Vorfeld erklärte
der Präses der EKD-Synode, Jürgen Schmude: *„Nichts wird wieder so, wie
es einmal war. Dieses Ziel hat auch niemand verfolgt. Die evangelische Kirche in der DDR hat während der Trennungszeit ihre besonderen eigenen Erfahrungen gemacht. Sie hat sich in einer Weise bewährt, die für das Selbst-*

---

23 idea Nr. 70, 13.8.1990, S. lf.
24 epd-ZA Nr. 169, 3.9.1990, S. 1.
25 epd-ZA Nr. 191, 4.10.1990, S. 2ff.
26 epd-ZA Nr. 184, 24.9.1990, S. 3-8.
27 epd-ZA Nr. 185, 25.9.1990, S. 2f.
28 epd-ZA Nr. 212, 2.11.1990, S. 3.

verständnis der künftig gemeinsamen EKD eine Rolle spielen wird. Aber auch die bisherige EKD in der Bundesrepublik hat sich weiterentwickelt und sich weitere, vertiefte Klarheit über ihre Aufgaben erarbeitet. Auf alledem wird die gemeinsame EKD aufbauen. "[29] Rosemarie Cynkiewicz, Präses der BEK-Synode, sah das noch sehr viel kritischer. Zu keiner Zeit habe bei den westlichen Kirchen Interesse an einer Reform bestanden. Damit sei klar gewesen, *„daß eines nicht zu erreichen ist, nämlich daß wir die Situation als Chance nutzen, gemeinsam etwas Neues zu gestalten"*[30].

Die Vorbehalte in den östlichen Kirchen schlugen sich im Abstimmungsverhalten der parallel tagenden Synoden zum Vereinigungsgesetz des BEK nieder.[31] Während bei der EKD-Synode nur eine Enthaltung gezählt wurde[32], gab es beim BEK acht Gegenstimmen und eine Enthaltung.[33] Mit der Annahme beider Gesetze durch die Synoden von EKD und BEK waren die Voraussetzungen für die gesamtdeutsche Kirchenvereinigung geschaffen worden, noch nicht aber die Vereinigung selber verwirklicht. Diese wurde vielmehr erst durch die Zustimmung der Synoden der östlichen Landeskirchen im März/April 1991 ermöglicht. Der Zeitpunkt des Wirksamwerdens der Kirchenvereinigung sollte vom Rat der EKD im Benehmen mit der Konferenz der Kirchenleitungen (KKL) des BEK festgesetzt werden.[34] Die KKL schlug Mitte Mai vor, das Gesetz am 27. Juni 1991 in Kraft zu setzen, so dass dieses Datum juristisch als Tag der gesamtdeutschen Kirchenvereinigung zu gelten habe.[35] *„Dieser abschließende Akt wurde in Coburg ohne große Feierlichkeit begangen, ohne besondere Bekundungen der Dankbarkeit. Man wollte ganz bewußt die kirchliche Wiedervereinigung nicht zelebrieren. Nur die Grußworte aus verschiedenen Kirchen des Auslandes würdigten die Einmaligkeit der Situation."*[36]

Die Aufhebung der Bereichsgliederung der EKU

Die Aufhebung der Bereichsgliederung der EKU zum 1. Januar 1992 war von der gemeinsamen Synode am 21. April 1991 beschlossen worden: *„Die Mitgliedschaft aller Gliedkirchen der EKU in der wiedervereinigten EKD und die gleichzeitige Auflösung des Bundes* [der Evangelischen Kirchen in der DDR, P.M.] *lassen eine fortdauernde Bereichsgliederung der EKU (...)*

---

29 idea Nr. 15, 18.2.1991, S. I.
30 epd-ZA Nr. 37, 21.2.1991, S. 6.
31 KJ 1990/91, S 325f.
32 Ebd., S. 322-325.
33 epd-ZA Nr. 39, 25.2.1991, S. 1.
34 Vgl. KJ 1990/91, S. 328ff.
35 Vgl. epd-Dokumente Nr. 31, 1991, S. 48-50.
36 So sehr zutreffend Wolf-Dieter Hauschild in KJ 1990/91, S. 341.

fragwürdig erscheinen (...). Im Zusammenhang mit dem kirchlichen Vereini-
gungsprozeß hat es hinreichend Irritationen gegeben, die eher noch vermehrt
würden, wenn ausgerechnet die EKU sich jetzt noch nicht zu einer baldigen
rechtlichen Einheit verstehen könnte."[37]

In der Aussprache zur Einbringung der Kirchengesetze zur Änderung der
Ordnung und zur Aufhebung der Bereichsgliederung der EKU zum 1. Januar
1992 war zumindest am Rande bedauert worden, *„daß dieses grundlegende*
Gesetz (...) nicht in unsere Gemeinden gegeben worden ist, so daß wir hier
also nur als Kirchenparlament zu beschließen haben, ohne eine Reaktion von
den Gemeinden zu haben"[38].

Der praktische Vollzug der Aufhebung der Bereichsgliederung wurde zunächst am deutlichsten durch die Zusammenführung der beiden Kirchen-
kanzleien in dem traditionsreichen Berliner Dienstgebäude in Charlotten-
burg, Jebensstraße 3. Sehr bald konnte vermeldet werden: *„Normalität ist*
eingekehrt."[39] Weniger Erfolg zeitigte der geplante *„Austausch von haupt-*
amtlichen Mitarbeitern zwischen Ost und West". Trotz mancher werbender
Hinweise in den westlichen EKU-Kirchen musste bereits im Februar 1991
bilanziert werden, *„daß die Aktionen weithin bisher nicht den erwünschten*
Erfolg gebracht haben". Als Gründe wurden die *„Immobilität der Pfarrerin-*
nen und Pfarrer im Westen, die bestehende Unkenntnis über und das man-
gelnde Einfühlungsvermögen westlicher Personen in die Lebenssituation und
Denkweise der Menschen in den Gemeinden in den östlichen Gliedkirchen;
die Bildungs- und Schulsituation für Kinder; die Probleme in der eigenen
Biographie der an einem Wechsel interessierten Pfarrerinnen und Pfarrer"
genannt. Auch die *„noch bestehenden Gehaltsunterschiede"* bei fortbestehenden *„materiellen Verpflichtungen (z.B. Lebensversicherung, Studium der*
Kinder, Ratenzahlung usw.)" und der schlechte Zustand der meisten Pfarr-
häuser im Osten wurden als Erklärung für den mangelnden Erfolg der Aktion
angeführt.[40]

Aufarbeitung der Vergangenheit

Eine historisch und theologisch befriedigende Aufarbeitung der Vergangenheit hat es innerhalb der evangelischen Kirchen nicht gegeben. Das soll hier
am Beispiel der EKU nachgezeichnet werden. Die westlichen Gliedkirchen
der EKU sahen wenig Anlass, ihren eigenen Weg über das ohnehin übliche

---

37 Verhandlungen der 3. (gemeinsamen) Tagung der 7. Synoden der EKU vom 19. bis 21.
   April 1991, S. 59.
38 Ebd., S. 60.
39 Tätigkeitsbericht der Kirchenkanzlei der EKU 1994/95, S.17.
40 Tätigkeitsbericht 1990/91, S. 37.

Maß hinaus kritisch zu befragen. Die östlichen Gliedkirchen hingegen mussten erkennen, dass eine genauere Erörterung der zurückliegenden Jahrzehnte zu einer innerkirchlichen Zerreißprobe fuhren würde, die rasch unbeherrschbar werden konnte. Wie man in Zukunft miteinander umgehen sollte, zeichnete Oberkirchenrat Ulrich Beyer (Bielefeld) schon in der Eröffnungspredigt zur Synode des Westbereichs im Sommer 1990 vor: *„Christen müssen eines Sinnes, nicht aber einer Meinung sein. Unterschiedlich bewerten wir das, was in den letzten Monaten mit dem Sozialismus in der DDR geschehen ist. Manche wehren sich gegen die Kräfte in Kirche und Gesellschaft, die den real existierenden Sozialismus zwar verwerfen, nach einem besseren Sozialismus mit menschlichem Antlitz jedoch Ausschau halten. Sie wehren sich gegen die Aussage: Die Idee war und ist gut – nur die Praxis war schlecht. Vielmehr urteilen sie in scharfer Analyse: Die schlechte Idee war die Ursache für die verheerende Praxis! Andere wollen das, was in 45 Jahren in sozialer Hinsicht errungen wurde, nicht völlig preisgegeben wissen. Darüber kann und darf man auch unter Christen trefflich streiten. Vielleicht sollte es so gehen, daß nicht wir die Vorzüge des Sozialismus unseren Brüdern und Schwestern demonstrieren, die unter seinem Scheitern gelitten haben. Vielmehr sollten wir alles tun, in die kommende Gesellschaft im geeinten Deutschland Züge eines menschlichen Antlitzes einzuzeichnen, daß nicht Egoismus, unerbittliche Konkurrenz und Profitstreben dominieren, sondern Solidarität gesucht und das Recht des Schwächeren gewahrt wird.“*[41]
Auf der gemeinsamen Synodaltagung 1991 musste der Präses der Synode des EKU-Bereichs Ost mitteilen, dass eine Beschlussvorlage zur Vergangenheitsaufarbeitung von seiner pommerschen Synode *„verworfen"* worden sei. Stattdessen habe man ihn gebeten, *„in mehr persönlicher Form (...) im Auftrag der Synode"* ein Wort zu sagen. Dieses bestand in einem kurzen Dank für mannigfache Hilfe in der Vergangenheit aus dem Westbereich und aus der Mahnung, nicht erschrocken darüber zu sein, *„daß ein volles Sich-Öffnen mit- und füreinander auch mit Belastungen verbunden sein kann"*[42]. Ein Jahr später, 1992, fand sich im Ratsbericht ein eigener Abschnitt über *„Aufarbeitung der Vergangenheit",* zu dem Bischof Rogge einleitend erklärte: *„Was alle unsere Gliedkirchen – zumindest im Ostbereich – stark beschäftigt, ist die Aufarbeitung der Vergangenheit. Sie wäre zu eng gefaßt, wenn hierbei nur der Umgang mit der Stasi-Problematik thematisiert würde.“*[43] Die Synode hat, ungeachtet aller leidenschaftlichen Diskussionen über die Stasi-Probleme, dieser Mahnung entsprochen und nach längerer Aussprache einen eigenen Beschluss zur *„Aufarbeitung der Vergangenheit, insbesondere des*

41 Verhandlungen der 2. Tagung der 7. Synode der EKU – Bereich Bundesrepublik Deutschland und Berlin-West – vom 9. bis 12.6.1990, S. 10.
42 Verhandlungen der 3. (gemeinsamen) Tagung der 7. Synoden der EKU vom 19. bis 21. April 1991, S. 100f.
43 Verhandlungen der 4. Tagung der 7. Synode der EKU vom 12. bis 15. Juni 1992, S. 39.

politischen Verhaltens der Kirche im geteilten Deutschland", zustande gebracht, der mit seinen allgemein gehaltenen Formulierungen fast einhellige
Zustimmung fand.[44]

Die Kirche der Union *„hat einen zusammenfassenden Bericht über Überprüfungen ihrer Mitarbeiterschaft nicht vorgelegt. (...) In einem Anschreiben
wurden alle Mitarbeiter der EKU aufgefordert, eventuelle Verbindungen zum
MfS offenzulegen. Hinweise auf die IM-Registrierung einzelner Mitarbeiter
waren für die laufende Arbeit der EKU nicht mehr relevant, weil es sich um
Personen handelte, die entweder verstorben waren oder sich nicht mehr im
aktiven Dienst der EKU befanden. Freilich sind dadurch auch wirksame
Entlastungen bisher ausgeblieben. Im Hinblick auf Mitarbeiter im aktiven
Dienst sind bisher keine Tatsachen bekannt geworden, die eine disziplinar-
rechtliche Überprüfung notwendig gemacht hätten."*[45]

Zu den harten innerkirchlichen Auseinandersetzungen über die Stasi-
Problematik hatten die beiden Bereichsräte der EKU schon am 2. Oktober
1990 eine Erklärung verabschiedet, in der es u. a. hieß: *„Nicht klar erwiesene
Anschuldigungen schaffen ein unwürdiges Klima des Mißtrauens, das dem
Leben der Kirche Schaden zufügt. Wir bitten die Gemeindeglieder, nicht
leichtfertig mit Verdächtigungen zu hantieren. Wer einen Verdacht äußert,
muß ihn klar begründen. Wir verkennen nicht, daß auch Menschen im Dienst
der Kirche fahrlässig oder unter Druck, zuweilen auch mit der Absicht,
Schaden von der Kirche zu wenden, dem Staatssicherheitsdienst als Infor-
manten zur Verfügung gestanden haben. In den bisher bekannten Fällen sind
die Betroffenen aus ihrem Amt ausgeschieden; entweder freiwillig oder auf
dringenden Rat. Pauschale Urteile und Regelungen sind nicht möglich. Bei
Rechtsverletzungen sind reguläre Verfahren notwendig. Schuld muß erwiesen, nicht Unschuld bewiesen werden (...). Personen in den westlichen Bundesländern, vornehmlich solche, denen aufgrund ihres Berufes oder ihrer
politischen Stellung Einfluß in der Öffentlichkeit zukommt, sind in der Regel
nicht geeignet, diesen komplexen Sachverhalt zu beurteilen. Ihnen ist besondere Zurückhaltung anzuempfehlen (...)."*[46]

In voller Schärfe wurden die Konflikte in einer bewegten Aussprache auf
der Synodaltagung der EKU, die vom 12. bis 15. Juli 1992 in Berlin stattfand, ausgetragen.[47] Diese hat auch in der Öffentlichkeit ein lebhaftes und
kontrovers geprägtes Echo ausgelöst. Als Ergebnis der Debatte verabschiedete die Synode einen Beschluss, in dem es u. a. heißt: *„Die Aufarbeitung*

---

44 Ebd., S. 181-183, auch 143-154.
45 Vgl. Ludwig Große/Harald Schultze/Friedrich Winter (Hrsg.), Überprüfungen auf Sta-
   sikontakte in den östlichen Gliedkirchen der EKD. Dokumente und Kommentar. Im
   Auftrag des Kirchenamtes der EKD (Beiheft zur Zeitschrift Zeichen der Zeit), Leipzig
   1997, S. 12.
46 Tätigkeitsbericht der Kirchenkanzlei der EKU 1990/91, S. 138f.
47 Verhandlungen der 4. Tagung der 7. Synode der EKU 1992, S. 39f. und 44ff.

der Vergangenheit, insbesondere des politischen Verhaltens der Kirche im geteilten Deutschland, steckt noch in den Anfängen. Der Prozeß der Aufarbeitung braucht Geduld und langen Atem. Er braucht den Willen zur Wahrheit. Er braucht Bereitschaft und Fähigkeit zu Kritik wie Selbstkritik und Offenheit für Positionen und Fragen anderer. Er braucht Mut zum Konflikt und Willen zum Verstehen. Er braucht das Wissen um historische Zusammenhänge und das Stehen zur eigenen Sache auch in dem gegenwärtigen radikalen Wandel. Pauschale Schuldzuweisungen dienen der nötigen Sachaufklärung nicht. Sie fördern Wagenburgmentalität und eine pauschale Verteidigung, die Wahrheitsfindung und Rechenschaft über unseren Weg in der Vergangenheit erschweren kann (...). Die bisherige öffentliche Diskussion hat gezeigt: Ein zutreffendes Bild der Wirklichkeit in der einstigen DDR läßt sich aus den Akten allein nicht gewinnen, schon gar nicht aus den Akten der Staatssicherheit. Deshalb müssen die Beteiligten befragt werden. Wir ermutigen sie, von sich aus zu berichten. Das muß angstfrei geschehen können. Wenn Lebensgeschichten neben die Akten treten, werden Menschen im vereinten Deutschland die Vergangenheit in der Zeit der Teilung verstehen lernen, ihre eigene wie die im jeweils anderen deutschen Staat. Es ist dringlich, daß die Kirchen und ihre Mitarbeiterinnen und Mitarbeiter ihre Akten und Aufzeichnungen aktiv in den Prozeß der Aufklärung der Vergangenheit einbringen (...). "[48]

Der Rat der EKU veröffentlichte schließlich am 26. Oktober 1992 vierzehn Diskussionsthesen *„Der Auftrag der Kirche und das Problem kirchlicher Kontakte zum Staatssicherheitsdienst"*, aus denen hier auszugsweise zitiert sei: *„In der Kirche und in der weiteren Öffentlichkeit ist das Verlangen nach Klarheit über das Verhältnis von Kirche und Staat in der ehemaligen DDR unvermindert groß. Im Vordergrund steht seit langem die Diskussion um die Kontakte von Mitgliedern der Kirche mit dem Staatssicherheitsdienst, obwohl damit nur ein bestimmter Bereich in den Blick gerät und es noch viele andere Aspekte des Verhältnisses von Kirche und Staat gibt, die der Aufarbeitung bedürfen (...)."*

Unter ausdrücklicher Berufung auf die Barmer Theologische Erklärung von 1934 heißt es weiter:

„8.1 Der in der Barmer Theologischen Erklärung beschriebene Auftrag der Kirche schloß eine Zusammenarbeit mit dem Staatssicherheitsdienst im Grundsatz aus.

8.2 Wo der Staatssicherheitsdienst in Konfliktfällen, bei Ermittlungen oder aufgrund der überzogenen Sicherheitsinteressen der DDR Kontakte und Gespräche mit kirchenleitenden Personen verlangte, waren klare innerkirchliche Vereinbarungen über die Zuständigkeit und Rechenschaftslegung erforderlich.

---

48 Ebd., S. 181-183.

8.3 Amtsträger und Theologiestudierende wurden nicht zuletzt deshalb zur Dienstverschwiegenheit verpflichtet, in einigen Gliedkirchen sogar schriftlich. Im übrigen galt für Ordinierte selbstverständlich die Verpflichtung zur Wahrung des Beichtgeheimnisses.
9. Die Kirchen in der DDR haben sich (...) nicht ausdauernd und öffentlich von der Tätigkeit des Staatssicherheitsdienstes in der Kirche und in der Gesellschaft distanziert. Das trägt ihnen den Vorwurf ein, versagt zu haben (...).
9.3 Die theologisch nicht geklärte Haltung der Kirchen zum Staatssicherheitsdienst hat Raum geschaffen für einen pragmatisch-politischen Umgang mit dem Staatssicherheitsdienst als Machtfaktor der DDR, den einzelne kirchliche Amtsträger zugunsten der Kirche und ihres Auftrages, aber unter Verletzung ihrer kirchlichen Rechenschaftspflicht zu nutzen versuchten (...).
12.1 Wer im Alleingang Gesprächskontakte mit dem Staatssicherheitsdienst aufgebaut und unterhalten hat, muß heute wie damals die Verantwortung für sein Handeln übernehmen und vor Kirche und Gemeinde Rechenschaft geben (...).
12.3 Öffentliche kirchliche Solidarität mit den Verstrickten ist nur glaubhaft, wenn die Kirche sich wahrhaftig um die Aufklärung des konspirativen Tuns einzelner bemüht und bei festgestellten Amtspflichtverletzungen dienstrechtliche Konsequenzen nicht scheut (...).
13.3 Eine halbherzige Aufklärung des Einflusses des Staatssicherheitsdienstes auf die Kirche bedeutet, im Zwielicht der Vergangenheit zu bleiben, und würde dem Vertrauen in die Kirche auf lange Zeit schaden."[49]
Der Anspruch, der in diesen Thesen formuliert wurde, blieb innerhalb und außerhalb der Kirchen nicht unumstritten, hat aber in den Gliedkirchen und darüber hinaus zweifellos eine klärende Wirkung gehabt[50]. Inzwischen ist man innerhalb der evangelischen Kirchen über diese Lasten der Vergangenheit, aber auch die Probleme des innerkirchlichen Wiedervereinigungsprozesses zur Tagesordnung übergegangen. Das erleichtert gewiss den alltäglichen Dienstbetrieb, verzögert aber jene innere Wiedervereinigung, an der es auch im staatlich-gesellschaftlichen Bereich des geeinten Deutschlands noch immer fehlt.

---

49 Tätigkeitsbericht der Kirchenkanzlei der EKU 1992/93, S. 131-136; epd-ZA Nr. 219, 29.10.1992.
50 Die EKU-Thesen wurden auch in die Materialien der Aufarbeitungssynode der EKD vom November 1992 übernommen; vgl. Kirchenamt der EKD (Hrsg.), Kirche im geteilten Deutschland. Bewahrung in der Bedrängnis. Diskussionsbeiträge und ergänzende Materialien von der 3. Tagung der 8. Synode der EKD November 1992 in Suhl, Hannover 1992, S. 203-208.

Die Erforschung der DDR-Geschichte in Vergangenheit und Gegenwart

Hermann Weber und Ulrich Mählert

Die Teilung Deutschlands spiegelte sich bis 1990 auch in ihrer deutsch-deutschen Zeitgeschichtsbetrachtung wider. In beiden deutschen Staaten bewegten sich Wissenschaftler und Publizisten, die sich mit der Nachkriegsgeschichte beschäftigten, auf dem Terrain der Systemauseinandersetzung. Dennoch gab es gravierende Unterschiede: Während im Westen die kritische Sicht überwog, war den DDR-Historikern aufgetragen, die eigene Geschichte schönzufärben und an die jeweils gültige Parteilinie anzupassen. Denn die dortigen Chronisten hatten die SED-Generallinie zu rechtfertigen und das Axiom der stalinistischen Ideologie, die „Partei" habe „immer Recht", „wissenschaftlich" zu untermauern. Ihnen fehlte die notwendige Unabhängigkeit, und es fehlte Pluralismus in der Forschung. Die Versuche, den SED-Herrschaftsanspruch rückwirkend „historiographisch" zu begründen und zu legitimieren, beruhten auf Legenden, Verzerrungen und Fälschungen. Die meisten daraus resultierenden „Forschungsergebnisse" sind heute allenfalls noch Beleg der „Parteilichkeit" und der Unterordnung der Geschichtswissenschaft unter den Herrschaftsanspruch der SED-Diktatur.[1]

Gerade diese „Parteilichkeit" der SED-Historiker veranlasste westdeutsche DDR-Forscher – gewissermaßen in Stellvertreterfunktion – die DDR-Geschichte zu untersuchen. Dabei gab es Schwierigkeiten, denn nur in Ausnahmefällen war Quellenmaterial zugänglich, und leider beschäftigten sich zu wenige Zeithistoriker mit der Thematik.

Bereits in den fünfziger Jahren hatten indes Historiker und Publizisten in Westdeutschland die Verlogenheit der SED-Diktatur offengelegt. Nicht wenige ihrer Werke haben weiterhin Bestand, so etwa die Bücher von Carola

---

1 Vgl. zur Einschätzung der DDR-Geschichtswissenschaft Ilko-Sascha Kowalczuk, Legitimation eines neuen Staates, Berlin 1997; Ulrich Neuhäusser-Wespy, Die SED und die Historie, Bonn 1997; Hermann Weber, Die DDR 1945-1990. 3., erw. Aufl., München 2000, S. 130ff.

Stern[2], Joachim Schultz[3], Ernst Richert[4] und Marianne und Egon Erwin Müller[5]. Solche Arbeiten entstanden aus intellektueller Unabhängigkeit und Urteilskraft, die sich die meisten westlichen Autoren auch bei der politischen Auseinandersetzung mit der SED-Diktatur bewahrt hatten.

Nach dem Mauerbau erlahmte in Westdeutschland zunächst das Interesse an zeitgeschichtlichen Aspekten der DDR-Entwicklung. Zum einen versiegte nicht nur der Zustrom an Flüchtlingen, sondern auch der Informationsaustausch, der in der geteilten Stadt Berlin bis dahin stattgefunden hatte. Zum anderen schien es, als habe die DDR an Stabilität gewonnen, die eine baldige Vereinigung nunmehr unwahrscheinlicher machte. Seit den sechziger Jahren änderte sich außerdem der Zeitgeist in Westdeutschland. Durch die Politik eines „geregelten Nebeneinander" der beiden deutschen Staaten sollte der „Kalte Krieg" überwunden und die Gefahr eines „heißen" Krieges ausgeschlossen werden. Der damals wie heute von einigen Kritikern gescholtene „systemimmanente" Forschungsansatz dokumentierte seit den siebziger Jahren ebenfalls einen neuen Blick auf die DDR, der nüchtern war, ohne die SED-Diktatur damit zwangsläufig zu verharmlosen oder gar gutzuheißen.

Daneben war eine andere Besonderheit zu verzeichnen: Über westdeutsche Verlage, die teilweise von der DDR finanziert wurden, kamen immer mehr apologetische Publikationen in Umlauf, die die deutsch-deutsche Nachkriegsgeschichte im Sinne der SED-Propaganda umdeuteten.

Dieser Herausforderung stellte sich die westdeutsche Zeitgeschichtsschreibung. In Mannheim beispielsweise konnte an jahrelange Vorarbeiten angeknüpft werden, und Anfang der achtziger Jahre gelang es hier, ein Zentrum der zeitgeschichtlichen DDR-Forschung aufzubauen. Trotz schmaler Quellenbasis konnte die westdeutsche Forschung die Geschichte der DDR in ihren wesentlichen Grundlinien, Etappen und Problemen beschreiben. Selbst politisch brisante und von der SED vertuschte Aspekte ihrer Herrschaft konnten herausgearbeitet werden, wie etwa die Beiträge von Karl Wilhelm Fricke zur Staatssicherheit und zur politischen Verfolgung zeigen.[6]

---

2 Carola Stern, Porträt einer bolschewistischen Partei. Entwicklung, Funktion und Situation der SED, Köln 1957.

3 Joachim Schultz, Der Funktionär in der Einheitspartei. Kaderpolitik und Bürokratisierung in der SED, Stuttgart-Düsseldorf 1956.

4 Ernst Richert, Macht ohne Mandat. Der Staatsapparat in der Sowjetischen Besatzungszone Deutschlands. Mit einer Einleitung von Martin Drath. 2., erw. und überarb. Aufl., Köln-Opladen 1963.

5 Marianne und Egon Erwin Müller, „„...stürmt die Festung Wissenschaft!" Die Sowjetisierung der mitteldeutschen Universitäten seit 1945, Berlin 1953.

6 Vgl. die Beiträge von Karl Wilhelm Fricke, Der Wahrheit verpflichtet. Texte aus fünf Jahrzehnten zur Geschichte der DDR. Hrsg. von der Stiftung zur Aufarbeitung der SED-Diktatur und vom Deutschlandfunk. Wiss. Bearbeiter: Ilko-Sascha Kowalczuk. Einführung von Rainer Eppelmann und Bernd Faulenbach, Berlin 2000 sowie die darin enthaltene Personalbibliographie.

Ohne Zugang zu den DDR-Archivalien sind über die DDR bis 1989 im Westen wichtige Erkenntnisse publiziert worden. Viele Veröffentlichungen über die Etappen der SED-Diktatur, ihre Kontinuitäten und Wandlungen, über die Herrschaftsstrukturen sowie über Mechanismen der Machtausübung (Ideologie, Terror, Neutralisierung), über Politik und Gesellschaft, zum Parteiensystem oder Regierungsapparat, zur Wirtschaft, Kultur, Wissenschaft und Verfolgung behalten bis heute Gültigkeit.[7] Der damals erreichte Forschungsstand war durchaus respektabel. Obwohl es beim Ende der DDR viele dachten und manche noch immer glauben: Es brauchte „das Rad nicht neu erfunden" zu werden.

Die Öffnung der DDR-Archive brachte eine geradezu explosionsartige, unübersehbare Flut von Publikationen über die DDR. Die Arbeit mit den nun zugänglichen Quellen half dabei, Legenden und Fälschungen der DDR-Geschichtsschreibung aufzudecken und zu berichtigen. Nachdem anfangs „Schnellschüsse" die Kenntnis über die Entwicklung des anderen deutschen Staates nur wenig erweiterten, folgten bald detailreiche und wertvolle Arbeiten in großer Zahl. Da dieser positive Trend anhält und in der Forschung zur Nachkriegszeit die Analysen der DDR bei weitem überwiegen, ist allerdings ein Missverhältnis entstanden. Paradoxerweise gibt es gegenwärtig weit mehr Projekte zur DDR-Geschichte als zur Entwicklung der alten Bundesrepublik.

Dies ist nicht zuletzt eine Folge der Asymmetrie beim Zugang zu den Quellen. Seit dem Ende der DDR und der Öffnung ihrer Archive besteht für Forscher die einmalige Chance – auch dank der unermüdlichen Arbeit der Archivare –, die erhaltene schriftliche Überlieferung der SED-Diktatur von ihrem Beginn bis zu ihrem Zusammenbruch einzusehen. Vor allem durch die Einrichtung der Stiftung Archiv der Parteien und Massenorganisationen der DDR (SAPMO) und die Aufhebung der 30-Jahre-Sperrfrist für deren Akten werden den Wissenschaftlern hervorragende Bedingungen geboten. Für die westdeutschen Akten hingegen gilt die Sperrfrist weiterhin. Die Probleme und der Stellenwert des Archivzugangs für die Forschung sind evident.[8] Auch zehn Jahre nach der staatlichen Vereinigung ist diese „Schieflage" zu kritisieren. Hinzu treten Hürden beim Zugang zu den russischen Archivalien, aber auch die Geheimhaltung von Akten des Ministeriums für Auswärtige Angelegenheiten der DDR. Eine zentrale Forderung bleibt es daher weiterhin, der Wissenschaft die Einsicht insbesondere in die archivierten Überlieferungen der westdeutschen Parteien, des Bundeskanzleramtes, des Auswärtigen Amtes, des Bundesministeriums für innerdeutsche Beziehungen sowie des Verfassungsschutzes und des BND für die Zeit bis 1989/90 zu gestatten.

---

7 Zum Forschungsstand vgl. H. Weber (Anm. 1), S. 117ff.
8 Vgl. dazu Hermann Weber/Ulrich Mählert: „Quellenlage zur DDR-Geschichte", in: GESIS (Hrsg.), DDR-Sozialforschung. Quellen, Daten, Dokumente, Opladen 1998, S. 165ff.

Der ständig aufflammende Streit um die Akten des Ministeriums für Staatssicherheit birgt sogar die Gefahr, dass Unterlagen, die für die Erforschung der DDR von zentraler Bedeutung sind, vernichtet werden. Schon zum 1. Januar 1999 sollte die „Schwärzung" von MfS-Originalakten in der Behörde des Beauftragten für die Stasi-Unterlagen erfolgen. Die geplante Anonymisierung hat der Bundestag in letzter Minute um vier Jahre verschoben. Dieses Vorhaben muss ganz aufgegeben werden, denn Schwärzungen von Originalakten würden die Forschung behindern. Dies wäre ein einmaliger und verheerender Vorgang in der Archivgeschichte, der weit über Datenschutz und die berechtigten Interessen der Verfolgten hinausgeht.[9] Der Hinweis, die Unterlagen seien „rechtswidrig gesammelt" worden, ist nicht stichhaltig. Alle Überwachungsakten, etwa über die Sozialdemokratie oder die Anarchisten im Kaiserreich, vor allem aber die Gestapo-Unterlagen sind ähnlich zustande gekommen und nicht weniger brisant. Eine Vernichtung von Originalakten würde nicht nur die Bemerkung in Punkt 2.2. des Stasi-Unterlagengesetzes (§ 14) ad absurdum führen, nach der die Anonymisierung zu unterbleiben habe, „*soweit die Information für die Forschung zur politischen und historischen Aufarbeitung erforderlich*" sei. Schließlich vermag kein Archivar bei derart sensiblen Unterlagen zu beurteilen, welche Fragen die Historiker in 30 oder 50 Jahren stellen werden. Dieses Gesetz muss geändert, die Akten dürfen nicht vernichtet werden.

Auch die Auseinandersetzung um die vom MfS angefertigten Abhörprotokolle von Telefongesprächen westdeutscher Politiker zeigt die befremdliche Bereitschaft vieler Entscheidungsträger, den Bestand historischer Dokumente aus Gründen der politischen Opportunität zur Disposition zu stellen. Es war stets ein Kennzeichen von Diktaturen, die Vergangenheit durch die Vernichtung von Aufzeichnungen zu verfälschen, Demokratien hingegen brauchen die Wahrheit. Für die Geschichtswissenschaft bleiben diese Materialien eine bedeutende Quelle, die – gegebenenfalls mit einer Sperrfrist versehen – künftiger Forschung nicht entzogen werden dürfen.

So unverzichtbar die archivalische Hinterlassenschaft der SED-Diktatur für deren weitere Analyse ist, so sehr ist ein wohl einzigartiges Phänomen zu beklagen, das die DDR-Forschung von anderen zeitgeschichtlichen Forschungsfeldern unterscheidet: Nicht wenige DDR-Forscher verzichten angesichts der „Aktenfülle" auf eine gewissenhafte Rezeption des Forschungsstandes. Der findet sich oft nur noch als bloße Titelangabe in den Fußnoten. Wenn der Kontext, die Zeitumstände und die Begrenztheit spezieller Überlieferungen vernachlässigt werden, kommt es zu Überinterpretationen, die von den Akten nicht gedeckt werden. Die Manie, aus „neuen" Quellen überraschende Aussagen zu konstruieren, führt zu einer weiteren bedenklichen Tat-

---

9 Vgl. dazu auch Lutz Rathenow in: europäische ideen, hrsg. von A. W. Mytze, H. 118, London 2000, S. 5ff.

sache: Weil der Forschungsstand kaum noch registriert wird, fallen solche Untersuchungen dann hinter bisher erreichte Ergebnisse zurück. Etliche Forscher überschätzen zudem das „Gewicht" von Akten. Über die Strukturen und Methoden kommunistischer Herrschaft war vieles bekannt; neu ist eher die Art und das Ausmaß der Unterdrückung, der Bespitzelung usw. Anstatt die herkömmliche Sicht mit Fakten aus den Quellen anzureichern, bisherige Thesen zu verifizieren oder auch zu falsifizieren, werden nicht selten ausgefallene Behauptungen aufgestellt, die vielleicht der Profilierung dienen sollen. Hier ist weniger Aufgeregtheit und mehr Redlichkeit beim Umgang mit den Unterlagen angebracht.

Intellektuelle Selbstbeschränkung konnte zu Beginn der neunziger Jahre immer dann entschuldigt werden, wenn es sich um „Novizen" handelte, die vom Boom der DDR-Forschung angezogen, von der Aktenfülle überwältigt worden waren. Es gab jedoch Beispiele, wo zum fehlenden Handwerkszeug und unzureichenden Vorkenntnissen auch Methode hinzukam.[10] Westdeutsche Forschungsleistungen zur DDR-Geschichte aus der Zeit vor 1989 wurden in demagogischer Art diffamiert. Diese teilweise absurden Debatten führten zu einer widersprüchlichen Bewertung des Forschungsstandes, die bis heute fortwirkt.[11] Bei allen Anwürfen spielen außerwissenschaftliche Faktoren, wie etwa Verteilungskämpfe, eine Rolle, dieser Streit ließ „die Forschung selbst fast als Nebensache erscheinen" (Ilse Spittmann).

Es ist höchste Zeit, diese personalisierte Auseinandersetzung zu beenden und Inhalte zu debattieren. Wer sich Problemen der DDR-Geschichte nähert, muss neben den Akten auch die zeitgenössischen Veröffentlichungen und insbesondere die damalige Presse rezipieren, er muss seine Quellen, die Zeitumstände und die daraus ableitbaren Handlungsperspektiven und Erwartungen der Protagonisten in einen Zusammenhang stellen, die Methoden der Quellenkritik anwenden und schließlich den stetig wachsenden Forschungsstand berücksichtigen. Weder Kampf um Ressourcen noch Profilierungssucht dürfen zivilisierte Formen des wissenschaftlichen Diskurses – den Austausch von Argumenten – überlagern, erschweren oder gar verhindern. Nur so ist eine „Historisierung" der untergegangenen DDR zu erreichen.

Die zahllosen materialgesättigten, aus den Quellen erarbeiteten Untersuchungen des vergangenen Jahrzehnts haben die von der westdeutschen historischen DDR-Forschung formulierten Grundaussagen zur DDR keineswegs

10 Vgl. dazu: Internationale Wissenschaftliche Korrespondenz zur Geschichte der deutschen Arbeiterbewegung (IWK) 2/1997, S. 232ff.

11 Vgl. Deutscher Bundestag (Hrsg.), Materialien der Enquete-Kommission „Überwindung der Folgen der SED-Diktatur im Prozeß der deutschen Einheit". Acht Bände in 14 Teilbänden, Baden-Baden/Frankfurt a.M. 1999, insbes. die Expertisen von Eckhard Jesse, Bd. IV/2, S. 1191ff., Gero Neugebauer, ebd., S. 1463, und Klaus Schroeder, ebd., S. 1522ff., vgl. auch Hermann Weber: „‚Asymmetrie' bei der Erforschung des Kommunismus und der DDR-Geschichte?", Aus Politik und Zeitgeschichte B 26/1997, S. 37ff.

widerlegt, sondern in aller Regel bestätigt. Das gilt zum einen für die konstatierten Strukturdefekte der kommunistischen Diktaturen im Allgemeinen und hier vor allem für die fehlende demokratische Legitimation. Zum anderen wurden für die DDR zwei Besonderheiten festgehalten: Sie war ein Teilstaat, dessen Bevölkerung immer auf den größeren Teilstaat, die reichere und demokratische Bundesrepublik, fixiert blieb. Zudem wurden nach 1945 Herrschafts- und Gesellschaftsformen auf das sozioökonomisch hochentwickelte Gebiet der SBZ/DDR übertragen, die aus der Rückständigkeit Russlands stammten. Hierin lagen die Ursachen vielfältiger Widersprüche und Konflikte sowie Bedingungen des Zusammenbruchs. Auch die Phasen der „Sowjetisierung" und der „Stalinisierung" der SBZ/DDR oder die entscheidenden Zäsuren 1949, 1953, 1961 und 1971 wurden durch die neueren Forschungsergebnisse anerkannt.

Schließlich stützen die Akten eine generalisierende Einschätzung der Herrschaftsmethoden der SED-Diktatur, die bereits lange vor dem Mauerfall formuliert worden war. Danach sind dort im Wesentlichen drei, von der Sowjetunion Stalins übernommene Mechanismen zur Machtausübung festzustellen:

1. Die Ideologie des „Marxismus-Leninismus", die als Bindeglied der herrschenden Eliten fungierte, sollte durch Bewusstseinsbildung zugleich neue Anhänger gewinnen. Der Führung diente die Ideologie – neben der Anleitung des politischen und sozialen Handelns – als Rechtfertigungs- und Verschleierungsinstrument.
2. Das Regime praktizierte die Neutralisierung, um „unpolitische" Menschen, die weder Gegner noch Anhänger des Systems waren, bei wachsendem Wohlstand und einem Mindestmaß an persönlichem Freiraum „passiv" halten zu können.
3. Gegner wurden mit Terror niedergehalten. Die Verfolgungen durch die Staatssicherheit und die Justiz richteten sich gegen eine Minderheit, die aktiv eine Änderung der Verhältnisse anstrebte. Befohlene „Wachsamkeit" sollte zudem jede Nonkonformität aufspüren und Misstrauen verbreiten. Zugleich wollte das Regime durch Terror, „Zersetzung" und Überwachung Unsicherheit und Angst wecken, um bereits die Entstehung von Opposition zu verhindern. Daneben gab es zahlreiche mittelbare Repressionen und zunehmend subtilere Methoden der Unterdrückung. Doch die Herrschaftsinstrumente stumpften zunehmend ab und verloren ihre Wirkung schon vor dem Zusammenbruch der Diktatur.

Die in den letzten zehn Jahren vorgelegten Untersuchungen zur Ideologie[12], zum Alltag und zur Sozialgeschichte[13] sowie insbesondere zum MfS und zur

---

12 Nach 1990 erschienen etwa 30 Untersuchungen zur Ideologie und Wissenschaft in der DDR, vgl. H. Weber (Anm. 1), S. 279 ff. Die erste Enquete-Kommission hat mehr als zehn Experten vorgelegt: Deutscher Bundestag (Hrsg.), Materialien der Enquete-

Rolle der Opposition[14] haben durch genaue Auswertung der Akten neue detailreiche Ergebnisse gebracht und tiefere Einsichten ermöglicht. Damit wurde das vorhandene Bild der Geschichte der DDR präzisiert. Die Forschungsfelder, die seit 1990 bearbeitet wurden, gingen natürlich weit über diese Bereiche hinaus. Allerdings wurden sie ebenso wie die Zeitphasen mit sehr unterschiedlicher Intensität analysiert.

Im vergangenen Jahrzehnt konnten rund 1000 Forschungsprojekte zur DDR-Geschichte registriert werden. Anknüpfend an eine Erhebung, die der Mannheimer Arbeitsbereich DDR-Geschichte 1994 im Auftrag der ersten Enquete-Kommission des Deutschen Bundestages zur DDR-Geschichte vorgelegt hat, dokumentiert der in Mannheim begründete und von der Stiftung zur Aufarbeitung der SED-Diktatur fortgesetzte Newsletter „Aktuelles aus der DDR-Forschung" im Deutschland Archiv dreimal jährlich neue, einschlägige Forschungsvorhaben.

Eine Analyse der Forschungsschwerpunkte verdeutlicht zeitliche und thematische Schwerpunkte. Rund die Hälfte aller Projekte konzentrieren sich entweder auf die Herausbildung oder das Ende der Diktatur in den vierziger und frühen fünfziger bzw. den achtziger Jahren. Jedes vierte Projekt widmet sich Fragen, die sich über den ganzen Zeitraum der DDR-Existenz erstrecken. Vernachlässigt werden nach wie vor die sechziger und siebziger Jahre. Jedes fünfte Forschungsprojekt widmete sich in den neunziger Jahren Fragen der Herrschaftssicherung durch Partei, MfS, Militär, Polizei und Justiz bzw. Formen der Verweigerung durch Opposition. Ebenso groß war der Anteil der Projekte, die sich für die Wirtschafts- und Sozialgeschichte der DDR interessierten. Zu den Themen, die anhaltend große Aufmerksamkeit genießen, zählen weiterhin die Geschichte der Kirchen in der DDR, die Geschichte der Medien, lokal- und regionalgeschichtliche Fragestellungen, die friedliche Revolution sowie der Transformationsprozess. Im Verlauf der neunziger Jahre ging das wissenschaftliche Interesse an der DDR-Literatur sowie der darstellenden Kunst zurück. Dagegen stiegen die Zahl der Projekte im Bereich der Alltagskultur sowie biographische Untersuchungen erfreulicherweise an. Als relativ gut erforscht können folgende Themenfelder genannt werden: Politikgeschichte, Verfassungs-, Ideologie- und Literaturgeschichte sowie die

Kommission „Aufarbeitung von Geschichte und Folgen der SED-Diktatur in Deutschland", Baden-Baden/Frankfurt a.M. 1995, Bd. III/1-3.
13 Die Literatur zum Alltag in der DDR ist immer noch dürftig. Vgl. dazu jetzt die Materialien der 2. Enquete-Kommission (Anm. 11), Band V: Alltagsleben in der DDR und in den neuen Ländern (Drei Sitzungen mit Vorträgen, Diskussion usw. und acht Expertisen).
14 Die Rolle des MfS und die Geschichte der Opposition war bis 1990 unterbelichtet; seitdem sind darüber unzählige Titel erschienen, vgl. H. Weber (Anm. 1) S. 296. Auch hier haben die beiden Enquete-Kommissionen des Deutschen Bundestages (Anm. 11 und 12) in den Bänden IV, VII/1 und VII/2 bzw. II/1 und II/2 (erste Kommission) umfangreiche Materialien vorgelegt.

Bildungs-, Frauen- und Jugendpolitik der ersten Jahrzehnte der DDR-Entwicklung. Hier lagen zum Teil bereits wesentliche Ergebnisse vor, die seit 1990 aufgrund des Aktenzugangs erweitert worden sind.

Für die Forschung teilweise ergiebig sind subjektive Erinnerungen von Zeitzeugen. Seit 1990 ist die Memoirenliteratur stark angewachsen. Zu nennen sind Rechtfertigungsversuche von früheren Politbüro-Mitgliedern wie Hermann Axen, Kurt Hager und Alfred Neumann bis hin zu MfS-Offizieren und -Mitarbeitern. Andererseits liegen aber inzwischen auch persönliche Berichte von Widerstandskämpfern und Verfolgten vor, so dass auch dieses Kapitel nicht nur aus den Akten erarbeitet werden muss.

Bedeutsam ist die Vielzahl von Quellensammlungen und Dokumentationen. Die zahlreichen kleineren Untersuchungen und Beiträge in den verschiedenen Medien sind kaum noch zu registrieren. Besonders hinzuweisen ist auf die neun Bände (in 18 Teilbänden) der Materialien der ersten Enquete-Kommission des Deutschen Bundestages „Aufarbeitung von Geschichte und Folgen der SED-Diktatur in Deutschland" (1995) sowie acht Bände (in 14 Teilbänden) der zweiten Enquete-Kommission „Überwindung der Folgen der SED-Diktatur im Prozeß der deutschen Einheit" (1999). Schließlich erreichte die Enquete-Kommission, dass mit der „Stiftung zur Aufarbeitung der SED-Diktatur" seit 1998 in Berlin eine Institution besteht, die der Wissenschaft ebenfalls Hilfe anbietet.[15]

Auch im zehnten Jahr nach der Vereinigung ist das Interesse an der DDR-Geschichte ungebrochen. Gegenwärtig dürften sich rund 500 Forscherinnen und Forscher mit den unterschiedlichsten Aspekten der SED-Diktatur beschäftigen. Bemerkenswerterweise verteilen sich die laufenden Vorhaben zu jeweils einem Drittel auf die alten und die neuen Bundesländer sowie auf Berlin. Bedeutsam ist, dass die Hälfte aller Projekte an Universitäten und ein Drittel an universitätsnahen Institutionen angesiedelt sind. Schwerpunkte liegen bei politikwissenschaftlichen, germanistischen und zeitgeschichtlichen Instituten und Lehrstühlen. Aber auch Juristen, Geographen, Pädagogen, Wirtschafts- und Medizinhistoriker befassen sich mit der DDR.

Darüber hinaus haben sich neue Institutionen herausgebildet, in deren Mittelpunkt die Erforschung der DDR-Geschichte steht. Der Schwerpunkt verlagerte sich dabei in die neuen Bundesländer und nach Berlin.[16] Zu erwähnen sind das Zentrum für Zeithistorische Forschung in Potsdam, das Hannah-Arendt-Institut für Totalitarismusforschung in Dresden, das Institut für Zeitgeschichte München (Außenstelle Berlin), die Abteilung Bildung und Forschung des Bundesbeauftragten für die Stasi-Unterlagen sowie der Forschungsverbund SED-Staat an der Freien Universität Berlin. Auch aus dem Ausland und hier vor allem aus den USA, Großbritannien, Frankreich und den Beneluxstaaten

---

15 Vgl. dazu den Beitrag von Rainer Eppelmann in diesem Band.
16 Vgl. auch G. Neugebauer (Anm. 11), S. 1502ff.

kommen kontinuierlich Beiträge zur DDR-Geschichte, die sich nicht selten durch Unbefangenheit und produktive Distanz auszeichnen.

Neben der akademischen DDR-Forschung tragen insbesondere Aufarbeitungsinitiativen der früheren DDR-Opposition, Opferverbände, Institutionen der politischen Bildungsarbeit und auch – meist PDS-nahe – Zusammenschlüsse von Mitarbeitern abgewickelter DDR-Forschungseinrichtungen zur gesellschaftlichen Aufarbeitung bei. Naturgemäß differieren die Ausgangspositionen und Betrachtungen sowie die zum Teil gegensätzlichen Bewertungen.

Die historische Auseinandersetzung mit der SED-Diktatur blieb – wie bereits dargelegt – auch nach 1990 von der Tagespolitik beeinflusst. Dies spiegelte sich in inhaltlichen Schwerpunktsetzungen, und damit einhergehenden Polarisierungen wider. So rückte die historische Kommunismusforschung im vergangenen Jahrzehnt vor allem den Terror in den Mittelpunkt ihrer Untersuchungen. Dies machte sich selbst in der DDR-Forschung bemerkbar. Dabei wird manchmal übersehen, dass Terror den kommunistischen Diktaturen, insbesondere im Stalinismus, immanent war, aber der Kommunismus nicht auf blutigen Terror zu reduzieren ist.[17] Vom Kommunismus als einer (ursprünglich von der Arbeiterbewegung kommenden) radikal-sozialen Bewegung mit dem Streben nach sozialer Gerechtigkeit wurden auch andere Elemente zur Herrschaft ausgenutzt. Er war daher selbst strukturell nicht allein die Diktatur einer kleinen Clique, sondern stützte sich – wenigstens zeitweise – auf breitere Schichten, war stärker verwurzelt, als das manche Darstellung beschreibt. Andererseits haben sich – vor allem seit den Debatten um das „Schwarzbuch des Kommunismus" – so genannte „linke" Historiker aus der alten Bundesrepublik in die Reihen derjenigen begeben, die die SED-Diktatur verharmlosen. Ihre Angriffe auf die Totalitarismustheorie sind weniger gegen deren Schwächen gerichtet (kaum Einbeziehung der historischen Dynamik oder der Rolle der Opposition), sondern gipfeln in der Behauptung, die kommunistischen Herrschaftssysteme seien keineswegs totalitär gewesen.[18] Diese Art von Geschichtsklitterung mit einer Beschönigung der stalinistischen Diktaturen und ihre totalitären Herrschaftsformen mit blutigen „Säuberungen" ist inakzeptabel.

Die Wissenschaft muss sich vor der Vereinnahmung durch die Politik ebenso hüten wie vor dem jeweiligen Zeitgeist, kann und darf allerdings nicht auf klare Grundsatzwertungen verzichten. So verdeutlicht etwa der Vergleich beider deutscher Diktaturen, dass die Dimensionen des Terrors in der barbarischen Nazi-Diktatur unendlich größer waren als in der nachfolgenden SED-Diktatur. Dies relativiert jedoch den Terror der SED-Herrschaft in keiner Wei-

---

17 Vgl. Hermann Weber/Ulrich Mählert (Hrsg.), Terror. Stalinistische Parteisäuberungen 1936-1953, Paderborn 1998.
18 Vgl. z.B. Johannes Klotz (Hrsg.), Schlimmer als die Nazis?, Köln 1999.

se. Deshalb ist auch die DDR bei aller wissenschaftlich gebotenen Sachlichkeit als Diktatur und damit als politischer Unrechtsstaat zu definieren.

Einer solchen Einschätzung wird indes von nicht wenigen ehemaligen DDR-Historikern widersprochen. Sie gehören zu einem heterogenen intellektuellen Milieu, das sich im Umfeld der PDS im Verlauf der neunziger Jahre entwickelt hat. In diesen Zirkeln fanden sich viele der zahllosen Historiker und Gesellschaftswissenschaftler wieder, die vor 1989 an den personell aufgeblähten Akademien, Universitäten, Parteischulen und anderen Bildungseinrichtungen tätig waren. 1989 und 1990 hatten sich etliche von ihnen zunächst noch sehr kritisch über die eigene Historiographie geäußert, doch als nach der Evaluation der ostdeutschen Wissenschaftslandschaft die meisten von ihnen aufgrund von Systemnähe „abgewickelt" worden waren, ließ die Bereitschaft zur (selbst-)kritischen Auseinandersetzung mit der DDR-Geschichte rasch nach.

Dass Tendenzen von Rechtfertigung der DDR und speziell der SED bei einstigen DDR-Historikern weiterhin tief verinnerlicht sind, bewiesen sie nicht nur mit der Schaffung einer „alternativen" Enquete-Kommission. Dies war beispielsweise 1996 auch an ihren Beiträgen in der Diskussion zum 50. Jahrestag der Zwangsvereinigung der SPD mit der KPD zu erkennen.

Unter den zahlreichen Veröffentlichungen aus dem Umfeld der PDS befinden sich heute neben fundierten empirischen Arbeiten vielfach apologetische Schriften. Beispielhaft ist das an den „heften zur ddr-geschichte" abzulesen, die vom Verein „Helle Panke" sehr preisgünstig vertrieben werden. Inzwischen sind mehr als 60 solcher „Hefte" (meist um die 50 Seiten stark) erschienen.[19] Hier reichen knappe Untersuchungen von der Aufdeckung früherer Tabu-Themen (etwa der Säuberungen) bis zu Rechtfertigungsversuchen. Zu letzteren gehört auch der Großteil der Memoiren früherer DDR-Funktionsträger.

In durchaus soliden Arbeiten früher maßgeblicher DDR-Historiker tauchen neuerdings, neben eigenen Erinnerungen, längst überholte alte Vorstellungen auf. Die jüngsten Werke von Günter Benser[20] oder Rolf Badstübner[21] bemühen sich beispielsweise, die „fortschrittlichen" Seiten der DDR im Geschichtsbild zu retten. Ansätze eines kritischen Rückblicks der Jahre 1989/90 scheinen fast vergessen oder werden zumindest reduziert. Andere Autoren betreiben ganz offen und fortgesetzt Schönfärberei der DDR. Das gilt z.B. für einen ebenfalls 1999 erschienenen Band, in dem 39 Politiker wie Modrow und Benjamin und Historiker wie Doernberg, Karl und Krusch einen „Vergleich" zwischen DDR und Bundesrepublik ziehen.[22] Es ist wenig erstaunlich, dass dabei der Fundamentalgegensatz beider Systeme (hier die

---

19 Vgl. Jörg Roesler, Annotation in Deutschland Archiv 1/1999, S. 163f.
20 Günter Benser, DDR – gedenkt ihrer mit Nachsicht, Berlin 2000.
21 Rolf Badstübner, Vom „Reich" zum doppelten Deutschland, Berlin 1999.
22 G. Fischer u.a., Wider den Zeitgeist. Zwei deutsche Staaten in der Geschichte, Schkeuditz 1999.

parlamentarische Demokratie, dort die stalinistische Diktatur) nicht thematisiert, sondern verschleiert wird.

Andererseits ist erfreulich, dass sich eine ganze Reihe meist jüngerer Historiker aus der DDR in die gesamtdeutsche Forschungslandschaft fest integriert hat. Gerade sie sind inzwischen mit wichtigen Arbeiten zur DDR-Vergangenheit hervorgetreten. Daher ist wohl zu erwarten, dass sich der frühere Ost-West-Gegensatz zwischen der SED-Historiographie, die das DDR-Regime verherrlichte, und der pluralistischen westlichen Wissenschaft, die die DDR kritisch untersuchte, zunehmend abschwächt. Vieles deutet darauf hin, dass der politische Dogmatismus, der keineswegs nur bei ostdeutschen Historikern zu beklagen ist, auch ein Generationenproblem darstellt. Längst wächst eine neue gesamtdeutsche „Historikerzunft" heran, die das gemeinsame Interesse am Forschungsgegenstand verbindet und die offenkundig Distanz zu den politischen Querelen der Vergangenheit hält. Auf diese wie wohl auch künftige Historiker warten noch viele unbeantwortete Forschungsfragen an die DDR-Geschichte. Trotz der immensen Zahl der Publikationen und Forschungsprojekte bestehen noch erhebliche Desiderate.

Generell befindet sich die vergleichende Diktaturforschung erst in den Anfängen. Der Vergleich zwischen beiden deutschen Diktaturen, zwischen der DDR und den kommunistischen Diktaturen Osteuropas (aber auch der Vergleich der DDR und der Bundesrepublik), hat erst begonnen. Die DDR ist dabei sowohl Teil der Nachkriegsgeschichte Deutschlands als auch der Entwicklung des Ostblocks unter sowjetischer Führung. Voranzubringen ist die Analyse der Entscheidungsprozesse in der SED-Spitze und vor allem deren Handlungsspielräume gegenüber Moskau. Auffallend ist, dass ausgerechnet die SED, deren Führung die Diktatur ausübte, aber auch die Blockparteien und Massenorganisationen, auf die sie sich dabei stützte, eine zu geringe Aufmerksamkeit in der Forschung finden (mit Ausnahme der Frühphase).

Weitere Forschungsdesiderate sind: die Verzahnung der Entwicklung beider deutscher Staaten; die Außenpolitik der DDR; die Überwindung der DDR-Zentriertheit durch Analysen zur Rolle der Sowjetunion, des Warschauer Pakts, des RGW; Untersuchungen zur SED, ihrer Sozialgeschichte, Veränderungen der Parteidiktatur in einzelnen Phasen und verschiedenen Bereichen; Phänomene der Überzeugung, Akzeptanz und des Sich-Arrangierens mit dem Regime; die Ideologie als Integrationsfaktor; Rolle und Ambivalenz der Blockparteien und der Massenorganisationen, insbesondere des FDGB; Gründe für systemkonformes oder oppositionelles Verhalten bestimmter sozialer Gruppen; die Militarisierung der Gesellschaft; die Emanzipation der Frauen; die Rolle des Gesundheitswesens; die Rolle des Massen- und Spitzensports.

Darüber hinaus gibt es zahlreiche methodische und inhaltliche Fragestellungen für die Analyse der DDR-Geschichte, die von der Wissenschaft zu diskutieren sind. Beispielsweise wird die Auseinandersetzung darüber weitergehen, ob die DDR heute von ihrem Ende her zu sehen ist, der Untergang

also vorprogrammiert war, oder aber ob in verschiedenen Phasen auch Alter-
nativmöglichkeiten bestanden. Gab es – wie oft behauptet – eine demokratische Vorgeschichte der DDR?

Umstritten ist die Funktion des „Marxismus-Leninismus": Hat die SED
die Theorien von Marx realisiert, oder diente die Ideologie in erster Linie als
Instrument zur Rechtfertigung und Verschleierung ihrer Herrschaft? Zu debattieren bleibt ferner der Typ der DDR-Gesellschaft oder die Verantwortung
der Sowjetunion und der deutschen Kommunisten für die SED-Diktatur.

Eine generelle Fragestellung zum Herangehen der Forschung an 40 Jahre
DDR wird derzeit nicht einheitlich beantwortet. Soll nun die Erforschung der
Sozial- und Alltagsgeschichte zum Mittelpunkt werden? Ein gewichtiges Argument dafür ist, dass die im Alltag gewachsenen Verhaltensweisen und
Mentalitäten im Rahmen des „Zusammenwachsens" Deutschlands eine entscheidende Rolle spielen. Für die umfassende Aufarbeitung ist die Kenntnis
der Sozialgeschichte wesentlich. Oder aber sollen nach wie vor die Machtstrukturen des DDR-Regimes im Zentrum der Forschungen stehen, um die
SED-Diktatur als Kern des Systems zu erkennen?

DDR-Forschung nur als Diktaturforschung zu verstehen, wäre in der Tat
„verkürzt" (Eckhard Jesse). Selbstverständlich sind weiterführende Untersuchungen der Herrschaftsstruktur, des Ausbaus und der Sicherung des SED-
Regimes notwendig. Doch ebenso eindeutig ist, dass die Sozialgeschichte verstärkt behandelt werden muss und eine „sozialwissenschaftliche Zeitge-
schichtsanalyse" (Clemens Burrichter) zu leisten ist, um genauere Erkenntnisse zu bekommen. Dabei ist eine „schonungslose Kritik und nuancierte Differenzierung" (Konrad Jarausch) gleichzeitig nötig.

Die Debatte darüber, ob das Ende der SED-Diktatur und die deutsche Einheit durch eine Revolution herbeigeführt wurden oder nicht, ist gegenwärtig
nicht eindeutig beantwortet. Schließlich wird auch diskutiert, ob der Forschungsstand bereits Gesamtdarstellungen erlaubt, oder ob zunächst weiterhin Einzelprobleme zu behandeln sind.

Die Erforschung der DDR-Geschichte ist in den letzten zehn Jahren ebenso wie die Neuformierung der DDR-Forschung gut voran gekommen. Es gab
eine solide und produktive Entwicklung der DDR-Forschung, die sich durch
Pluralismus, eine Vielfalt von Methoden und Bewertungen auszeichnet. Ihre
Perspektiven sind jedoch in hohem Maße vom Zugang zu den Archivalien
und von der Verfügbarkeit von Drittmitteln der Forschungsförderung abhängig, mit der die Ergebnisse der DDR-Forschung bereits im vergangenen
Jahrzehnt ganz wesentlich erreicht wurden.

Deutsche Verwaltung beruht auf Schriftlichkeit

Möglichkeiten und Grenzen zeitgeschichtlicher Aktenauswertung am Beispiel der deutsch-deutschen Beziehungen

Detlef Nakath und Gerd-Rüdiger Stephan

Die schriftliche Überlieferung des DDR-„Regierungshandelns" durch Akten des SED-Politbüros, des Zentralkomitees, anderer Parteigremien sowie des Ministerrats und der Ministerien sind erstrangige Quellen für die zeitgeschichtliche Forschung.[1] Diese außergewöhnlich umfangreichen Aktenbestände sind nach der deutschen Vereinigung nutzbar gemacht worden. Dabei handelt es sich um einen in dieser Quantität einmaligen Vorgang in der deutschen Archivgeschichte, der es den Forschern erlaubt, sich ohne Sperrfrist mit den Originalakten der jüngsten Geschichte auseinanderzusetzen.

Zehn Jahre sind seit der Öffnung der DDR-Archive vergangen. Die Fülle der in diesem Zeitraum vorgelegten Publikationen ist kaum noch zu überblicken. Hinsichtlich des Forschungsstandes fällt auf, dass neben konjunkturell bedingten Beiträgen mit geringer wissenschaftlicher „Halbwertzeit" fundierte Untersuchungen von hoher Qualität vorgelegt wurden. Desiderate sind jedoch nach wie vor auf archivalischer Forschung beruhende Gesamtdarstellungen der SED- bzw. der DDR-Geschichte sowie eine wissenschaftlich fundierte Biographie Erich Honeckers.

Während sich in den letzten Jahren eine Vielzahl von Forschern mit der DDR-Geschichte befasste, blieb die Geschichte der alten Bundesrepublik „unterbelichtet". Man konnte den Eindruck gewinnen, dass aufgrund des eingeschränkten Quellenzugangs bisher lediglich Themen aus der Geschichte der fünfziger und sechziger Jahre intensiv behandelt wurden. Dies ist ein

---

1 Vgl. Hermann Weber: „Die aktuelle Situation in den Archiven für die Erforschung der DDR- Geschichte", Deutschland Archiv (DA) 7/1994, S. 690ff. Vgl. außerdem Heinrich Potthoff: „Zum Umgang mit Akten eines diktatorischen Systems", DA 4/1994, S. 337ff.; Matthias Wagner: „Zum Verschlußsachenwesen und zur Geheimhaltung im Staatsapparat der DDR", Zeitschrift für Geschichtswissenschaft 1/1996, S. 41ff. Bereits 1991 hatte Hermann Weber gefordert, den Zugang zu den ehemaligen DDR-Archiven zu erhalten. Vgl.: „Die Wissenschaft benötigt die Unterlagen der Archive", DA 5/1991, S. 453ff.; ders.: „Zum Umgang mit DDR-Archivalien", Jahrbuch für historische Kommunismusforschung 1995, Berlin 1995, S. 232ff.

gravierender Mangel, muss es doch darum gehen, solche – durch die Archiv-
gesetzgebung entstandenen, also offensichtlich von interessierter Seite gewünschten – Einschränkungen auszugleichen. Ein geeintes Deutschland erfordert die Möglichkeit eines adäquaten Zugang zu den Quellen in *Ost* wie
West; sonst entsteht ein einseitiges Geschichtsbild, das die Verbreitung historischer Legenden begünstigt.

Die DDR-Bestände sind nicht vollständig überliefert. Bevor die Akten in
die zuständigen Archive gelangten, hat es Aktenvernichtungen gegeben. Die
Beseitigung großer Teile der Personalakten und der Überlieferung der Haupt-
verwaltung Aufklärung (HVA) des Ministeriums für Staatssicherheit (MfS)
sowie die von Minister Rainer Eppelmann geduldete Vernichtung der schrift-
lichen Hinterlassenschaft des militärischen Geheimdienstes der Nationalen
Volksarmee sind bekannte Beispiele. Insbesondere bei den als „Geheime
Verschlußsache" (GVS) eingestuften Akten sind vor deren Abgabe große
Lücken entstanden. Matthias Wagner zufolge dürften erhebliche Bestände an
geheim gehaltenen Vorgängen (90 Prozent) sowie im Kern die Datenbanken
mit Personalakten vernichtet worden sein.[2]

Für jene Akten, welche die deutsch-deutschen Beziehungen betreffen,
muss ebenfalls von Verlusten ausgegangen werden. Hinzu kommt, dass die
Bestände des DDR-Ministeriums für Auswärtige Angelegenheiten (MfAA)
aufgrund ihrer jetzigen Zuordnung zum Archiv des Auswärtigen Amtes mit
einer dreißigjährigen Sperrfrist belegt wurden. Zum MfAA gehörten die für
das Thema relevanten Abteilungen „Bundesrepublik" und „Westberlin",
deren Bestände heute bestenfalls für die 30 Jahre zurückliegenden deutsch-
deutschen Gipfeltreffen von Erfurt und Kassel benutzt werden können. Für
die Geschichte der Beziehungen zwischen beiden deutschen Staaten ist freilich der gleichberechtigte Zugang zu den Quellen in Ost und West unabdingbar. Bisher vereinzelt anzutreffender privilegierter Zugang zu einzelnen
Aktengruppen des Westens innerhalb der Sperrfrist sollte künftig zugunsten
des Gleichheitsprinzips ausgeschlossen werden.[3]

Ergebnisse archivalischer Quellenauswertung

Der Forschungsstand auf dem Gebiet der Geschichte der politischen Beziehungen zwischen der DDR und der Bundesrepublik – insbesondere in der
Honecker-Ära – kann unter Beachtung empirischer Prinzipien der Auswertung von Primärquellen als gut eingeschätzt werden. Die meisten Forscher
griffen auf die SED- bzw. DDR-Akten zurück, denn auch im Osten Deutsch-

---

2 Matthias Wagner: „Aktenvernichtung in der Zeit der ‚Wende'", DA 4/2000, S. 608ff.
3 Vgl. dazu die Forderungen in den Rezensionen von Heinrich Potthoff: „Innere und äußere Faktoren der deutschen Einheit", DA 2/2000, S. 300ff.; Detlef Nakath/Gerd-
   Rüdiger Stephan: „‚Chefsache' deutsche Einheit", DA 3/1999, S. 491ff.

lands galt der Grundsatz: „Deutsche Verwaltung beruht auf Schriftlichkeit". Die Aufarbeitung der deutsch-deutschen Beziehungen ab 1969/70 hat in der jüngsten Zeit vor allem aufgrund des wesentlich verbesserten Quellenzuganges erhebliche Fortschritte gemacht.

Die Fülle des in den letzten Jahren ausgewerteten Archivmaterials ist beeindruckend. Die mehr oder weniger konzentrierte archivalische Forschung, die an Universitäten und wissenschaftlichen Einrichtungen ebenso wie von Einzelforschern ohne institutionelle Anbindung – und somit ohne finanzielle Unterstützung – betrieben wurde, hat sich in zahlreichen Veröffentlichungen unterschiedlicher wissenschaftlicher und publizistischer Genres niedergeschlagen. Neben Dokumenteneditionen[4] und Erinnerungsberichten von Politikern, Journalisten und Unterhändlern aus Ost und West[5] liegen die stenographierten Anhörungen der Enquete-Kommissionen des Deutschen Bundestages, die entsprechenden Expertisen[6] sowie weitere historische bzw. sozialwissenschaftliche Untersuchungsergebnisse vor.[7]

---

4   Vgl. z. B. Michael Herms/Karla Popp (Hrsg.), Westarbeit der FDJ 1946 bis 1989. Eine Dokumentation, Berlin 1997; Daniel Küchenmeister (Hrsg.), Honecker–Gorbatschow. Vieraugengespräche, Berlin 1993; Detlef Nakath/Gerd-Rüdiger Stephan, Von Hubertusstock nach Bonn. Eine dokumentierte Geschichte der deutsch-deutschen Beziehungen auf höchster Ebene 1980-1987, Berlin 1995; dies., Countdown zur deutschen Einheit. Eine dokumentierte Geschichte der deutsch-deutschen Beziehungen 1987-1990, Berlin 1996; dies. (Hrsg.), Die Häber-Protokolle. Schlaglichter der SED-Westpolitik 1973-1985, Berlin 1999; Detlef Nakath/Gero Neugebauer/Gerd-Rüdiger Stephan (Hrsg.), „Im Kreml brennt noch Licht". Die Spitzenkontakte zwischen SED/PDS und KPdSU 1989-1991, Berlin 1998; Heinrich Potthoff, Die „Koalition der Vernunft". Deutschlandpolitik in den 80er Jahren, München 1995; ders., Bonn und Ost-Berlin 1969-1982. Dialog auf höchster Ebene und vertrauliche Kanäle. Darstellung und Dokumente, Bonn 1997; Gerd-Rüdiger Stephan (Hrsg.), „Vorwärts immer, rückwärts nimmer!" Interne Dokumente zum Zerfall von SED und DDR 1988/89, Berlin 1994.

5   Vgl. z.B. Egon Bahr, Zu meiner Zeit, München 1996; Hans-Dietrich Genscher, Erinnerungen, Berlin 1995; Eberhard Grashoff/Rolf Muth (Hrsg.), Drinnen vor der Tür. Über die Arbeit von Korrespondenten aus der Bundesrepublik in der DDR zwischen 1972 und 1990, Berlin 2000; Erich Honecker, Moabiter Notizen, Berlin 1993; Walther Leisler Kiep, Was bleibt ist große Zuversicht. Erfahrungen eines Unabhängigen. Ein politisches Tagebuch, Berlin/Wien 1999; Helmut Kohl, Ich wollte Deutschlands Einheit. Dargestellt von Kai Diekmann und Ralf Georg Reuth, Berlin 1996; Egon Krenz, Wenn Mauern fallen. Die Friedliche Revolution: Vorgeschichte – Ablauf – Auswirkungen, Wien 1990; ders., Herbst '89, Berlin 1999; Hans Modrow, Ich wollte ein neues Deutschland. Mit Hans-Dieter Schütt, Berlin 1998; Jürgen Nitz, Länderspiel. Ein Insider-Report, Berlin 1995; ders., Unterhändler zwischen Berlin und Bonn, Berlin 2000; Alexander Schalck-Golodkowski, Deutsch-deutsche Erinnerungen, Reinbek 2000; Horst Teltschik, 329 Tage. Innenansichten der Einigung, Berlin 1991; Detlef Nakath (Hrsg.), Deutschlandpolitiker der DDR erinnern sich, Berlin 1995.

6   Vgl. Materialien der Enquete-Kommission „Aufarbeitung von Geschichte und Folgen der SED-Diktatur in Deutschland" (12. Wahlperiode des Deutschen Bundestages). Hrsg. vom Deutschen Bundestag, 9 Bde. in 18 Teilbänden, Baden-Baden/Frankfurt a.M. 1995; Materialien der Enquete-Kommission „Überwindung der Folgen der SED-Diktatur im Prozeß

Soweit sie nicht parteipolitisch instrumentalisiert oder zu Wahlkampf-
zwecken missbraucht wurde, lieferte die Zeitgeschichtsforschung ein zuver-
lässiges Faktengerüst sowie weitgehend akzeptierte Thesen, z.B. zu Fragen
der „doppelten Staatsgründung", zu den Gestaltungsspielräumen der DDR im
Ostblock oder zu den direkten Spitzenkontakten von Politikern beider deutscher Staaten in den siebziger und achtziger Jahren. Dennoch kann von einer
entwickelten wissenschaftlichen Bilateralismus-Forschung zu diesem Themenfeld noch nicht gesprochen werden. Dies ist vor allem auf den eingangs
erwähnten einseitigen Quellenzugang zurückzuführen.

Für die Zeitgeschichtsforschung ist die gleichgewichtige Quellenauswer-
tung von elementarer Bedeutung. Hermann Weber hat unter Verweis auf die
Erforschung der Geschichte der deutsch-deutschen Beziehungen von einer
„archivalischen Asymmetrie" gesprochen. Im Deutschland Archiv forderte er
bereits 1994, „daß der Forschung die Einsicht insbesondere in Überlieferungen des Bundeskanzleramtes, des Auswärtigen Amtes und des Bundesministeriums für Innerdeutsche Beziehungen oder des Bundesnachrichten-
dienstes für die Zeit bis 1989/90 gestattet wird"[8]. 1998 ergänzte Weber:
„Wenn sich die Forschung von Mitte der sechziger Jahre an allein mit den
östlichen Quellenbeständen begnügen muss, wird die Aufarbeitung erschwert." Er kritisierte, dass die im Bericht der ersten Enquete-Kommission
1994 angemahnte Forderung nach Prüfung, „ob auch für die Bestände westlicher Archive eine vorzeitige Aufhebung der 30-Jahre-Sperrfrist möglich
ist", ungehört blieb.[9] Zwar haben sich seit Anfang der neunziger Jahre die

der deutschen Einheit (13. Wahlperiode des Deutschen Bundestages). Hrsg. vom Deutschen Bundestag, 8 Bde. in 14 Teilbänden, Baden-Baden/Frankfurt a.M. 1999.

7 Vgl. z. B. Peter Bender, Episode oder Epoche? Zur Geschichte des geteilten Deutschland.
München 1996; ders., Die „Neue Ostpolitik" und ihre Folgen. Vom Mauerbau bis zur
Vereinigung, München 1995; Dieter Dowe (Hrsg.), Die Deutschlandpolitik der SPD in
der Opposition 1982-1989, Bonn 1993; Timothy Garton Ash, Im Namen Europas.
Deutschland und der geteilte Kontinent, München/Wien 1993; Konrad H. Jarausch, Die
unverhoffte Einheit. 1989-1990, Frankfurt/M. 1995; Richard Kiessler/Frank Elbe, Ein
runder Tisch mit scharfen Kanten. Der diplomatische Weg zur deutschen Einheit, Baden-Baden 1993; Jochen Staadt, Die geheime Westpolitik der SED 1960-1970. Von der
gesamtdeutschen Orientierung zur sozialistischen Nation, Berlin 1993; Manfred Usch-
ner, Die Ostpolitik der SPD. Sieg und Niederlage einer Strategie, Berlin 1991; Andreas
Vogtmeier, Egon Bahr und die deutsche Frage. Zur Entwicklung der sozialdemokratischen Ost- und Deutschlandpolitik vom Kriegsende bis zur Vereinigung, Bonn 1996.

8 Hermann Weber: „Die aktuelle Situation in den Archiven für die Erforschung der
DDR-Geschichte", DA 7/1994, S. 694ff.; ders.: „‚Asymmetrie' bei der Erforschung des
Kommunismus und der DDR-Geschichte? Probleme mit Archivalien, dem Forschungs-
stand und bei den Wertungen", Aus Politik und Zeitgeschichte B 26/97, S. 3ff.; ders.:
„‚Was beweisen die Akten?' Anmerkungen zu Veröffentlichungen von Archivalien aus
der DDR", IWK 2/1997, S. 232ff.

9 Hermann Weber: „Zum Stand der Forschung über die DDR-Geschichte", DA 2/1998,
S. 250f.; vgl. auch den Beitrag von Weber und Ulrich Mählert in diesem Band.

Benutzungsmöglichkeiten und -bedingungen in den verschiedenen Archiven wesentlich verbessert, die Öffnung der staatlichen Akten der alten Bundesrepublik steht indes weiter aus.

DDR-Überlieferungen über die deutsch-deutschen Beziehungen

Seit 1990/91 sind fast alle DDR-Akten mit Ausnahme des MfAA zugänglich. Die MfAA-Hinterlassenschaft, die für die Geschichte der deutsch-deutschen Beziehungen wichtige Bestände beherbergt, ist per Entscheidung des Auswärtigen Amtes von der generellen Aufhebung der Sperrfrist ausgenommen worden. Das Auswärtige Amt wendet – wie bereits ausgeführt – für diese Akten unter Verweis auf *„schutzwürdige Interessen dritter Staaten"* die 30-Jahre-Frist des Bundesarchivgesetzes an.

Dass die Bestände der Abteilungen „BRD" und „Westberlin" sowie der Grundsatzabteilung und des Ministerbüros des DDR-Außenministeriums nicht zugänglich sind, fällt nicht allzu stark ins Gewicht. „Schuld" daran ist einerseits die Tatsache, dass der langjährige DDR-Verhandlungsführer Michael Kohl zwar aus dem Außenministerium stammte, jedoch als Staatssekretär beim Ministerratsvorsitzenden dem Regierungschef Willi Stoph direkt unterstellt war. Folglich liegen wichtige Unterlagen heute in der „Sonderablage Stoph" in den Berliner Abteilungen des Bundesarchivs und sind über die Auswertung der Akten des DDR-Ministerrates benutzbar. Andererseits sind die wichtigsten Entscheidungen ohnehin im SED-Politbüro getroffen worden. Deshalb gingen auch alle Protokolle, Konzeptionen, Gesprächsvermerke und Analysen an Honecker bzw. andere Politbüromitglieder und sind in der Stiftung Archiv der Parteien und Massenorganisationen der DDR im Bundesarchiv (SAPMO-BArch) einzusehen. Dieses „duale Überlieferungssystem" der DDR ist der Zeitgeschichtsforschung außerordentlich entgegengekommen.

Die Unterlagen der SED-Führung bei SAPMO stellen in Qualität und Quantität für die Geschichte der deutsch-deutschen Beziehungen eine äußerst wichtige Grundlage dar, wenngleich nicht genau zu verifizieren ist, ob und in welchem Umfang insbesondere in der „Wende"-Zeit Unterlagen aus dem Politbüro und den ZK-Abteilungen vor Überführung in das Zentrale Parteiarchiv vernichtet wurden. Vollständig sind die so genannten Leitungsreihen, also Beschlussprotokolle der Sitzungen des Politbüros und des Sekretariats des ZK sowie die Protokolle der ZK-Tagungen, überliefert. [10] Dies gilt auch für

---

10 Vgl. Die Bestände der Stiftung Archiv der Parteien und Massenorganisationen im Bundesarchiv. Kurzübersicht; Berlin 1996; Mikrofiche-Edition der Protokolle des Zentralkomitees der Sozialistischen Einheitspartei Deutschlands. Teil 1: 1949-1952 (Findbücher zu Beständen des Bundesarchivs, Bd. 71); Koblenz 1999. Vgl. auch Mikrofiche-Edition der Protokolle des Zentralsekretariats der Sozialistischen Einheitspartei Deutschlands (1946 bis 1949), Koblenz 1997. – Zu wünschen bleibt eine kontinuierli-

die Sitzungen des Ministerrates bzw. seines Präsidiums. Allerdings fehlen mitunter einige wichtige, in diesen Gremien behandelte Vorlagen.

Aussagekräftige Akten – so die Gesprächsvermerke mit Bonner Politikern – konnten in den „Bürobeständen" (z.B. Büro Ulbricht, Büro Honecker, Büro Krenz, Büro Mittag, Büro Axen) aufgefunden werden. In den Akten der Büros von Generalsekretär Honecker und anderer Politbüromitglieder (Mittag, Herrmann) war die Überlieferung bisher teilweise noch lückenhaft. Abhilfe könnte hier außer der laufenden weiteren Erschließungsarbeit von SED-Unterlagen die bisher ausgeschlossene Öffnung der Akten des MfAA liefern, die jedoch keinesfalls vorfristig zu erwarten ist. Ergänzend zu den Bürobeständen von Politbüromitgliedern befinden sich in den Akten der zwischen 1973 und 1985 von Herbert Häber geführten Westabteilung des Zentralkomitees zahlreiche interessante Quellen.[11]

Das persönliche Schicksal des Deutschlandpolitikers Häber – vom MfS auf Weisung Honeckers 1984/85 überwacht und damit „zum Abschuss" vorbereitet – verweist auf die vor allem gesellschaftspolitisch relevanten Sachakten des MfS, die beim Bundesbeauftragten für die Unterlagen des Staatssicherheitsdienstes der ehemaligen DDR, also im Zentralarchiv der „Gauck-Behörde" in Berlin, zugänglich sind. Im Bestand „Sekretariat des Ministers" befinden sich neben zahlreichen Politbüromaterialien (Erich Mielke saß seit 1973 im höchsten SED-Gremium) interne Berichte und Analysen über die deutsch-deutschen Beziehungen, Informationen des Staatssekretärs Alexander Schalck-Golodkowski und verschiedene Gesprächsprotokolle bzw. -vermerke. Dabei spielt auch die Tätigkeit der Ständigen Vertretung Bonns in Ost-Berlin eine Rolle.

Zunehmend erschlossen wurden in den letzten Jahren Berichte der HVA, die auch deutschlandpolitische Fragen betreffen. Ein breites Spektrum bedienen die seit 1989/90 bekannten Analysen und Berichte der zentralen Auswertungs- und Informationsgruppe (ZAIG) des MfS.[12] An verschiedener Stelle, auch im Bereich „Juristische Hochschule" des MfS, finden sich Einschätzungen oder Aufklärungsmaterial zur Deutschland- und Osteuropaforschung in der alten Bundesrepublik, welche bisher kaum beachtet bzw. analysiert wurden.

Die personenbezogen Unterlagen über westdeutsche Akteure der Deutschlandpolitik wurden bisher am meisten beachtet. Im Fall von Herbert Häber, aber auch von Medienvertretern, Wissenschaftlern, Künstlern usw. betreffen

---

che Fortsetzung der Erschließungsarbeiten in der Stiftung. Es erweist sich als hilfreich, dass die Stiftungsbestände zusammen mit der Überlieferung der reinen DDR-Staatsakten in Berlin-Lichterfelde einsehbar sind.

11 Vgl. D. Nakath/G.-R. Stephan, Häber-Protokolle (Anm. 4).

12 Vgl. Armin Mitter/Stefan Wolle (Hrsg.), „Ich liebe Euch doch alle!" Befehle und Lageberichte des MfS Januar-November 1989, Berlin 1990.

sie auch DDR-Bürger. Manche Ereignisse oder Problemkreise sind dadurch besser oder sogar überhaupt erst dokumentierbar.[13]

Entgegen mancher Unterstellung haben die vorhandenen DDR-Akten für die Forschung einen sehr hohen, authentischen Aussagewert. Bisherige Untersuchungen, die auf der Grundlage eines direkten Vergleichs beider deutscher Überlieferungen angefertigt werden konnten, bestätigen sowohl Inhalt als auch Aussagekraft der DDR-Akten.

Auswertungsmöglichkeiten westlicher Quellen zur Deutschlandpolitik der Bundesrepublik

1994 waren neben den staatlichen Bereichen der Bundesrepublik auch die im Bundestag vertretenen Parteien aufgefordert, der Forschung Einsicht in ihre Archivbestände zu gewähren. Lediglich die SPD hat jedoch die Sperrfrist für Akten im „Archiv der sozialen Demokratie" in der Friedrich-Ebert-Stiftung in Bonn auf 20 Jahre verkürzt und damit ein positives Zeichen gesetzt[14]; von CDU, CSU und FDP blieben derartige Signale bisher aus.

Die Verkürzung der Sperrfrist für Akten sozialdemokratischer Provenienz im „Archiv der sozialen Demokratie" hat vor allem Bedeutung für die weitere Erforschung der Geschichte der deutsch-deutschen Beziehungen in der Phase der Kanzlerschaft von Willy Brandt sowie in der „zweiten Etappe der Deutschlandpolitik"[15] während der Kanzlerschaft von Helmut Schmidt im Zeitraum von 1974 bis 1982. Anhand westlicher Akten können die Aktivitäten von Staatssekretär Egon Bahr als Verhandlungsführer Brandts bei den Unterredungen über die deutsch-deutschen Verträge von 1971/72 nachvollzogen werden. Ferner können aussagekräftige Akten des ersten sozialdemokratischen Bundeskanzlers im „Willy-Brandt-Archiv" ausgewertet werden. Dort befindet sich außerdem ein Depositum mit Akten Helmut Schmidts, das bereits genutzt worden ist.[16] Die Einflussnahme der Sowjetunion auf den Verlauf und die Ergebnisse der deutsch-deutschen Verhandlungen ist dank der Notizen Egon Bahrs über seine informellen Gespräche mit Wjatscheslaw

---

13 Vgl. Detlef Nakath/Gerd-Rüdiger Stephan (Hrsg.), Erfurt und Kassel. Die ersten deutsch-deutschen Gipfeltreffen 1970, Berlin 2000 (in Vorbereitung).

14 Die Verkürzung der im deutschen Archivwesen üblichen 30-jährigen Sperrfrist auf 20 Jahre ist 1994 vom damaligen SPD-Vorsitzenden und Kanzlerkandidaten, Rudolf Scharping, angekündigt worden, um im Wahlkampf Vorwürfen an die Adresse von SPD-Politikern, sich in Gesprächen mit SED-Politikern illoyal verhalten zu haben, begegnen zu können.

15 Vgl. Heinrich Potthoff: „Eine zweite Etappe der Deutschlandpolitik", DA 1/1997, S. 116ff.

16 Heinrich Potthoff, Bonn und Ost-Berlin 1969-1982, Bonn 1997; ders., Im Schatten der Mauer. Deutschlandpolitik 1961 bis 1990, Berlin 1999.

Keworkow und Valeri Lednew im „Back Channel" rekonstruierbar.[17] Dieser
„geheime Kanal" ist 1982 von Bahr in einem Gespräch mit Bundeskanzler
Helmut Kohl dessen Regierung übergeben und im Auftrage Kohls von Kanz-
lerberater Horst Teltschik in veränderter Form fortgeführt worden.

Durch einen Vergleich beider deutscher Aktenüberlieferungen wären
Schlussfolgerungen über den Aussagewert und die Authentizität der „konkurrierenden" Archivalien möglich. Vor allem ermöglichen Vergleich und
Kombination beider Überlieferungen wesentliche neue bzw. ergänzende Fakten und Schlussfolgerungen über die Verhandlungsvorbereitung, ihren tatsächlichen Verlauf, die Absichten beider Seiten und zugleich die unterschiedliche Bewertung der erzielten Ergebnisse in Ost und West. Doch abgesehen von wenigen Ausnahmen sind vor dem Hintergrund der beschriebenen
„archivalischen Asymmetrie" die meisten derzeit vorliegenden Arbeiten auf
der Grundlage von in der DDR entstandenen Akten publiziert worden.

Die Mitte 1998 herausgegebene voluminöse Edition von Bonner Regie-
rungsakten zur deutschen Einheit stellt für die alte Bundesrepublik eine bemerkenswerte Ausnahme dar.[18] In der Vorbemerkung des Bandes wird darauf
hingewiesen, dass der Bundesminister des Innern (Manfred Kanther) in Verbindung mit dem Bundeskanzleramt 1995 an die wissenschaftliche Leitung der
Reihe „Dokumente zur Deutschlandpolitik" herantrat und darauf hinwies, dass
die Öffentlichkeit ein großes und berechtigtes Interesse habe, möglichst viele
und wichtige Dokumente westdeutscher Provenienz aus dem Bestand des
Bundesarchivs bereits vor Ablauf der Sperrfrist für amtliches Archivgut kennenzulernen. „Da die Wiederherstellung der staatlichen Einheit vor allem in
Deutschland als eine tiefe Zäsur zu gelten hat", heißt es, sei eine Ausnahme
von den Vorschriften „erwünscht und berechtigt."[19] So wurde ein Sonderband
in Angriff genommen und nach drei Jahren abgeschlossen, der eine Doku-
mentenauswahl präsentiert, die außenpolitische wie innerstaatliche Aspekte
des Vereinigungsprozesses betrifft. Der Band stellt die erste und bisher einzige
Edition westdeutscher Staatsakten zu den Ereignissen von 1989/90 dar. Bis zur
Veröffentlichung dieser Sonderedition erhielten nur die Bearbeiter der vier-
bändigen „Geschichte der deutschen Einheit"[20] die Chance, die Quellen des Bun-

---

17 Vgl. dazu E. Bahr (Anm. 5), S. 282; Wjatscheslaw Keworkow, Der geheime Kanal.
   Moskau der KGB und die Bonner Ostpolitik, Berlin 1995; Detlef Nakath: „Gewaltver-
   zicht und Gleichberechtigung. Zur Parallelität der deutsch-sowjetischen Gespräche und
   der deutsch-deutschen Gipfeltreffen in Erfurt und Kassel im Frühjahr 1970", DA
   2/1998, S. 199ff.; ders.: „Erfurt, Kassel und die Mächte. Zum Beginn des deutsch-
   deutschen Dialogs im Frühjahr 1970", DA 2/2000, S. 216ff.
18 Dokumente zur Deutschlandpolitik. Deutsche Einheit. Sonderedition aus den Akten des
   Bundeskanzleramtes 1989/90. Bearbeitet von Hanns Jürgen Küsters und Daniel Hofmann, München 1998.
19 Ebd., S. 9.
20 Stuttgart 1998; Bd. 1: Karl-Rudolf Korte, Deutschlandpolitik in Helmut Kohls Kanzlerschaft. Regierungsstil und Entscheidungen 1982-1989; Bd. 2: Dieter Grosser, Das

deskanzleramtes auszuwerten. Die übrige Forschungslandschaft musste warten. Nachdem über 5.000 Druckseiten vorliegen, dürfen auch andere Interessenten nach und nach die Quellen im Bundesarchiv Koblenz einsehen – freilich nur die veröffentlichten Unterlagen, und selbst diese nur in Form von Kopien. Einige im Kommentar erwähnte Dokumente (z.B. ein Vieraugengespräch zwischen KPdSU-Chef Michail Gorbatschow und Bundeskanzler Helmut Kohl im Juli 1990 in Archyz oder ein wichtiges Telefonat zwischen beiden im September 1990) wurden übrigens in der Edition nicht veröffentlicht; auch andere Materialien blieben ausgespart: Lageeinschätzungen aus dem Frühherbst 1989, Hinweise auf das bundesdeutsche Engagement im Volkskammerwahlkampf und Vermerke über die Treffen zwischen Kohl und DDR-Ministerpräsident Lothar de Maizière ab April 1990. So bleiben auch nach dieser Veröffentlichung viele Fragen offen, ebenso wie durch bisher nicht vorliegende Akten aus den Auswärtigen Ämtern der DDR und der Bundesrepublik sowie den Archiven in Moskau und Washington.

Ebenfalls 1998 legte Karl-Rudolf Korte eine umfangreiche politikwissenschaftliche Studie über die *„Deutschlandpolitik in Helmut Kohls Kanzlerschaft"* vor.[21] Für diese bemerkenswerte Arbeit standen dem Autor aufgrund *„einer einmaligen Sondergenehmigung"* bislang unzugängliche Akten des Bundeskanzleramtes sowie des „Archivs für Christlich-Demokratische Politik" in Sankt Augustin und des Büros des Bundesvorsitzenden der CDU im Bonner Konrad-Adenauer-Haus zur Verfügung. Korte erhielt *„volle Akteneinsicht"* und überdies die Möglichkeit zu Hintergrundgesprächen mit prominenten Politikern der Regierungskoalition, darunter mit Bundeskanzler Helmut Kohl sowie den Ministern Hans-Dietrich Genscher, Wolfgang Schäuble, Heinrich Windelen, Rudolf Seiters, Rainer Barzel und Dorothee Wilms.

Nach Kortes Buch stellt sich die Frage, ob die privilegierte Archivbenutzung für Akten innerhalb der 30-Jahres-Sperrfrist zukünftig als Exklusivrecht für (nach politischen Gesichtspunkten) ausgewählte Forscher gelten soll, oder ob man weiterhin nach dem Gleichheitsprinzip zu verfahren gedenkt.

Resümee

Zehn Jahre nach der deutschen Vereinigung hat sich die konzeptionelle Methode der Erforschung der deutsch-deutschen Beziehungen – wenn auch in recht traditioneller Weise – weiterentwickelt. Es dominieren Auffassungen und Methoden, die bereits in den siebziger und achtziger Jahren anzutreffen waren. Jens Hacker kommentierte, dass angesichts der Öffnung der DDR- bzw. SED-

---

Wagnis der Währungs-, Wirtschafts- und Sozialunion; Bd. 3: Wolfgang Jäger, Die Überwindung der Teilung; Bd. 4: Werner Weidenfeld, Außenpolitik für die deutsche Einheit.
21. K.-R. Korte, ebd.

Archive die Geschichte der *„Bonner Deutschland-Politik"* seit Herbst 1969 nicht neu geschrieben werden müsse. Er sah die wichtigste Erkenntnis darin, dass *„zahlreiche bundesdeutsche Politiker, Wissenschaftler und Publizisten (...) vor 1989 die zentralen System-Differenzen und Wertunterschiede, die den Ost-West-Konflikt bestimmten, aus den Augen verloren"* hätten.[22] Hacker vertrat die Ansicht, dass die Ostpolitik der sozialliberalen Bundesregierung sich zwangsläufig in eine weltpolitische Entspannungsstrategie einordnete und zweifellos von jeder anderen Bundesregierung ähnlich verfolgt worden wäre. Dies wird durch die Aktivitäten des früheren ZK-Abteilungsleiters und kurzzeitigen SED-Politbüromitglieds Herbert Häber bestätigt, der bereits im Januar 1975 von prominenten Unionspolitikern Signale empfing, dass im Falle einer Regierungsübernahme durch die Union deutschlandpolitische Kontinuität herrschen würde.[23] Die Verträge würden nicht angetastet: Pacta sunt servanda. Nach Auffassung Hackers führte jedoch die sozialliberale Ostpolitik keineswegs direkt zur deutschen Einheit. Dennoch konnte er die großen Auseinandersetzungen um die Ost- und Deutschlandpolitk Brandts, die im Dezember 1972 die vorgezogenen Bundestagswahl entschieden, nicht ausklammern. Der damals existierende Dissens in der Deutschlandpolitik wurde erst im Verlaufe der siebziger Jahre zum Konsens zwischen den beiden konkurrierenden politischen Lagern in der alten Bundesrepublik. Dass Bundeskanzler Kohl ab Herbst 1982 die Deutschlandpolitik seiner beiden Vorgänger ohne Bruch fortsetzte, war konsequent und zeugte von einer realistischen Lageeinschätzung.

Die Ost- und Deutschlandpolitik wurde zwischen 1970 und 1989 wohl zu keiner Zeit – das beweisen die bisher bekannten Quellen – mit dem politischen Impetus einer raschen staatlichen Vereinigung Deutschlands betrieben. Man orientierte sich zunächst an der realen Lage, die – wie von Frankreich und den USA bereits früher betrieben – eine europäische Entspannungspolitik erforderte. Die Bundesregierungen unter Willy Brandt und Helmut Schmidt konnten und wollten sich nicht mehr gegen den europäischen und weltpolitischen Trend in der ersten Hälfte der siebziger Jahre stellen. Auch in einer erheblich veränderten weltpolitischen Lage setzte Kohl die Deutschlandpolitik seiner Vorgänger fort und erweiterte vor allem auf wirtschaftlichem und finanzpolitischem Gebiet das Instrumentarium.

Der 1989/90 beschrittene Weg zur deutschen Einheit ist kein direktes Ergebnis erfolgreicher zwanzigjähriger Deutschlandpolitik. Diese Chance eröffnete sich erst vor dem Hintergrund einer einzigartig neuen weltpolitischen Konstellation.

---

22 Jens Hacker: „Muß die Bonner Deutschland-Politik seit Herbst 1969 nach Öffnung der DDR- und SED-Archive neu geschrieben werden?", Politische Studien Nr. 362 (1998), S. 92 f.; ders.: „Kontinuität und Diskontinuität in den innerdeutschen Beziehungen der siebziger und achtziger Jahre – Positionen", in: Peter März (Hrsg.), 40 Jahre Zweistaatlichkeit in Deutschland. Eine Bilanz, München 1999, S. 241ff.

23 Vgl. D. Nakath/G.-R. Stephan, Häber-Protokolle (Anm. 4); W. L. Kiep (Anm. 5).

Die Stiftung zur Aufarbeitung der SED-Diktatur

Rainer Eppelmann

Die Stiftung zur Aufarbeitung der SED-Diktatur hat nicht nur in ihrem Namen und Auftrag die Vergangenheit zum Thema, sie hat inzwischen auch selber eine zwar kurze, aber nicht uninteressante eigene Geschichte. Diese begann nicht erst mit der Verabschiedung des „Gesetzes über die Errichtung einer Stiftung zur Aufarbeitung der SED-Diktatur" vom 5. Juni 1998[1], der Bestellung des Vorstandes und des Stiftungsrates oder der Arbeitsaufnahme der Geschäftsstelle in der Berliner Otto-Braun-Straße am 2. November 1998. Sie begann vielmehr mit der friedlichen Revolution von 1989 und hat ihre Vorgeschichte in der DDR – insbesondere bei allen denjenigen Menschen, die sich durch oppositionelles Verhalten der SED-Diktatur verweigert hatten.

So war es kein Wunder, dass bereits sehr früh die Notwendigkeit der Aufarbeitung der SED-Diktatur thematisiert wurde. Die Besetzung der Stasi-Zentralen im Spätherbst 1989 war ein nicht zu unterschätzender Beitrag mündig gewordener Bürger zu dieser Aufarbeitung. Die Offenlegung der Hinterlassenschaft der Diktatoren – von der einzigen frei gewählten Volkskammer beschlossen, vom Deutschen Bundestag aufgenommen und durch-

---

1 Vgl. den Zwischenbericht der Enquete-Kommission „Überwindung der Folgen der SED-Diktatur im Prozeß der deutschen Einheit" unter dem Thema „Errichtung einer selbständigen Bundesstiftung des öffentlichen Rechts zur Aufarbeitung von Geschichte und Folgen der SED-Diktatur in Deutschland" (Bundestags-Drucksache 13/8700 vom 8.10.1997), das Protokoll der 203. Sitzung des Deutschen Bundestages am 13.11.1997, den „Entwurf eines Gesetzes über die Errichtung einer Stiftung zur Aufarbeitung der SED-Diktatur" (Bundestags-Drucksache 13/9870 vom 11.2.1998), das Protokoll der 227. Sitzung des Deutschen Bundestages am 2.4.1998 sowie den Gesetzestext im Bundesgesetzblatt 1998 Teil I Nr. 33 vom 12.6. 1998. Vgl. zur Entstehungsgeschichte der Stiftung auch Deutscher Bundestag (Hrsg.), Aufarbeitungsinitiativen und Opfergruppen – Beratung und Hilfe bei der Bewältigung der Folgen der SED-Diktatur. Errichtung einer selbständigen Bundesstiftung des öffentlichen Rechts zur Aufarbeitung von Geschichte und Folgen der SED-Diktatur in Deutschland. Zwischenbericht und Debatten (Zur Sache 98.1), Bonn 1998; ders. (Hrsg.), Materialien der Enquete-Kommission „Überwindung der Folgen der SED-Diktatur im Prozeß der deutschen Einheit" (13. Wahlperiode des Deutschen Bundestages), Bd. I, Baden-Baden/Frankfurt a.M. 1999.

gesetzt – war ein erster Schritt in die Richtung einer staatlich bewusst geförderten Aufarbeitung der Geschichte der zweiten Diktatur auf deutschem Boden. Hier ist nicht nur die Behörde des Bundesbeauftragten für die Unterlagen
des Staatsicherheitsdienstes der ehemaligen Deutschen Demokratischen Republik, also die Gauck-Behörde, zu nennen; auch die Stiftung Archiv der
Parteien und Massenorganisationen der DDR im Bundesarchiv (SAPMO), die
Zentrale Ermittlungsstelle Regierungs- und Vereinigungskriminalität (ZERV)
sowie die Landesbeauftragten für die Stasi-Unterlagen in allen neuen Ländern
– mit Ausnahme Brandenburgs – gehören zu den unverzichtbaren Elementen
der staatlich geförderten, aber nicht staatlich angeleiteten Geschichtsaufar-
beitung.[2]

Die öffentlichen Erkenntnis, dass sich SED und Stasi in erheblichem Maße
Vermögenswerte gesichert hatten, führte insbesondere in den Kreisen der
Bürgerbewegung zu der Forderung, diese Mittel vornehmlich den Opfern der
Diktatur als Entschädigung für erlittenes Leid zuzuwenden, dann aber auch
für die Aufarbeitung der SED-Diktatur einzusetzen.

Die Aufarbeitung der Vergangenheit wurde insbesondere von den Aktivisten der friedlichen Revolution auch als eine grundsätzliche Voraussetzung für
die Herbeiführung einer demokratischen Gegenwart und Zukunft eingefordert. Deshalb waren von 1992 bis 1998 zwei Enquete-Kommissionen des
Deutschen Bundestages tätig, die sich mit sehr vielfältigen Fragen zur jüngsten Diktaturvergangenheit und deren Überwindung im Prozess der deutschen
Einheit beschäftigten.[3] Die Erkenntnis, dass eine einseitige Fokussierung der
Aufarbeitung auf den Stasi-, Partei- und Staatsapparat der Komplexität des
Lebens in der Diktatur nicht gerecht werden könnte, spielte bei der Einset-
zung der Enquete-Kommissionen eine wichtige Rolle. Es bestand auch die
Gefahr, dass die Perspektive der Opfer des Regimes angesichts der Akten-
kilometer der Unterdrückungsapparate unterzugehen drohte. Ebenso schien
die Tatsache, dass die Unterdrückungsgeschichte in der DDR ein Teil der
Widerstandsgeschichte war, in der gesellschaftlichen Debatte über die DDR-
Vergangenheit zu wenig Berücksichtigung zu finden.

In zahlreichen öffentlichen Anhörungen, Expertisen, Berichten und Dokumentationen wurde sichtbar, dass überall in Deutschland – insbesondere
aber in den neuen Bundesländern – Initiativen zur historischen Aufarbeitung,

---

2   Ulrich Mählert (Hrsg.), Vademekum der DDR-Forschung. Ein Leitfaden zu Archiven,
    Forschungseinrichtungen, Bibliotheken, Einrichtungen der politischen Bildung, Verei-
    nen, Museen und Gedenkstätten, 2. Aufl., Opladen und Bonn 1999; vgl. auch den von
    Mählert redigierten, dreimal jährlich im Deutschland Archiv erscheinenden „Newslet-
    ter: Aktuelles aus der DDR-Forschung" der Stiftung zur Aufarbeitung der SED-
    Diktatur.

3   Vgl. Marlies Jansen: „Enquetekommission", in: Werner Weidenfeld / Karl-Rudolf
    Korte (Hrsg.), Handbuch zur deutschen Einheit 1949-1989-1999. Neuausgabe 1999,
    Frankfurt a.M./New York und Bonn 1999, S. 330-342.

Opferverbände, aber auch junge Wissenschaftler, Ausstellungsmacher und Sozialberater in unterschiedlichster Weise Beiträge zur Aufarbeitung der SED-Diktatur leisten. Diese wertvolle Arbeit, die in der besten Tradition bürgerschaftlichen Engagements steht, wird – über den engen Blickwinkel sensationsorientierter Medien hinaus und trotz der Zwänge der öffentlichen Verwaltung und der „knappen Gelder" – auf vielfältige Weise weitergeführt.

Der Einsetzungsbeschluss machte es der zweiten Enquete-Kommission ausdrücklich zur Pflicht, „*den gesamtgesellschaftlichen Aufarbeitungsprozess (zu) fördern und für die Zukunft Vorschläge für seine Weiterführung (zu) machen*". Dabei sei zu prüfen, hieß es weiter, „*ob dafür nicht auch institutionelle Mittel, z.B. im Rahmen einer Stiftung, zu schaffen sind*". Die Enquete-Kommission hat diesen Teil ihres Auftrags besonders ernst genommen und sich ein umfassendes Bild vom vielfältigen gesellschaftlichen Prozess der Aufarbeitung gemacht. Das Ergebnis war der am 8. Oktober 1997 dem Deutschen Bundestag vorgelegte Zwischenbericht „*Errichtung einer selbständigen Bundesstiftung des öffentlichen Rechts zur Aufarbeitung von Geschichte und Folgen der SED-Diktatur in Deutschland*". In diesem Bericht wurde die Stiftung und ihr Auftrag bereits eindringlich skizziert, vor allem aber ihre Notwendigkeit deutlich herausgestellt. Auf bemerkenswerter Weise konnte in der Folgezeit durch eine konzentrierte fraktionsübergreifende Arbeit im Bundestag die Anerkennung der gesamtgesellschaftlichen Bedeutung der Aufarbeitung der SED-Diktatur durchgesetzt werden. So gelang es, sich in kürzester Zeit – und das in einem Wahljahr – auf einen gemeinsamen Gesetzesentwurf zu einigen, der am 5. Juni 1998 bei weitgehender Zustimmung aus allen Fraktionen des Deutschen Bundestages – mit Ausnahme der PDS – zum Gesetz zur Errichtung einer Stiftung zur Aufarbeitung der SED-Diktatur führte.

So schnell wie möglich nahmen daraufhin der Stiftungsrat und Vorstand der neuen Stiftung ihre Arbeit auf. Mit intensiver Unterstützung des Bundesministeriums des Innern wurde die Arbeitsfähigkeit der Stiftung hergestellt. Die Geschäftsstelle der Stiftung begann am 2. November 1998 mit zunächst nur wenigen Mitarbeitern ihre Tätigkeit. Die finanzielle Notlage, in der sich bereits viele Verbände und Initiativen befanden, zeigte sich auch darin, dass bereits seit Anfang 1998 in Erwartung der Stiftungsgründung eine Vielzahl von Anträgen auf finanzielle Unterstützung gestellt worden waren. Praktisch aus dem Nichts wurde mit überragendem Einsatz der Mitarbeiter in der Geschäftsstelle der Stiftung und im zuständigen Referat des Bundesministeriums des Innern dafür gesorgt, dass die der Stiftung zur Verfügung stehenden Mittel für besonders dringliche Projekte noch 1998 bereit gestellt werden konnten.

Die tatsächliche Gründung der Stiftung löste dann eine wahre Lawine von Anträgen aus, mit der wir in diesem Umfang nicht gerechnet hatten. In den ersten 14 Monaten wurden bis Ende 1999 weit über 300 Förderanträge bei der Stiftung gestellt, von denen 193 positiv beschieden werden konnten. Insgesamt wurden in diesem Zeitraum 4,8 Mio. DM Fördermittel ausgereicht.

In diesem Zusammenhang wurde in der Öffentlichkeit gelegentlich außer Acht gelassen, dass das Stiftungsgesetz bei der Bestimmung der Stiftungszwecke ganz bewusst über die Ausreichung von Fördermitteln hinausgeht. Allerdings hatte der Vorstand entschieden, die anderen Teile des gesetzlichen Auftrages vorläufig gegenüber dem Auftrag zur direkten finanziellen Unterstützung der Aufarbeitungsprojekte und der Opferverbände nachrangig zu behandeln. Das war angesichts der knappen Ressourcen und des dringenden Handlungsbedarfs überhaupt nicht anders möglich. Es war aber den Verantwortlichen in den Stiftungsgremien immer klar, dass diese Schwerpunktsetzung nicht langfristig zu einer einseitigen Verschiebung der Gewichte der Stiftungsarbeit in Richtung einer reinen Finanzierungsinstitution führen dürfe. Eine solche Reduzierung würde dem gesetzesmäßig festgelegten Stiftungszweck nicht entsprechen und zudem die Frage aufwerfen, ob die ausschließliche Vergabe von Fördermitteln nicht besser durch Ämter oder Ministerien geregelt werden könnte.

Die Stiftung ist als ein zentraler Punkt bei der Vernetzung der unterschiedlichen Ansätze zur Aufarbeitung der SED-Diktatur ins Leben gerufen worden. Sie wird sich dieser Aufgabe in Zukunft verstärkt stellen und gerade da für Berührungspunkte sorgen, wo es trotz ähnlicher inhaltlicher Interessen noch Berührungsängste zwischen den verschiedenen gleichgerichteten Initiativen und Aufarbeitungseinrichtungen gibt.

Erste Ergebnisse der eigenen Tätigkeit der Stiftung lassen sich inzwischen genauer vorstellen: Seit längerem gibt es ein übergreifendes Supervisionsangebot für Mitarbeiter unterschiedlichster Vereine und Einrichtungen. Ein solches Angebot wurde immer wieder gefordert, bisher haben sich aber nur wenige Stellen – hier ist der Berliner Landesbeauftragte für die Unterlagen des Staatssicherheitsdienstes hervorzuheben – dafür zuständig gefühlt. Es gibt aber inzwischen erste Anzeichen, dass in den Ländern die Chancen eines solchen Angebotes erkannt werden und zumindest über eine Beteiligung daran nachgedacht wird. Inzwischen ist eine auch optisch anspruchsvoll gestaltete Broschüre der Stiftung über die unterschiedlichsten Beratungsangebote für Opfer der SED-Diktatur erschienen.[4] Hier wird erstmalig versucht, einen Gesamtüberblick über die vorhandenen Beratungsmöglichkeiten anzubieten. In der Planungsphase befindet sich die Herausgabe einer Sammlung rechtlicher Grundlagen für die Durchsetzung der Rechte der Opfer der SED-Diktatur. Es bleibt zu hoffen, dass diese Informationsmaterialien dazu beitragen, den ehemals Verfolgten besser zu ihrem Recht zu verhelfen.

---

4   Stiftung zur Aufarbeitung der SED-Diktatur (Hrsg.), Übersicht über Beratungsangebote für Opfer politischer Verfolgung in der SBZ/DDR, Berlin 2000.

Anfang 2000 konnte die Stiftung in Zusammenarbeit mit dem Deutschlandfunk ausgewählte Texte von Karl Wilhelm Fricke herausgeben. Diese Publikation aus Anlass des 70. Geburtstages des bekannten Publizisten, der zu den Entführungsopfern der Stasi gehörte, wurde mit einer CD kombiniert, die Auszüge aus den Rundfunkreportagen und -kommentaren Frickes bietet. Es handelt sich bei den Tondokumenten auf dieser CD um Texte, die die ständige Grenzüberschreitung zwischen Wissenschaft und Zeitzeugenschaft deutlich machen, die für das publizistische Schaffen Frickes so kennzeichnend ist, und ihm breiteste Anerkennung eingetragen hat. Die meisten der in dem Buch enthaltenen Texte erfuhren ihre Erstveröffentlichung im SBZ-Archiv bzw. im Deutschland Archiv.[5] Wir danken Karl Wilhelm Fricke für die Bereitschaft, gemeinsam mit der Stiftung ein derartiges Vorhaben realisiert zu haben, das für die zeitgeschichtliche Forschung ein hervorragendes Ereignis darstellt.

Immer wieder kann man von einer „nationalen Aufgabe" der Stiftung in der Öffentlichkeit lesen und hören. Es wäre jedoch bedauerlich, wenn sich hier falsches Zitieren zu verfestigen beginnt. In der Enquete-Kommission war immer die Rede von der gesamtstaatlichen Aufgabe der Aufarbeitung gewesen – und das war eine sehr bewusst gewählte Formulierung. Sie zielte auf die Notwendigkeit des gemeinsamen Engagements von Ländern, Kommunen und des Bundes auch über die Grenzen der ehemaligen DDR hinaus. Deutlich gemacht werden sollte, daß die Aufarbeitung der DDR-Vergangenheit nicht nur eine Angelegenheit der neuen Länder sein könne und dürfe. Schon die erste Enquete-Kommission hatte sich deshalb den Titel „Aufarbeitung von Geschichte und Folgen der SED-Diktatur – in Deutschland" gegeben.

Die Formulierung ist auch für die internationalen Dimensionen der Aufarbeitung der Diktaturgeschichte offen. Die DDR war Bestandteil des sowjetischen Imperiums. Um auf die internationalen Dimensionen des Aufarbeitungsprozesses aufmerksam zu machen, hat die Stiftung im März 2000 eine internationale Konferenz unter dem Titel „Revolution – Transformation – Integration. Der Weg der jungen Demokratien nach Europa" in Berlin veranstaltet. Diese Konferenz verband den historischen Rückblick mit einer Analyse der aktuellen Entwicklungen in Ost- und Südosteuropa. Der Zusammenhang von Demokratisierung, historischer Aufarbeitung und europäischer Integration zeigt, dass der nationale Blickwinkel nicht ausreicht, um die Dimensionen kommunistischer Diktatur und ihrer Folgen ausreichend erfassen zu können. Auch in der Förderpraxis der Stiftung wird diese Einsicht zunehmend berücksichtigt werden müssen.

---

5 Vgl. Karl Wilhelm Fricke, Der Wahrheit verpflichtet. Texte aus fünf Jahrzehnten zur Geschichte der DDR. Hrsg. von der Stiftung zur Aufarbeitung der SED-Diktatur und vom Deutschlandfunk, wiss. Bearbeiter: Ilko-Sascha Kowalczuk, Berlin 2000.

Stärker als bisher wird sich die Stiftung auch bei der fachlichen Fortbildung der Mitarbeiter von Initiativen zur Aufarbeitung der SED-Diktatur beteiligen. Nicht selten wird noch unterschätzt, wie wichtig es für die dauerhafte Sicherung der Arbeit in Projekten von Vereinen und Initiativen ist, sich an den allgemein üblichen Maßstäben für die Ausgestaltung von Gedenkstätten, die Sozialberatung oder die sachgerechte Betreuung der Quellen in den Archiven zu orientieren. Die Verbindung von Vereinen und Aufarbeitungsinitiativen mit Wissenschaftseinrichtungen sowie anderen staatlichen Einrichtungen, aber auch die beabsichtigte Einbeziehung von Stipendiaten bei den fachlichen Angeboten der Stiftung werden sich positiv auch auf die fachliche Qualität von Aufarbeitungsprojekten auswirken. Das wird von der Stiftung nicht nur als Einbahnstraße in Richtung auf diese Projekte begriffen. Ebenso wichtig ist es, dass die Wissenschaftseinrichtungen das Wissen und die spezifischen Kenntnisse der Aufarbeitungsszene rezipieren und die Überlieferungen aus Opposition und Widerstand in den unabhängigen Archiven zur Kenntnis nehmen und nutzen. Solche Kontakte zwischen Wissenschaftlern und Aufarbeitungsinitiativen werden zur Erweiterung des Wahrnehmungshorizontes beitragen und allen Seiten dienlich sein.

Nur wer bereit ist, sich der Auseinandersetzung mit fachlichen Fragen zu stellen, wer die besondere Kompetenz aus der eigenen Biographie zu verknüpfen weiß mit der ständigen Bereitschaft zu lernen, wie dies in unserer Wissensgesellschaft inzwischen allgemeiner Standard ist, wird mittel- und langfristig auch eine Chance haben, Unterstützung für seine Tätigkeit aus den Steuermitteln zu erhalten, welche die Stiftung vergibt. Diese Feststellung darf nicht als Drohung begriffen werden. Sie stellt auch keineswegs die Notwendigkeit und Bedeutung ehrenamtlicher Tätigkeit in Frage. Damit soll vielmehr darauf aufmerksam gemacht werden, welche Möglichkeiten die Stiftung – in allerdings finanziell begrenztem Rahmen – zur Verfügung stellen kann, um die Zukunft ehrenamtlicher Arbeit im Bereich der Aufarbeitung der SED-Diktatur mit abzusichern. Diese ehrenamtliche Arbeit zu unterstützen und für eine Sicherung von Projektförderungen zu sorgen, bestimmte schon der Zwischenbericht der Enquete-Kommission als eine der wichtigsten Aufgaben der Stiftung. Das bedeutet aber auch, dass die Stiftung überfordert wäre, wenn sie für die staatlich finanzierte Dauersicherung von Arbeitsplätzen vollbeschäftigter Aufarbeiter in Anspruch genommen werden würde.

Eine besondere Rolle wird in Zukunft den im Februar 2000 konstituierten Fachbeiräten der Stiftung zukommen. Diese Fachbeiräte müssen zu lebendigen Gremien werden, in dem Sinne, dass ihre Tätigkeit sich nicht auf die Sitzungstermine alleine beschränken darf. Die unterschiedlichen Entscheidungs- und Mitwirkungsebenen innerhalb der Stiftung – also Vorstand, Stiftungsrat und Fachbeiräte, aber auch die Mitarbeiter in der Geschäftsstelle der Stiftung – sollten bald zu einem ständigen Austausch der Meinungen und Vorschläge finden. Die Beiratsmitglieder aus dem Bereich der gesellschaftlichen Aufarbeitung, der Wissenschaft und des Archivwesens können darüber hinaus eine wichtige Rolle bei der Vermittlung der Stiftungsarbeit in die Öffentlichkeit spielen. Wir müssen immer wieder erklären, was die Stiftung ist, was sie will und was sie leisten soll und kann. Die Fachbeiräte können in konstruktiver Zusammenarbeit helfen, Grenzen zu überwinden. Noch immer gibt es solche Grenzen zwischen staatlicher und unabhängiger Aufarbeitung, Grenzen zwischen Wissenschaft und gesellschaftlichem Engagement, aber auch Grenzen zwischen Opferverbänden und Aufarbeitungsinitiativen. Dass es hier immer wieder deutliche Meinungsunterschiede gibt, sollten wir nicht unter den Teppich kehren. Wir sollten die Stiftung aber gerade deswegen als eine Chance begreifen, über solche Differenzen miteinander zu diskutieren und gemeinsame Standpunkte und Lösungen zu erarbeiten.

Diese Zusammenarbeit ist auch im Blick auf die gesellschaftliche Öffentlichkeit unbedingt notwendig. Nichts schadet dem Anliegen der Aufarbeitung der SED-Diktatur mehr als der Eindruck, hier stünden gelegentlich institutionelle oder persönliche Sonderinteressen so im Vordergrund, dass die eigentliche Aufgabe dahinter zurückgedrängt wird. Die Stiftung zur Aufarbeitung der SED-Diktatur kann und soll dazu beitragen, die notwendigen Klärungsprozesse zu organisieren und voranzutreiben. Sie wird das ehrenamtliche Engagement der an der Aufarbeitung der DDR-Geschichte Beteiligten im Rahmen ihrer Möglichkeiten unterstützen. Sie wird versuchen, bestehende Arbeitsvorhaben zu fördern, aber auch neue inhaltliche Akzente zu setzen. Sie wird mit ihrer ganzen Tätigkeit bestrebt sein, das Anliegen der Aufarbeitung der SED-Diktatur in der Öffentlichkeit präsent zu halten. Das alles aber wird nur gelingen, wenn gemeinsam gehandelt wird.

Was ist aus den Bürgerrechtlern geworden?

Ehrhart Neubert

Über kaum eine politische Gruppe in Deutschland sind mehr Klischees verbreitet als über die ehemaligen DDR-Bürgerrechtler. Einmal werden sie beschimpft und verhöhnt, ein anderes Mal als Moralisten und vergrämte ewige Verlierer hingestellt, manchmal auch als Helden verehrt. Ähnlich mag es noch der wichtigsten rebellischen Gruppe des Westens ergehen, den so genannten 68ern. Die politischen Unterschiede beider Gruppen liegen auf der Hand. Die 68er machten gegen den demokratischen Verfassungsstaat Front. Die Bürgerrechtler wollten diesen Verfassungsstaat erst einmal erringen. Gemeinsam ist beiden, dass ihre Lebensgeschichten Geschichte machten.

Im Falle der DDR-Dissidenten der siebziger und achtziger Jahre wird besonders deutlich, dass politische Biographien auf individuellen Entscheidungen beruhen, in denen zufällige Situationen und vorgegebene Bedingungen unlösbar und unentwirrbar miteinander verknüpft sind. Die von den Kommunisten erzwungene Sozialstruktur der DDR machte eine Massenbewegung wie den 17. Juni 1953 oder wie die polnische Gewerkschaft Solidarność nahezu unmöglich. In der homogenisierten und weithin gleichgeschalteten DDR-Gesellschaft konnten sich nur solidarische dissidentische Gruppen bilden, wenn sich Menschen fanden, die mit anhaltender Energie um ihre individuelle Selbstbehauptung und die Unabhängigkeit ihres Denkens rangen. Selbst in den dafür günstigen Milieus, in den Kirchen oder den Subkulturen, gab es keinen Determinismus für oppositionelle Lebensentwürfe. Neben dem entschiedenen Gegner der SED fanden sich der schweigende Dulder, der lärmende Opportunist und der heimliche Kollaborateur des MfS.

Das Verlangen nach Freiheit und die Bereitschaft, Verantwortung für das Recht und die Würde der Mitmenschen zu übernehmen, konnte kognitiv erworben sein, auf ethischen Gerüsten beruhen, aus religiösen Gewissheiten herrühren und manchmal auf das ästhetische Empfinden zurückgehen. Gerade Letzteres darf nicht unterschätzt werden, denn in der sprachlichen Öde des dummdreisten Siegergehabes der Kommunisten stellte sich oft genug ein Ekel ein, der sich in einen politisierbaren Widerwillen verwandeln konnte.

Auf diesen Voraussetzungen beruhten individuelle Entscheidungen für öffentliches Handeln, das, einmal begonnen, Möglichkeiten erschloss und damit Chancen zur Identitätsfindung eröffnete. Selbst aus Enttäuschungen wuchs noch Entschlossenheit. Als Bärbel Bohley 1988 in ihrem englischen Zwangsexil erfuhr, dass die Berliner Kirchenleitung sich nicht um ihre Rückkehr bemühen würde, schrieb sie in ihr Tagebuch: *„Irgendwie ist mir aber doch ein Stein vom Herzen gefallen, denn so weiß man wieder, daß man selbst etwas dazu beitragen muß, daß wir kein Vertrauen haben müssen, wo wir sowieso keins hatten. Alles ist einfacher geworden."* Solche Erfahrungen könnten ein Grund dafür sein, dass vielen Bürgerrechtlern bis heute ein ausgeprägter Individualismus bis hin zum seinesgleichen nicht schonenden, prinzipienfesten Polittrotz anhaftet, der sich jedem Kollektivzwang entzieht.

Trotzdem sind die Bürgerrechtler auch heute in der Lage, gemeinsam zu handeln. Sie streiten sich zwar immer noch an wenigen Stammtischen der Kneipen im Prenzlauer Berg, treffen sich aber auch zu informellen Runden in Berliner Privatwohnungen. Sie sehen sich bei einschlägigen Veranstaltungen oder inzwischen in bestimmten Gremiensitzungen. Ihre Namen finden sich auf langen Unterschriftenlisten bei politischen Erklärungen. Sie pflegen ihre internationalen Verbindungen, und bisweilen kommt das frühere solidarische Verhalten zum Tragen. Dies wurde 1999 bei der Trauerfeier für Jürgen Fuchs spürbar, zu der mehrere hundert von ihnen kamen.

Der generalisierende Begriff „Bürgerrechtler", eine in der DDR nur selten gewählte Selbstbezeichnung, fasst heute Menschen zusammen, die als Oppositionelle vor und in der Revolution 1989 in Erscheinung traten. Ihre politische Erfahrung und deren öffentliche Darstellung und bisweilen auch Selbstinszenierung nach 1990 sollte nicht verdecken, dass es sich bei diesen Menschen um eine heterogene Gruppe handelt, die erst in der Rückschau Konturen bekam. Der kleinste gemeinsame politische Nenner dieser Menschen war ihre Kritik oder auch Gegnerschaft zum realen Sozialismus der SED.

Ein Blick auf die Revolutionäre von 1989 zeigt, wie bunt das Bild war. Die politisch entschlossensten Oppositionellen hatten schon in den siebziger und vor allem in den achtziger Jahren auf sich aufmerksam gemacht. Sie waren in Gruppen und Netzwerken organisiert, die überwiegend in der Evangelischen Kirche aktiv waren. Zu ihnen zählten einige hundert Aktivisten mit einem Umfeld von etwa 2000 Personen. In diesem Personenkreis kamen sehr unterschiedliche Orientierungen zum Tragen: Neben den protestantischen Sozialethikern, die im Wesentlichen die Friedens- und Umweltbewegung trugen, gab es kleinere Gruppen mit anarchistischer oder dissidentisch-marxistischer Prägung. Andere fühlten sich besonders den Menschenrechten verpflichtet und waren damit im engeren Sinne tatsächlich Bürgerrechtler. Hinzu kamen politisierte Vertreter der künstlerischen und jugendlichen Subkulturen, der Emanzipationsbewegungen und einige wenige dissidentische Intellektuelle.

Als die Protagonisten dieser Szenen im September 1989 die neuen Bürgerbewegungen und Oppositionsparteien gründeten, fehlten viele bekannte Namen. Bis 1989 litt die oppositionelle Bewegung an dem ständigen Aderlass, von dem sie durch aufgenötigte Ausreisen und zwangsweise Ausbürgerungen in die Bundesrepublik nach Haft oder Zersetzungsmaßnahmen des MfS betroffen waren. Nur wenige kamen im Herbst 1989 zurück und beteiligten sich an der Revolution. Eine politische Elitenbildung war daher stets sehr schwierig. Ab September 1989 kam nun Zuwachs aus Künstlerkreisen und von unangepassten Kirchenleuten. Als Mitte Oktober sichtbar wurde, dass die Revolution friedlich verlaufen würde, beschleunigte sich dieser Mobilisierungsprozess. Nach dem Fall der Mauer am 9. November setzte ein neuer großer Zustrom aus weiten Kreisen der Bevölkerung ein. Viele der so genannten November- oder Dezemberrevolutionäre wanderten aber schon bald wieder ab.

Nach einer kurzen Blütezeit im Herbst 1989 erlitten die Bürgerbewegungen einen enormen politischen Bedeutungsverlust. Die Inhalte und die Organisationsformen der DDR-Opposition waren auf die Auseinandersetzung mit der Diktatur zugeschnitten. Mit der Institutionalisierung des demokratischen Rechtsstaates als repräsentativer Demokratie erübrigten sich diese politischen Formen, und mit einem reformerischen, idealistischen Überschuss war keine Politik mehr zu machen. Diese Entwicklung wurde zwar von vielen langjährigen Oppositionellen nur schwer ertragen. Aber immerhin waren alle wichtigen politischen Ziele von Widerstand und Opposition 1989/1990 erreicht worden. Außerdem lag der Anteil der Bürgerrechtler an der Revolution 1989 auf der Hand. Zwar geben sich heute nicht wenige Historiker und Politologen alle Mühe, diesen Anteil wegen der offensichtlichen Begrenztheit der Bürgerbewegung zugunsten anderer Faktoren des Zusammenbruchs der DDR zu minimieren. Aber wenigstens in vier Bereichen haben die Bürgerbewegungen allein gehandelt und den Umsturz ermöglicht: Sie haben es mit den Erfahrungen des gewaltlosen Widerstehens der Vorjahre geschafft, die Revolution friedlich zu halten; sie haben sich im Oktober den Versuchen der SED widersetzt, mit Hilfe der Dialogpolitik die Opposition wieder zu binden; sie erzwangen den Runden Tisch, der von Beginn an der Terminierung von freien Wahlen diente; sie beendeten die Arbeit des MfS und anderer Repressionsorgane.

Der politische Bedeutungsverlust der neuen Bewegungen ging zu einem Teil auf programmatische Unklarheiten zurück, obwohl der Demokratische Aufbruch und die junge ostdeutsche Sozialdemokratie passable Angebote erarbeitet hatten. Eine beträchtliche Mehrheit fühlte sich aber durch die neuen Kräfte nicht mehr hinreichend vertreten. Zum anderen Teil litten die neuen Bewegungen an elementaren Organisations- und Strukturschwächen. Die Revolution verlief derart schnell und die Akteure waren so ungeheuer beansprucht, dass der Aufbau der Strukturen nicht Schritt halten konnte. Das bevorteilte alle jene, die über Geld, stabile Apparate und Kommunikationsmittel verfügten, wie die SED/PDS und die ehemaligen Blockparteien. Der mit den ersten freien Wahlen am 18. März 1990 beginnende Marginalisierungsprozess setzte sich in den Folgejahren fort. Fast alle früheren politischen Organisationen der Bürgerbewegung lösten sich auf oder vereinten sich mit den Parteien der westdeutschen Tradition.

Damit war eine noch Jahre anhaltende politische Ausdifferenzierung unter den Bürgerrechtlern verbunden. Dies kann auch als Zeichen gewertet werden, dass die politisch-programmatische Festlegung unter ihnen bis 1989 noch nicht zum Abschluss gekommen war. Bürgerrechtler finden sich heute, abgesehen von der PDS, in allen im Bundestag vertretenen Parteien. Die Bürgerbewegungen wurden geradezu zu Blutspendern für die Parteien. Die FDP konnte allerdings von dieser Entwicklung nur wenig profitieren. Sie nahm mit der Deutschen Forum Partei eine Abspaltung des Neuen Forums auf. Nur vereinzelt traten später Bürgerrechtler der FDP bei.

Die Sozialdemokraten verfügen in Ostdeutschland über einen kleinen, aber stabilen Bereich von Bürgerrechtlern, die schon vor 1989 aktiv waren und in der Revolution zu den Gründern der Partei gehörten. Allen voran sind die beiden eigentlichen Initiatoren der SDP, Martin Gutzeit, der heute Landesbeauftragter für die Stasiunterlagen in Berlin ist, und der Abgeordnete des Bundestages Markus Meckel zu nennen. Im Bundestag sitzen bis heute Stefan Hilsberg, Edelbert Richter und Matthias Schubert. Auf der Landesebene sind Bürgerrechtler wie Lothar Tautz und Nikolaus Voss in hohen Parteiämtern oder wie Steffen Reiche als Minister in Brandenburg eingebunden. Hinzu kommt noch eine größere Anzahl von Bürgerrechtlern, die für die SPD in der Kommunalpolitik engagiert sind.

Über das Bündnis 90, das sich erst 1994 mit den Grünen vereinte, gelangten zahlreiche Bürgerrechtler auf allen Ebenen in die Politik. Bündnis 90/Die Grünen erschien fast schon als Partei der Bürgerrechtler; heute sind jedoch nur noch sehr wenige, etwa der Bundestagsabgeordnete Werner Schulz, in herausgehobener Stellung. Mit dem Beauftragten der Bundesregierung für Menschenrechtsfragen Gerd Poppe, der bis 1998 im Bundestag war, hat die Partei einen der führenden Vertreter der Bürgerrechtsbewegung in einer wichtigen Position. Da die Partei nicht mehr in den ostdeutschen Länderparlamenten vertreten ist, spielen ihre Vertreter nur noch lokalpolitisch eine Rolle.

Die CDU konnte schon während der Revolution und im Zuge der Bildung der Allianz für Deutschland Bürgerrechtler an sich ziehen, die sich oft mehrere Legislaturperioden im Bundestag halten konnten. Zu den neuen Mitgliedern gehörten Arnold Vaatz, der in Dresden von der „Gruppe der Zwanzig" kam, und Bernd Seite, der ursprünglich im Neuen Forum engagiert war. Die Vereinigung der CDU mit dem Demokratischen Aufbruch brachte solche bekannten Bürgerrechtler wie Rainer Eppelmann in die Partei. In der Landespolitik spielten Bürgerrechtler als Abgeordnete und als Minister eine Rolle. Dies gilt auch für die Kommunalpolitik der CDU. 1996 setzte eine Übertrittswelle in die CDU ein, die zunächst als spektakulär empfunden wurde, weil sich unter den neuen Mitgliedern der Partei auch die Bundestagsabgeordnete Vera Lengsfeld und die SDP-Mitbegründerin Angelika Barbe befanden. In der Öffentlichkeit fand weniger Beachtung, dass sich die Übertritte aus anderen Parteien und weitere Eintritte von bislang parteipolitisch unabhängigen Bürgerrechtlern auch in den nächsten Jahren fortsetzten. Dieser Prozess wurde durch die Dialogbemühungen von Altbundeskanzler Helmut Kohl ausgelöst, der 1995 Bärbel Bohley besuchte und zahlreiche Kontakte knüpfte.

Insgesamt sind zahlreiche Bürgerrechtler heute politisch aktiv. Werden auch diejenigen hinzugezählt, die zwar nicht zur Opposition der achtziger Jahre gehörten, aber an der Revolution 1989 beteiligt waren, sind mit dem Bundestagspräsidenten Wolfgang Thierse und der neuen CDU-Vorsitzenden Angela Merkel einige Aktivisten in politische Spitzenämter gelangt. Zwar konnten Bürgerrechtler nicht wie in Polen und Tschechien unmittelbar an die Staatsspitze gelangen und auch keine dominierenden charismatischen Führungspersönlichkeiten hervorbringen, doch ist die deutsche Situation auch völlig anders als in diesen mittelosteuropäischen Staaten gewesen. Dort hatten die früheren Dissidenten keine Konkurrenz von einer machterfahrenen politischen Klasse aus dem Westen. Zudem wirkte sich aus, dass die DDR-Opposition seit den siebziger Jahren von der westdeutschen Politik nicht ernst genommen oder gar als Störenfried der Entspannungspolitik betrachtet wurde. Diese jahrelange politische Isolation hat die Integration der Bürgerrechtler zunächst erschwert. In den großen Volksparteien SPD und CDU gibt es nach wie vor auch Vorbehalte gegenüber Bürgerrechtlern, da diese nur eingeschränkt die ostdeutschen Wähler erreichen, die mehrheitlich unpolitisch, resigniert oder gar Teilhaber des unterdrückerischen SED-Regimes waren.

Die Biographie der Bürgerrechtler führt in den Parteien häufig dazu, dass diese auf die politischen Themen der Vergangenheitsaufarbeitung festgelegt werden. So war Eppelmann Vorsitzender der Enquete-Kommissionen des Bundestages zur Aufarbeitung des SED-Unrechtes, in denen auch Meckel, Poppe und andere Bürgerrechtler Schlüsselpositionen inne hatten. In der aus diesen Kommissionen hervorgegangenen Stiftung zur Aufarbeitung des SED-Unrechtes nehmen Eppelmann und Meckel den Vorsitz von Vorstand und Stiftungsrat wahr.

Mancher Bürgerrechtler in der Politik müht sich verzweifelt, nicht allein auf Themen zur Vergangenheitsaufarbeitung festgelegt zu werden. Wenn dies gelingt, nimmt die Öffentlichkeit meist nur wenig Notiz davon. Politik und Öffentlichkeit erkennen den Bürgerrechtlern in Fragen der DDR-Vergangenheit Kompetenz zu, so dass sie in allen gesetzgeberischen Unterneh-

mungen zum MfS-Problem, der Rehabilitierung von Opfern und Wiedergutmachung, der Verjährung und bei ähnlichen Initiativen eine zentrale Rolle
spielen. Da Bürgerrechtler mit längerer politischer Erfahrung vor 1989 fast
einhellig über Parteiengrenzen hinweg nicht bereit sind, mit der PDS zu kooperieren, gibt es auch immer noch gemeinsame politische Interessen, wenn
auch auf einem schmalen Sektor.

Das breite politische Engagement von Bürgerrechtlern außerhalb der Parteien wird ebenfalls in der Öffentlichkeit fast nur wahrgenommen, wenn es
um die Vergangenheitsaufarbeitung oder schon seltener um den Einsatz für
Menschenrechte in anderen Staaten geht. Dazu gehört die Tätigkeit von Bärbel Bohley seit 1996 in Bosnien und Kroatien, wo sie sich teilweise im Auftrag der EU um Bürgerkriegsopfer kümmert. Ekkehard Maaß engagiert sich
für die Opfer der Kaukasuskriege in der ehemaligen Sowjetunion. Er kann
sich dabei auf frühere Kontakte zu Menschenrechtlern in Russland stützen.
Eine relativ stabile Szene bilden die ehemaligen dissidentischen und politisch
engagierten Literaten und Künstler wie Wolf Biermann, Lutz Rathenow,
Freya Klier, Konrad Weiß und Ekkehard Maaß. Zu ihnen gehörte auch der
1999 verstorbene Jürgen Fuchs.

Unter den Bürgerrechtlern und ehemaligen DDR-Oppositionellen gibt es
einige Sondergruppen, die auch in der Öffentlichkeit ihr Profil bewahren
konnten. So verhalten sich einzelne Bürgerrechtler aus den dezidiert linken
und machtkritischen Gruppen der früheren Opposition, etwa der „Kirche von
unten", der „Umweltbibliothek" oder der Gruppe „Gegenstimmen" nach wie
vor grundsätzlich kritisch zur Vereinigung Deutschlands und der „kapitalistischen" Wirtschaftsordnung des Westens.

Eine weitere Gruppe stellen Theologen mit linksprotestantischer Orientierung dar. Zu ihnen gehören Friedrich Schorlemmer und der verdienstvolle
kritische Theologe Heino Falcke. Ihr konsequent beibehaltenes zivilisations-
und kapitalismuskritisches Korsett und die ihnen eigene Vermischung von
religiösen und politischen Kategorien führt sie über eine merkwürdige Ver-
söhnungslyrik bisweilen auch an die Seite ihrer früheren politischen Gegner,
wie dies in der so genannten „Erfurter Erklärung" des Jahres 1997 dokumentiert ist, die eine Volksbewegung unter Einschluss der PDS zur Abwahl der
CDU/CSU/FDP-Bundesregierung in Gang setzen wollte.

Erwähnt werden muss schließlich noch, dass es nicht wenige Bürgerrechtler und Oppositionelle gibt, die trotz intensiver Bemühungen heute sozial in einer sehr schwierigen Lage sind. Zu ihnen gehören viele, die in der Öffentlichkeit nicht oder kaum bekannt sind, obwohl sie in der DDR nicht weniger Risiken trugen als die prominenten Vertreter der Opposition. Das MfS
hat in ihre Lebensläufe eingegriffen und häufig mit den übelsten Zersetzungsmaßnahmen ihre berufliche Laufbahn zerstört. Oft hatten ausgebildete
Akademiker keine Arbeit oder mussten als Friedhofsgärtner, Gelegenheits-
beiter, Küster oder Hausmeister ihre Existenz notdürftig fristen. Ihre Renten-

erwartungen sind minimal. Für Zersetzungsmaßnahmen gibt es immer noch keine Rehabilitation, geschweige denn irgendwelche Wiedergutmachungen. Zudem leiden viele von ihnen an nachhaltigen, durch die systematische Zersetzung zugefügten psychischen Schäden. Für manche ist es geradezu traumatisierend, dass sie in den öffentlichen Ämtern nicht selten Personen wiederfinden, die ihnen zu DDR-Zeiten zugesetzt haben. Das den Bürgerrechtlern gebliebene Thema Vergangenheitsaufarbeitung hat für diese Menschen daher bisweilen auch eine therapeutische Funktion.

Dennoch versteht die Mehrzahl der Bürgerrechtler die Vergangenheitsaufarbeitung als einen Beitrag zur Demokratisierung der Gesellschaft. Die häufig festzustellende Fixierung auf das MfS hat ihre Wurzeln in der DDR. Damals war die Auseinandersetzung mit diesem Organ an der Tagesordnung, und trotz der Konspiration waren die Aktivitäten der Stasi spürbar. So ist auch die Behörde des Bundesbeauftragten für die Unterlagen des Staatssicherheitsdienstes der ehemaligen DDR, die so genannte „Gauck-Behörde" eine direkte Frucht der Revolution von 1989, die durch die Aktivitäten von Bürgerrechtlern 1991 möglich wurde. Die Nachfolgerin von Joachim Gauck, Marianne Birthler, die ihr Amt als Bundesbeauftragte für die Stasi-Unterlagen im Oktober 2000 übernahm, ist aus der bereits 1985 entstandenen Initiative Frieden und Menschenrechte hervorgegangen.

Lange vor 1989 hatten die Oppositionellen mit der aktiven Aufarbeitung der Diktaturgeschichte begonnen. Das war damals singulär, weil die westdeutschen Politischen Wissenschaften das Thema mieden, sieht man von wenigen Ausnahmen ab. Menschenrechtsverletzungen wurden von Oppositionellen dokumentiert. Es gab Ansätze zur Geschichtsschreibung der Opposition der achtziger Jahre im Samisdat, wie etwa in dem Heft „Spuren", das Stefan Bickhard 1988 herausgab. Anfang 1989 konstituierte sich in Berlin und Leipzig eine „Initiative zur Aufarbeitung des Stalinismus in der DDR". In Umwelt- und Friedensbiliotheken sammelten seit Mitte der achtziger Jahre Bürgerrechtler Materialien und Schriftgut. Diese wurden zum Grundstock der Archive der Opposition in Ostdeutschland. Zu der bedeutendsten und inzwischen auch wissenschaftlich nutzbaren Einrichtung wurde das Archiv der Robert-Havemann-Gesellschaft in Berlin. Von Bürgerrechtlern wurden inzwischen zahlreiche Arbeiten zur Oppositionsgeschichte vorgelegt. Diese reichen von den Produkten der „Barfußhistoriker" bis zu anspruchsvollen Arbeiten mit anerkanntem wissenschaftlichen Wert – trotz aller sprichwörtlichen „Feindschaft" zwischen Zeitzeugen und Zeitgeschichtlern.

Wenn es auch nur wenige bürgerrechtliche Institutionen gibt, die unmittelbar auf die Selbstorganisation vor 1989 zurückgehen, so ist inzwischen doch ein breites Spektrum von Aufarbeitungsinitiativen und Opferverbänden entstanden, die ihre Wurzeln im Kampf gegen den SED-Staat haben. Die Selbstorganisation der Opfer der SED begann schon bald nach dem Krieg, als Flüchtlinge und in den Westen entlassene Häftlinge eigene Verbände gründeten. Die Opferverbände sammelten Gruppen mit gemeinsamen Traditionen, wie die verfolgten Sozialdemokraten oder Inhaftierte bestimmter Lager oder Zuchthäuser. So arbeitet die Vereinigung der Opfer des Stalinismus (VOS) schon seit 1950. Ostdeutsche Oppositionelle haben oft mit tatkräftiger Unterstützung gleichgesinnter Westdeutscher auch in den siebziger und achtziger Jahren immer wieder Hilfsorganisationen gegründet, die manchmal längeren Bestand hatten. Nach 1989 kam es dann auch in Ostdeutschland zur Selbstorganisation ehemals Verfolgter. Dazu gehörte die 1991 gegründete „Help e.V.- Hilfsorganisation für die Opfer politischer Gewalt in Europa". Einige Gruppierungen und Vereine, die nach 1989 entstanden, wurden von Oppositionellen und Bürgerrechtlern der späten DDR-Jahre getragen. Auch existieren noch einige der Bürgerkomitees, die aus der Zeit der Besetzung und Entmachtung des MfS 1989/90 hervorgegangen sind. Trotz aller Vielfalt und trotz der unterschiedlichen Interessen ist ihnen allen die Entschlossenheit gemeinsam, die Aufarbeitung der kommunistischen Diktatur zu fördern. Einige Vereine versuchen, die Erinnerung wachzuhalten, wie etwa die „Antistalinistische Aktion" (ASTAK), die eine Gedenkstätte in der Zentrale des MfS in Berlin unterhält. Andere kümmern sich um Opfer der DDR, wie das „Bürgerbüro e.V. zur Aufarbeitung von Folgeschäden der SED-Diktatur", das 1996 in Zusammenarbeit von Bürgerrechtlern und Politikern gegründet wurde.

In den Medien spielen Bürgerrechtler nach wie vor eine wichtige Rolle. Vor allem im Jahr 1999 hatten sie anlässlich der vielen Gedenkveranstaltungen an die Revolution 1989 geradezu eine Hochkonjunktur. Anlass für die Medienberichterstattung sind oft konfliktfreudige öffentlichen Äußerungen, wenn es um Themen der Vergangenheitsaufarbeitung geht. Für Schlagzeilen sorgten etwa die Auseinandersetzung zwischen Günther Nooke und Manfred Stolpe, oder der Dauerstreit von Bärbel Bohley und Freya Klier mit Gregor Gysi. Trotz aller Ermüdung, die in der konkreten Vergangenheitsaufarbeitung, in der auch Namen genannt und Verantwortlichkeiten zugeschrieben werden, immer wieder zutage tritt, wird die Rolle der Bürgerrechtler in diesen Diskursen von einer breiten Öffentlichkeit akzeptiert. Als der Deutsche Bundestag am 9. November 1999 des zehnten Jahrestages der Maueröffnung gedachte, sollten in der Feierstunde ursprünglich nur Politiker sprechen, die nicht an der Revolution beteiligt waren. Daraufhin kam es zu einer heftigen öffentlichen Diskussion, und schließlich sprach stellvertretend für die Bürgerrechtler auch Joachim Gauck. Unbestritten war in Politik und Öffentlichkeit, dass die Nachfolge von Gauck als Bundesbeauftragter für die Unterlagen des MfS aus dem bürgerrechtlichen Lager kommen sollte.

Auf die Dauer kommt die deutsche Nation nicht umhin, in den Bürgerrechtlern eine demokratische Tradition verkörpert zu sehen, die einen bestimmten Mangel in der deutschen Geschichte etwas beheben hilft. Inzwischen haben Bürgerrechtler und die Revolutionäre von 1989 hohe staatliche

Auszeichnungen und gesellschaftliche Preise erhalten. Als „Helden" möchten sie aber ebensowenig stilisiert werden wie als Opfer. Es gibt wahrlich genug Gründe, die ihrer Verklärung entgegen stehen. Die von ihnen ersehnte und schließlich gewonnene Freiheit ist auf dem Hintergrund ihrer Erfahrungen auch nicht immer unproblematisch. Dafür stehen Verse Wolf Biermanns aus dem Jahre 1998:

„Um Deutschland ist mir gar nicht bang
Und ich als Weltkind mittenmang
Ob Wissen oder Glauben
Ob Freund, ob Feind, ob Weib ob Mann
Die liebe Muttersprache kann
Kein Vaterland mir rauben
Heimweh nach früher hab ich keins
Nach alten Kümmernissen
Deutschland Deutschland ist wieder eins
Nur ich bin noch zerrissen."

„Sich ein Bild machen"

Auf der Suche nach einer gemeinsamen Kultur

Rüdiger Thomas

„In den Jahren der Teilung waren Kunst und Kultur – trotz unterschiedlicher Entwicklung der beiden Staaten in Deutschland – eine Grundlage der fortbestehenden Einheit der deutschen Nation." Mit diesem lapidaren Satz beginnt der „Kultur"-Artikel 35 des Einigungsvertrages vom 31. August 1990. Er konstatiert ein Politikum, das uns verleiten könnte, in eine Wahrnehmungsfalle zu tappen: In ihrem verengten Blickfeld werden Kunst und Kultur aus der DDR selbst zum bloßen Politikum, ohne ihre ästhetische Bedeutung zu reflektieren. Das historische Resümee enthält aber zugleich die implizite Aussage, dass auf dem Gebiet der ehemaligen DDR kulturelle Werte und Kunstwerke entstanden sind, die nicht nur in die geteilte Staatengeschichte eingebunden waren, sondern zum Bestand einer gemeinsamen deutschen Kulturgeschichte gehören.

I.

Der Einigungsvertrag enthält die Verpflichtung, dass die „kulturelle Substanz" in den neuen Bundesländern „keinen Schaden nehmen" darf, die in der DDR zentral geleiteten kulturellen Einrichtungen sollten „in die Trägerschaft" der neuen Länder und Kommunen übergehen, „in denen sie gelegen sind". Obwohl die Verantwortung für die Kultur im föderativen Staat in erster Linie in die Zuständigkeit der Länder fällt, verpflichtete sich der Bund, durch eine Übergangsfinanzierung zur Sicherung der Infrastruktur beizutragen, bis die neuen Länder diese Aufgabe selbst in vollem Umfang übernehmen könnten. In den neuen Bundesländern (einschließlich Ost-Berlin) gab es zum Zeitpunkt der Vereinigung 217 Theater und Spielstätten, 87 Orchester, rund 1.000 Museen, 112 Musikschulen, über 7.000 öffentliche Bibliotheken, etwa 250.000 registrierte Einzeldenkmäler, 180 historisch bedeutsame Stadt- und Dorfkerne und mehr als 1.500 Kultur- und Clubhäuser. Viele Denkmäler und Gebäude waren vom fortschreitenden Verfall bedroht, in zahlreichen

gen gab es einen problematischen Personalbestand, betriebliche Kulturange-
bote (Bibliotheken und Kulturhäuser) sowie die meist von der FDJ betreuten
und kontrollierten Jugendclubs hatten ihre Träger verloren und wurden kurzfristig aufgelöst.

Das Vakuum, das dadurch entstanden ist, musste durch neue kulturpolitische Konzepte kompensiert werden – eine Aufgabe, die sich bei der prekären
Finanzlage der Länder und Kommunen kaum bewältigen ließ. Trotz mancher
unerfüllter Erwartungen ist die Bilanz der Konsolidierungsmaßnahmen respektabel: Von 1991 bis 1994 hat der Bund rund 3,3 Mrd. DM zur Finanzierung von kulturellen Sonderprogrammen bereitgestellt. Das im Vordergrund
stehende „Substanzerhaltungsprogramm" (für das etwa zwei Drittel aller
Mittel bestimmt waren) sollte Einrichtungen sichern, die schon zuvor bestanden hatten, das „Infrastrukturprogramm" richtete sich auf die strukturelle
Modernisierung und förderte Aktivitäten in den verschiedenen Bereichen von
Kunst und Kultur. Zwischen 1991 und 1997 hat der Bund insgesamt rund 2,3
Mrd. DM für den Erhalt historischer Stadt- und Dorfkerne sowie für die Re-
novierung von Denkmälern bereitgestellt.

Nachdem 1995 der Bund-Länder-Finanzausgleich in Kraft getreten ist, der
die Finanzausstattung der neuen Länder verbessert hat und damit auch die
eigenständige Kulturförderung erleichtern sollte, beteiligt sich der Bund seit
1. Januar 1995 im Wesentlichen nur noch mit zusätzlichen Mitteln an der
Förderung national bedeutsamer Kultureinrichtungen, den so genannten
„Leuchttürmen". Dazu zählen beispielsweise die Stiftung Preußische Schlös-
ser und Gärten Berlin-Brandenburg, das Bach-Archiv Leipzig, Stiftung Bau-
haus Dessau, Stiftung Weimarer Klassik, Stiftung Luthergedenkstätten in
Sachsen-Anhalt, Stiftung Akademie der Künste in Berlin-Brandenburg, Wart-
burg-Stiftung in Eisenach, Barlach-Gedenkstätten in Güstrow, Panorama-
Museum Bad Frankenhausen.

Der Hauptstadtvertrag vom 30. Juni 1994 sicherte Berlin seit 1996 eine
Kulturförderung von jährlich 420 Mio. DM zu. Da dieser Vertrag Ende 1999
ausgelaufen ist, wird derzeit über angemessene neue Lösungen heftig gestritten. Nach dem 1999 vollzogenen Umzug von Parlament und Regierung in die
Hauptstadt Berlin hat sich die Diskussion um die finanzielle Verantwortung
des Bundes auf die in Berlin etablierten Kultureinrichtungen fokussiert. Diese
Debatte zeigt nicht nur die Grenzen staatlicher Kulturförderung in einem
Land auf, in dem die kulturelle Infrastruktur – im deutlichen Unterschied zu
den USA – noch immer zu mehr als 90 Prozent aus staatlichen Haushalten finanziert wird. Sie wirft auch die Frage auf, ob es gelingen wird, das reichhaltige Kulturleben in Deutschland in seiner regionalen Vielfalt zu erhalten und
damit das Übergewicht einer Metropolenkultur zu vermeiden.

Kultur manifestiert sich nicht nur in Institutionen, im Kulturbetrieb. Sie
lebt von den Kulturschaffenden, den Autoren und bildenden Künstlern und
vielen anderen Akteuren, die das Kulturmilieu prägen. Zum Zeitpunkt der

deutschen Vereinigung gab es in den neuen Bundesländern rund 15.000 Personen, die sich freiberuflich in kulturellen Bereichen betätigten. Etwa 6.000 waren zuvor im Verband Bildender Künstler der DDR organisiert: Maler und Bildhauer, Formgestalter, Bühnenbildner, Restauratoren, Kunstwissenschaftler. Gleichzeitig wurden 7.500 freiberufliche Unterhaltungskünstler, 750 Schriftsteller, 600 freie Theater- und Filmschaffende sowie 100 Komponisten und Musikwissenschaftler registriert.

Ihre Mitgliedschaft in den entsprechenden Künstlerverbänden der DDR hatte ihnen zuvor eine soziale Absicherung gegeben, die eine Anpassung an die neuen Verhältnisse, vor allem für Angehörige der älteren Generationen, erheblich erschwerte. Das Infrastrukturprogramm der Bundesregierung und die Einrichtung von ABM-Stellen ermöglichten in manchen Fällen zwar Übergangslösungen, die kurzfristig Abhilfe schufen. Der oft schwierige Zwang zu einer selbstständigen Neuorientierung in einem kulturellen Konkurrenzsystem, das nach den Mechanismen der Marktwirtschaft funktioniert, konnte dadurch freilich nicht ersetzt werden.

Was der jungen Generation von Schriftstellern und bildenden Künstlern leicht gelingen konnte, ist für die älteren Generationen häufig ein gravierendes Problem geblieben. Kulturdebatten zwischen Ost- und Westdeutschen leiden daher immer noch an den „Mythenbildungen des einseitigen Blicks" (Karin Thomas): Während im Westen die Autonomie des Künstlers mit seiner materiellen Selbstverantwortung in Beziehung gesetzt wird, leitet man im Osten Deutschlands immer noch häufig aus der Verantwortung des Staates für die Förderung der Kultur auch einen Alimentierungsanspruch für Kulturschaffende ab. Dass sich Kunst und Literatur auf Märkten behaupten müssen, liefert zwar keine hinreichende Garantie, ihre Qualität zu ermessen. Die Geschichte der DDR zeigt allerdings auch, dass der Staat noch viel weniger zum Richter über die Kultur taugt, denn seine Münze ist teuer erkauft: durch das Zahlungsmittel der Zensur.

Wenn wir den aktuellen Zustand der Kultur in Deutschland bedenken, können wir uns nicht auf die finanzielle Dimension der Kulturförderung beschränken. Was für die politische und ökonomische Situation zutrifft, gilt auch für die kulturelle Konfiguration: Noch immer haben die Deutschen keine gemeinsame kulturelle Identität ausgebildet. Die Gesellschaften in Ost- und Westdeutschland sind zwar nicht mehr geteilt, doch sind sie weiter getrennt vereint. Der Osten erinnert sich anders als der Westen: „Das spezifisch Ostdeutsche wurde im letzten Jahrzehnt nicht erfunden, wie immer wieder behauptet wird, sehr wohl aber entdeckt und kultiviert" (Wolfgang Engler). Es fällt nach wie vor schwer, sich wechselseitig zu verstehen – und anzuerkennen. Die notwendige Delegitimierung der SED-Diktatur darf nicht zu skeptischer Distanz gegenüber der Lebensleistung von Menschen führen, die sich mit Eigen-Sinn gegen die Zumutungen reglementierender Vereinnahmung auf unterschiedliche Weise behauptet haben. Wir sollten uns eingestehen: Es reicht nicht aus, dass wir uns wechselseitig unsere Lebensgeschichten erzählen, um eine gemeinsame Identität zu finden. Wir müssen dafür vielmehr unsere geteilte Geschichte gemeinsam entdecken, diskursiv vergegenwärtigen: als Politik- und Gesellschaftsgeschichte, als eine Geschichte von Unterordnung und Emanzipation, als geistigen Prozess und als Kulturgeschichte. Wenn Kunst und Kultur, die in der DDR entstanden sind, vor allem als Politikum, als DDR-Kultur, wahrgenommen werden, als Geschichte politischer Reglementierung und intellektueller oder künstlerischer Selbstpreisgabe, gerät die Frage nach der kulturellen Substanz, nach der deutschen Kultur in der DDR, weitgehend aus dem Blickfeld. Die Kultur aus der DDR wird auf diese Weise zur politischen Episode marginalisiert, bevor sie als künstlerisches Zeugnis einer historischen Periode erkundet und in den Traditionsbestand der deutschen Kultur eingeordnet werden kann.

Ein solcher reflexiver Umgang mit der Entwicklung von Kunst und Kultur in der DDR ist eine unabgegoltene Aufgabe im Kulturdiskurs der Deutschen. Was der „Literaturstreit" 1990 ankündigte, hat sich 1999 im Weimarer „Bilderstreit" im Rahmen der Ausstellung „Aufstieg und Fall der Moderne" auf irritierende Weise wiederholt, als Malerei und Grafik aus der DDR mit der Kunst des Dritten Reiches in Beziehung gesetzt wurden: unter dem Vorzeichen des Antimodernismus im Horizont eines Diktaturenvergleichs. Die Kunst in der DDR mit der Entwicklung in der Bundesrepublik zu konfrontieren, kontrastierende und komplementäre Bilder zu zeigen, das Spannungsfeld zwischen staatlicher Reglementierung und künstlerischer Autonomie aufzudecken – diese Kontextualisierung unter dem Vorzeichen deutscher Kunst blieb in der baufälligen Mehrzweckhalle des ehemaligen NS-Gauforums ausgeschlossen. So vermochte die Ausstellung zwar zu provozieren, doch am Ende blieben erstarrte Fronten – befremdlicher Ausdruck einer anhaltenden Fremdheit.

II.

Es gehört zu den Paradoxien des deutschen Einigungsprozesses, dass der Streit über die Kultur in der DDR zum gleichen Zeitpunkt einsetzte, als die staatliche Einheit der Deutschen erreicht war. Im Mittelpunkt des Interesses standen nicht mehr die Kunstwerke, die in der DDR entstanden waren, sondern die Kulturpolitik und ihre disziplinierende Wirkung auf die Kulturproduzenten. Diese Verengung der Wahrnehmungsperspektive lässt sich symptomatisch an einem Vorgang ablesen, der fälschlicherweise als „Literaturstreit" bezeichnet worden ist, obwohl er tatsächlich eher von Politik und Moral handelte als von ästhetischen Maßstäben zur Bewertung von Kunstwerken. Der vorgebliche „Literaturstreit" wurde durch Christa Wolfs Erzählung „Was bleibt" ausgelöst, die Anfang 1990 veröffentlicht wurde und mit der skeptischen Selbstermunterung beginnt: *„Nur keine Angst"*. Es ist ein Text, der die persönlichen Erfahrungen der Autorin mit dem Überwachungsstaat reflektiert. Er handelt von Angst und Ohnmacht, der Sehnsucht nach Wahrhaftigkeit und Solidarität, von zaghafter Zuversicht auf eine menschliche Zukunft und von der Schwierigkeit, in den Bedrückungen und Alpträumen der eigenen Existenz eine authentische Sprache, einen „wahren Text" zu finden.

Über die literarische Qualität dieser Erzählung und ihre Einordnung in das Werk der Autorin hätte man streiten können, zumal die Umstände der Veröffentlichung Fragen aufwarfen: Warum hatte Christa Wolf ihre Erzählung, die schon 1979 entstanden war, erst nach dem Ende der SED-Herrschaft publiziert? Und warum war dieser Text zehn Jahre nach seiner Niederschrift – wie die Autorin missverständlich vermerkt – „überarbeitet" worden? Doch die Frage nach der literarischen Wahrheit der Geschichte, die Christa Wolf erzählt, verwandelte sich rasch in die Frage nach der Konsequenz und Wahrhaftigkeit ihrer politischen Haltung, die sie in 40 Jahren DDR als „öffentliche Person" (Ulrich Greiner) eingenommen hatte. Dabei wurden auf irritierende Weise Leben und Werk der Autorin, moralische und ästhetische Werturteile, miteinander vermischt. Und aus der Kritik an einer bedeutenden Schriftstellerin, die viele Menschen in der DDR als Autorin liebten und als integre Persönlichkeit bewunderten, wurde ein Verdikt gegen die Literatur aus der DDR, die pauschal der „Gesinnungsästhetik" verdächtigt wurde. Larmoyanz war gewiss die falsche Reaktion auf diese Art polemischer Abwertung, zumal es auch im Westen an Widerspruch nicht fehlte. Doch die lautstark geführte Debatte erschöpfte sich rasch, weil sie die Fragen nach den Folgen der Kulturpolitik in der DDR und nach der Qualität von Kunstwerken nicht zu unterscheiden wusste.

Wenige Monate nach dem Beginn dieses Literaturstreits gab Georg Baselitz den Anstoß für einen heftigen „Bilderstreit", als er im Juni 1990 in einem ausführlichen Interview mit der Kunstzeitschrift „art" grundsätzlich bestritt, dass es in der DDR Künstler gegeben habe, „alle sind weggegangen". Als Axel Hecht, der 1982 eine vielbeachtete Ausstellung von Malerei und Grafik aus der DDR in der Bundesrepublik mit organisiert hatte, Baselitz fragte: „Sind Bernhard Heisig oder Wolfgang Mattheuer etwa keine Künstler?", lautete die entschiedene Antwort: „Keine Künstler, keine Maler. Keiner von denen hat je ein Bild gemalt. Die haben an Wiederherstellungen gearbeitet, an Rekonstruktionen, aber nichts erfunden. Das ist ja alles ganz langweilig. Das sind Interpreten, die ein Programm des Systems in der DDR ausgefüllt haben. Die Künstler sind zu Propagandisten der Ideologie verkommen. Sie haben sich in den Dienst der ,guten Sache' gestellt. Auf dem addierten, dem sogenannten historisch richtigen Weg haben sie die Phantasie, die Liebe, die Verrücktheit verraten." Nachdem sich Baselitz hinreissen ließ, die Künstler aus der DDR gar noch pauschal als „Arschlöcher" zu titulieren, war die öffentliche Aufregung groß. Doch seine eher beiläufigen Äußerungen, die zudem die Existenz einer unabhängigen Kunstszene in der DDR ignorierten, waren nicht als Sprach-Happening gemeint, sondern der späte Reflex auf eine persönliche Erfahrung, die den Maler Georg Kern, der aus (Deutsch-) Baselitz stammte und 1957 von der Kunsthochschule Berlin-Weißensee exmatrikuliert worden war, nach West-Berlin gehen ließ, wo sich seine Kunst frei entfalten konnte, bis er – ähnlich wie Gotthard Graubner, Gerhard Richter oder Günther Uecker – internationale Bedeutung erlangte.

Es ist zwar offenkundig, dass die Literatur – wie auch die anderen Künste – in der DDR zum Politikum werden musste, weil die herrschende Staatspartei eine unabhängige Kultur nicht dulden mochte, sondern diese ausdrücklich in den Dienst ihrer politisch-ideologischen Zwecksetzungen zu stellen suchte. Doch wäre es verfehlt, *„diese Literatur mit dem Staat zu verwechseln, in dem sie entstand"* (Dieter Schlenstedt). Sie ist das Werk von Personen, die sich durch politische Überzeugungen und ästhetische Konzepte deutlich unterscheiden. Sie war eingebunden in politische Entwicklungsprozesse, in denen sich viele Künstler nachhaltig verändert haben. Die Kultur, die im Osten Deutschland entstand, ist vielfältig und mehrschichtig. Eine Kulturgeschichte, die sich primär als Politikgeschichte im Kulturmilieu begreift, versperrt sich den Zugang zur Geschichte der Kultur als einer Geschichte ästhetischer Selbst-Behauptung und kreativen Eigen-Sinns. Es steht zwar außer Frage, dass sich künstlerisches Schaffen in der DDR kaum erschließt, wenn man von den reglementierenden politischen Rahmenbedingungen absieht. Doch darf die Anerkennung oder Ablehnung eines literarischen oder bildnerischen Werkes, eines Films oder Theaterstücks durch die kulturpolitischen Instanzen nicht mit seiner künstlerischen Qualität verwechselt werden. Kunstwerke entstehen, wenn sie eine Wirklichkeit imaginieren, die sich durch persönliche Wahrhaftigkeit und künstlerische Gestaltungskraft beglaubigt. In diesem Verständnis ist Kunst autonom, wenn sie sich von fremden Zwecksetzungen emanzipiert. Nicht jeder Künstler, der im offiziellen Kulturbetrieb der DDR die Lizenz öffentlicher Darbietung erlangte, war damit schon ein Staatskünstler. Und nicht jeder Kritiker des Staatssozialismus verbürgt durch seine moralische Integrität ästhetische Qualität. In einer Kulturgeschichte der DDR geht es nicht um die Mustergültigkeit des Künstlers, sondern um die Gültigkeit seiner Bilder und Worte. Kunst in der DDR zu entdecken bedeutet daher: nach der Autonomie von Kunstwerken zu fragen.

III.

Bis zum Beginn der sechziger Jahre hatten vor allem bildende Künstler und Schriftsteller, die aus der DDR geflüchtet waren, öffentliche Resonanz im Westen Deutschlands gefunden. Einer der wichtigsten deutschen Autoren der Nachkriegszeit, Uwe Johnson, verließ die DDR im Herbst 1959, als der Frankfurter Suhrkamp Verlag sein erstes Buch „Mutmassungen über Jakob"

veröffentlichte, die *„genaueste Geschichtsschreibung – wie sie kein Histori-*
ker leisten kann – über das Entstehen der DDR". So hat es Günter Grass formuliert, der auf der gleichen Buchmesse sein Hauptwerk „Die Blechtrommel"
vorstellte. Johnsons Buch hat jene, für die es zuerst bestimmt war, vor dem
Ende der DDR kaum erreicht. Als Jens Reich, fünf Jahre jünger als der Autor,
die „Mutmassungen" nach einem halben Lebensalter 1994 noch einmal las,
mutete es ihn an, *„als seien sie nach dem Ende der DDR geschrieben. Wir*
damals Lebenden und Handelnden kommen uns entgegen, als wären wir auf
einer Leinwand, wir sind unsere eigene Erinnerung."

Uwe Johnson war ein Dichter aus der DDR, dessen Werke fast alle außerhalb seiner Heimat entstanden sind, die ihn – den rastlosen Wanderer – nicht
losgelassen hat. Seine Bücher schildern Menschen, die ihre Herkunft aus der
DDR nicht verleugnen können und die ihr als erinnerte Vergangenheit eigen-
tümlich verbunden bleiben. Johnson notiert 1970: *„In der DDR sind noch ei-*
nige persönliche Orte, die Orte der Kindheit, der Jugend. Dort sind
Freundschaften, Landschaften, Teile der Person. Es ist Vergangenheit. (...)
Nun ist es vorbei." Der Autor trifft damit nur die halbe Wahrheit. Er hat sich
selbst von einem Regime befreit, das seine Kunst nicht dulden mochte. Doch
sein Thema, das er noch in der alten Mecklenburger Heimat gefunden hatte,
sollte ihn bis zu seinem frühen Tod in Sheerness-on-Sea (1984) begleiten.
Uwe Johnson war ein deutscher Dichter, der uns vor Augen führt, dass Literatur nicht durch Staatsgrenzen bestimmt wird, sondern durch die Fähigkeit,
„Sprache zu finden für die Veränderungen der inneren Landschaft" – wie es
Christa Wolf in einem Brief an Brigitte Reimann vom Februar 1973 ausgedrückt hat.

Das Beispiel zeigt, wie fragwürdig es ist, die deutsche Kunst und Literatur
nach 1945 vornehmlich nach den Kategorien der Staatszugehörigkeit zu rubri-
zieren. Auch wenn die Kulturpolitik der DDR in Abgrenzung zur Bundesrepublik den Anspruch stellte, eine eigene „sozialistische Nationalkultur" zu schaffen, blieb sie doch durch Tradition und Gegenwart mit der westdeutschen *„Be-*
ziehungsgesellschaft" (M. Rainer Lepsius) verbunden – durch wechselseitige
Wahrnehmung, aber auch durch Ortswechsel, waren doch bedeutende Autoren
„gezwungen, freiwillig von Ost- nach Westdeutschland zu gehen" (Hans Joachim Schädlich). Nach Uwe Johnson sind Peter Huchel, Reiner Kunze, Sarah
Kirsch, Günter Kunert, Jurek Becker, Monika Maron, Wolfgang Hilbig nur wenige prominente Beispiele aus einem Autorenkreis, der sich fast beliebig erwei-
tern ließe, je mehr man sich dem Ende der DDR nähert.

Die Freiheit des Ausgewanderten ist freilich eine andere als die Selbst-
Behauptung des Ausharrenden, der den borniertem Maßgaben der Politik und
dem Reglement des Überwachungsstaates ausgesetzt bleibt. In einem Land,
in dem die Meinung der Herrschenden als herrschende Meinung deklariert
wird, droht die Gesellschaft sprachlos zu werden. Unter solchen Voraussetzungen, dem Verlust von Öffentlichkeit, erlangt die Literatur exponierte Be-

deutung: Wo die Politik Machtworte spricht, sucht die Kunst nach dem authentischen Ausdruck, nach Wahrhaftigkeit, und begibt sich an die Arbeit der Desillusionierung. Diese Tendenz kennzeichnet die Kulturgeschichte der DDR seit den sechziger Jahren und begleitet sie bis an ihr Ende. Schlaglichter auf die Entwicklung der Literatur in der DDR sollen diese Einschätzung erhellen.

IV.

Es gibt politische und ästhetische Gründe, dass sich seit Mitte der sechziger Jahre in der westdeutschen Öffentlichkeit ein zunehmendes Interesse an Literatur aus der DDR registrieren lässt. Nachdem die Entrüstung über den Mauerbau, die auch von westdeutschen Künstlern wie Günter Grass geteilt wurde, durch politische Ernüchterung abgelöst war und Kennedys „Strategie des Friedens" erste Anzeichen einer Ost-West-Entspannung signalisierte, entstand in der Bundesrepublik eine Neugierde auf den unbekannten Nachbarn, die sich in zahlreichen Buchveröffentlichungen von Schriftstellern aus der DDR manifestierte. Diese Autoren gaben nicht nur Auskünfte über ein fernes Land, mit dem man eine unnatürliche Grenze teilte, sondern weckten auch das literarische Interesse jener Leserinnen und Leser, die sich avantgardistischen Sprachexperimenten wenig aufgeschlossen zeigten.

Christa Wolfs Erzählung „Der geteilte Himmel", die 1963 erschien, fand auch in der Bundesrepublik starke Beachtung, weil sie einen schmerzlichen Konflikt glaubhaft gestaltete. Die Autorin beschreibt *„das Wachsen einer großen Liebe, die zerbricht, weil sich der Himmel geteilt hat"*. Die bittere Geschichte vom *„Zueinanderfinden und Auseinandergehen"* (Dieter Schlenstedt) wirkt deshalb so glaubwürdig, weil Rita, die an die Vision einer humanen sozialistischen Gesellschaft glaubt, die Trennung von ihrem Freund Manfred, einem begabten Chemiker, der am Widerstand einer bornierten Bürokratie verzweifelt, so schwer fällt. Das Gespräch mit Manfred, das Rita nach seiner Flucht in West-Berlin führt, handelt vom Abschiednehmen, aber auch von der Zerrissenheit eines Landes, das diesen Zwiespalt der Gefühle bedingt. Als Manfred Ritas Heimatsehnsucht spürt, klingt in seinen drängenden Worten das deutsche Dilemma an, das man schon zu verdrängen begonnen hatte: *„Hör bloß mal ein paar Namen: Schwarzwald, Rhein, Bodensee. Sagt dir das nichts? Ist das nicht auch Deutschland? Ist dir das denn nur noch eine Sage oder eine Seite aus einem Erdkundebuch? Ist es nicht unnatürlich, wenn du gar keine Sehnsucht danach hast?"* Von Rita heißt es, *„die Sehnsucht nach allen Orten, an denen er von jetzt an sein würde, vernichtete sie fast. Wer auf der Welt hatte das Recht, einen Menschen – und sei es einen einzigen! – vor solche Wahl zu stellen, die wie immer er sich entschied, ein Stück von ihm forderte?"* Christa Wolfs Erzählung wurde rasch zu einem li-

terarischen Bestseller, den Konrad Wolf schon im folgenden Jahr eindrucksvoll verfilmt hat. Das Buch, das die stilistischen Qualitäten ihrer späteren
Werke erst ansatzweise erkennen lässt, zeigt eine neue Erzählhaltung in der
Literatur aus der DDR an: Das Pathos einer verklärten Weltsicht wird durch
die differenzierte Gestaltung eines symptomatischen Konflikts abgelöst, den
die Leser mit ihrer eigenen Erfahrung in Beziehung setzen können.

In der jungen Autoren-Generation prägte sich seit Mitte der sechziger Jahre eine Haltung aus, die den Widerspruch zwischen Ideal undWirklichkeit in
der DDR-Gesellschaft als ihr zentrales Thema verstand. Ihr revolutionärer
Radikalismus wurde vor allem durch Wolf Biermann repräsentiert. Unter
dem Titel „Die Drahtharfe" veröffentlichte Klaus Wagenbach 1965 in West-
Berlin einen ersten Band mit Balladen, Gedichten und Liedern. Ihr rückhalt-
loser subjektiver Ton, der sich auf François Villon beruft, faszinierte vor allem viele junge Menschen in der DDR und forderte gleichzeitig die Staatsmacht heraus, die sich über die gesellschaftskritischen Tendenzen dieser
neuen Literatur zunehmend besorgt zeigte. Grenzüberschreitungen mussten
auch weiter mit strengen kulturpolitischen Verdikten rechnen, wie sich auf
der 11. ZK-Tagung der SED, dem „Kahlschlagplenum", im Dezember 1965
in dem Scherbengericht gegen gesellschaftskritische Schriftsteller, Filme und
Theaterstücke zeigte. Mochten solche Drohgebärden auch die Publikation
von Kunstwerken beeinflussen, ihre Produktion konnten sie nicht mehr verhindern: „*Die Nachtigall singt weiter, auch wenn die Uhus das mißbilligen*"
– hatte Reiner Kunze bereits 1963 lakonisch notiert. Während Volker Braun
in Prosatexten, Gedichten und in seinem Stück „Die Kipper" (1965) mit revolutionärer Ungeduld gegen die „*Renaissance für Spießer*", gegen eine
„*sozialistische Monarchie*" im Namen der kommunistischen Utopie zu Felde
zieht und die DDR als „*das langweiligste Land der Erde*" aus ihrer Erstarrung wachzurütteln sucht, manifestiert sich im Werk zahlreicher Dichter bereits eine Poesie der Skepsis, die Günter Kunert in seinem Gedicht „Geschichte" programmatisch formuliert hat: „*Glücklich, wer am Ende mit lee-
ren Händen dasteht/denn aufrecht und unverstümmelt dasein ist alles./Mehr
ist nicht zu gewinnen.*" Die Kunst in der DDR hatte damit ihre ästhetisch-
dominante Grundstimmung gefunden: den „*Status melancholicus*" (Wolfgang Emmerich).

Christa Wolfs „Nachdenken über Christa T." (1968) ist für diese neue ästhetische Haltung ein herausragendes Exempel. Die Erzählerin blickt auf die
Geschichte eines Menschen zurück, der sich vor „*schrecklich strahlenden
Helden*" ebenso gefürchtet hat wie vor den „*Phantasielosen*" und den „*Tat-
sachenmenschen*". Christa T. war skeptisch gegen „*die heftigen, sich über-
schlagenden Worte, die geschwungenen Fahnen, die überlauten Lieder, die
hoch über unseren Köpfen im Takt klatschenden Hände. Sie hat gefühlt, wie
die Worte sich zu verwandeln beginnen, wenn nicht mehr guter Glaube und
Ungeschick und Übereifer sie hervorschleudern, sondern Berechnung,*

Schläue, Anpassungstrieb. " Christa Wolf problematisiert die proklamierten Tugenden der sozialistischen Industriegesellschaft: Leistung, Disziplin, Nützlichkeit, und sie stellt die Glaubwürdigkeit eines Menschenbildes in Frage, das den Anspruch auf individuelle Selbstverwirklichung einer abstrakten kollektiven Verantwortung unterordnet.

Brigitte Reimanns nachgelassener Roman „Franziska Linkerhand" (1974) knüpft an die neu gewonnene Erzählhaltung einer selbstbewussten Literatur an, die sich im Werk von Christa Wolf am Ende der sechziger Jahre eindrucksvoll manifestiert hatte. Die junge Architektin Franziska Linkerhand kommt nach Neustadt, wo ein Industriegebiet entsteht. Voller Idealismus will sie an der Gestaltung einer modernen, menschlichen Architektur mitwirken, doch stößt sie rasch an die rigiden Grenzen einer erstarrten Bürokratie. Die vorgeblichen Zwänge einer engstirnigen Planung, die in der Monotonie der Plattenbauten einen beklemmenden Ausdruck findet, erscheinen Franziska als *„vollendeter Stumpfsinn".* Ihr Vater, ein unter den neuen politischen Verhältnissen an den Rand gedrängter Verleger, entschließt sich in den Westen zu gehen: *„Ich habe fünfzehn Jahre hier ausgeharrt – fünfzehn Jahre zu lange: (...) Ich kann eine gewisse Sympathie mit den Ideen dieses Staates nicht verhehlen, mit seinen großen Gedanken von fraternité und befreiter Menschlichkeit, aber es ist eine Sache, Gedanken zu proklamieren, eine andere, sie in die Tat umzusetzen. Aufdringliche Propaganda, eine roh-disziplinäre Verfassung, Mangelwirtschaft und die mörderische Mißachtung des Individuums und jeder individuellen Äußerung – das ist euer Teil geworden (...)"* Franziska will trotz vielfach deprimierender Erfahrungen ausharren und ihre Hoffnung auf eine bessere Zukunft nicht preisgeben, auch wenn sie die Kluft zwischen Anspruch und Realität, zwischen Resignation und Heuchelei spürt: *„Wir haben gelernt, den Mund zu halten, keine unbequemen Fragen zu stellen, einflußreiche Leute nicht anzugreifen, wir sind ein bißchen unzufrieden, ein bißchen unehrlich, ein bißchen verkrüppelt, sonst ist alles in Ordnung. "*

Literatur aus der DDR, die in den siebziger Jahren entstand, ist in ihren bedeutsamen Werken bestimmt durch eine *„Preisgabe von Illusionen",* wie es der Literaturwissenschaftler Hans Kaufmann 1978 beschrieben hat. Als Beispiel für diese Entwicklung kann Ulrich Plenzdorfs „Die neuen Leiden des jungen W." (1972/73) dienen, das als Erzählung und wenig später in einer Theaterfassung breite Resonanz in beiden deutschen Staaten gefunden hat: Der junge Held Edgar Wibeau mag sich mit der Routine eines stupiden Arbeitsalltags nicht mehr abfinden, er zieht sich als Einsiedler in eine Gartenlaube zurück, räsoniert dort in schnoddriger Sprache über sich und die Welt und lebt nur noch in seinen eigenen Träumen, die ein tragisches Ende finden. Bei dem Versuch, *„seine ganz große Erfindung"* zu verwirklichen, verunglückt er tödlich. Die Sympathie mit dem Außenseiter, die melancholische Grundstimmung, das Bedürfnis zu träumen und die Fähigkeit zu trauern sind durchaus mit Christa Wolfs „Nachdenken über Christa T." zu vergleichen. Was hier entstanden ist, lässt sich nicht als ideologische Propaganda abqualifizieren. Der kämpferische Protagonist der Arbeiterklasse, das von der „sozialistischen Moral" geprägte Mitglied des gesellschaftlichen Kollektivs, ist aus der relevanten Literatur der DDR verschwunden, interessant ist der versponnene sympathische Individualist, der in einer phantasielosen Gesellschaft unverstanden bleibt.

Einen wichtigen Stellenwert erlangt in der Literatur aus der DDR in den siebziger Jahren auch die Frage nach der eigenen Geschichte und ihrer fortwirkenden Bedeutung. Sie bestimmt vor allem Stefan Heyms „König David Bericht" (1972), Christa Wolfs „Kindheitsmuster" (1976) und das dramatische Werk von Heiner Müller. Während Heym in Form einer historischen Parabel ein Geschichtsverständnis in Frage stellt, das sich zu dem Anspruch versteigt, *„für unsere und alle kommenden Zeiten Eine Wahrheit aufzustellen und dadurch Allem Widerspruch und Streit ein Ende zu setzen"*, und vor der Gefahr warnt, dass sich Wissenschaft und Kunst von den Mächtigen missbrauchen lassen, greift Christa Wolf ein Thema auf, das die DDR weitgehend beiseite geschoben hatte: die Auseinandersetzung mit dem Nationalsozialismus. Die SED hatte sich auf die Seite der „Sieger der Geschichte" gestellt und den Nationalsozialismus ausschließlich zum Erbe der Bundesrepublik erklärt. „Kindheitsmuster" stellt demgegenüber die Frage nach den Folgen des Nationalsozialismus für die psychosoziale Disposition der Menschen, die von dieser Erfahrung betroffen waren. *„Das Vergangene ist nicht tot; es ist nicht einmal vergangen"* – mit dieser Bezugnahme auf William Faulkner beginnt Christa Wolfs Roman, der den Lesern die Einsicht vermitteln möchte, dass es gefährlich ist, wenn man die Auseinandersetzung mit dem Nationalsozialismus ahnungslos oder ideologisch borniert verdrängt, obwohl mentale Prägungen aus dieser dunklen Zeit fortwirken.

Heiner Müllers Stücke, die sich zunächst seit Ende der fünfziger Jahre nüchtern und illusionsfrei mit dem Konflikt zwischen Ideal und Wirklichkeit im Prozess des sozialistischen Aufbaus beschäftigt hatten, konfrontieren in der Folgezeit den naiven Optimismus utopischer Heilserwartung mit der Skepsis einer historischen Erfahrung, in der Macht und Zerstörung als Zwillinge erscheinen. Müller variiert – oft in historischen Sujets oder in freien Klassiker-Bearbeitungen – seine These, dass die Illusionen der Mächtigen die Katastrophen der Menschheit hervorgerufen haben. In seinem Monologstück „Hamletmaschine" (1977) zeigt der Autor eine Welt, die vollends aus den Fugen geraten ist. *„Müllers Endspiel"* (Frank Hörnigk) erweist sich als der *„zurücktaumelnde Monolog des Autors, der seine Themen in einer heillosen Trümmerlandschaft wie zum letzten Mal ortet"* (Otto F. Riewoldt) und in dem seine vielfach unternommene Darstellung der deutschen Misere kulminiert. Müller verwandelt das emphatische Epochenbewusstsein in ein skeptisches Zeitbewusstsein. Der *„konstruktive Defaitismus"* (Helmut Schödel) soll wieder klar sehen helfen. Der unbequeme Dichter wurde in der DDR lange Zeit eher absichtsvoll ignoriert als öffentlich bekämpft, nur wenige seiner Stücke wurden aufgeführt, während sein Ruhm als Dramatiker im Westen Deutschlands ständig zunahm. Seine skeptische Ästhetik und sein radikaler Subjektivismus haben jedoch die junge DDR-Avantgarde der achtziger Jahre maßgeblich beeinflußt.

Für die Autoren der mittleren Generation ist die Entwicklung von Volker Braun ein besonders markantes Beispiel. Im Herbst 1975 erschien in der Zeitschrift der Akademie der Künste „Sinn und Form" seine „Unvollendete Geschichte". Die Brisanz dieser Erzählung lag in dem Umstand, dass der Autor darin die verhängnisvollen Auswirkungen des Überwachungsstaates auf das persönliche Leben der Menschen thematisiert. Volker Brauns tragische Liebesgeschichte zwischen Karin und ihrem Freund Frank erweist sich als „dialektisches Lehrstück über Mißtrauen und Angst, staatlichen Machtanspruch und individuelles Glück" (Rüdiger Dingemann): Frank ist dem staatlichen Sicherheitsapparat eher zufällig durch sein früheres jugendliches „Rowdytum" und seinen Briefkontakt mit einem „Republikflüchtigen" verdächtig geworden. Der Vater Karins, ein überzeugter Staatsfunktionär, und ihre Kollegen in einer Zeitungsredaktion drängen die junge Volontärin, ihre Verantwortung gegenüber der sozialistischen Gesellschaft wahrzunehmen. Unter dem Druck dieser Einflussnahme verrät sie ihren Freund, indem sie zwei Briefe seines in die Bundesrepublik geflüchteten Bekannten an die Staatssicherheitsbehörden übergibt, die daraus einen unbegründeten Verdacht konstruieren.

Mit seiner „Unvollendeten Geschichte" hat Volker Braun zum ersten Mal einen Alptraum der DDR-Gesellschaft literarisch gestaltet: die Angst vor der Staatssicherheit, und er hat die Beschädigungen beschrieben, die sie den Menschen zufügt. Damit war ein Tabu gebrochen. Dass der Text in einem zwar renommierten, aber vergleichsweise exklusiven Periodikum erscheinen konnte, unterstrich zwar eine gewisse kulturpolitische Öffnung, doch ließ die Reaktion nicht lange auf sich warten. Eine Buchveröffentlichung in der DDR wurde bis 1988 verhindert. Das zeigte deutlich die Grenzen auf, die von den Autoren nicht überschritten werden durften. In seiner Rimbaud-Preisrede (1984) hat Volker Braun wie schon Franz Fühmann in seinem Trakl-Essay (1981) nachdrücklich die Autonomie des Künstlers verteidigt. Poesie erscheint als Gegensprache, „sie streift die Klarheit der Vorurteile ab, die Betriebsblindheit der Ideologie", sie zielt auf Ernüchterung und Desillusionierung und arbeitet „gegen die Deckgebirge der Verheißungen". Phantasie und Freiheit finden auf diese Weise eine neue schöpferische Synthese: „Das Enthemmen der Sinne und das Freischaufeln des Unterbewußten ist notwendige Arbeit des Dichters."

Eine Ästhetik der Skepsis charakterisiert fast alle wichtigen Werke der Literatur aus der DDR, die nach der schockierenden Zäsur der Biermann-Zwangsausbürgerung im November 1976 entstanden sind. Der Bogen spannt sich von Werner Heiduczeks fiktiver rückhaltlos-kritischer Lebensbilanz eines Schriftstellers „Tod am Meer" (1977), über Christa Wolfs „Kein Ort. Nirgends"

(1979) bis zu Christoph Heins melancholischer Klage über ein eingekapseltes
Dasein, gepanzert durch „Drachenblut" (so der westdeutsche Titel seiner No-
velle „Der fremde Freund", 1982) und Günter de Bruyns schonungsloser Ab-
rechnung mit der überlebten Illusion einer „Neuen Herrlichkeit" (1984). Alle
diese Bücher haben ebenso den Widerstand einer verängstigten rigiden Kultur-
bürokratie hervorgerufen wie Erich Loests lakonische Demaskierung einer
vormundschaftlichen Disziplinierungsmentalität in seinem scharf kritisierten
Roman „Es geht seinen Gang oder Mühen in unserer Ebene" (1978). Nachdem
der Autor zum Opfer des „vierten Zensors" geworden war, der nach der Veröffentlichung eines Buches Nachauflagen verhindert, ging er in die Bundesrepublik, um dort seine eindringliche Biographie „Durch die Erde ein Riß" (1981)
vorzulegen – ein exemplarischer Lebenslauf für den Anspruch des Schriftstellers auf Autonomie unter den Bedingungen einer Diktatur.

Auch in Monika Marons literarischem Debüt, dem Roman „Flugasche"
(1981), der die Selbstfindung ihrer Hauptfigur, der Journalistin Josefa Nad-
ler, im Konflikt mit der beklemmenden Erfahrung wachsender Umweltzer-
störung in der „schmutzigsten Stadt Europas" B. (gemeint ist Bitterfeld) beschreibt, ist der gesellschaftskritische Ansatz im Vergleich zu Brigitte Reimanns „Franziska Linkerhand", der etwa zehn Jahre zuvor entstanden ist,
stärker akzentuiert. Die Gestaltung der Protagonistin des Romans weist deutlich autobiographische Erfahrungen auf, wenn sie anklagend ausruft: „Ich
wurde um mich selbst betrogen. (...) Alles, was ich bin, darf ich nicht sein.
(...) Sie fordern mein Verständnis, wo ich nicht verstehen kann; meine Einsicht, wo ich nicht einsehen will, meine Geduld, wo ich vor Ungeduld zittere.
Ich darf nicht entscheiden, wenn ich entscheiden muß. Ich soll mir abgewöh-
nen, ich zu sein. Warum können sie mich nicht gebrauchen, wie ich bin?"
Und es verwundert nicht, dass dieses Buch nur im Westen erscheinen konnte.
Dies gilt auch für die späteren Werke der Autorin, die vor ihrer literarischen
Karriere als Reporterin bei der „Wochenpost" gearbeitet hatte.

Weite Bereiche der Lyrik, die in der DDR entstanden ist, sind im Westen
kaum wahrgenommen worden. Beispielhaft soll hier auf Wulf Kirsten verwiesen werden. In seinem Gedicht „das haus im acker" (aus seinem Gedicht-
band „Die erde bei Meißen", 1986) lauten die Schlusszeilen:

„(...) meine Quellen
vergiftet, alles versunken! verschlungen
vom reißwolf des fortschritts, was einst
mir gehört hat wie dem vogel die luft
und dem fisch das wasser, alle fußpfade
ins paradies nur im gedächtnis bewahrt.
Das reich der kindheit weglos geworden.
Die heimat verödet zum allerweltsbezirk
und niemandsland."

Der Topos „Niemandsland" wird symptomatisch für eine junge Generation
von Schriftstellern und bildenden Künstlern, die seit Ende der siebziger Jahre
eine „autonome Kunst" projektieren. Mit Hinweis auf einen Autor, der in die
DDR „hineingeboren" (Uwe Kolbe) war, auf den Sohn eines prominenten
Kulturfunktionärs, Thomas Brasch, und seine Erzählung „Vor den Vätern,
sterben die Söhne" (1977) stellte Heiner Müller fest: *„Die Generation der
heute Dreißigjährigen in der DDR hat den Sozialismus nicht als Hoffnung
auf das Andere erfahren, sondern als deformierte Realität."* Demaskierung
und Dekonstruktion werden im Verständnis der „autonomen" Kultur die Voraussetzung für ihre moralische und ästhetische Selbstbefreiung. *„Und man
geht nicht fehl, im Aufbrechen der verhärteten sprachlichen Konventionen
eine der wesentlichen Voraussetzungen für die Kritik sozialer Strukturen zu
erkennen"* (Klaus Michael). Uwe Kolbes Zeitschrift „Der Kaiser ist nackt",
1981 erstmals erschienen und Vorgänger der selbstverlegten literarischen
Revue „Mikado", beginnt mit einem programmatischen Text des Herausge-
bers: *„Der Kaiser ist nackt; d.h.:/Weg mit der Ersatz- und Sklavensprache,
d.h.:/Verweigerung dem verlogenen Sinnschema, d.h.:/Nachsehen, den Augen trauen, sagen, d.h.:/VERANTWORTLICHES ALLGEMEINES GESPRÄCH. (...)"*
Obwohl die Protagonisten der jungen unabhängigen Kunstszene ausgeprägte
Individualisten waren, die im Modus der „Zersammlung" (so nannte sich
1974 ein Diskussionsforum Ostberliner Literaten und Künstler) kommuni-
zierten, suchten sie den Dialog als Mittel der existentiellen Selbsterfahrung
und der ästhetischen Selbstbestimmung ebenso wie das intermediäre Projekt.
  Die ästhetische Energie, die in den künstlerischen Experimenten dieser jungen Poeten und Maler verborgen ist, zu denen – angeregt durch Adolf Endler
und Elke Erb – Gert Neumann, Uwe Kolbe und Durs Grünbein ebenso wie die
bildenden Künstler Olaf Nicolai und Via Lewandowsky zählen, manifestiert
sich in der Kultur des vereinten Deutschland, fern von allen Bindungen an einen untergegangenen Staat. Rückblickend konstatiert der Büchner-Preisträger
(1995) Durs Grünbein auf dem „Geschichtsforum" im Mai 1999: *„Ich habe
das Glück gehabt, in den späten achtziger Jahren überhaupt erst auf die Bühne
zu treten, (...) dass mich eine ganze Reihe von deutsch-deutschen Spiegelver-
kehrheiten überhaupt nicht interessiert haben, stattdessen Ausflüge in den au-
ßengeographischen Raum, in die Vergangenheit, und davon lebt nun seit zehn
Jahren das meiste, was ich mache."* Die junge Künstlergeneration in Ost und
West hat das Erbe der Teilungsgeschichte ausgeschlagen, sie verarbeitet eigen-
ständig, oft mit Sarkasmus oder frivoler Ironie, frei von der Erblast der Tradition und von verbindlichen Stilkonventionen ihre eigenen Erfahrungen. Daher
lässt sich nicht verkennen, dass das kulturelle Gedächtnis der Deutschen nicht
nur regional, zwischen Ost und West geteilt geblieben ist, sondern auch inter-
generationelle Differenzen für das kulturelle Selbstverständnis der Deutschen
bedeutsam geworden sind. Das bedeutet nicht, dass wir die Geschichte vergessen dürfen, doch sollten wir auch nicht in ihr gefangen bleiben.

V.

Es ist notwendig, sich zu erinnern: Kunst und Literatur wurden in der Periode der deutschen Teilung als Brücken verstanden, auf denen sich die Deutschen intellektuell und kulturell begegnen konnten. In den achtziger Jahren ist es mit Engagement und Phantasie zahlreicher Akteure gegen erhebliche Bedenken und Widerstände der Partei- und Staatsbürokratie gelungen, den kulturellen Austausch schrittweise zu intensivieren, bevor schließlich 1986 ein Kulturabkommen zwischen beiden deutschen Staaten geschlossen werden konnte. Günter Grass hat die inspirierenden Erfahrungen dieser Begegnungen in seinem Einleitungstext zum Katalog der Ausstellung „Zeitvergleich – Malerei und Grafik aus der DDR", die im November 1982 in Hamburg eröffnet wurde, in der Überzeugung zusammengefasst, *„wie unteilbar das Herkommen der deutschen Literatur ist. Zwar örtlich geprägt und oft genug geschunden, sind die Künste und mit ihnen Dichter und Maler ortlos geblieben und deshalb Mauerspringer aus Passion; ihnen kann nachhaltig keine Grenze gezogen werden."* Den Protest der DDR-Kulturfunktionäre, die sogar einen Abbruch der Ausstellung in Betracht gezogen hatten, konnten die Veranstalter schließlich auffangen, doch es scheint, dass wir verlernt haben, wozu uns Grass seinerzeit so eindringlich aufgefordert hat: *„Sich ein Bild machen".*

Wenn wir heute Bilanz ziehen, sollten wir jedoch nicht die ermutigenden Anzeichen übersehen. In den zehn Jahren, die seit der staatlichen Vereinigung Deutschlands vergangen sind, ist es gelungen, die kulturelle Infrastruktur in den neuen Ländern trotz erheblicher Finanzierungsprobleme weitgehend zu erhalten, auch wenn manche Theater und Orchester in ihrer Existenz bedroht sind oder bereits aufgelöst werden mussten. Hierbei handelt es sich längst um ein gesamtdeutsches Problem. Kein anderes Land auf der Welt verfügt über ein ähnlich dichtes Netz von Kultureinrichtungen, neue Formen institutioneller Kooperation sind daher unverzichtbar, soll das kulturelle Leben in Deutschland keinen Schaden nehmen. Friedrich Schorlemmer hat unlängst (in seinem Buch „Absturz in die Freiheit") die beachtlichen Leistungen gewürdigt, die im Bereich des Denkmalschutzes erbracht worden sind.

Nicht selten wird über einen Kulturabbau im Osten Deutschlands geklagt. Dabei sollte nicht übersehen werden, dass nach der Vereinigung einige wichtige Museen neu entstanden sind, wobei Leipzig von dieser Entwicklung besonders profitiert hat. Bereits 1990 wurde die von Klaus Werner über zehn Jahre profilierte Galerie für Zeitgenössische Kunst im Rahmen einer gesamtdeutschen Stiftungsinitiative durch einen Förderkreis ins Leben gerufen, sie hat 1998 in einer umgebauten großbürgerlichen Villa ihr endgültiges Domizil gefunden. Im gleichen Jahr, in dem in Bonn das Haus der Geschichte eröffnet wurde (1994), konnte in Leipzig die Ausstellung „Zum Herbst 89. De-

mokratische Bewegung in der DDR" als erstes Arbeitsergebnis einer Projekt-
gruppe präsentiert werden, die 1999 als Zeitgeschichtliches Forum Leipzig
eigene Ausstellungsräume eröffnet hat. Sie geben einen umfassenden Einblick
in die Oppositionsgeschichte der DDR. Das Zeitgeschichtliche Forum verfügt außerdem über eine reichhaltige Sammlung mit vielfältigen Zeugnis-
sen der inoffiziellen Kultur und Kunst aus der DDR. Die Stiftung Haus der
Geschichte der Bundesrepublik Deutschland erweist sich mit ihren beiden
Standorten in Bonn und Leipzig als *„kleines Laboratorium deutsche Einheit"*
(wie es der Direktor Hermann Schäfer formuliert), das eine erfreulich breite
und positive Resonanz gefunden hat. 1993 wurde in Eisenhüttenstadt das Do-
kumentationszentrum Alltagskultur der DDR gegründet, das mit bemerkenswerten Ausstellungen eine von Ostalgie freie lebenswirkliche Rückerinnerung
an den Alltag in der DDR bietet, der als „soziales Gedächtnis" nicht nur für
ostdeutsche Besucher in Erscheinungs tritt. Nachdem das Leipziger Museum
der bildenden Künste sein Nachkriegsdomizil im früheren Reichsgericht
1997 verlassen musste, ist nun absehbar, dass es nach der derzeitigen Übergangslösung in einem ehemaligen Messehaus 2003 einen repräsentativen
Neubau beziehen kann, das bisher einzige Museumsgebäude, das in der
DDR neu errichtet wird – eine interessante Herausforderung für seinen Direktor Hans-Werner Schmidt, der in diesem Jahr sein Amt angetreten hat.
In diesem Zusammenhang soll auch das Deutsche Historische Museum in
Berlin erwähnt werden, das nach dem Ende der DDR im Zeughaus angesiedelt worden ist, in dem zuvor das Museum für Deutsche Geschichte seinen
Platz gefunden hatte. Bevor der Erweiterungsbau begonnen wurde, hat sein
Gründungsdirektor Christoph Stölzl, heute Berlins Kultursenator, dort wichtige Ausstellungen präsentiert, darunter „Auftragskunst der DDR 1949-
1990" (1995) sowie „Boheme und Diktatur in der DDR" (1997). Im Martin-
Gropius Bau wurde nach seiner grundlegende Renovierung zum 50. Jahrestag der doppelten Staatsgründung die Ausstellung „Einigkeit und Recht
und Freiheit" gezeigt – ein Panorama der gesamtdeutschen Nachkriegsgeschichte. Museen setzen nicht nur Bilder und Objekte in Szene, sie bewahren auch Wort-, Ton- und Filmdokumente und bieten damit eine anschauli-
che Form historischer Erinnerung. Wenn es gelingt, die ost- und westdeutsche (Kultur-) Geschichte im Gesamtzusammenhang zu kontextualisieren,
kann damit eine wichtige Aufgabe gesamtdeutscher Identitätsbildung erfüllt
werden.

Zwar existieren heute im Osten Deutschlands etwa 200 Verlage, fast dreimal so viele wie zu DDR-Zeiten, doch haben sich nach der Wende nur wenige Verlage mit eigenem Profil behaupten können. Die Geschichte des Auf-
bau-Verlages, den der Frankfurter Immobilienmakler Bernd Lunkewitz in
einer mutigen Aktion bereits 1990 trotz ungeklärter Eigentumsverhältnisse
erworben hat, ist ein eindrucksvolles Beispiel für eine fruchtbare gesamtdeutsche Kooperation. Hier ist der schwierige ökonomische Übergang von einem

staatlichen Verlag in ein privatwirtschaftliches Unternehmen weitgehend ge-
glückt, weil es gelungen ist, Tradition und Neuorientierung kreativ zu verbin-
den. Mit Erwin Strittmatters „Der Laden", den Tagebüchern Victor Klempe-
rers, jüngeren ostdeutschen Sachbuchautoren wie Wolfgang Engler („Die
Ostdeutschen. Kunde von einem verlorenen Land", 1999), aber auch mit
spannender Unterhaltungsliteratur wie dem Bestseller „Die Päpstin" von
Donna Cross hat sich der Aufbau-Verlag in der deutschen Bücherwelt fest
etabliert. Der Verlag Volk und Welt, der mit den Büchern von Thomas
Brussig ein starkes Leserecho gefunden hat, konnte sich mit seinem anspruchsvollen Programm, in dem die osteuropäische Literatur einen wichtigen
Platz einnimmt, zwar großen Respekt bei den Literaturexperten erwerben,
doch bleibt seine ökonomische Situation prekär, auch wenn der Verbund mit
dem Luchterhand Verlag neue Perspektiven eröffnet. Erfreulicherweise haben
sich im Osten Deutschlands verschiedene neu gegründete Verlage ein beachtliches Renommee verschaffen können. Der vormalige Verlagsleiter des Auf-
bau-Verlages, Elmar Faber, hat mit seinem Sohn Michael den Verlag Faber &
Faber zu einem Kristallisationspunkt avancierter Buchgestaltung entwickelt.
Auch der von Gerhard Wolf gegründete Verlag Janus press überzeugt mit anspruchsvollen Künstlerbüchern und Veröffentlichungen junger Literaten – ein
exklusives Programm für Insider und eine wichtige Bereicherung. Christoph
Links hat vor zehn Jahren mit bemerkenswertem Engagement und großem
Einfallsreichtum einen anspruchsvollen Verlag, vorwiegend für zeitgeschichtliche und kulturhistorische Werke, etabliert, der wichtige Zugänge zur Geschichte der DDR eröffnet. Und der Verlag Schwarzkopf & Schwarzkopf hat
sich mit Fotobänden, Lexika und Sachbüchern zur Kulturgeschichte der DDR,
neuerdings mit einer Dokumentation aller „Spiegel"-Titel, ein beachtliches
Echo verschafft.

Die jungen ostdeutschen Autoren sind frei von nostalgischen Anwandlun-
gen oder regionalen Bindungen, sie bewegen sich in der deutschen Verlags-
landschaft, als ob sie nie geteilt gewesen wäre. So hat der junge, von Arnulf
Conradi gegründete Berlin-Verlag 1998 mit großem Erfolg Ingo Schulzes
„Simple Storys" vorgelegt, einen „Roman aus der ostdeutschen Provinz". Er
knüpft an die Tradition der amerikanischen Short Story an und rekonstruiert
das Leben in der ostthüringischen Kleinstadt Altenburg als ein komplexes
Patchwork, in dem sich private Erfahrungen und politische Bedrängnisse mitunter auf paradoxe Weise verschränken. Thomas Brussigs „Helden wie wir"
(1995) und seiner Erzählung „Am kürzeren Ende der Sonnenallee" (1999),
von Leander Haußmann kongenial verfilmt, gelingt es, mit Witz und ironi-
scher Distanz, auf die DDR zurückzublicken. Was als bedrückende Erfahrung
gilt, wird in einem befreienden Lachen aufgelöst. Das erfolgreiche Debüt von
Michael Kumpfmüller „Hampels Fluchten" (2000) zeigt, dass auch westdeutsche Autoren einen Zugang zur Lebenswelt in der DDR finden können. Die
Auswirkungen der staatlichen Teilung Deutschlands werden in einer Biographie

fokussiert, in der sich die persönlichen Täuschungsmanöver des Lebens-
künstlers Hampel mit der politischen Enttäuschung über ein Staatswesen verschränken, das schließlich selbst seinem Machtwahn zum Opfer fällt.

Die Entwicklung des Theaters in der wieder vereinigten Hauptstadt
Deutschlands zeigt am deutlichsten, dass aus der Vermischung von Ost und
West in Berlin produktive Impulse erwachsen sind, wobei sich Tradition und
Avantgarde auf eine neue Weise in Beziehung setzen. Wo die Tradition mu-
sealisiert worden ist, wie in den ersten Nachwendejahren im Brecht-Theater
am Schiffbauerdamm, droht Erstarrung. Sie kann nur durch einen grundlegenden Neuanfang überwunden werden, für den jetzt Claus Peymann nach einer schwierigen Übergangzeit bürgen sollte. An der Ostberliner Volksbühne
hat Frank Castorf längst gezeigt, dass eine radikale Erneuerung des Theaters
möglich ist, gespeist aus den Erfahrungsbezügen einer „Übergangsgesellschaft" (Volker Braun), die einen untergegangenen Staat überlebt hat. Der
1951 in Berlin-Prenzlauer Berg geborene Regisseur und Intendant, der die
Volksbühne seit 1992 leitet, hat seine künstlerische Entwicklung in der ostdeutschen Provinz begonnen: 1976 als Dramaturg am Bergarbeitertheater in
Senftenberg, anschließend wirkte er an den Theatern in Brandenburg und An-
klam, ab Mitte der achziger Jahre übernahm er Gastinszenierungen am seinerzeit renommierten Theater in Karl-Marx-Stadt. Nach vielen Konflikten
mit bornierten Kulturverwaltern zeichnete sich 1988 sein Durchbruch ab, mit
Inszenierungen am Deutschen Theater und an der Volksbühne, erst nach der
Wende begann seine internationale Karriere. Castorf hat die Volksbühne zu
einem der wichtigsten deutschsprachigen Theater gemacht, das seine Herkunft nicht verleugnet. Es wird vom ostdeutschen Publikum noch immer als
ein künstlerisches Energiezentrum empfunden, das sich aus der Erinnerung an
eine widerspruchsvolle Geschichte generiert, in der die Träume verloren gingen und sich die Alpträume bis in die Gegenwart fortsetzen.

Für die jungen Protagonisten des Berliner Theaters sind Ost und West
überholte Orientierungsmuster. Dafür mag Thomas Ostermeier als signifi-
kantes Beispiel dienen. Im niedersächsischen Soltau 1967 geboren, hat er im
Jahr der deutschen Vereinigung an der Westberliner Hochschule der Künste
seine künstlerische Ausbildung begonnen, bevor er von 1992 bis 1996 an der
traditionsreichen Ostberliner Hochschule für Schauspielkunst „Ernst Busch"
ein Regiestudium absolvierte. Thomas Langhoff – 1938 als Sohn des Kommunisten und prominenten Schauspielers Wolfgang Langhoff in Zürich geboren, in der DDR aufgewachsen, seit Mitte der siebziger Jahre Regisseur, der
sich in den Achtzigern auch in München und Salzburg einen Namen machte
und 1991 Intendant des Deutschen Theaters wurde – hat Ostermeier in der
„Baracke" des Deutschen Theaters sein spektakuläres Debüt ermöglicht, bevor dieser 1999 an der Berliner Schaubühne, der legendären Theaterwerkstatt
Peter Steins, eine neue Wirkungsstätte gefunden hat. Ein neues zeitnahes
Theater in Deutschland mit Stücken junger Autoren, hat seine Partnerin im

Leitungsteam der Schaubühne, die Choreographin Sasha Waltz, so charakterisiert: *„Junges Theater ist risikoreich, widersprüchlich, intuitiv, sinnlich.* " Es
ist gegenwartsnah, nicht historisierend, anders als Castorfs Geschichtsdramen,
und doch mit ihnen in der Fähigkeit verbunden, die Sinne zu wecken und zu
provozieren, will sagen: Denkanstöße zu geben mit den Ausdrucksmitteln der
Kunst. Es ist ein Theater der Grenzüberschreitungen, nachdem die politischen
Grenzen gefallen sind.

Die Protagonisten des deutsch-deutschen Kulturkampfes haben ihren Streit
weitgehend schlichten können. Nach schwierigen Diskussionen, an denen sich
der Ostberliner Akademiepräsident Heiner Müller engagiert beteiligt hatte,
konnte 1993 nach einer komplizierten administrativen Prozedur die Akademie
der Künste Berlin-Brandenburg gegründet werden, die aus den rivalisierenden
Akademien der Künste in Ost- und West-Berlin hervorgegangen ist und seit
1997 erfolgreich von dem ungarischen Autor György Konrád geleitet wird.
Die Akademie hat auch die wertvollen Archivbestände, die in der Akademie
der Künste der DDR vorhanden waren, übernommen, ab Januar 2001 werden
dort zudem die Archivalien des PEN-Zentrums DDR aufbewahrt.

Weit schwieriger gestaltete sich die Zusammenführung der beiden deutschen PEN-Zentren. Der Streit um ihre Vereinigung hatte bereits auf dem
Kieler Kongress im Mai 1990 begonnen, als Hans Joachim Schädlich vehement gegen die PEN-Mitgliedschaft von Klaus Höpcke protestierte, der seit
1973 als stellvertretender Minister für Kultur die literarische Zensurpraxis in
der DDR zu verantworten hatte. Die Diskussion über die Verstrickung von
Autoren und Verlegern aus der DDR in die Mechanismen des Überwachungsstaates führte zu anhaltenden Konfrontationen, die erst durch Joachim Walthers
ernüchternde, ebenso materialreiche wie abgewogene Darstellung zum „Si-
cherungsbereich Literatur" (1996) eine klärende Beruhigung finden sollten.
Die Aufrechterhaltung der deutschen PEN-Spaltung, die 1951 auf dem Höhepunkt des Kalten Krieges erfolgt war, wurde nicht nur im Ausland als absurd
empfunden. Mehr als 60 Mitglieder des West-PEN protestierten gegen die
abnorme Situation, indem sie sich 1995 auch in den Ost-PEN aufnehmen ließen, darunter Gräfin Dönhoff, Walter Jens, Peter Rühmkorf, Klaus Staeck
und der Wittenberger Friedrich Schorlemmer, der dem PEN-Zentrum Bundesrepublik Deutschland seit 1991 angehörte und 1993 mit dem Friedenspreis
des Deutschen Buchhandels ausgezeichnet worden war. Günter Grass war der
prominenteste Autor dieser spektakulären Aktion, die er mit den Worten
kommentierte: *„Ich werde dem West-PEN nicht mehr angehören können,
wenn er den Ost-PEN weiterhin vor der Tür lässt.* " Es sollte noch langer Debatten bedürfen, ehe am 30. Oktober 1998 schließlich die Vereinigung gelang:
Als eine versöhnliche Geste und aus Respekt vor seiner politischen Integrität
wurde Christoph Hein zum ersten Präsidenten des vereinigten PEN-Zentrums
Deutschland gewählt. Damit wurde ein Schriftsteller gewürdigt, der in seinen
Büchern aus den letzten Jahren nicht nur Kindheitserinnerungen an ein zerris-

senes Land beschworen hat („Von allem Anfang an", 1997), sondern sich auch in seinem neuen Roman „Willenbrock" (2000) als Chronist einer zwiespältigen deutschen Gegenwart erweist.

Besonders schwierig gestaltet sich unser Umgang mit bildender Kunst aus der DDR. Wir können uns erst dann „ein Bild machen", wenn es in Ausstellungen präsentiert wird. Die Weimarer Ausstellung „Offiziell und Inoffiziell – die Kunst aus der DDR", die am 9. Mai 1999 eröffnet wurde und nach heftigen, anhaltenden Protesten und Rücknahmeforderungen von mehr als 25 Künstlern am 26. September vorzeitig geschlossen wurde, hat die Chance nicht genutzt, den Blick auf die Kunst in der DDR zu öffnen, weil sie zum Opfer ihrer eigenen politisch-kulturellen Axiomatik geworden war. Die mangelnde kunsthistorische Kompetenz des Ausstellungsmachers verrät seine Antwort auf eine Frage in dem „Spiegel"-Interview vom 31. Mai 1999. *„Trifft Sie der Vorwurf, Künstler zu denunzieren, indem Sie gute und schlechte Bilder direkt nebeneinander hängen?"* Achim Preiß erklärt dazu: *„Es gibt meiner Meinung nach in der Ausstellung gar keine gravierenden Qualitätsunterschiede."* Wenn postmoderne Beliebigkeit zum Auswahlprinzip und Wahrnehmungsmuster wird, erscheint die ästhetische Qualität von Kunstwerken als Nebensache in einem öffentlichen Spektakel zu Lasten der Künstler. Denn wer alles für gleich gültig erklärt, entwertet auch die Kunst als gleichgültig und verweist sie als überholten Anachronismus in die Depots der Politikgeschichte.

Die Weimarer Ausstellung hat gezeigt, dass neue Konzepte gefunden werden müssen, wenn die Bedeutung von Kunstwerken aus der DDR erkundet werden soll. Die Ausstellung „Deutschlandbilder" die Eckhart Gillen konzipiert und gemeinsam mit Rudolf Zwirner gestaltet hat, im September 1997 im Berliner Martin-Gropius-Bau eröffnet, hat einen neuen Weg gewiesen, indem sie die bildende Kunst aus dem Osten und Westen Deutschlands im Kontext zusammengeführt hat. Eberhard Roters, der langjährige Direktor der Berlinischen Galerie und aufmerksame Beobachter der bildenden Kunst in der DDR, hatte schon im April 1992 in einem Vortrag diagnostiziert, dass die deutsche Nation von „einer halbseitigen Lähmung" betroffen sei: *„Eine halbseitige Lähmung behindert nicht nur den gesamten sozialen und kulturellen Organismus aufs schwerste; sie ist unter Umständen lebensgefährlich; sie kann tödlich sein. Daraus geht hervor, wenn wir als Kulturnation überleben wollen, müssen wir miteinander umgehen lernen; die beiden Zwillinge müssen sich, so schwer es ihnen auch fallen mag, einander zuwenden."* Indem die „Kunst aus einem geteilten Land" in ihrem Zusammenhang vergegenwärtigt wurde, zeigten sich Parallelen und Kontraste, wurde die „subjektive Authentizität" (Christa Wolf) des künstlerischen Ausdrucks sichtbar, wurde die Aktualität und Gültigkeit von Kunstwerken kenntlich – jenseits von Staatsgrenzen und politischen Konditionierungen. Erst wenn wir die „halbseitige Lähmung", die einäugige Wahrnehmung des Westens, durch eine umfassende

Sondierung und kritische Aneignung der Kulturgeschichte der DDR überwunden haben, wird es möglich sein, Antworten auf die Frage nach dem blei-
benden Bestand deutscher Kunst und Kultur seit 1945 zu finden. Wolfgang
Mattheuer hat am 5. Juni 1999 in einem Brief an den Direktor der Kunst-
sammlungen zu Weimar, Rolf Bothe, konstatiert: *„Was ist das überhaupt für
ein Begriff: DDR-Kunst. Spricht man je von BRD-Kunst? Wenn überhaupt,
dann doch von deutscher Kunst."* Darüber wäre zu sprechen, wenn wir nach
kultureller Identität, nach einer gemeinsamen „kulturellen Erinnerung", nach
„Erinnerungsräumen" (Aleida Assmann) suchen.

VI.

„Was bleibt"? Christa Wolfs Buchtitel, der den Literaturstreit ausgelöst hat,
ist zur Leitfrage an die Geschichte der DDR geworden, und wenn wir Antworten finden wollen, müssen wir uns auf die Suche nach Kunst und Kultur
begeben, die in der DDR entstanden sind. Da hilft eine literarhistorische Reminiszenz.

Klaus Wagenbach hat 1968 (in erweiterter Neuauflage 1972) den höchst
erfolgreichen Versuch unternommen, ein „Lesebuch" zur deutschsprachigen
Literatur der sechziger Jahre für den Schulunterricht herauszugeben, das die
Staatsgrenzen ignorierte, weil es sich an der Zugehörigkeit zu einer geistigen
Republik orientierte und dabei auch unterschiedliche Literaturgattungen und
Ausdrucksweisen berücksichtigte. Das Buch, das nur ungekürzte Texte versammelt, wurde ein heimlicher Bestseller (mit einer Auflage von mehr als
200.000 Exemplaren). So entschloss sich der ideenreiche, engagierte Verleger
1980 ein Lesebuch folgen zu lassen, das einen Einblick in die deutschsprachi-
ge Literatur zwischen 1945 und 1959 vermittelt. Vier Jahre später präsentierte
Wagenbach gemeinsam mit Christoph Buchwald „Deutsche Literatur der
siebziger Jahre" in einer konzisen Auswahl: 150 Texte, meist ungekürzt, Gedichte, Erzählungen, Polemiken, Essays, Satiren – ein Lesebuch mit *„typo-
graphischen Sparkunststücken"*, wobei die beiden Herausgeber in ihren
Nachbemerkungen konstatieren: *„Im Zweifelsfall haben wir uns für die Literatur und gegen eine zeitgeschichtliche Illustration entschieden."* Literatur in
deutscher Sprache wird in diesen drei schmalen Bänden zusammengeführt,
ohne dass dafür nach einer Begründung gesucht wird: Die Literatur aus der
DDR ist selbstverständlicher Bestandteil unseres kulturellen Gedächtnisses.

Als Hildegard Brenner 1967 unter dem Titel „Nachrichten aus Deutschland"
eine viel beachtete Anthologie zur neueren DDR-Literatur vorgelegt hatte,
resümierte sie: *„Diese Literatur ist als ‚sozialistisch' zu klassifizieren, und zwar
sowohl im Situationsbewusstsein wie im historischen Selbstverständnis ihrer Figuren, zudem in ihrer konzeptionellen, das heißt formbildenden Selbständigkeit
gegenüber den westlichen, auch den deutschsprachigen Literaturen – wobei der*

unterschiedliche Entwicklungsstand nicht übersehen werden darf." Fritz J. Raddatz leitete fünf Jahre später seine grundlegende Studie über „Traditionen und
Tendenzen der DDR-Literatur" mit dem lapidaren Satz ein: „*Es gibt zwei deutsche Literaturen"*, und es gab viele Literaturkenner im Westen, darunter Günter
Grass und Hans Mayer, die damals seinem Urteil zustimmten. Raddatz korri-
gierte seine These 1978, also nur sechs Jahre später, indem er feststellte, „*dass
es heute eine unglaubliche Parallelität und Gleichheit dieser beiden deutschen
Literaturen gibt, und zwar artistisch, was sehr interessant ist, wie aber auch vor
allem im inhaltlichen Befund"*. Auch Hans Mayer konstatierte nun eine „*Kon-
vergenzbewegung der deutschen Literatur heute"*, und Günter Grass betrachtete
sie als „*Dach der Nation"*, als „*letzten Rest für etwas Gesamtdeutsches"*. Der
DDR-Autor Stephan Hermlin artikulierte diese veränderte Sichtweise auf dem
VIII. Schriftstellerkongress (Mai 1978): „*Die Existenz einer Literatur ist nicht
deckungsgleich mit der Existenz von Staaten (...) die Literatur der DDR ist nicht
zu bestreiten; sie ist die hier entstandene und entstehende deutsche Literatur"*.

Ein Jahr nach diesem denkwürdigen Auftritt Hermlins hat Klaus Wagenbach gemeinsam mit Michael Krüger die Anthologie „Vaterland, Muttersprache" ediert (Neuausgabe 1994), die Offene Briefe, Reden, Aufsätze, Gedichte, Manifeste, Polemiken zum Thema „Deutsche Schriftsteller und ihr Staat
seit 1945" versammelt, „*Beiträge zur Tagespolitik (...), wohl um den alten
Aberglauben von der Unverträglichkeit der engagierten und der reinen Künste, im Extremfall den unüberbrückbaren Gegensatz von Poesie und politischer Publizistik zu entkräften"* (Peter Rühmkorf im Vorwort zur ersten Aus-
gabe). Rühmkorf begründet überzeugend, warum die von den Herausgebern
gewählte Perspektive Dichtung als ein ‚Gedächtnis der Geschichte‘ erschließt: „*Da die Dichter nun einmal dazu neigen, die Sprache für einen
wichtigen Teil der Sache zu nehmen, und auch die Lüge sich gemeinhin über
die Sprache den Schein der Wahrheit aneignet, reagieren sie unruhig bis auf-
gebracht, immer dann, wenn Sprach- oder Schweigeregelungen das gesellschaftliche Bewußtsein herunterzudeckeln drohen."*

Ein Lesebuch, das die deutsche Nachkriegsliteratur unter diesem Aspekt
neu zur Diskussion stellen würde, könnte die außerliterarische Debatte über
das politische Verhalten von Schriftstellern und Künstlern, zumal im Osten
Deutschlands, durch die Frage nach der gesellschaftlichen Relevanz von literarischen Kunstwerken ersetzen und damit der deutschen Kulturgeschichte
das Terrain zurückgewinnen, dass ihr die kulturpolitische Chronique scanda-
leuse in den letzten zehn Jahren weitgehend streitig gemacht hat. Heinz Ludwig Arnold, der verdienstvolle Begründer der Zeitschrift TEXT + KRITIK,
hat mit seiner Edition „Die deutsche Literatur seit 1945", die seit Oktober
1995 erscheint und inzwischen 10 Bände (bis 1995) umfasst, auf Wagenbachs
„Lesebuch"-Projekt eine eigene Antwort gegeben. Ursprünglich als Dokumentation zur westdeutschen Literatur von 1945 bis 1985 geplant, ist daraus
nach der Wiedervereinigung ein Kompendium der gesamtdeutschen Literatur

geworden, das zwar viele wichtige Texte, allerdings teilweise nur in kurzen
Auszügen, versammelt, aber kein plausibles Kompositionsprinzip erkennen
läßt. Es zielt eher auf Vollständigkeit als auf bewertende Auswahl und erschwert damit den pointierten Überblick, der für ein breites Lesepublikum
notwendig wäre, um die literarische Entwicklung in den beiden Deutschlän-
dern selbst vergleichen zu können.

Die Künste leben von Grenzüberschreitungen. Es wäre ein lohnendes Projekt, solche Grenzüberschreitungen zwischen dem Osten und Westen Deutschlands in Literatur, bildender Kunst, Theater, Film und Musik in einem „Kultur-
forum", das Ausstellungen mit einem Veranstaltungszyklus verbindet, umfassend in Augenschein zu nehmen. Dann sollte sich zeigen, dass sich – zumal in
den achtziger Jahren – nicht nur zunehmend ein gemeinsames Kulturbewusstsein manifestiert, sondern auch die geistigen Mauern brüchig geworden sind,
Korrespondenzen sichtbar werden und Kontraste, die nicht mehr befremden,
sondern anregen, indem sie das Nachdenken über Tradition und Avantgarde,
deutsche Kunst und „Westkunst" in einen neuen Fragehorizont rücken.

VII.

Es ist das Recht des Künstlers, Geschichte aus seinem Werk auszublenden, doch
eine Gesellschaft wird ihre Identität nicht finden können, wenn sie ihr kulturel-
les Gedächtnis verliert. Es zeugt von politischer Naivität, wenn – endlich? – *der*
Roman zur Wiedervereinigung erwartet wird. Denn es gibt vielfältige Erinnerungen an die Geschichte des geteilten Deutschlands und unterschiedliche
Wahrnehmungen des Einigungsprozesses, wie insbesondere die Diskussionen
um den Wiedergänger-Roman von Günter Grass „Ein weites Feld" deutlich gezeigt haben. Wenn ein literarisches Werk in erster Linie als politisches Manifest
wahrgenommen wird, bleiben nur noch die Flucht in Ironie und Sarkasmus –
oder der Auszug aus der Geschichte übrig. Da ist die Versuchung groß, endlich
die „Grauzone" (Durs Grünbein) zu verlassen, das „Ostgezeter" (Thomas Rosenlöcher) zu beenden, im alten Rom Stimmungen, Mentalitätsmuster und Er-
fahrungshorizonte zu entdecken, die sich unvermittelt mit einer unheimlichen
Vergangenheit berühren und in eine bedrängende Zukunft vorausweisen.

Der Gedicht-Zyklus von Durs Grünbein „Europa nach dem letzten Regen"
(„Nach den Satiren", 1999) enthält die Zeilen: *„Zerrissen ist das Blatt vorm
Mund. Geschichte, – /Geht mir der Staubwind wirklich nah/ Der alles aus-
löscht? (...) "* Hier wird die Trauer über eine verlorene Kultur evoziert und
gleichzeitig die Ratlosigkeit spürbar, mit Geschichte zu leben: *„ Was geht
Zerstörung, oben, einen Maulwurf an? "* Sind die älteren Generationen, selbst-
gerecht-anklagend oder enttäuscht und frustriert, heillos in einer verwickelten
Geschichte gefangen, für jenen Geschichtsskeptizismus mit verantwortlich,
der sich in der jungen Generation zunehmend ausbreitet?

Nur wenige Autoren haben den Versuch, selbst erlebte Geschichte im Medium des künstlerischen Ausdrucks zu erfassen, so eindringlich und konsequent unternommen wie Volker Braun, der im Oktober 2000, fünf Jahre nach Durs Grünbein, den Büchner-Preis erhalten hat. Er hat das bleierne Klima beschrieben, das die Endzeit der DDR prägen sollte, die Stimmung aus Melancholie und Resignation, Trotz und Hoffnung, die aus verlorenen Illusionen erwächst, wenn die Idee einer besseren Welt nicht preisgegeben wird. Und er hat sich den Erfahrungen einer neuen Welt ausgesetzt, die mit der Vereinigung Deutschlands verbunden waren. Volker Braun ist der Chronist mentaler Prozesse, in denen die Widersprüche zwischen Freiheit und Gerechtigkeit, Selbstbestimmung und Abhängigkeit, Eigen-Sinn und Ohnmacht in poetischen Bildern zum Vorschein kommen, Nähe und Ferne erkennen lassen, die Deutsche in Ost und West verbindet und trennt.

In seinem kurz nach der Wende entstandenen Gedicht „Das Eigentum" hat Volker Braun in *„aporetischer Präzision"* (Hermann Korte) die Irritationen beschrieben, die ihn bedrängten, als er sich auf die Suche nach einer neuen Wirklichkeit begab:

„Da bin ich noch: mein Land geht in den Westen.
KRIEG DEN HÜTTEN FRIEDE DEN PALÄSTEN.
Ich selber habe ihm den Tritt versetzt.
Es wirft sich weg und seine magre Zierde.
Dem Winter folgt der Sommer der Begierde.
Und ich kann *bleiben wo der Pfeffer wächst.*
Und unverständlich wird mein ganzer Text.
Was ich niemals besaß, wird mir entrissen.
Was ich nicht lebte, werd ich ewig missen.
Die Hoffnung lag im Weg wie eine Falle.
Mein Eigentum, jetzt habt ihrs auf der Kralle.
Wann sag ich wieder *mein* und meine alle."

Volker Braun ist nach dem „fröhlichen Übertritt dieses Ostvölkchens in den Westen" ein sensibler Seismograph ostdeutscher Befindlichkeiten und gesamtdeutscher Widersprüche geblieben, der sich keine Illusionen mehr macht: *„Aus unseren bitteren und höhnischen Erfahrungen wird kaum etwas gewonnen für die neue bundesdeutsche Sozietät."* Und der diesen skeptischen Satz mit seinem literarischen Werk selbst widerlegt, wenn er in seiner Büchner-Preisrede bemerkt: „(...) *nur das sinnliche Argument der Widersprüche, das uns rigoros in die Wirklichkeit führt; das ist die Handlung der Kunst."*

VIII.

Wie schwierig gesamtdeutsche Kulturdebatten sind, wurde auch deutlich, als 1999 heftig um die Ausstattung des Reichstagsgebäudes mit zeitgenössischen Kunstwerken gestritten wurde. Als der Kunstbeirat des Deutschen Bundestages u.a. Bernhard Heisig ausgewählt hatte (das komplexe historische Panoramabild „Zeit und Leben" hängt jetzt in der Cafeteria), wurden im Osten heftige Proteste laut, die sich in erster Linie gegen seine Zugehörigkeit zur Waffen-SS (Heisig war damals 17 Jahre alt und war lediglich als Fahrer eingesetzt!) richteten, aber auch seine Funktion als „Staatsmaler" attackierten, ohne die Qualität seines Werkes zu würdigen. Als Folge dieser Kritik wurden neben dem bereits ursprünglich vorgesehenen „Aurora-Experimentalraum" von Carlfriedrich Claus Werke von Gerhard Altenbourg, Lutz Dammbeck, Hermann Glöckner, Wolfgang Mattheuer und Strawalde angekauft, so dass in den Arbeits- und Erholungsbereichen des Bundestages wichtige Künstler aus dem Osten Deutschlands gemeinsam mit u.a. Joseph Beuys, Georg Baselitz, Anselm Kiefer, Markus Lüpertz, Sigmar Polke, Gerhard Richter, Katharina Sieverding, Günther Uecker, Hanne Darboven, Georg Karl Pfahler, Ulrich Rückriem und Emil Schumacher vertreten sind.

So ist im gesamtdeutschen Parlament schließlich doch noch ein bemerkenswertes Kunststück gelungen: bildende Kunst aus Deutschland zusammenzuführen – ein überzeugender Kontrapunkt zur Gemäldegalerie im „Palast der Republik", der 16 Bildwerke aus der DDR unter dem Motto „Dürfen Kommunisten träumen?" präsentiert hatte, darunter auch Gemälde von Heisig und Mattheuer. Zehn Jahre nach seiner Polemik gegen die ostdeutschen Malerkollegen ist Baselitz unter der Kuppel des Reichstages mit diesen gemeinsam heimisch geworden – ermutigende Pointe einer paradoxen Episode.

Nach monatelangen Kontroversen, die an die heftigen Auseinandersetzungen über die Verhüllung des Reichstages durch Christo und Jeanne-Claude erinnerten, hat der Bundestag am 6. April 2000 mit der knappen Mehrheit von zwei Stimmen das Kunstprojekt von Hans Haacke „Die Bevölkerung" akzeptiert. Die Widmung seines Erd-Kunstwerks setzt der in New York lebende deutsche Konzept- und Prozesskünstler in kontrastierende Beziehung zur Inschrift des Reichstagsportals „Dem Deutschen Volke". Abgeordnete sollen die Bodeninstallation im nördlichen Lichthof des Reichstags mit einem Sack Erde aus ihrem Wahlkreis füllen, die wild wachsende Vegetation wird in weißen Neon-Lettern mit Haackes Widmung überschrieben. Wolfgang Thierse hat im September 2000 den symbolischen Anfang gemacht, das Kunstprojekt Haackes mit Leben zu erfüllen, mit Erde vom Jüdischen Friedhof an der Schönhauser Allee.

Die Bundestagsdebatte war insofern ermutigend, als sie quer durch die politischen Lager verlief – und jenseits der alten Trennlinie zwischen Ost und West. Sie manifestierte in ihren überzeugenden Momenten ein neues Kulturbewusstsein, in dem sich der Ernst historischer Erinnerung und die Suche nach einem gemeinsamen Zukunftsprojekt verschränkt haben. Was von den Kritikern als prekäre Reminiszenz an die nazistische Ideologie von „Blut und Boden" missdeutet worden war, sollte sich als Ausdruck einer Verankerung der deutschen Kultur in einem Verfassungspatriotismus erweisen, der sich – frei von den Prätentionen einer vorgeblichen „Leitkultur" – allein dem Nährboden der „Verfassungserde" (wie es Hans Haacke ausgedrückt hat) verbunden fühlt. Die Kunstdebatte im Reichstagsgebäude sollte uns ermutigen, den „Erinnerungsraum" der deutschen Kultur neu zu vermessen. Ein solcher Diskurs ist überfällig. Er sollte mit Sachkenntnis und ohne falsche Dramatisierung geführt werden. Günter de Bruyn hat Recht: *„Das Fremdheitsproblem zwischen den Deutschen ist zu ernst, als dass man es übertreiben dürfte. "*

Provisorien, Normalitäten und Gefährdungen

Betrachtungen über Literaturverhältnisse aus Anlass eines Romans*

Manfred Jäger

Die Fremdwörterlexika übersetzen den Begriff „provisorisch" mit „vorläufig" oder „behelfsmäßig". Das „Provisorium" wird folglich als Einrichtung oder Regelung definiert, der diese Attribute zukommen. Im Frühjahr 2000 veröffentlichte Wolfgang Hilbig einen Roman mit dem Titel *Das Provisorium*. Damit ist zunächst der ungesicherte, merkwürdige Status eines Schriftstellers gemeint, der als DDR-Bürger ein (auf ein Jahr) befristetes Visum zum Aufenthalt in der Bundesrepublik erhielt, mit der Berechtigung, während der Gültigkeit beliebig oft zwischen beiden deutschen Staaten hin und her zu reisen.

Trotz der vom Autor selbstverständlich in Anspruch genommenen Lizenz zum freien Spiel der erfindenden und assoziierenden Phantasie sind die Übereinstimmungen mit den Lebensdaten und -fakten Hilbigs so deutlich, dass es nahe liegt, den Roman als autobiographischen Text zu lesen. Das Selbstporträt eines Schriftstellers in der Krise eröffnet auch den Blick auf die im äußeren gesellschaftlichen Umfeld liegenden Anlässe für die Verwirrung, die in Schreibunfähigkeit und Lebensekel kulminiert.

Hilbig hatte das Buch zuerst in der Ich-Form geschrieben, und das hatte ihn ästhetisch in eine Sackgasse geführt. Erst der Übergang zur dritten Person ermöglichte – durch Distanz – die gewollte Radikalität und Schonungslosigkeit der Darstellung. Nun heißt der Schriftsteller nur C., und die Wahl des dritten Buchstabens im Alphabet symbolisiert die Abkehr vom Dualismus oder der Bipolarität, von der verflixten Wahl zwischen A und B. Dieser C. will und kann sich nicht entscheiden, er will nicht auf diese oder jene Seite gehören, als Autor oder gar als Dichter jedenfalls nicht. *„Die Wahrheit war, er hätte es als Zumutung empfunden, wenn man ihn irgendwo eingeordnet hätte."* (S. 72)

Ausgestattet mit einem ansehnlichen Stipendium, lebt C. wie Hilbig vorwiegend in Hanau und Nürnberg, auf Bahnhöfen und auf Lesereisen, hinzu

---

* Die Zitate stammen aus dem Roman von Wolfgang Hilbig, Das Provisorium, S. Fischer Verlag, Frankfurt am Main 2000.

kommen fahrige Abstecher nach Leipzig, Berlin und in die Geburtsstadt
Meuselwitz. Zum Schreiben kommt er nicht. Überreizung, Irritation, Unzufriedenheit werden mit der Schnapsflasche bekämpft und natürlich durch dieses Hilfsmittel nur gesteigert. Freilich besitzt der Verunsicherte eine robuste
Natur, und am Ende beweist der Roman als spätes Resultat einer längst
überwundenen Schreibkrise, dass Beobachtungskraft und Denkklarheit sogar
während alkoholisierter Dämmerungszustände unbewusst wirksam blieben.

Das Provisorium spielt vorwiegend in den Jahren 1985/86, also in den
Anfängen der Perestroika-Zeit, als die DDR mehr und mehr zum Auslauf-
modell wurde. Aber auch Erfahrungen der frühen neunziger Jahre und heutige Erkenntnisse sind in den Text eingegangen. Hilbig hält, oft sarkastisch im
Ton, eine radikale Position durch, von der aus er die westdeutschen Zustände
nicht schönredet, von der aus er aber auch der untergegangenen DDR keinerlei Entlastung bietet. Das Negativurteil über sie fällt vielmehr derart
scharf aus, dass sich jeder Gedanke an deren gute Seiten verbietet. Das gilt
auch für die Literatur und die Literaturverhältnisse. Die radikale Kritik an
den kapitalistischen Usancen beschwört keine vergleichende Rechtfertigung
vermeintlicher DDR-Annehmlichkeiten herauf.

Der verfremdete und zugleich überzeugende Blick, den die Figur C. auf
den Kulturbetrieb richtet, scheint gerade in der radikalen Subjektivität auch
exemplarisch. Er nimmt Verstörungen vorweg, die erst nach 1989/90 auf
unterschiedliche Weise die Mehrheit der gesellschaftlichen Gruppen in der
DDR erfasste. Deswegen soll die in den Roman eingravierte Erfahrung dabei
helfen, den Literatur- und Kulturumbruch zu beschreiben.

Vor allem fällt die Differenz zwischen Mangel- und Überflussgesellschaft
ins Auge. Die Warenwelt blendet und nötigt Entscheidungen ab, obwohl die
Desorientierung zunimmt. Das nur mühsam erreichbare Objekt der Begierde
besitzt einen Wert, den der gleiche Gegenstand nie gewinnen kann, wenn er
mühelos erwerbbar oder verfügbar ist. Am unterschiedlichen Gebrauch von
Büchern lässt sich das deswegen gut zeigen, weil die Leselust durch solche
Umstände gefördert oder gemindert werden kann. Wenn das Verbotene nach
Biermanns populärer Liedzeile *„uns gerade scharf"* macht, stellt sich die
Frage, wo dieser Reiz bleibt, wenn die Reglementierung aufgehört hat. Der
Text bleibt derselbe – und liest sich doch ganz anders, falls man ihn jetzt
überhaupt noch lesen will.

Wie er seine leichte Beute ungelesen herumschleppt, beschreibt C. im
Roman so: *„Da waren sie, diese Bücher, für die er sich drüben im Osten fast
ein Bein ausgerissen hätte, und er las sie nicht. Da kam er nun aus diesem
Bücherkommunismus, aus dieser DDR, die sich nie genug mit dem Lesehun-
ger ihrer Leute hatte brüsten können, für ihn aber hatte es dort nur Frustra-
tion und Erniedrigung gegeben wegen der Bücher, die ihm dauernd fehlten.
Als er in den Westen kam, hatte er vom ersten Tag an Bücher gekauft wie ein
Wahnsinniger, niemals hätte er sie alle lesen können, so viele Jahre blieben*

ihm gar nicht, um die Bücher vernünftig zu lesen, die er um sich herum auf-
häufte; niemand verstand die Triebhaftigkeit, die Besessenheit, mit der er
Bücher kaufte, Bücher sich von den Verlagen besorgte, Bücher stahl und sich
auf jede andere nur denkbare Weise beschaffte" (S. 179). Später beschreibt
er, wie er auf der Leipziger Buchmesse *„im Jahr der deutschen Wiederverei-*
nigung" von Ekelgefühlen geschüttelt das Messehaus fluchtartig verließ,
weil das *„Schriftzeug der Journalisten"*, Enthüllungen und Ratgeber die
Kojen überschwemmten. Fazit: *„die Bücher der wirklichen Schriftsteller*
wurden nicht mehr geklaut, sie glotzten einsam und dumm aus den Regalen,
auf ihr ehemaliges Publikum" (S. 316).

Hier bricht nun doch die nostalgische Erinnerung an jene Zeiten durch, als
die Leipziger Buchmesse noch ein Großereignis war, zu dem die Leute wegen dessen alljährlicher Einmaligkeit aus allen Bezirken der DDR anreisten.
Nur dort gab es die Gelegenheit, die aktuellen West-Bücher kennenzulernen,
diesen oder jenen Text abzuschreiben, einzelne Exemplare „irgendwie abzu-
stauben", Kataloge mitzunehmen, um sich dann von Freunden oder Ver-
wandten gewünschte Titel als Päckchen mit der obligatorischen Aufschrift
„Geschenksendung – Keine Handelsware" schicken zu lassen, in der Hoffnung, die DDR-Zollorgane würden die Schrift als „humanistisch" einstufen
und deswegen durchlassen.

Es scheint so, als profitiere die Bücherschau heute von dieser Tradition
wieder, ideell und ökonomisch. Die Übertreibungen jener Umbruchszeit, als
die Messe eine neue haltbare Struktur suchte, sind weithin überwunden, gehörten zu einem unvermeidlichen Provisorium des Übergangs. Man darf
nicht vergessen, dass die Branche bei nüchterner Betrachtung eine zweite
Veranstaltung gleicher Art neben der gigantischen Verkaufsmesse in Frankfurt am Main nicht brauchte.

Das harte Geschäft, der internationale Lizenzhandel findet nach wie vor
an dem hessischen Finanzplatz statt, und der Vorteil des Herbsttermins vor
dem Weihnachtsboom kann im Leipziger Lenz niemals zu Buche schlagen.
Sachsen bietet eine Publikumsmesse, keine Handelsmesse. Unter dem Motto
„Leipzig liest" wird eine Unzahl von Lesungen, Podiumsgesprächen sowie
literarisch-musikalischen Matineen angeboten. Trotz der Überfülle der Veranstaltungen konnte über die Jahre hin ein starkes Publikumsinteresse ge-
weckt und erhalten werden, das auch die Buchhalter und Werbestrategen nö-
tigte, bei der Stange zu bleiben. Natürlich sind die Verkaufsausstellungen
nicht dazu geeignet, die Flut der Neuerscheinungen zu kanalisieren, so dass
Kulturkritik sich immer wieder an Unübersichtlichkeit reibt oder auch rügt,
wie die Aufmerksamkeit vom Wichtigen und Wesentlichen abgelenkt werde.
Der Schock der Bücherschwemme hat in den neuen Bundesländern zunächst
stark verunsichert, bis sich rascher als von Skeptikern erwartet aufgrund von
Leseerfahrungen und durch Nutzung verfügbarer Informationen differenzierte, interessengebundene Orientierungskriterien durchsetzten.

Hilbig legte seiner Schriftstellerfigur Tiraden in den Mund, die beweisen sollen, wie sehr der Gedanke an die unermesslichen Mengen von Gedrucktem nicht nur die eigene Schreibmotivation lähmen, sondern auch das Selbstbild, man sei noch *„von Natur aus"* Schriftsteller, gar Dichter, zerstören kann: *„Und dann erkannte er, daß die Bücher hier im Westen nichts mehr wert waren. Es dauerte eine ganze Weile, bevor dieser Gedanke in seinem Hirn Fuß faßte, um so nachhaltiger war der Schock, den er auslöste. Die Bücher glitten ihm aus den Händen ... er war ja schließlich selbst Schriftsteller, jedenfalls bildete er sich das ein! Er hatte immer ein Schriftsteller sein wollen, sein Leben lang ... ein Produzent für die Ramschkiste! Zweimal im Jahr wurden, mit einem riesigen Brimborium von keifender Werbung, dem übersatten Markt eine Unmenge neuer Bücher aufgebürdet, innerhalb kürzester Frist gilbten und schimmelten sie in den Ramschkisten vor den verödeten Buchhandlungen."* (S. 180)

Die Konfrontation mit dem Ramsch gehörte zu den Urerlebnissen der Buchleser kurz nach der Einführung der Deutschen Mark. Die westdeutschen Importeure warfen Unmengen von Ladenhütern auf den Ostmarkt, um den Nachholbedarf zu nutzen. Unter kaufmännischen Gesichtspunkten war solche Spätverwertung keine Fehlentscheidung. Leicht ließ sich absehen, dass dies zu den kurzfristigen Symptomen einer chaotischen Übergangszeit gehörte. C. in Hilbigs Roman formuliert eine tiefer gehende Kritik an einer Ramsch- oder Wegwerfgesellschaft: Das Wertvolle geht in der Masse des Wertlosen unter und erlangt, wenn überhaupt, nur für eine sehr kurze Zeit Beachtung. Das düstere Urteil ist freilich Bestandteil und Rechtfertigung einer Schreibblockade, gehört einer Romanhandlung an, ist also einseitiger „Dichter-Standpunkt" innerhalb einer diffusen psychischen Krisenlage.

Für die Leserschaft hat die Institution des „modernen Antiquariats" durchaus positive Seiten; ebenso wie die Tatsache, dass sich der zeitliche Abstand zwischen Originalausgabe und preiswertem Taschenbuch bzw. dem Buchclubangebot immer mehr verkürzt hat. Schnell wurde in den neuen Bundesländern gelernt, dass es den Geldbeutel schont, wenn man ein wenig wartet. Denn im Unterschied zu langlebigen Geräten aller Art, die in der Regel erheblich billiger erhältlich waren, gab es bei Büchern einen gewaltigen Preisschock, der in den Buchhandlungen Anfang der neunziger Jahre zu starken Umsatzeinbrüchen führte. Die Stammkundschaft zerfiel. Es änderte sich das Kaufverhalten, das Ratgeber- und Lebenshilfebücher der Belletristik vorzog. Wegen der hohen Arbeitslosigkeit schrumpfte bei vielen das verfügbare Familieneinkommen. Deswegen hat es die Skeptiker überrascht, dass sich der Buchmarkt im Osten während des letzten Drittels der neunziger Jahre stabilisiert hat. Voraussetzung dafür waren auch der frühe Zusammenschluss der beiden Börsenvereine schon im Dezember 1990, die Vereinheitlichung des Systems der Bestellnummern, die Organisation von Seminaren für die Buchhändler usw. Der Börsenverein konnte sogar die schlimmsten sachfremden

Entscheidungen der Treuhand verhindern, die am liebsten wenigen Großfirmen weiträumig das Netz des einstigen staatlichen Monopolisten „Volksbuchhandel" überlassen hätte. Nur durch Dezentralisierung konnte jedoch die Branche „mittelständig" strukturiert werden. In den besten Lagen existierten nur die so genannten Volksbuchhandlungen, in den Bezirkshauptstädten die mit größerer Verkaufsfläche ausgestatteten „Häuser des Buches". Nur wenige private Buchhändler waren am Rande übrig geblieben.

Für den Umbau, die Modernisierung und die Lagerhaltung der größeren Buchhandlungen bedurfte es eines erheblichen Einsatzes an Kapital, so dass in der Regel westdeutsche Filialisten wie Montanus/Phönix, Hugendubel, Gondrom und anfangs auch Bouvier den Zuschlag erhielten. Es besteht die Gefahr, dass diese Konzentration weiter zunimmt und der Verdrängungswettbewerb weiter geht. In der Fläche aber wurden doch rund 80 Prozent der alten Volksbuchhandlungen von deren alten Angestellten übernommen. Trotz der Existenzgründerdarlehen und anderer Hilfen bleibt deren Kapitalisierung aber gering, so dass optimistische Prognosen schwer fallen. Es versteht sich, dass ohne die Buchpreisbindung eine solche zunächst erfreuliche Besitzstruktur unmöglich gewesen wäre, so dass der langjährige Streit mit Brüssel vom Osten aus mit großer Sorge betrachtet wurde.

Gegenwärtig bestehen in den neuen Bundesländern immerhin etwa 1100 Buchhandlungen, ungefähr 200 mehr als am Ende der DDR. Bemerkenswert ist die „antiquarische Nutzung" frei gewordener Gebäude auf dem Lande. So schmückt sich ein Dörfchen in der Nähe von Bitterfeld seit dem Herbst 1997 mit dem Beinamen „erstes deutsches Buchdorf". In Mühlbeck-Friedersdorf wurden die alte Schmiede, die ehemalige Dorfschule, eine geräumige Scheune in Antiquariate umgewandelt. Auch das Pfarrhaus und ein Lebensmittelladen sollen noch umgewidmet werden. 14 Antiquariate haben sich bisher dort angesiedelt, man hofft, die Zahl mit der Zeit verdoppeln zu können. Attraktiv für die Kunden wirkt neben der Spezialisierung (von Märchen, Elektronik, Botanik bis zu Noten und alten Platten) auch die Anreicherung mit Matineen, Ausstellungen und Buchnächten inklusive Marathon-Lesungen.

Ein ähnliches Projekt wurde vor etwa zwei Jahren im brandenburgischen Wünsdorf gestartet. Ausgerechnet in der alten Garnison, die nach 1945 von der Roten Armee genutzt und stark umweltbelastet zurückgelassen wurde, entstand eine „Bücherstadt". Achtzehn Geschäfte haben sich bisher in „Bücherbunkern" angesiedelt, mehr als 100.000 Bücher können durchstöbert werden. Das Internet ermöglicht den Zugriff auf entlegene Titel, so dass auch Kunden mit ausgefallenen Wünschen sich dort gern tummeln. Auch hier setzt man auf Wochenendtourismus: Geöffnet ist von Donnerstag bis Montag jeweils für acht Stunden. Eins der Antiquariate heißt „Bückware" und spielt damit auf die vielen Bücher an, die man seinerzeit in der DDR nur erwerben konnte, wenn man gute Beziehungen hatte. Dort finden sich Käufer ein, die Werkausgaben komplettieren wollen oder von ihren Lieblingsautoren jene

Bücher suchen, die ihnen zu Zeiten der Mangelwirtschaft entgangen sind. Es gibt also noch oder wieder Sammler von DDR-Gegenwartsliteratur...

Hilbigs anderes Ich, die Romanfigur C., erinnert sich daran, dass die Markterfolge der offiziellen DDR-Literatur heftige Missgunst provozierten. Zwar gibt C. zu, dies sei ein erbärmliches Gefühl, das man am liebsten nicht wahrhaben wolle, aber Hilbig formuliert doch noch einmal eine rücksichtslose Schimpferei und veröffentlicht sie im Jahr 2000. Gerade, weil niemand mehr über das vor zehn Jahren durchgekaute Problem diskutieren will, das bequem als verspäteter Ost-West-Gegensatz abgetan wurde, sei eine kräftige Stelle zitiert, die in Erinnerung bringt, dass in Wahrheit „inneröstliche" Gegensätze abzuhandeln wären. Das Problem bleibt dadurch kompliziert, dass unterstellt wird, die wohlwollende Aufnahme der „kritisch-solidarischen" DDR-Literatur durch die West-Öffentlichkeit sei unerschütterlich gültig. Er habe nie die Fähigkeit gehabt, schreibt Hilbig alias C., sich als kultureller Abgesandter seines Staats aufzuführen, als einer von jenen DDR-Schriftstellern, die an der DDR, besonders an ihrer Kulturpolitik, zwar viel zu kritisieren hatten, die diesen Staat aber als den ihren bezeichneten. *„Eine solche Haltung wurde vom westdeutschen Publikum gutgeheißen, sie wurde sogar sehr gut aufgenommen, und dagegen hatte er keine Chance. Er hatte an der DDR, so wie er sie kannte, nichts zu kritisieren, er hielt das für zwecklos. Es gab an den Universitäten der Bundesrepublik ganze Stäbe von Literaturwissenschaftlern, die sich mit der DDR-Literatur beschäftigten; offenbar sahen sie diese als eine Alternative zur westdeutschen Literatur an, die sie für festgefahren hielten. Und es war möglich, daß man sogar die gesamte DDR – wenn man sie so kritisch einschätzte, wie es die DDR-Literaten vorgaben – als politische Alternative zur BRD ansah. Er hielt das Herumspazieren in dieser Begriffswelt für hohle Theorie; gleichzeitig hatte er das Gefühl, man werde gegen jenes marktbeherrschende Bild von der DDR-Literatur in hundert Jahren noch nicht ankommen können."* (S. 127/128)

Einmal, so berichtet C., habe ein DDR-Verleger bei ihm „kritische Solidarität" angemahnt. *„Er hatte über diesen Begriff nachgedacht und in der Tat erkennen müssen, dass er zu einer kritischen Solidarität mit dem Staat der DDR kaum einen Funken an innerer Überzeugung in seiner Brust auftreiben konnte. Aber genau diese Haltung war es, mit der die anerkannten DDR-Schriftsteller vor dem westdeutschen Publikum auftraten. (...) Er konnte, so dachte C., vor dem westdeutschen Bildungsbürgertum auf die Knie fallen, ohne Solidarität, mehr oder weniger kritisch, war hier einfach nichts zu machen. (...) Als C. in die Bundesrepublik gekommen war, himmelte man dort noch immer eine Begrüßungsformel an, die ein bekannter Buchtitel aus der DDR gewesen war: ,Guten Morgen, du Schöne' ..., er hatte zu dieser Zeit längst begonnen, mit ,Gute Nacht, du Scheiße' zu grüßen."* (S. 128/129)

Die alten Streitigkeiten rumoren unter der geglätteten Oberfläche weiter, wie die im Roman versteckte Polemik zeigt. Ein Ausgegrenzter sieht auch keinerlei Gründe, von dem Klima in den DDR-Verlagen zu schwärmen, deren Lektoren sich so unendlich viel Zeit für die Autoren und deren Manuskripte nehmen konnten, sollten, mussten ... Hilbig, der eigentlich nach Herkunft und Begabung höchst förderungswürdige „Arbeitersohn", nennt es eine aus Verzweiflung geborene selbstzerstörerische Idee, dass er gelegentlich ein paar Gedichte an irgendwelche Redaktionen des Verlagswesens der DDR geschickt habe. *„Und wenn er dann, falls er überhaupt einer Antwort gewürdigt wurde, diese Ablehnungsschreiben erhielt. Es war deutlich herauszulesen, daß da eine Lektorin ihre Empörung unterdrücken mußte über seine Belästigung ... es klang fast, als habe er sie zu notzüchtigen versucht. Sie spuckte ihm eine Salve von ideologischen Vokabeln ins Gesicht, belehrte ihn darüber, wie er sein Lebensglück in die Hand nehmen könne, mittels Ehe, erfülltem Kinderwunsch und FDGB-Ferienreisen, und er müsse sich sofort eine ordentliche sinnvolle Arbeit suchen, wofür ihm alle Wege offenstünden."* (S. 161/162)

Noch heute ärgert sich der Verfasser über seine Naivität, Texte an DDR-Verlage zu versenden. Die Ablehnung erfolgte ohne Argumentation. Das führte zu tiefer Niedergeschlagenheit, denn: *„Das Verteufelte an diesen unbegründeten Ablehnungen war, daß man sich die fehlenden Argumente selbst suchte ... und sie natürlich fand! Für grundlos nämlich hielt man die Ablehnungen noch lange nicht, die Gründe blieben lediglich ungenannt ... es hatte gar keinen Zweck, sie zu nennen, an hoffnungslose Fälle verschwendet man keine Argumentation. Das Verteilen von Hoffnung in der Diktatur war streng geregelt."* (S. 95)

Von der Hoffnung auf innersozialistische Veränderungen lebten die Autoren, denen Hilbig noch heute die kritische Solidarität vorhält. Sie dachten zu wenig oder auch gar nicht über die Motive der Mächtigen nach, die ihnen die Hoffnung, die sie aus eigenem Zutun, aus selbstständiger Analyse zu schöpfen glaubten, genau so zuteilten wie die Reisegenehmigung. Weil es keine kritische Medienöffentlichkeit gab, erfüllte ein Teil der zugelassenen Belletristik gewiss die Funktion einer begrenzten gesellschaftlichen Verständigung über ausgewählte Problemzonen. Die Autoren waren Nutznießer einer Mangelerscheinung. Sie gewannen oder erborgten sich damit eine Aufmerksamkeit, die über äußere Eingriffe und die Versuchungen der Selbstzensur hinwegtröstete. Nach der Wiedervereinigung führte die Furcht vor der schwer berechenbaren Marktgesetzlichkeit im Kapitalismus zeitweilig bei vielen Autoren zu einer Idealisierung der mit der Zuteilung von Nachauflagen nach Plan erkauften sozialen Sicherheit. Die trüben Prognosen über den angeblich nunmehr unaufhaltsamen sozialen Abstieg erfüllten sich jedoch nicht. Die rechtlichen Probleme der Absicherung in Alter und Krankheit wurden besser gelöst als zu erwarten war. Die Berufsgruppe fand sich schließlich unter Mithilfe der IG Medien ganz gut zurecht im bürokratischen Dickicht von Künstlersozialkasse, Autorenversorgungswerk und Verwertungsgesellschaft WORT.

Autoren, die schon zu DDR-Zeiten mit genehmigten Lizenzausgaben in
Westverlagen vertreten waren oder sogar unter Umgehung von Rechtsvor-
schriften ihre Erstveröffentlichungen in der alten Bundesrepublik unterge-
bracht hatten, mussten sich jetzt für einen einzigen Verlag entscheiden, denn
im einheitlichen Buchmarkt konnte es innerdeutsche Lizenzen nicht mehr
geben. Viele blieben in Siegfried Unselds Verlagsgruppe Suhrkamp/Insel in
Frankfurt am Main, zum Beispiel Volker Braun, Thomas Rosenlöcher, Kurt
Drawert, Uwe Kolbe, Angela Krauß, Sigrid Damm und als „Neuzugang"
Durs Grünbein. Christoph Hein hielt noch ein Jahrzehnt lang dem Aufbau-
Verlag die Treue, bis er im Jahr 2000, im 50. Jahr seit der Gründung des
Suhrkamp-Verlages, auch zu Siegfried Unseld überwechselte.

„Aufbau" hielt betont pluralistisch an dem höchst umstrittenen Hermann
Kant fest und nahm auch den heimatlos gewordenen Erzähler mit Funktio-
närs- und Förstervergangenheit, Helmut Sakowski, auf. Christa Wolf, die
kurzzeitig zu Kiepenheuer & Witsch gegangen war, kehrte zu ihrem alten
Westverlag Luchterhand zurück, nachdem dessen Existenzkrise durch Besit-
zerwechsel überwunden worden war. Stefan Heym blieb bei Bertelsmann,
Günter de Bruyn wie Hilbig bei S. Fischer. Die in der DDR sehr populären
Unterhalter Renate Holland-Moritz, Ernst Röhl, Lothar Kusche, Rudi Strahl
und Hansgeorg Stengel sind noch immer Hausautoren des Eulenspiegel-
Verlags, den der Kritiker Matthias Oehme zusammen mit „Das neue Berlin",
der Heimstatt für Krimi-Autoren, auf dem Weg des „Management-buy-out"
erwarb.

„Eulenspiegel/Das neue Berlin" erzielt seinen Umsatz nahezu ausschließlich in den neuen Ländern. Das ist einzigartig, denn Verlage ähnlicher Größenordnung konnten nur überleben, wenn sie in Westdeutschland Ver-
triebserfolge hatten. Der Weg der Ostverlage in die Marktwirtschaft erwies
sich als steinig. Für die Übernahme der volkseigenen Großverlage boten sich
in der Regel kaufkräftige westdeutsche Interessenten an. So existieren die
meisten der altbekannten Verlage unter dem vertrauten Namen weiter, Aufbau und Hinstorff, Volk und Welt, Henschel und E.A. Seemann, Urania und
Akademie Verlag. Der Mitteldeutsche Verlag in Halle ist zwar kleinge-
schrumpft und hat schwere Existenzkrisen zu überstehen gehabt, der alte
Verlagsleiter mit bewegter Vergangenheit als Kulturfunktionär, Eberhard
Günther, nimmt dort aber weiter eine verantwortliche Position ein. Dass die
Werkausgabe Karl Mickels fortgeführt wird, ist sein Verdienst.

Als erfolgreiche Neugründungen von ostdeutschen Verlagen konnten sich
weit vorn die Brüder Schwarzkopf und Christoph Links positionieren.
„Schwarzkopf & Schwarzkopf" wurde erst im September 1994 gegründet
und hat sich trotz ostdeutscher Programmschwerpunkte auch im Westen dank
geschickter Vertriebsstrategie durchgesetzt. Der „Ch. Links Verlag" hat sich
im Bereich Wissenschaft, Zeitgeschichte und populäres Sachbuch gut etabliert.

Es entstanden jedoch viele Neugründungen, Nischenunternehmen, die sich auf den kleinen Markt ausrichteten. Das Spektrum reicht von Heimatgeschichte bis zur Bibliophilie. Erich Loests Leipziger Linden-Verlag blieb der einzige Autorenverlag – die Familie Loest widersteht jeder Versuchung zur Expansion. Nur die Bücher von Erich Loest gehören in diesen Verlag, sonst keine. Auch das kann ein Erfolgsrezept sein.

Jeder, der will, kann einen Verlag ins Leben rufen, und sei es nur, um ein eigenes Manuskript oder Texte von Freunden zu drucken. Gegenüber der übersichtlichen Reglementierung im Verlagswesen der DDR ist das ein Zustand der Normalität, weil Kreativität und Risikobereitschaft eine Chance haben. Die ganz kleinen Unternehmungen kommen besser durch, wenn sie ihre Nischenexistenz geschickt nutzen. Bedroht sind die mittleren, oft unterkapitalisierten Verlage, die Gefahr laufen, im Konzentrationsprozess der Branche geschluckt zu werden. Starrt man nicht bloß auf die kargen Umsatzzahlen, sieht die ostdeutsche Verlagspalette inzwischen recht bunt aus. Allein in den drei mitteldeutschen Bundesländern hat sich nämlich die Zahl der Verlage im letzten Jahrzehnt auf ungefähr 200 erhöht und damit gegenüber 1989 vervierfacht.

In Hilbigs Roman spielt ein Geschenk eine symbolische Rolle, eine gelbe Lederjacke, deren Nutzen als „Übergangsjacke" betont wird. In übertragenem Sinne ließe sich sagen, dass die Übergangsjacken abgelegt wurden. Der behelfsmäßige Zustand der verqueren Mixtur aus Desorientierung und Neugier, aus Verweigerung und Anpassungsbereitschaft, dieses merkwürdige „Provisorium" der frühen neunziger Jahre ist vergangen. Die Literaturproduktion und die Literaturrezeption, Büchermachen und Bücherlesen, haben sich „eingespielt". Die herrschende Normalität im Kulturbetrieb ließe sich natürlich auch als Abfolge von Provisorien beschreiben. Die Autoren konfrontieren uns mit ihren Widersprüchen, wie sie es stets getan haben und wie es uns auch Hilbig zumutet, der die DDR *„eine abseitige und zurückgebliebene Enklave"* nennt, *„wo Literatur nicht wirklich etwas bedeutete"*, und der wenige Zeilen danach die Zustimmung für seine Anwürfe gegen das System ekelhaft findet. So wenig das Urteil über die Vergangenheit feststeht, so wenig kann vorhergesagt werden, wie das Internet und die Neuen Medien die Literaturverhältnisse umwälzen werden. Alle künftigen Krisen der Buchbranche werden gesamtdeutsch sein, und auch die Buchpreisbindung ist nur so lange vom Tisch, bis sie wieder einer draufstellt.

Ankunft und ankommen: Eine DDR-Metapher geht fremd

Heinz Klunker

*Ich glaube nicht, daß der Sieg irgendeiner Sache noch der Rede wert ist,
wo die Menschen untergehn.*
Heinrich Mann

*Ich will von keinem was. Ich hatte Schwierigkeiten, wo ich war.
Ich habe immer nur gewußt, wo ich nicht bleiben wollte.
Es war nicht meine Schuld. Mich wunderts, daß die Leute Angst haben vor dem Neuen. Es
ist ja gar nicht vorgesehen. Besser ist, ohne Hoffnung leben
als Hoffnung immer nur zerstört bekommen. Mit mir ist kein Staat zu machen.
Bin ich von ihnen einer? Ich bin von mir. Alois Fingerlein gehört zu keinem
als sich selbst.*
Rainer Kerndl

*Man kann nicht vierzig Jahre in einem Teich herumschwimmen, ohne Schuppen
und Schwimmhäute zu kriegen. Doch die Rückkehr an Land erweist sich
danach als schwierig – metaphorisch gesprochen.*
Günter Kunert

Wer sich in der Idylle heimisch fühlt, der ist nicht gern unterwegs. Reisen, ohne anzukommen, ist seine Sache nicht. Wenn er sich dennoch aufmacht, freiwillig oder bedrängt, dann hat er ein Ziel vor den Augen. Und vor allem deshalb, damit er in der Welt sich nicht (ver-)irrt. Denn die Welt ist das Unbehauste, und wo die Heimat ist und ein Herd (im bausparfinanzierten Eigenheim natürlich mutiert zum Kamin), da ist man zu Hause und nicht in der Fremde. Da weiß man auch, was gut ist, und was böse sei und muss sich nicht kümmern um das Dazwischen. Intelligenz wäre da vonnöten, Urteilsfähigkeit und Begabung, Klugheit und Einsicht, Distanz und Übersicht, kurz: erkenntniskritisches Vermögen, in der Welt zu sein.

Vergessen und Verdrängen sind die beiden übermächtigen Hypotheken, die den Prozess des Zusammenwachsens zweier Staaten und Gesellschaften belasten, die sich über vierzig Jahre abweisend gegenüberstanden und sich fast feindlich gegeneinander entwickelt haben. Die lauten Launen einer oberflächlichen Spaßgesellschaft täuschen über die Untiefen der Verletzungen

und Verkrampfungen, Misshelligkeiten und Unterstellungen nach der politisch-ideologischen Wende hinweg, die scheinbar nur die eine Seite betroffen
und zu beschäftigen hat, polemisch okkupiert von der anderen, die es sich auf
einer überkommenen Verfassung bequem macht. Wobei niemand verlangt
hat, sie zur Disposition zu stellen, allein ihre Diskussion galt bereits als Sa-
krileg. Die Religion der Vereinigung heißt *Gewohnheit*.

Solche Gewohnheiten finden ihren Niederschlag vor allem auch im alltäglichen Umgang in und mit der Sprache. Der ist dann zum Beispiel „etwas
geschuldet", worüber man konkreter und präziser nicht reden möchte, obwohl doch Namen und Adressen oft genug notorisch, gar aktenkundig sind.
Wer so spricht, der Ostgebrauch hat sich westlich schon gemein gemacht, der
hat die Flucht in eine Scheinobjektivität angetreten, in der individuelle
Schuld sich im allgemeinen Verstehen und Vergessen aufgelöst hat, in einer
diffusen Emotionalität aufgehoben. Ein anderes Beispiel ist noch augenfälli-
ger, es gibt sich flächendeckend und verhüllt zugleich tiefere Zusammenhänge. Es ist der Begriff von der „Ankunft". Und nicht die schlichte Ankunft
von Gästen oder die verspätete Ankunft von Zügen (eine Ostererscheinung, die
nun auf ganz Deutschland übergegriffen hat) ist gemeint, auch nicht das Ein-
treffen der Zugvögel unter Angabe der Ankunftszeit. Wir nehmen vielmehr
teil an einer Übertragung, an einer symbolischen Überhöhung.

„Ich bin in der Bundesrepublik noch nicht angekommen." So heißt die
Formel, die zum Allgemeinplatz wurde, nicht nur die unbekannte Kinder-
hortnerin macht sie sich zu eigen, auch der renommierte Filmregisseur oder
gar der prominente Politiker. Stolz schwingt da manchmal mit oder Trotz,
weniger Bedauern oder gar reflexive Selbstbefragung; demokratische Defizite werden gewiss so nicht eingeräumt. Auf jeden Fall will sie Verständnis
erheischen, möglichst ohne argumentative Begleitmusik.

„Einen Ort als Ziel erreichen: er ist pünktlich (um 6 Uhr) in Berlin, zu
Hause angekommen", notiert ganz pragmatisch das Handwörterbuch der
deutschen Gegenwartssprache, von der DDR-Akademie der Wissenschaften
1984 herausgegeben, und verweist außerdem auf einen veraltenden Gebrauch: „er ist in diesem Betrieb als Meister angekommen (hat in diesem
Betrieb eine Stellung als Meister gefunden)", weiterhin: „bei einem Publikum zur Wirkung kommen, Anklang finden: der Film, Schlager, Witz, diese
Sängerin ist (gut, nicht) angekommen", und schließlich umgangssprachlich:
„damit kommt er bei mir nicht an (erreicht er bei mir nichts)". Merkwürdi-
gerweise verzichtet dieses Standardwerk auf Beispiele, die den ideologischen
oder literarischen Gebrauch der Vokabel belegen. Hermann Pauls Deutsches
Wörterbuch immerhin vermerkt, dass Ankunft frühneuhochdeutsch auch
Herkunft bedeutete, und zitiert noch Goethe: „daraus dann bald ein Jedermann ihre hohe Ankunft erraten kann". Hier allerdings wird auch nachvollzogen, wie aus einer persönlichen Konstruktion („er war von so viel Menschen umringt, daß ich nicht ankommen konnte" oder „tausend wichtige Sa-

chen, auf die meine ganze Ruhe ankömmt") sich die heute übliche unpersön-
liche entwickelt hat („es kommt auf ihn, den Versuch, den Erfolg an"). Mit
Belegen von Lessing über Schiller zu Hebbel wird nicht gegeizt, doch endlich bleibt: „Am häufigsten ist ankommen – den Zielpunkt eines Weges erreichen, vgl. anlangen".

Mit einer DDR-spezifischen Aura versehen wird der Begriff der *Ankunft*
seit den frühen sechziger Jahren, er ist sogar datierbar. Im Jahre 1961 erschien die Erzählung (manche Interpreten nennen sie Kurzroman) *Ankunft im
Alltag* von Brigitte Reimann; damit wird der Begriff „Ankunftsliteratur" zum
Signum für eine ganze Etappe der DDR-Literatur. Das Pathos der Ankunft
löst den Heroismus des Aufbaus ab.[1]

Brigitte Reimann begibt sich mitten im Winter 1960 mit dem Schriftsteller
Siegfried Pitschmann, damals ein neuer Ehemann, ins Braunkohle-Kombinat
„Schwarze Pumpe" und damit auf den von Walter Ulbricht verkündeten Bit-
terfelder Weg: Nach der marxistischen Maxime, wonach das Sein das Bewusstsein bestimme, sollten Künstler und Intellektuelle praktische Erfahrungen an der Basis sammeln, ihre eigenen Anschauungen der sozialistischen
Produktion aussetzen und ihre eigenen Produkte der realsozialistischen, le-
bensnahen Misere annähern. Sie ziehen in einen Wohnkomplex auf der grünen Wiese, nahe bei Hoyerswerda, wo auch Volker Brauns Kipper Paul
Bauch seinem Ungestüm freien Auslauf ließ, Hoywoy hieß es da. Ein Briga-
dier berichtet: „Das war 'ne Aufbruchsstimmung, Goldgräberstimmung zum
Teil. Es war auch Geld zu machen, hier gab's Arbeit in Hülle und Fülle. Und
viele haben 'ne Perspektive hier gesehen für sich, für ihr persönliches Leben." Pitschmann arbeitet in der Brikettfabrik, Brigitte Reimann in der Zen-
tralwerkstatt. „Sie hat Ventile eingeschliffen. Genauso, wie sie das beschrieben hat, genauso hat sie's gemacht."

Im Chaos des sozialistischen Prestige-Projekts sucht Brigitte Reimann den
Sinn ihres Lebens und zugleich ihre Rolle als Schriftstellerin. Sie lässt sich
zwischen Kindergärten und Denkmalspflege vom „gesellschaftlichen Leben"
aufsaugen, betreut den Zirkel schreibender Arbeiter und überwindet eine
Schreibkrise. Der frische Augenschein fasziniert sie, das neue Buch wird
programmatisch: „Ankunft im Alltag". Und von der dogmatisch definierten
Kulturrevolution sogleich ideologisch vereinnahmt. Sehr viel später, Jahre
nach dem Mauerfall, wird der Schriftsteller-Kollege Helmut Sakowski die
Geschichte „natürlich rührend" finden, „diese Beschreibung von Arbeiter-
wirklichkeit und Planwirklichkeit aus der Feder einer sensiblen jungen Frau.
Manches war da natürlich romantisiert. Ich glaube, später hat sie selber
darüber gelächelt."

---

1 Eine ähnliche Bedeutung wird später der Titel eines Gedichtbandes von Uwe Kolbe erlangen: *Hineingeboren*. Das ist dann freilich nicht mehr affirmativ-postulierend, sondern ambivalent-konstatierend gemeint, eher Resignation als Hoffnung.

Aber das Wort war nun in der Welt und ihm wuchsen bald Flügel.

Aus der Retrospektive des vereinigten Deutschland und ohne die damals verinnerlichten Alltagszwänge von Abgrenzung und Selbstvergewisserung, die dem Kalten Krieg geschuldet waren (sic!), noch fortwirken zu lassen, entfalten Sachverhalte oder Vorgänge und Ereignisse aus der untergegangenen DDR inzwischen überraschende Einsichten und ganz unerwartete Facetten. Eine neuerliche Lektüre der zwei *Fingerlein*-Stücke von Rainer Kerndl eröffnet Einblicke nicht nur in das Genre der DDR-Gegenwartsdramatik, sondern auch in den Charakter der DDR-Übergangsgesellschaft. Es versteht sich, dass in unserem Zusammenhang eher ideologische und soziologische Kategorien interessieren als theaterpolitische oder gar ästhetische. Wir lassen uns also auf einen Diskurs ein, der allein dem Komplex *Ankunft* unter dem Aspekt der DDR-Mythomanie gehorcht.

„Ja, Alois, du wirst allein sein, und es wird dir nicht gut gehen. Aber es wird gehen, und das ist das Wichtigste. Gott verzeih mir, wenn ich dir nichts besseres sage. Du nimmst nicht mehr mit als dein weiches Herz und deine starken Arme. Zum Klugsein taugst du nicht. Also mußt dus mit dem Gutsein versuchen. Das kannst du. Dabei wirds dir selten wohlvergolten werden. Die Dankbarkeit ist eine seltene Münze und bleibt meist aus, aber es ist die einzige, worauf ein Bursche wie du rechnen darf. Schlag dich ehrlich durchs Leben."

Natalie Fingerlein verabschiedet ihren Enkel. Die Szene ist ein Dorf in der Lubliner Gegend, die Zeit Juli 1942 im Weltkrieg. *„Wir sind jetzt frei, wir Deutschen in Polen"*, sagt Alois, die Großmutter wendet ein: *„Wovon haben sie uns befreit, von unserem Frieden mit dem Herrgott und den Nachbarn"*, das sind Polen. Die einzigen Deutschen im Dorf, die sich zudem nicht deutsch benehmen, sollen aus der *„Hundepolackei"* umgesiedelt werden nach Großdeutschland. Denn *„sein Volk muß einer haben, sonst kommt die Ordnung durcheinander"*. Sie kommen nach Soczewka, ein deutsches Dorf soll daraus gemacht werden, *„eine Festung des Deutschtums"*. Alois, dem die Arbeit Spaß macht, was undeutsch ist, will die polnischen Bauern nicht verjagen lassen, lässt die Großmutter im Stich und läuft davon. *„Judas! Strolch! ... Pollak!"* Der braune Ortsbauernführer Goldacker schreit ihm das nach, nachdem er Natalie (*„du undeutsches Subjekt!"*) Zuchthaus und Schlimmeres angedroht hat.

So beginnt *Die seltsame Reise des Alois Fingerlein*. Und obwohl die eigentlich keine Gefangenen machen (*„Die machen auch keine"*), landet er lebend bei der antikommunistischen polnischen Armija Krajowa im Schlosspark beim verwundeten Grafen Skorniecki und zieht sich die ersten Identitätsprobleme zu: *„Ich will ein Pole sein, weil ich kein Deutscher mehr sein kann."* Wenn er sich schon ein anderes Volk wähle, so der verwundete Graf, warum dann gerade die Polen? *„Manchmal glaub ich fest, selbst Gott muß die Polen vergessen haben, daß er ihnen so viel antun läßt. Was einer als*

Pole gegen die Deutschen macht, kann doch nur gut sein." Ein Parzival unterwegs.

Die Irrungen und Wirrungen verschärfen sich im Warschauer Ghetto, wo Alois, der kein Gedächtnis hat *„für Plätze, wo ich schon war"*, in die polnisch-jüdischen Auseinandersetzungen gerät und in den Alltag des Todes. *„Von den Toten sind wir fortgegangen, um bei den Toten zu wohnen."* Er lernt den Hass kennen unter Todgeweihten und die Zwietracht der Hymnen und weiß nichts anzufangen mit der Mythologisierung des Volkes. Am Ende des Krieges findet er sich in einem Tal der Hohen Tatra wieder und begreift, dass die Kriegskumpanei nicht für den Frieden taugt.

„Da hab ich lauter fremde Schuhe anprobiert, aber es paßte mir keiner. Auch für dich bin ich nur ein Deutscher." Enttäuscht, dass er in Polen nicht bleiben kann, weigert er sich, nach Deutschland zu gehen. *„Von dort ist alles ausgegangen. Nach Deutschland ... nie!"* Also nötigt er sich den Juden auf und zieht mit ihnen nach Palästina. *„Man kann seinem Volk nicht davonlaufen, wenigstens nicht vor dem, was es angerichtet hat, ganz egal, ob man dabei war oder nicht. Laßt mich ein bißchen gutmachen von dem, was sie angerichtet haben."* Da die Juden, auch die Kinder, nicht schutz- und waffenlos sein wollen im ersehnten Land, gibt Alois, durchaus im Einklang mit der späteren DDR-Sprachregelung, zu bedenken: *„Dann werdet ihr vielleicht Helden haben, aber es wird euch an freundlichen Nachbarn fehlen."* Die nächste Station ist ein britisches Internierungslager in der ägyptischen Wüste, aus dem er sich in den deutschen Westen locken lässt, freilich im Suff: *„Ab heute soll keiner mehr Mensch zu mir sagen, denn es ist eine Beleidigung. Der Mensch ist ein Dreck. Er bringt sich um, der Mensch, vom ersten Augenblick, wo er denken kann, bringt er sich um!"* Der Osten erscheint ihm als Illusion. Der Streit der beiden Werber um Fingerlein ist eine Farce nicht ohne Hintersinn, der will nämlich in überhaupt keine Zone. Das Stück hält sich auch gar nicht damit auf, unser Held beendet seine Odyssee im Sommer 1947 im Oderbruch, kehrt der „Rumtreiberzone" alsbald den Rücken. *„Es kann einer doch noch so viel rumkommen in der Welt, da gibts doch immer noch was, das er nicht gesehen hat. Aber was ich mir auch vorgenommen habe, es paßt nie mit dem zusammen, was die anderen sich vorgenommen haben."*

Eine verwegene Story, ein Stationendrama mit angestrahlten Klischees als Wegweiser. Der anarchisch schweifende Fingerlein wird schließlich in der DDR, scheinbar?, zu einem sesshaften Glück gezwungen. Um es verquer zu formulieren: Alois *wird angekommen.* Ankunft in einer provisorischen Dachkammer, nach dem Verlust einer Geliebten beim Warschauer Aufstand nun, mit Tomaten-Karla, wieder beweibt, aber offensiv eheresistent. Die Frau, heftig: *„Aber das fährt nirgends mehr hin, das kommt nirgends mehr an, das hat kein Ziel mehr und keinen Zweck!"* Sie meint einen Waggon, Alois' Behausung, den er wütend zerstören will. Ansonsten hat es ihm die Stimme verschlagen. Kein Happyend, nirgends.

„Die seltsame Reise des Alois Fingerlein" wurde am 18. Oktober 1967 am Berliner Maxim-Gorki-Theater uraufgeführt; Regie Wolfram Krempel, den Fingerlein spielte Klaus-Joachim Manchen, den Leutnant Skorniecki Albert Hetterle. Den naiv-schlauen Titelhelden nannte ein Kritiker eine *„Kreuzung von Parzival, Simplizissimus und Courage"*, ein anderer fand, dass er agitiert werde, statt aus der Handlung eigene Erfahrung zu gewinnen, dass die Figuren überhaupt auf ihre bloß sozialen Funktionen reduziert seien. Das verkennt die unverwüstliche Potenz dieses unangepassten bäuerischen Individualisten, an dem ja die Agitation abprallt und dem alle Funktionäre suspekt bleiben. Ein Abglanz von der Abendröte der Anarchie.

Fast zwölf Jahre später, am 19. Mai 1979, wurde wieder am Maxim-Gorki-Theater, erneut in der Regie von Wolfram Krempel, *Die lange Ankunft des Alois Fingerlein* von Rainer Kerndl uraufgeführt; Uwe Kockisch war nun Alois (Christian Grasshoff übrigens spielte ihn in Karl-Marx-Stadt). Rudi Strahl, der Dramatiker-Kollege, war berührt von der „Reise" und konnte eine Fortsetzung sich durchaus vorstellen: *„Denn töricht eigentlich: anzunehmen, daß ein Charakter wie Alois Fingerlein nun seinen Frieden mit sich und der Welt gemacht hätte und den Rest seines Daseins dahinleben würde, wie es ihm die Umstände zudächten – erfüllt nur von der tröstlichen Erwartung, daß solch prächtiges Individuum im Schoße einer vernünftigen Gesellschaft schon zurechtkommen würde, Fingerlein also in der DDR und zu einem Zeitpunkt, da die Weichen längst auf eine sozialistische Entwicklung gestellt waren. Aber allein mit Zuversicht ist selbst im Sozialismus kaum einem Problem beizukommen."* Der Untergang des Sozialismus geht gewiss auch auf das Konto derer, die allein darauf gebaut hatten.[2]

In einem Prozess *„gründlicheren Denkenlernens: Nachdenkenlernens, Vordenkenlernens"* fütterte Strahl seine Neugier auf das Fortleben und Fortstreben Fingerleins und fand dann die neue Geschichte als mindestens ebenso abenteuerlich, ebenso erregend wie die vorige. *„Die vermutete Enge – geografisch überschreitet Fingerlein hier nicht die Grenzen unseres kleinen Landes – läßt viel Welt herein, ist Welt für den Helden und seine Zeitgenossen: die auf der Bühne wie im Parkett."*

Welche Welt, welches Land? Im Oderbruch, Alois lebt in wilder Ehe mit der Tochter des Bürgermeisters, geht es um die Strategie und Taktik im landwirtschaftlichen Sektor, also dessen Überführung in die Landwirtschaftlichen Produktionsgenossenschaften (was auch heißt: „Aufhebung" der noch jungen und doch so fortschrittlichen Bodenreform). Im Jahre 1952, am Tag der Republik, will Fingerlein den Kleinmut der Dörfler bezwingen (*„Das Neue geht nicht ohne Widerstand"*) und eine LPG gründen. Der Bürgermeister zornig:

---

2 Immerhin wirft damals eine frustrierte Frau ihrem Funktionärs-Gatten in einem Hörspiel aus der DDR (das dort nur gedruckt, im Welt-Radio aber gesendet wurde) empört vor: „Die größte Leistung der DDR besteht darin, den Sozialismus durch Leute aufbauen zu lassen, die ihn gar nicht ausdrücklich wollten."

„Genossenschaft! Bei uns! Vielleicht in zwanzig Jahren. Wers heute mit Gewalt versucht, macht Chaos. Ich laß kein Chaos zu in meinem Dorf!"

Die Oderbruch-Ballade, gegen die ideologischen Engführungen der dreißig Jahre alten DDR gelesen (die Obrigkeit verbot zum Jubiläum die vorher übliche lateinische Schreibweise, weil man die XXX als drei Grabkreuze über einer Hoffnung hätte deuten können), entpuppt sich heute als ein verstecktes Plädoyer für ein kleines Stück Utopie, als leicht unwillig-befangenes Porträt eines um Autonomie bemühten Individuums, das gegen die Spießeridylle eines realsozialistisch eingehegten Terrains aufbegehrt. Seine Identität erschöpft sich nicht in den Daten plus Foto des DDR-Personalausweises. *„Die Länder habe ich gewechselt wie Schuhe. Wo ich bleiben wollte, durfte ichs nicht. Wo ich gut sein wollte, hörtens alle gern und nutzten es aus: da ist mein Gutseinwollen für andre schlimm ausgegangen. Dem einen Freund zu sein, hieß jedesmal, die anderen zu hassen. Dann hab ich keinem mehr geglaubt. Ich wollte nur noch mich."*

Und eine Adresse an die Geliebte: *„Du hast mich zurückgeholt. Wenn du die Zukunft ausgemalt hast wie goldne Kirchenbildchen, hab ich sie mitgemalt in meinem Kopf. Und wenn die Arbeit schwer war, hab ich mit bunten Farben ihren Zweck mir vorgezeichnet. Mir sind die Bilder nicht verblaßt. Ich hol sie jetzt vom Himmel unsrer Träume auf die Erde."*

Wer will entscheiden, ob das naiv ist oder subversiv? Oder ob die Naivität unter spezifischen gesellschaftlichen Bedingungen nicht ohnehin in Subversion umschlägt? Die Kollisionen sind jedenfalls programmiert. Wem ist schon zu trauen, der die Eifersucht abgeschafft sehen möchte und den weiblichen Menschen auf dem Dorfe anders behandelt als die Milchkuh im Verschlag. Der Schwierigkeiten hat und macht, wo er auftaucht. Auch am 17. Juni 1953 und dabei fast auf westlichem Gelände anlangt und auf die Frage: *„Zu wem gehörst du?"* nicht anders zu antworten weiß als: *„Zu keinem".*

„Das Agitieren, was ich lernen sollte, hab ich im Kopf nicht so sortieren können, wie es gebraucht wird, weil ich eine Sache nicht antreiben könnte, die ich gestern noch verschreien sollte. Mich wunderts, daß die Leute Angst haben vor dem Neuen. Es ist ja gar nicht vorgesehen. Sie kauen das Wort Sozialismus und meinen jeder ihren eigenen. Ich tauge nicht für euch. Ich höre auf. Besser ist, ohne Hoffnung leben als Hoffnung immer nur zerstört bekommen." Dialektik im besten Sinne des philosophischen Begriffs ist das wohl, weder ein klassenkämpferisches Machtwort noch ein kleinbürgerliches Schimpfwort, ein erkenntniskritischer Modus, von menschlichem Interesse geleitete Denkarbeit. *„Ich fühle eine Faulheit in mir aufsteigen, wo ich sehe, ich soll mich schinden für nichts."* Auch Paul Lafargue lässt grüßen.

Staat ist mit ihm nicht zu machen, auch weil er sich weigert, an irgendetwas zu glauben. Etwa an eine Zukunft, vor der sich die Leute fürchten. Oder an ein seltsames Land, in dem sie einen immer in die Reihe bringen wollen. Und wo die Wahrheit und das Beispiel nicht zusammengehen und der Mut fehlt zur eigenen Meinung. Er hat ihnen mehr Ärger gemacht, als gut ist für die Ruhe, die jene DDR-Adventisten wollen, die längst angekommen sind, auf den Knien herbeigerutscht und nun wenig beweglich sich eingerichtet haben in den Ruinen ihrer Großspurigkeit. Dem Sozialismus tritt er nicht bei. *„Ich bin von mir. Alois Fingerlein gehört zu keinem als sich selbst. "*[3]

Als Bekehrungsdrama fast mittelalterlicher Provenienz, wenn auch auf die Mittelmäßigkeit des DDR-Bedürfnisses gemildert, wirken die Fingerlein-Stücke heute verschärft anachronistisch. Alois wurde von seinem Autor mit sympathischen Zügen versehen, es scheint sogar, als blicke der manchmal mit Neid aus seinem Dichterkäfig auf die spielerischen Umtriebe dieses simplicianischen Hoffnungsträgers, mit Augenzwinkern zumindest. Denn der ist aus dem Geschlecht der Tassows, wenn auch ohne dessen poetisch-intellektuelle Überfülle.

Im *Moritz Tassow* von Peter Hacks, der zu den Berliner Festtagen 1965 an der Volksbühne am Rosa-Luxemburg-Platz von Benno Besson (in den Bühnenbildern Fritz Cremers) uraufgeführten intelligentesten und schönsten deutschen Nachkriegskomödie, heißt es: *„TASSOW Wenn ihr vom Menschen sprecht, ist's/Stets der Dummkopf. MATTUKAT Wenn Sie so wollen. TASSOW Warum machen Sie/Den Kommunismus niemals mit den Klugen? MATTUKAT Unsichere Leute. "* Das Pendant zu Mattukat bei Kerndl ist Globig, der Stalin zitiert und Kalinin und Lenin. Alois erwidert ihm einmal: *„Dir gehen die Worte aus dem Mund, als müßtest du nicht denken dabei. Du nimmst sie irgendwoher, aber es sind nicht deine. "* Ein Mann von Partei sei nie ein Mann von Redlichkeit, erkennt Moritz Tassow und weist dem Zukunftshorizont der Funktionäre (*„Argumente eines, der die Macht hat"*) jene *„ewigen Wahrheiten"* zu, die zu *„täglich wechselnden ewigen Wahrheiten"* emporgelogen werden: *„Denn herrschen soll, diesem Entwurf zufolg, / Das Mittelmaß und seine tückische / Schwester, die Heuchelei, in Ewigkeit. "*

„Was soll ich auf den Höhen eurer Wissenschaft, wenn mir der Nebel von gedruckten Sätzen die Sicht versperrt?", begehrt Fingerlein auf in der dogmatischen Atmosphäre einer Jugendschule, aus der er sich mit körperlicher Gewalt befreit: *„Ich bin im Leben oft auf und davon. Du kannst mich nicht halten. Der Held soll heute kritisch eingestehen, daß seine Heldentat von gestern ein Fehler war! Ich mache mich nicht krumm. Ich hab vor keiner Arbeit Angst. Vielleicht, daß ich dabei den schönen Traum vergesse vom Kommunismus, soweit er mir nicht schon vergangen ist bei euch. Dem Lange kannst du sagen, daß mir bange ist vor einer Zukunft, die so ist wie er. Und daß ich hoffe, sie findet niemals statt. "*

---

3 Angesichts aktueller Auseinandersetzungen bleibt nüchtern festzuhalten: Er will nicht nur nicht einem konstruierten DDR-Volk angehören, sondern keinem (zumal: deutschen). Er gehört zu jener *Bevölkerung*, auf der schon Brecht bestand und deren Existenz nun auch im Berliner Reichstag implantiert wird.

Wo sonst als in einer offenen Gesellschaft kann ein solcher Charakter, der sich nicht zum Typen stempeln lässt, sich entfalten und farbig erblühen? Fingerlein, der Name wäre nicht auffällig im Phantasiereich eines Jean Paul, hat auch einen Anhauch von Romantik und dass er nicht ankommen will dort, wo sich alle, die ihn nicht begreifen wollen und können, schon angekommen wähnen, in einer sozialismus-unwürdigen Windstille, qualifiziert ihn für jene höheren Zwecke, die seine Mittel rechtfertigen. Er trainiert unbefangen Ausflüchte aus selbst verschuldeter Unmündigkeit, ein praktizistischer Aufklärer, der seinem Autor entlaufen ist wie der Gutsbesitzer Puntila seinem Schöpfer Bertolt Brecht. Der einfache Weg ist einfach der Weg, auf dem der Person *Autonomie* zuwächst.

Kein Zweifel, dem Autor Rainer Kerndl ist solche Herauslösung seiner Figur aus einem DDR-konformen Stück-Text gewiss nicht geheuer, dem früheren Theaterkritiker des Parteiorgans „Neues Deutschland" kann ein solcher Befreiungsakt nicht konvenieren, zumal der Exeget dieser DDR-Gegenwartsstücke aus so hastig versinkenden Zeiten den Anteil manipulatorischer Interpretation frech und fröhlich einräumt. Der Autor mag sich trösten, dass seine doch unter ganz anderen, schlimmeren Auspizien entstandenen Texte diesen späten, schnöden, kreativen Umgang mit ihnen ermöglicht haben. Ein Stück Dialektik der Wende.

„Wer ihn näher nicht kennt, hält ihn leicht für mürrisch, verschlossen, unduldsam, arrogant. Er stammt aus Frankenhausen, lebt in Berlin, sammelt Trachtenpuppen aus allen Herren Länder, trinkt etwa gleich gern Kaffee und Whisky, ist Brillenträger, Raucher und mein Freund", schreibt der Dramatiker Rudi Strahl in einem Porträt über den Dramatiker und Kritiker Rainer Kerndl, der also im Glashaus saß und mit Steinen warf. Das Abbild erschien im Jahre 1979. Dass er in einer Jeansmontur Marke Wrangler zu Theaterpremieren und Empfängen erschien, mochte damals als milde Provokation gelten, zumal er das schon seit 25 Jahren tat und bereits als Mitarbeiter der „Jungen Welt". Trotzdem bekam er doch, vom Nationalpreis über Lessing und Goethe bis zum Vaterländischen Verdienstorden, einschlägiges DDR-Blech für seine „behutsame Schreibe". Nie sei er einem Schriftsteller begegnet, so ein letztes Mal Strahl, *„der ein zeitliches Überdauern seiner Arbeiten für weniger möglich gehalten hätte"*. So sehr prophetisch das jetzt anmuten mag, so wenig sollte man darauf setzen, bleibt doch künftigen Theaterdramaturgen auch die scheinbar abwegigste Entdeckung zuzutrauen, warum nicht auch, im Zeichen einer ironischen DDR-Archäologie, Kerndls Fingerlein-Exkursionen oder seitwärts auf dem Boulevard *Ich bin einem Mädchen begegnet*. Ein Materialanreiz für Leander Haußmann oder Frank Castorf, der gerade für die Irritation des Zuschauers plädierte und gegen einen wohlfeilen Durchschnittsrealismus: „Dann bleibt man an einer Bedeutung haften, dann kann man vielleicht sagen, ja das ist richtig, und wenn im Theater etwas richtig ist, ist es schon überflüssig, weil es nur noch langweilt." Ende der Abschweifung.

Ankunft, ankommen und mit welcher *Identität?* Ohne Zweifel ist die Formel von der Ankunft ein „Slogan des untergegangenen Staates", jener DDR, die Günter Kunert 1990 ironisch eine *„Mission impossible"* genannt hat, als er voraussagte: *„Nachdem genügend Vergessens- und Verdrängungsarbeit geleistet ist, aufersteht gewiß die DDR aus den Ruinen, die sie faktisch hinterlassen hat."* Es ist ein Nachleben als Mythos, dem sowohl die Ankunfts-Rituale als auch das Identitäts-Lamento zugehören. Es sind Kategorien der politischen Psychologie, des sentimentalen Vorbehalts. Die Bequemlichkeit einer erzwungenen Identität (die Stallwärme des Kollektivs!) ist allemal nachhaltiger als die Sehnsucht nach jener anstrengenderen (wiewohl auch erfüllteren!) individuellen Identität, die Selbstbewusstsein und Selbstverantwortung fordert, gar Konfliktbereitschaft gegenüber anderen und gegenüber sich selber. Kunert fragt: *„Identisch womit und mit wem? Zwischen der Gruppe und dem eigenen Ich findet selbstverständlich jene Interaktion statt, die Identität erzeugt, oder, anders gesagt: der Prozess der Sozialisation und Individuation. Wenn die Gruppe das Individuum überwältigt, kann der Prozeß der Individuation sich nicht oder nicht ausreichend entfalten. Es entsteht eine fremdgesteuerte, von der Gruppenidentität abhängige Person, schlimmstenfalls gar ein Zombie. Wie also kann daher, so muß man ja fragen, der einzelne, der sich zumeist im Gegensatz zu der gruppenspezifischen 'DDR-Identität' befand, und sie nicht oder nur scheinhaft annahm, im nachhinein, nach dem Fortfall der Gruppe, auf einmal deren 'Identität' übernehmen und für sich akzeptieren, wo sie nichts anderes mehr bedeutet als ein retardierendes Moment in der Entwicklung zu einer eigenen, weniger gruppenspezifischen Identität?"*

Natürlich beschreibt hier Günter Kunert einen Prozess, der auch unter Menschen der alten Bundesrepublik ablaufen kann, wobei es ein beliebtes Missverständnis ist, den DDR-Sozialismus gleichwertig zu verwechseln mit dem BRD-Konsumismus oder BRD-Kommerz, als habe da schlicht ein Austausch stattgefunden. Die DDR-Identität, wie wirklich oder illusionär auch immer, ist ein Massenphänomen mit Ressentimentqualitäten, denen spezifische West-Identitäten (bis zum Computer-Kollektivismus) rettungslos unterlegen bleiben. Die jeweiligen Sozialisationen und Individuationen verlaufen von der Familien- und Schulerziehung über die obrigkeitlichen Bürokratien bis zur Partykonversation und dem Straßenverkehr noch immer mehr oder weniger unterschiedlich bis gegensätzlich. Die Deutschen befinden sich auf einer gemeinsamen *Zeitreise* mit verschiedenen und eigenwilligen Tempi, und wer wo ankommt, wenn er es denn unbedingt möchte, das hängt weniger von objektiven Faktoren ab, als von subjektiven Einsichten und Entscheidungen, frei nach dem Diktum des Schriftstellers Hermann Kant, wonach *„personengebundene Logik meist eine Sache des persönlichen Bedarfs"* sei. Den Identitätsbedarf befriedigt man freilich der Ehrlichkeit halber in der Abteilung Passwesen im Rathaus oder notfalls auf dem Polizeirevier.

Der DDR-Staat hat den machtpolitischen Anspruch erhoben, dass seine Bürger gefälligst anzukommen hatten – in der Ideologie und in den Institutionen. Ankunft war keine Randerscheinung, wie der Titel eines Berliner Symposions zum Mythos Prenzlauer Berg im Jahr 2000 lautete (in Anspielung auf die Anthologie *Berührung ist nur eine Randerscheinung*, erschienen 1985 im Westen). Ankunft verlangte, über die bloße Demutsgeste hinaus, pure Anpassung an die herrschenden Zu- und Umstände und den Status quo realsozialistischer Verhältnisse. Die Verweigerung einer solchen Ankunft war objektiv bereits ein individualistischer Akt. Ankunft war, über eine literarische Metapher hinaus, eine Unterwerfungsgeste, auf deren Einlösung durch seine Bürger der Staat ein Recht zu haben glaubte. Wer ausstieg, der wurde zum Außenseiter. Hinter dem Liedvers „Sag mir, wo du stehst" lauerte die Drohung, zumindest einer Agitationsprozedur unterzogen zu werden. Der Zugriff des Staates auf seine Bürger war total, seine Liebe allumfassend.

Wer die Metapher so verinnerlicht hat, dass sie auch die Wende überdauerte, wer also die Ankunft im vereinigten Deutschland zu einer Zäsur seiner Biographie macht, der verharrt in einem abgetanen Kommunikationssystem. Für sein subjektives Ansinnen gibt es kein objektives Gegenüber. Es handelt sich um einen Staat und eine Gesellschaft prinzipiell anderer Natur. Sie sind keine Adressen für die Ankunft von Menschen, aber auch nicht von deren Abkehr. Es ist überhaupt fraglich, ob man bei der Dynamik der bürgerlich-kapitalistischen Ordnung (die auch als Unordnung beschrieben wird) ein Ufer für eine Ankunft findet, von der man sich etwas verspricht. Es war gewiss leichter, beim Dogma anzukommen, auch weil es verbrämt und belohnt wurde, als sich unter dem Horizont einer sich dauernd wandelnden Unübersichtlichkeit kuschlig einzurichten. Dort, wo vielleicht *Abschiede* zu feiern wären, immer wieder, und neue Erfahrungen zu sammeln.

Es gibt keinen Grund, irgendeine DDR-Legitimität oder DDR-Identität zu behaupten und zu prolongieren. Der Unrechtsstaat ist aus historischem Recht im Orkus der Geschichte versunken. Auch wenn nicht alles falsch war in der DDR, das Ganze war falsch. Es gab kein richtiges Leben im falschen, die Verletzungen und Beschädigungen der Diktatur vereinigen Täter und Opfer. Deutschland ist heute eine offene Gesellschaft. Ankunft ist da eine fremde Metapher. Auch wer hier nicht ankommen will, niemand kann es einfordern, steht ausdrücklich unter dem Schutz der Verfassung. Zum Beispiel alle Fingerleins.

Die langen Beine der Lüge

Erich Loest

Am besten kennt man sich vor der eigenen Haustür aus. In grauen DDR-Zeiten schrieb ich einen Roman über Fußball, Studium und Liebe, *Der elfte Mann.* Sorgfältig recherchierte ich beim Fußballklub „Lokomotive" in Leipzig. Was im Buche zu lesen ist, entspricht meinen Erfahrungen. Eines steht nicht darin: Einmal im Monat kam ein Herr mit einem Köfferchen aus Halle herüber, unter den Spielern hieß er „Der Onkel". Einzeln gingen sie zu ihm in ein Zimmer, dort erhielten sie ihren Lohn. Über die Höhe wurde untereinander nicht gesprochen, Nationalspieler kassierten mehr, Leistung galt. Die Oberligaspieler der DDR waren Profis, jeder wusste es, und keiner redete darüber. Es war sonnenklar: Hätte ich dieses Tabu zu brechen versucht, wäre mein Roman ohne Chance gewesen. So habe ich von vornherein darauf verzichtet.

Später sah ich ein, dass alles, was in dem Buch steht, richtig sein kann, und doch ist das Buch nicht wahr, wenn wenige Prozente fehlten. Man kann auch durch Weglassen lügen. Viele Autoren der DDR haben es darin zur Meisterschaft gebracht. Sie griffen von vornherein keine Themen auf, die gegen den Stachel löckten, die Mauer etwa, „antifaschistischer Schutzwall" geheißen, Stalins Verbrechen, Vorgänge in der Parteiführung, Knast und Staatssicherheit, ökologische Frevel. Kühnstenfalls ergingen sie sich in Andeutungen, die von geübten Zwischenzeilenlesern gierig aufgesogen wurden und beinahe als Widerstand galten. Für den, der aufs Ganze gehen wollte, war innerhalb der DDR kein Platz. Die Liste der Emigranten ist fast so lang wie die der Gebliebenen.

Das Bild – Foto oder Film – ist ungleich leichter zu manipulieren als das Wort, auf das sich der Historiker stützt, als da sind Dokumente, Akten, Tagebücher, Briefe. Die Stasi hat Berge aufgehäuft, eine unvergleichbare Fundgrube. Schon ein Kind hingegen kann einen Streifen von einem Foto abschneiden, und Tante Erika hat nie zur Familie gehört.

Vier Jahre lang war die „Wehrmachtsausstellung" mit großem Erfolg gezeigt worden, dann musste sie zurückgezogen werden: Zu viele Kommentare, Erklärungen und Zuordnungen erwiesen sich als falsch oder zweifelhaft. Ein

Streit hatte getobt, schnell galten die Kritiker als die Bösen, die verharmlosen oder leugnen wollten. Zur Deutung eines Bildes gehört historisches Wissen. In der Bundestagssitzung vom 13. März 1997 berichtete die Abgeordnete der Bündnisgrünen Christa Nickels, sie habe auf dem einzigen Foto ihres Vaters aus Kriegstagen auf schwarzer Uniform Totenköpfe entdeckt. Das galt ihr als Zugehörigkeit zur SS und wirkte als Schock. In der „Süddeutschen Zeitung" stand am 29. November 1999, Christa Nickels habe *von ihrem Vater und dessen Mitgliedschaft in der SS"* berichtet. Angehörige der Waffen-SS aber trugen keine Totenköpfe am Kragenspiegel, vielmehr auf einer Seite die SS-Runen und auf der anderen Sterne und Streifen ihres Dienstgrades. Totenköpfe am Kragen gehörten zur schwarzen Uniform der Panzerwaffe des Heeres. Frau Nickels ist grundlos erschrocken, und Redakteure einer großen Zeitung erwiesen sich als nicht genügend informiert.

Geschichtsübermittlung darf nicht nur im Prinzip richtig sein, sie muss es in jedem Detail erweisen. Wenn die Wehrmachtsausstellung einer gründlichen Inventur unterzogen wird, handelt es sich nicht um eine Form der Relativierung deutscher Schuld. Militärexperten, Archivare und Spezialisten für die Auswertung von Fotos kommen mit Ausstellungsmachern und Historikern zusammen. Auch hier wird es passieren wie bei der Prüfung von Briefmarken: Da sind Stempel so undeutlich gesetzt, dass sie weder als echt noch als gefälscht ausgewiesen werden können. „Unprüfbar" nennt sie der Philatelist, und jeder wahre Sammler merzt derlei bedauernd aus seinen Alben.

So alt wie die Geschichte der Malerei ist die ihrer Fälschungen. Dali, Rembrandt, van Gogh, Friedrich, Munch – keiner ist sicher, vor allem sind es die nicht, die ein Motiv mehrfach nutzten. Wie viele „Sonnenblumen" schuf der Meister eigenhändig, sieben, neun, elf? Wie viele sind zweifelhaft, drei, fünf? Hin und wieder werden Fälscher in Filmen vorgeführt; ich gewahre meist unfrohe, geduckte, missgelaunte Typen. Sie halten sich für Pinselkünstler, die es mit den kopierten Meistern durchaus aufnehmen könnten, nur achteten heuchlerische Galeristen und unfähige Kritiker sie nicht gebührend und stellten sie ins dritte Glied. Nun rächen sie sich mit diebischer Häme. Auf Konrad Kujau kommen wir noch.

Und dann die nachgestellten Fotos. Im Februar 1945 hissten US-Marines eine Flagge auf dem höchsten Punkt der bitter umkämpften Insel Iwo Jima. Ein Foto zeigt eine Gruppe, die Fahnenstange ragt steil, die Soldaten winken. Aber dann arrangierte der Fotograf Joe Rosenthal das Ganze, jetzt rammen Soldaten die Stange in den felsigen Grund, gleich werden sie sie hochwuchten. Das war drei Stunden später, nun ist auch proporzeshalber ein Seemann dabei, und die Fahne ist größer.

Eine Fälschung? Wir wollen nicht kleinlich sein, eher eine Korrektur der Wirklichkeit. Eine Lüge? Das nur in außerordentlich strengem Sinn. Nun ging es Schritt für Schritt, eine Nachrichtenagentur verbreitete das Foto in alle Welt, Rosenthal war mit einem Schlag berühmt und heimste den Pulitzerpreis ein.

1945 und noch einmal 50 Jahre später druckte die USA eine Briefmarke mit diesem Motiv. Die letzte Kriegsanleihe warb erfolgreich damit. Die Szene wurde in Sandstein gemeißelt und in Bronze gegossen, hundert Tonnen schwer steht das Monument auf dem Heldenfriedhof von Arlington. Ein drittes Mal wurde die Fahne 1949 im Spielfilm „Die Strände von Iwo Jima" gehisst, mit dabei Westernheld John Wayne. Im Kölner Museum Ludwig gibt es ein „begehbares Kriegerdenkmal" aus Zink mit Barhocker und Cola-Automat mit der legendären Begebenheit. Graues Blech nannte untergegangene Staaten, auf einer Schiefertafel konnte der geneigte Besucher frische Schlachten hinzufügen. Ein Paradestück der Pop-Art von Edward Kienholz. Die Inszenierung Joe Rosenthals hat ellenlange Beine bis ins nächste Jahrtausend hinein und in alle Ewigkeit.

Ähnliches ereignete sich beim Sturm auf Berlin. Noch am ersten Tag der Eroberung des Reichstags steckten Sowjetsoldaten eine kleine rote Fahne auf. Pawel Bolotin, ein Pressezeichner, schuf ein Aquarell mit einer Fahne auf der Kuppel. Zwei Tage später bewog der Fotograf Jewgeni Chaldej drei Sowjetsoldaten, auf einem Seitenturm Richtung Brandenburger Tor eine größere Fahne zu befestigen. Fleißig drückte Chaldej auf den Auslöser. Tags darauf flog er nach Moskau und brachte seine 36fache Bildbeute zu TASS. Dort musste er einen Eingriff vornehmen. Die Redakteure sahen: Der Offizier, der den die Fahne reckenden Soldaten stützt, trägt an jedem Handgelenk eine Armbanduhr. Als Plünderer sollte der Held aber keinesfalls erscheinen, und so wurde eine Uhr sorgsam wegretuschiert. Die Namen der drei waren in der Eile nicht festgehalten worden, das minderte die scheinbare Authentizität erheblich. Stalin selbst wählte drei aus, zwei Russen und einen georgischen Landsmann. Nun galten sie als Helden und wurden vielfach dekoriert.

Wenn des 17. Juni 1953 gedacht wird, greifen die Bildredakteure vor allem nach zwei Fotos. Auf dem einen werfen zwei junge Burschen mit Steinen nach einem sowjetischen Panzer. Ich erwähnte einmal, die beiden trügen westliche Kleidung, Lumberjacks, und so könnte es sich möglicherweise um Westberliner und nicht um heldische Ostberliner Aufständische handeln. Damit kratzte ich am Geschichtsbild und musste knirschend einräumen, es sei durchaus möglich, dass modebewußte Westberliner Omas ihren Enkeln aus der Osthälfte dieses damals hochbegehrte Kleidungsstück geschenkt haben könnten. Auf dem zweiten Foto ziehen junge Männer mit hochgereckten schwarzrotgoldenen Fahnen vom Brandenburger Tor aus gen Westen in die Freiheit. Mir schien das immer als so penetrant symbolisch für den baldigst ausgerufenen Tag der deutschen Einheit, dass sich mir Zweifel aufdrängen mussten. Ich behielt sie klüglich für mich und melde auch hier nur den *Argwohn* des gebrannten Kindes an, schon aus der Erwägung heraus, dass es immer Fahnen sein müssen, die Hochsymbolik dröhnen lassen. Ein simpler Flaschentausch – Whisky gegen Wodka – bei einer Begegnung an der Elbe im Mai 1945 gibt natürlich weniger her.

Ein bösartiger Fälscher war Michael Born. Ich zitiere – leicht gestrafft – den Politologen Chafik Tarek: *„Der Zuschauer wird Zeuge, als das Fernseh-magazin ‚S-Zett' 1994 Material des Journalisten Michael Born ausstrahlt. Die Bilder zeigen angebliche Mitglieder der kurdischen Arbeiterpartei PKK während ihrer Vorbereitungen zu einem Terroranschlag. In dem gut ausgeleuchteten Raum hält die Kamera fest, wie die Männer auf dem Küchentisch eine Bombe basteln. Ein Terrorist findet währenddessen sogar Zeit, im Prospekt eines Reiseveranstalters die Ziele der geplanten Terrorakte zu zeigen.*

Nach der Ausstrahlung des Beitrags zweifeln nur wenige Zuschauer an dessen Glaubwürdigkeit. Ganz im Gegenteil: Als in der türkischen Stadt Fethiye eine Bombenexplosion 14 Menschen verletzt, scheint dies die Brisanz und Aktualität des gesendeten Filmmaterials zu bestätigen. Zwei Jahre später muss sich der Urheber dieser und anderer Fernsehbilder vor dem Landgericht in Koblenz verantworten.

Der Prozess gegen den freischaffenden Produzenten im Herbst 1996 deckt einen der größten Medienskandale in der Bundesrepublik auf. Borns ‚journalistisches Schaffen' trägt dazu bei, dass in der öffentlichen Meinung die Glaubwürdigkeit der Fernsehberichterstattung einen Tiefpunkt erreicht. Im Verlauf der Beweisaufnahme wird deutlich, dass in je 16 Magazinbeiträgen von Born nachgestellte oder frei erfundene Szenen verwendet wurden. So war der ‚Drehort' für die ‚Bombenbauer der OKK' ein Asylbewerberheim in Koblenz. Born lieferte auch Material zu einem Filmbericht über die Verbindungen zwischen dem Ku-Klux-Klan und rechtsextremen Organisationen in der Bundesrepublik. Um an den ‚Bildnachweis' für die Existenz solcher Gruppierungen zu gelangen, kleidete er Laiendarsteller in selbstgenähte Kutten und inszenierte ein Ku-Klux-Klan-Treffen in der Eifel. Den Höhepunkt bildete ein Schwall antisemitischer Parolen des ‚Klanchefs' – gemäß den Regieanweisungen Borns.“

Schließlich kam ihm die Polizei auf die Spur. Zwei Stimmen in verschiedenen Beiträgen klangen sehr ähnlich, Born hatte zwei Rollen mit dem selben Darsteller besetzt. Stimmenanalysen des Bundeskriminalamtes lieferten den Beweis. Das wohlverdiente Ergebnis: vier Jahre Haft. Allein RTL hatte an Born 350.000 DM für dessen Tricksereien bezahlt.

Emsig, aber nicht weiter einfallsreich arbeiteten die Stalinisten als Fälscher mit der Schere. Wen sie ins Abseits gestellt oder ermordet hatten, den schnitten sie aus allen Fotos heraus; manchmal klebten sie so liederlich wieder zusammen, dass eine Schuhspitze, zum Beispiel von Dubček, beziehungslos erhalten blieb. Immerfort wurde Trotzki dem Papierkorb überantwortet, nicht anders erging es Kamenev und Jeshov, als sie den Renegatenstatus erlangt hatten. Ebenso trieb es die SED mit ehemaligen Weggefährten Thälmanns, Abweichlern oder Schlimmeres unterdessen.

Ein TV-Fälscher ersten Ranges war der Ostberliner Karl-Eduard von Schnitzler. In seinem „Schwarzen Kanal“ schnipselte er Bild- und Redebrocken westlicher Politiker heraus und montierte sie um oder ein, dann guckte er unschuldig in die Kamera: Na bitte, ich hab's doch immer gesagt! Als uralter Mann geistert er heute noch bisweilen durchs öffentliche Geschehen, zu jeglicher Einsicht unfähig. Nach dem Zusammenbruch seiner Pappkameraderie überließen ihm skandalsüchtige Fernsehmacher einen Sendeplatz, den sie „Roter Kanal" tauften, begierig, einen alten Deppen vorzuführen. Das wirkte so peinlich, dass es sich nach dem dritten Versuch totlief. Nicht viele führende Genossen wurden vom östlichen Staatsvolk so gehasst wie er, sein Spitzname wird bleiben, „Sudel-Ede" hat Maßstäbe gesetzt.

Versöhnlich mein Ausklang. Einem kann ich beim schlechtesten Willen nicht gänzlich böse sein, dem Fälscher der Hitler-Tagebücher Konrad Kujau. Durch einen Mittelsmann war dem „Stern"-Reporter Gerd Heidemann zugeraunt worden, Hitlertagebücher seien aufgetaucht, im Gebiet der seinerzeitigen DDR sei bei Kriegsende ein Flugzeug notgelandet, es habe sensationelle Niederschriften in die Alpenfestung bringen sollen. Heidemann berichtete einem Ressortleiter, der beauftragte ihn, der Sache in aller Verschwiegenheit nachzugehen. Nach einjährigem Hin und Her gelang es ihm endlich, den Herrn der Bücher zu treffen. Der nennt sich Fischer, heißt Kujau und verspricht, 27 Tagebücher zu liefern. Die Verlagsspitze von Gruner+Jahr stellt Heidemann 200.000 DM zur Verfügung. Nun macht sich Kujau erst richtig ans Werk. In Rekordarbeit schreibt er sechzig Kladden voll, liefert und kassiert, und endlich verkündet der „Stern" die sensationelle Botschaft unter dem Slogan, die Geschichte des Dritten Reiches müsse neu geschrieben werden. Riesiger Presserummel, Heidemann zeigt zwölf Exemplare vor. Zeitungen des Auslands zahlen für die Abdruckrechte, es gibt kein anderes Thema.

Doch der Bogen ist überspannt, in wenigen Tagen bricht das Gebilde zusammen. Weder Papier noch Heftung noch Tinte sind echt. Kujau, dem fintenreichen, sind in der Eile gravierende Fehler unterlaufen. Die Rache der anderen Zeitungen und Zeitschriften, die im „Stern"-Schatten gestanden hatten, schreitet schnell. Selten ist Hohn so brutal ausgeschüttet worden wie diesmal. Die Auflage des „Stern" bricht ein, die Redaktion, die nicht gefragt worden war, reagiert empört, Chefredakteure wechseln in rascher Folge.

Kujau verbirgt sich anfangs in Österreich und stellt sich dann der deutschen Justiz. Vier Jahre und sechs Monate Haft diktiert ihm das Gericht, zwei Monate mehr kassiert Heidemann, dem nachgewiesen werden konnte, von mehr als neun Millionen DM, die ihm sein Verlag für das gewaltige Projekt zugesteckt hatte, fast die Hälfte in die eigene Tasche abgezweigt zu haben.

Konrad Kujau blickte mit unschuldig runden Augen in alle Kameras: Wie, so fragte er, hätte er derartig massiven Verlockungen widerstehen können? Der Teufel war mit einem Riesensack Dukaten gekommen, eine schwache Seele kapitulierte. In einer der besten deutschen Filmkomödien hat uns der Schauspieler Uwe Ochsenknecht Aufstieg und Untergang eines Fälscherleins zu weitverbreitet hohem Vergnügen vor Augen geführt.

Von Heidemann nahm später keiner ein Stück Brot geschweige eine Nachricht. Kujau erhöhte seinen Marktwert und begriff: Man kann dasselbe tun, muss es nur anders nennen. Niemals mehr fälschte er. Und wenn er nicht gestorben wäre, dann kopierte er hitlerische Zeichnungen von mittelalterlichem Burggemäuer noch heute.

Drei Jahrzehnte Deutschland Archiv

Ilse Spittmann-Rühle

Im September 1967 versammelten sich an die 80 westdeutsche Wissenschaftler und Publizisten in der Politischen Akademie Tutzing am Starnberger See zu einer Konferenz, die später als erste von insgesamt 23 in die Geschichte der jährlichen DDR-Forschertagungen eingegangen ist. Initiator der Zusammenkunft war der Berliner Politologe Ernst Richert, ein Querdenker von Format, der mit dem Aufbau der DDR-Sektion im Institut für Politische Wissenschaft an der Freien Universität die sozialwissenschaftiche DDR-Forschung etablierte. Eingeladen hatte das Bundesministerium für gesamtdeutsche Fragen, das seit Bildung der Großen Koalition Ende 1966 von dem Sozialdemokraten Herbert Wehner geleitet wurde. Sein persönlicher Referent und Leiter des Ministerbüros, Dr. Dieter Haack, hielt das Grundsatzreferat über die Bedeutung der DDR-Forschung für die neue Deutschlandpolitik. Zwei Feststellungen waren wegweisend:

- Für ihre auf lange Sicht angelegte, neue gesamtdeutsche Politik brauchte die Regierung objektive Informationen über die Verhältnisse im anderen Teil Deutschlands, deshalb benötigte sie die DDR-Forschung.
- Die DDR-Forschung sollte an den Universitäten verankert werden, ihre Ergebnisse sollten in die politische Bildungsarbeit einfließen und öffentlich diskutiert werden können. Dafür reichte das zweimal im Monat mit 16 Seiten erscheinende *SBZ-Archiv* nicht aus, eine repräsentative wissenschaftliche Zeitschrift wurde gebraucht.

Die beiden Redakteurinnen des *SBZ-Archiv*, Gisela Helwig und ich, hatten seit längerem den Plan für eine wissenschaftliche Monatszeitschrift in der Schublade, nur der Titel fehlte. Die Konzeption fand rasch Zustimmung im Ministerium, über den Titel wurde länger diskutiert, in Bonner Amtsstuben und in einem ländlichen Gasthaus am Stadtrand von Köln. Wir wollten den Begriff „Archiv" im Titel erhalten, denn die Dokumentation politischer Vorgänge, vor allem aus nicht allgemein zugänglichen östlichen Quellen, sollte eher ausgebaut werden. Außerdem wollten wir die Kontinuität zum Vorgänger *SBZ-Archiv* gewahrt wissen. „DDR-Archiv" lag nahe, wurde aber als zu eng verworfen, weil die Deutschland- und Ostpolitik der Bundesrepublik einbezogen werden sollte. Schließlich kam von Hermann Kreutzer, als Ministerialdirektor zuständig für die Politische Abteilung des Ministeriums, der Vorschlag *Deutschland Archiv*. Dabei blieb es, obwohl der Titel in dieser Allgemeinheit irreführend war und uns manche unerwartete Anfrage einbrachte, zum Beispiel, ob man bei uns die Stammbäume und Wappen deutscher Familien einsehen könne. Der präzisierende Untertitel *Zeitschrift für Fragen der DDR und der Deutschlandpolitik* war als Korrektiv gedacht. Die Nummer 1 des *Deutschland Archiv* erschien im April 1968.

Die Vorgeschichte

Der Vorgänger, das *SBZ-Archiv*, war im April 1952 von dem literarisch wie politisch engagierten Verleger Dr. Joseph Kaspar Witsch ins Leben gerufen worden. Witsch kam aus dem angesehenen Weimarer Verlag Gustav Kiepenheuer und floh nach Kriegsende zusammen mit Kollegen vor dem sich etablierenden kommunistischen Regime in den Westen. In seinem Kölner Verlag Kiepenheuer & Witsch publizierte er neben zeitgenössischer Belletristik auch Standardwerke der Kommunismusforschung wie Czeslaw Milosz, *Verführtes Denken*, Jules Monnerot, *Soziologie des Kommunismus*, Wolfgang Leonhards Bestseller *Die Revolution entläßt ihre Kinder*, Jürgen Rühle, *Literatur und Revolution* und Carola Sterns Ulbricht-Biographie. Sein besonderes politisches Interesse aber galt dem Kommunismus in der sowjetisch besetzten Zone Deutschlands – er war nicht nur erster Herausgeber, sondern auch erster Chefredakteur und engagierter Autor des *SBZ-Archiv*. In seinem von Berend von Nottbeck geleiteten Tochterverlag Politik und Wirtschaft erschien u.a. Carola Sterns Porträt der SED, Arnulf Barings Analyse des 17. Juni 1953 und Fritz Schenks autobiographischer Bericht über die Staatliche Plankommission *Im Vorzimmer der Diktatur* – Arbeiten, die heute noch zum Grundbestand westlicher DDR-Forschung gehören. Viele der politischen Buchautoren waren auch Autoren des *SBZ-Archiv*; Wolfgang Leonhard, Carola Stern und Jürgen Rühle gehörten zeitweilig zur Redaktion.

Das *SBZ-Archiv* war eine zweimal monatlich erscheinende Heftreihe. Sie präsentierte Dokumente, Berichte und Kommentare aus der Feder sachkundiger Autoren, viele selbst Flüchtlinge, darunter auch ehemalige Funktionäre der SED. Die fünfziger Jahre waren in der DDR die Blütezeit des Stalinismus, die Zeit der Säuberungen, der Entführungen, der Terrorjustiz Hilde Benjamins. Eines der Entführungsopfer wurde 1955 Karl Wilhelm Fricke, einer der engsten Mitarbeiter des *SBZ-Archiv*. Seine journalistische Tätigkeit legte ihm die DDR-Staatsanwaltschaft in einem Geheimprozess als Spionage aus. Er wurde zu vier Jahren Zuchthaus verurteilt, die er auch absitzen musste.

Die ersten Jahrgänge des *SBZ-Archiv* spiegeln diese Zeit wider. Eigentlich sollte die Zeitschrift objektive Grundlagen für eine fundierte Beurteilung der Verhältnisse in der „Zone" vermitteln. Aber zunächst standen Anklage, Aufklärung und politische Mobilisierung im Vordergrund, getreu dem Motto, das auf der Titelseite jedes Heftes abgedruckt war: *„Besinnt euch auf eure Kraft, der Westen ist stärker!"*

Das änderte sich Anfang der sechziger Jahre, als im Westen nach dem Bau der Berliner Mauer eine politische Neuorientierung begann, die am Ende des Jahrzehnts in die „neue Ostpolitik" mündete. Das *SBZ-Archiv* bekam nicht nur ein modernes Titelblatt, in Inhalt und Stil verdrängten informative Berichterstattung, wissenschaftliche Analyse und sachliche Auseinandersetzung mit der kommunistischen Ideologie mehr und mehr die Agitation. Doch schon für die späten fünfziger Jahre gilt, was das *SBZ-Archiv* vor allem in den sechziger Jahren auszeichnete: Es war und ist heute noch eine Fundgrube für die zeitgeschichtliche Forschung jener Jahre.

Verantwortlich für die Redaktion zeichnete von September 1952 bis Mitte 1960 Berend von Nottbeck. Er hatte mich 1956 als Nachfolgerin für Wolfgang Leonhard eingestellt. 1960 gründete er seinen eigenen Verlag Wissenschaft und Politik. Es war ein Beweis für langjährige vertrauensvolle Zusammenarbeit, dass das *Deutschland Archiv* 1969 dorthin wechselte.

1965 kam Gisela Helwig in die Redaktion. Sie hatte gerade ihr Studium abgeschlossen und fand hier das Thema für ihre Doktorarbeit, die 1974 unter dem Titel *Zwischen Familie und Beruf – Die Stellung der Frau in beiden deutschen Staaten* erschien. Mehr als 20 Jahre lang bestand die Redaktion nur aus uns beiden und einer Sekretärin, eine Tatsache, die insbesondere bei Kollegen aus der DDR immer wieder auf ungläubiges Staunen traf. Gisela Helwig hat in dieser Zeit einen Sohn großgezogen (sein erstes Lebensjahr verbrachte er tagsüber meistens in unserem Garten) und neben der Arbeit als Redakteurin und Autorin der Zeitschrift eine Reihe von hoch geschätzten Büchern zu gesamtdeutschen Themen veröffentlicht – eine bewundernswerte Leistung.

Geborene Rheinländerin, hatte sie keine persönlichen Bindungen an den Raum östlich der Elbe und keine eigenen Erfahrungen mit dem Kommunismus. Als sie in die Redaktion kam, war ihre Kenntnis von der DDR sehr allgemein. Doch das änderte sich rasch. Ausgehend von ihrer Arbeit über die Situation der Frauen dehnte sie ihre Studien systematisch aus auf gesellschaftspolitische Gebiete wie Jugend und Familie, Bildung und Erziehung, Sozialpolitik, Kirchen, dabei stets den gesamtdeutschen Aspekt im Blick behaltend. Dank ihrer aus eigenen Forschungen gewonnenen umfassenden Kenntnisse, ihrer Genauigkeit und unbestechlichen Urteilskraft, nicht zuletzt dank ihrer klaren, anschaulichen Sprache war ihre vielseitige Kompetenz bald allgemein anerkannt, sie selbst gesucht als Autorin wie als Gesprächspartnerin und Referentin. Als ich 1995 in den Ruhestand ging, war es selbstverständlich, dass sie die Verantwortung für die Redaktion übernahm.

1967 kamen wir auf die Idee, die deutschen Gebiete zwischen Elbe und Oder, die dem Bewusstsein und Interesse der Westdeutschen nach dem Mauerbau immer weiter entrückten, in einem Lesebuch zu porträtieren. Die *Reise nach drüben*, von Theo Helwig liebevoll gestaltet, wurde ein Erfolg bei der Kritik und beim Publikum. Wir sind heute noch stolz darauf.

Die neue Ostpolitik

Für die Gründung des *Deutschland Archiv* konstitutiv wurde die von der Regierung der Großen Koalition 1966 eingeleitete und von der sozialliberalen Regierung Anfang der siebziger Jahre entfaltete neue Ostpolitik. Das Neue daran war die Umkehrung der Prioritäten: Die Lösung der deutschen Frage wurde nicht mehr zur Vorbedingung für europäische Entspannungspolitik gemacht, sondern umgekehrt zum Bestandteil und Ergebnis eines Annäherungsprozesses mit dem Ziel einer gesamteuropäischen Friedensordnung erklärt. Damit befreite sich die westdeutsche Außenpolitik aus der internationalen Isolation, in die sie seit 1963 durch starres Festhalten an Positionen der fünfziger Jahre geraten war. Direkte Folgen dieses Kurswechsels waren der Abschied von der Hallstein-Doktrin (Verbot diplomatischer Beziehungen mit Staaten, die die DDR völkerrechtlich anerkannten), die Normalisierung der Beziehungen zu den Staaten des Ostblocks (nur mit der Sowjetunion bestanden seit 1955 diplomatische Beziehungen) und ein entkrampfter Umgang mit Ost-Berlin.

Für das *Deutschland Archiv* bedeutete das die Enttabuisierung von Themen und so genannten Bezeichnungsrichtlinien – sichtbares Zeichen war der Wegfall der „Gänsefüßchen" für die DDR. Die politischen Kommentare bekamen Profil, eine Rubrik „Forum" wurde eingerichtet, in der die Deutschland- und Ostpolitik kontrovers diskutiert wurde. Daran beteiligten sich viele Autoren aus dem Ostblock, meistens Korrespondenten von Zeitungen und Rundfunkanstalten. Nur unsere Bemühungen um Beiträge aus der DDR blieben erfolglos, bis zum Schluss gab es dort ein Verbot, für uns zu schreiben. Einer unserer vergeblichen Versuche führte zu einer lebenslangen Freundschaft mit dem Wirtschaftswissenschaftler Professor Dr. Fritz Behrens, der leider schon 1980 gestorben ist.

In den siebziger Jahren bot unsere Redaktion, zusammen mit der von Jürgen Rühle geleiteten Ost-West-Redaktion des WDR-Fernsehens, den in Bonn sich gerade erst etablierenden osteuropäischen Diplomaten und Korrespondenten einen zwanglosen Rahmen für Begegnungen und Gespräche mit deutschen Politikern und Journalisten abseits des Protokolls. Unsere Redaktionsräume in der Kölner Goltsteinstraße waren bescheiden, es handelte sich um das Erdgeschoss eines Einfamilienhauses. Aber wir verfügten über eine kleine Küche, in der wir ein rustikales Buffet selber bereiteten, und wir durften den Garten der Hausbesitzerin benutzen, was bei der wachsenden Zahl der Gäste sehr hilfreich war. Diese Veranstaltungen waren unsere eigene Idee. Jürgen Rühle war an den Kontakten für seine Redaktion ebenso interessiert wie wir, die geringen Kosten teilten wir uns. Für unsere osteuropäischen Gäste war das gänzlich unglaubhaft. Mehr als einmal sind wir gefragt worden, was sich denn in den beiden oberen Stockwerken des Hauses verberge? Wir erwiderten wahrheitsgemäß, dort wohne die Hausbesitzerin, eine Arztwitwe, von der wir das Erdgeschoss gemietet hätten. Jedesmal war die Antwort ein verständnisvolles, wissendes Lächeln...

Zu einer denkwürdigen Ost-Ost-Begegnung kam es auf einem unserer ersten Sommerfeste, zur Zeit des sowjetisch-chinesischen Konflikts. Die ersten Gäste waren Diplomaten der sowjetischen Botschaft und die beiden Repräsentanten der offiziellen chinesischen Nachrichtenagentur Hsinhua, die seit einigen Monaten von Bad Godesberg aus politische Kontakte knüpften. Beide Seiten waren auf dieses Zusammentreffen nicht vorbereitet, es war anscheinend das erste dieser Art in Deutschland. Wir mussten einen gequälten Smalltalk moderieren, bis weitere Gäste eintrafen und die Vertreter der beiden kommunistischen Großmächte in getrennten Räumen das Interesse der deutschen Journalisten fesselten. Damals wussten wir nicht, dass wir den künftigen Botschafter der Volksrepublik China und seinen Presseattaché bewirteten.

Die Ostpolitik war Anfang der siebziger Jahre im Deutschen Bundestag heiß umstritten. Die Opposition befürchtete, mit den Ostverträgen würde der Status quo festgeschrieben und die Teilung Deutschlands zementiert, sie verlangte Änderungen. Rechtlich gültige Ergänzungen im Ratifizierungsprozess und das spätere Urteil des Bundesverfassungsgerichts schlossen diese Deutung und entsprechende Handlungen für jede deutsche Bundesregierung verbindlich aus. In dieser Gestalt wurde die Entspannungspolitik im Laufe der Jahre allgemein akzeptiert und von der Regierung Kohl fortgesetzt. Unsere Redaktion hatte Egon Bahrs Formel „Wandel durch Annäherung" immer im Sinne des Erfinders als Mittel angesehen, das Auseinanderleben der Deutschen zu verhindern und langfristig die Chance auf Wiedergewinnung der Einheit zu erhalten. So war der Regierungswechsel 1982 für das *Deutschland Archiv* kein Problem. Er erwies sich im Nachhinein sogar in gewisser Weise als Glücksfall: Die SED hatte mit dem klaren „Klassenfeind" CDU/CSU keine ideologischen Probleme und war bald zu viel weiteren Konzessionen bereit als je gegenüber den Sozialdemokraten. Für die Vermittlung von frei verfügbaren Devisenkrediten revanchierte sich die DDR mit Ausreisegenehmigungen und menschlichen Erleichterungen – Erfolge, die in der Logik der Entspannungspolitik lagen. Rückblickend betrachtet, war das Geschäft Humanität gegen Bares Ausdruck politischer Korruption der SED-Spitze und Vorbote des Verfalls.

Das Deutschland Archiv und die DDR-Forschung

Trotz ministerieller Förderung hatte es die DDR-Forschung schwer, das Interesse der traditionellen Wissenschaft zu gewinnen. Für die Universitäten war das im Allgemeinen ein politisch und damit garstig Lied von bestenfalls zweifelhaftem wissenschaftlichen Wert.

Systematisch und institutionell betrieben wurde DDR-Forschung nur an wenigen Universitäten, vor allem in Berlin, Marburg und Köln, später auch in München, Bochum und Mannheim, dazu an einer Reihe von außeruniversitären wissenschaftlichen Instituten. Ansonsten kümmerten sich einzelne Professoren und Wissenschaftler um die DDR, die oft aus Gründen ihrer Biographie persönlich interessiert waren. Im Lehrbetrieb und in Prüfungen konnten DDR-Themen meist nur mit Hilfe der Konstruktion „unter besonderer Berücksichtigung von..." untergebracht werden, sie waren nicht relevant für die Karriere.

Im Unterschied zur Osteuropa-Forschung verfügte die DDR-Forschung weder über ein eigenes Institut noch über eine wissenschaftliche Gesellschaft. Die wenigen Forschungszentren arbeiteten weitgehend unkoordiniert nebeneinander her, die bestehenden wissenschaftlichen Zeitschriften zeigten für DDR-Themen wenig Interesse. So wurde das *Deutschland Archiv* bald zum publizistischen und organisatorischen Kommunikationszentrum für die kleine Forschergemeinde, die zum großen Teil aus weit verstreut arbeitenden „Einzelkämpfern" bestand, und es war nur folgerichtig, dass auch Vorbereitung und Organisation der ab 1969 jährlich stattfindenden DDR-Forschertagungen in die Hände der Redaktion gelegt wurden.

Daraus ergab sich unser zweiter Diskussionsschwerpunkt. Vom ersten Jahrgang an wurde intensiv über Aufgaben und Methoden, Schwächen und Versäumnisse der DDR-Forschung gestritten, ihr Verhältnis zur Politik hin und her gewendet. In dem Richtungsstreit, der vor allem in der ersten Hälfte der siebziger Jahre ausgetragen wurde, war es für die Redaktion nicht immer einfach, die nötige Balance zwischen eigenem Engagement und der gebotenen Objektivität zu finden.

Die Auseinandersetzungen zwischen den Vertretern des Totalitarismus-Ansatzes und den Anhängern der so genannten immanent-kritischen Methode wurden mit großer Härte geführt, auch um den Preis persönlicher Verletzungen, denn es ging nicht allein um wissenschaftliche Methoden. Der Streit fand vor dem Hintergrund der großen parlamentarischen Debatten über die Ostpolitik statt, und die Kontrahenten gehörten zu konkurrierenden Wissenschaftseliten. Das waren die Mitglieder des 1952 gegründeten Forschungsbeirats für Fragen der Wiedervereinigung Deutschlands beim Minister für gesamtdeutsche Fragen (1975 aufgelöst), meist Lehrstuhlinhaber für Wirtschafts-, Rechts- und Erziehungswissenschaften, auf der einen Seite, der Kreis junger Berliner Politologen und Soziologen um Professor Dr. Peter

Christian Ludz, der 1968 mit *Parteielite im Wandel* die erste Habilitations-
schrift mit einem DDR-Thema vorgelegt hatte, auf der anderen.

Wir bemühten uns, beiden Seiten gerecht zu werden und sie zur Diskussion
zusammenzuführen, in der Zeitschrift wie auf den jährlichen Forschertagun-
gen. Es war vor allem dem renommierten Wirtschaftswissenschaftler Professor Dr. Karl C. Thalheim von der Freien Universität Berlin zu danken, Grün-
dungsmitglied des Forschungsbeirats und erster Vorsitzender der 1979 gegründeten Gesellschaft für Deutschlandforschung, dass diese Bemühungen erfolgreich waren.

Die aktuelle Berichterstattung über die DDR wurde 1975 durch eine neue
Rubrik „Zeitschriftenschau" erweitert. Fachlich kompetente Autoren werteten
die wichtigsten wissenschaftlichen und kulturpolitischen Zeitschriften der
DDR laufend aus, stellten regelmäßig das Gelesene zitierend und kommentie-
rend vor und ordneten es in den Gesamtzusammenhang ein. Die Leser erhielten zusätzliche Informationen und Hintergrundmaterial aus Quellen, die nicht
allgemein zur Verfügung standen. Insbesondere die Forscher konnten sich auf
diese Weise kontinuierlich über jene Bereiche informieren, die nicht in ihr eigenes Forschungsgebiet fielen.

Die Edition Deutschland Archiv

1980 startete die Edition Deutschland Archiv, herausgegeben und redaktionell
betreut von Gisela Helwig und mir. Sie war hauptsächlich gedacht für Lehrer
und Referenten in der politischen Bildung, die Autoren waren Experten aus
der DDR-Forschung oder Fachjournalisten. Die Buchreihe fand bald allgemeines Interesse. Der erste Band war Hermann Webers *Kleine Geschichte der
DDR*. Es folgten kommentierte Dokumentenbände zu politischen Themen wie
17. Juni 1953, 13. August 1961, die SED. Sammelbände mit Aufsätzen von
DDR-Forschern behandelten gesellschaftspolitische Themen wie Jugend und
Familie, Schule in der DDR. Die Bände über Jugendkriminalität sowie Kir-
chen und Gesellschaft waren als gesamtdeutsche Vergleiche angelegt. Erich
Loest erzählte in *Der vierte Zensor* die mit politischen Schikanen gespickte
Entstehungsgeschichte seines gesellschaftskritischen DDR-Romans *Es geht
seinen Gang*, Manfred Jäger legte mit *Kultur und Politik in der DDR* eine
Analyse des Spannungsverhältnisses zwischen Schriftstellern und SED-
Kulturfunktionären vor, die heute noch Bestand hat (der ersten Auflage von
1982 folgte 1994 eine Fortschreibung bis zum Ende der DDR: *Kultur und
Politik in der DDR 1945-1990*).

Gisela Helwig und ich machten uns Ende der achtziger Jahre noch einmal
an ein Lesebuch, diesmal über die DDR. Aus mannigfaltigen zeitgenössischen
Texten und Illustrationen trugen wir zusammen, was Zeit und Lebens-
umstände der Menschen lebendig werden lassen konnte. Der erste Band, *Von*

der SBZ zur DDR 1945-1949, erschien 1989, ein zweiter, *Stalinisierung 1949-1955,* folgte 1991. Inzwischen war die Quellenlage durch Öffnung der DDR-Archive unvergleichlich reichhaltiger, aber für weitere Fortsetzungen fehlte das Geld.

Seit der „Wende" erschienen bisher weitere zwölf Titel in der Edition, darunter ein Reprint der Überlegungen zur Transformation einer Planwirtschaft in eine Marktwirtschaft von Peter Dietrich Propp aus dem Jahre 1964, die plötzlich hoch aktuell geworden waren, und die wichtigen *Rückblicke auf die DDR,* für die Gisela Helwig Forscher aus Ost und West zusammenführte. Der bisher letzte Band ist ein lange vermisstes Gesamtregister, das die Redaktion zum 30. Jahrestag des *Deutschland Archiv* 1998 erarbeitete. Neben diesen Monographien übernahm die Edition von 1980 bis 1990 die Veröffentlichung der Referate von den jährlichen DDR-Forschertagungen, die vorher als Sonderhefte des *Deutschland Archiv* gedruckt worden waren. Insgesamt sind bisher 35 Titel in der Edition Deutschland Archiv erschienen.

Der Niedergang der DDR

Der DDR-Forschung ist nach der „Wende" vorgeworfen worden, sie habe versagt, weil sie kein realistisches Bild vom Zustand der DDR-Wirtschaft geliefert und den Zusammenbruch der DDR nicht vorausgesagt habe. Der zweite Vorwurf stimmt, der erste nicht. Die DDR-Forschung hat in Einzelpublikationen, in den „Materialien" zum jährlich von der Bundesregierung dem Parlament erstatteten „Bericht zur Lage der Nation im geteilten Deutschland" und in vielen Zeitschriftenaufsätzen Jahr um Jahr Situationsbeschreibungen und Analysen vorgelegt, welche die krisenhafte Zuspitzung der wirtschaftlichen und politischen Lage in den achtziger Jahren eindringlich widerspiegelten. Politische Schlüsse daraus zu ziehen war Sache der Politik.

Im November 1989 legte Bundeskanzler Helmut Kohl einen Zehn-Punkte-Plan vor, der eine stufenweise Annäherung der beiden deutschen Staaten und die Entwicklung konföderativer Strukturen mit dem Endziel deutsche Einheit vorsah. Für dieses vorsichtige Herangehen waren zwei Gründe ausschlaggebend: Erstens hing das Überleben der DDR nicht von ihrer inneren Verfassung ab, sondern von der Existenzgarantie der Sowjetunion. Zweitens war die westliche Politik 1989 beherrscht von der Sorge, die Lage in der DDR könnte außer Kontrolle geraten und Osteuropa in einen Strudel von Chaos und Gewalt reißen mit unabsehbaren Folgen für ganz Europa. Richtschnur insbesondere der Bonner Politik war es deshalb, die Krise nicht von außen anzuheizen.

Im *Deutschland Archiv* ist nachzulesen, wie sich die Krise 1989 langsam aber stetig aufbaute, zunächst in der Wirtschaft. Die Ursache für die akute Wirtschaftskrise lag in den siebziger Jahren, als Honecker ein Sozialprogramm zur Erhöhung des Lebensstandards auflegte, das nur durch kreditfinanzierte Westimporte auf Kosten der Investitionen realisiert werden konnte – ein Zusammenhang, auf den im *Deutschland Archiv* immer wieder hingewiesen wurde. Am Ende hatte sich ein Schuldenberg von über 20 Milliarden Dollar aufgetürmt, der die DDR an den Rand der Zahlungsunfähigkeit brachte.

Ein Bündel politischer Ursachen kam hinzu. Die vielfältigen Verfallserscheinungen, die sich schließlich zur akuten Krise verdichteten, sind im *Deutschland Archiv* kontinuierlich festgehalten und interpretiert worden: die Bildung der ersten Menschenrechtsgruppen in der DDR nach Publikation der KSZE-Schlussakte, das Aufbegehren der Intellektuellen nach der Biermann-Ausbürgerung, das Aufkommen der unabhängigen Friedensbewegung und der Bürgerrechts- und Umweltgruppen, die Entwicklung der evangelischen Kirche zu einer gesellschaftspolitisch wirkenden Kraft, die der Opposition ein schützendes Dach bot, der Zorn über die Abschottung der DDR gegen die Reformpolitik Michail Gorbatschows, der sich u. a. in einer wachsenden Zahl von Parteiaustritten niederschlug, die Demoralisierung der Partei und der Sicherheitsorgane, eine sich zum Politikum formierende Ausreisebewegung, die Aufdeckung der Fälschungen bei den Kommunalwahlen im Mai 1989, schließlich die Botschaftsbesetzungen und die Massenflucht nach Öffnung der ungarischen Grenze und die Demokratie einfordernde Gegenbewegung der von Leipzig ausgehenden Massendemonstrationen, die das SED-Regime endgültig zu Fall brachten.

Es war ein Zufall, für den wir dankbar sind, dass Gisela und ich am 9. November zusammen in Berlin waren und die unbeschreibliche Nacht der Maueröffnung miterlebten. Unvergesslich die Situation auf dem Grenzübergang S-Bahnhof Friedrichstraße kurz nach Mitternacht. Der Bahnsteig war überfüllt mit Ostberlinern, doch es herrschte eine gespenstische Ruhe. Auch als der Zug einfuhr und die Menge hinein drängte, hielt die gespannte Stille an, als ob die Menschen ihren Sinnen nicht trauten. Und dann setzte sich der Zug in Bewegung, und es brach ein ohrenbetäubender Jubel los, wildfremde Menschen fielen sich in die Arme und küssten sich, viele hatten Tränen in den Augen.

Der Ablauf der sich überstürzenden Ereignisse lässt erkennen, wie die ursprünglich auf eine demokratisch reformierte DDR gerichteten Massendemonstrationen allmählich übergingen in eine machtvolle Bewegung für nationale Einheit, angetrieben von der Begegnung mit der westlichen Gegenwelt nach der Maueröffnung und der Empörung über das Stück um Stück enthüllte geheime Innenleben der Machtinhaber und ihrer Stasi-Schutztruppe. Die Überschriften der Leitartikel im *Deutschland Archiv* von Oktober 1989 bis April 1990 geben das gut wieder: „Wir wollen raus – Wir bleiben hier"; „Eine Übergangsgesellschaft"; „Die Krise der DDR und die deutsche Einheit"; „Deutscher Gipfel an der Elbe"; „Deutschland einig Vaterland"; „Zum ersten Mal frei".

Es ist das bleibende Verdienst von Helmut Kohl, dass er in der explosiven Situation Ende 1989 besonnen bei der Philosophie der Entspannungspolitik blieb, um den absehbaren Zusammenbruch abzufedern und für die weiteren Schritte zur Einheit zielstrebig, aber geduldig um das Einvernehmen mit dem sowjetischen Präsidenten Gorbatschow zu ringen.

Auch der Runden Tische muss in diesem Zusammenhang gedacht werden, jenen Ende 1989 spontan überall entstehenden revolutionär-demokratischen Organen aus Vertretern von Parteien, Kirchen und Bürgerrechtlern zur Kontrolle der noch von der SED beherrschten Staatsmacht. In der chaotischen Übergangszeit zerfallender Strukturen waren sie das einzige autochthone Ordnungselement, dem die aufgebrachten Volksmassen vertrauten und das ihnen Halt und Orientierung gab.

1990 wurde für unsere Redaktion das arbeitsreichste Jahr. Kein Heft hatte den normalen Umfang von 112 Seiten, um knapp 50 Prozent überschritten wir den Jahresumfang. Ab Juli erschienen wir mit einem dem Wandel der Zeit angepassten Untertitel: *Zeitschrift für deutsche Einheit*. Ein halbes Jahr lang erweiterten wir die aktuelle Berichterstattung um eine Rubrik „Umschau", in der die Geschehnisse systematisch nach Sachgebieten festgehalten wurden. In größeren Analysen der wirtschaftlichen und gesellschaftlichen Realität in der DDR erörterten Fachleute Grundfragen des Vereinigungsprozesses. Mühelos gelang es uns jetzt, auch Wissenschaftler aus der DDR zur Mitarbeit zu gewinnen. Wir selber konnten uns endlich frei im Osten bewegen, Gespräche führen, Kontakte knüpfen. In der ersten Zeit gab es bei Ein- und Ausreisen und beim Betreten amtlicher Gebäude noch die üblichen Personenkontrollen, von manchen „Grenzorganen" verbissen genau ausgeführt, bei den meisten aber herrschte die gleiche fröhliche Aufbruchstimmung wie überall.

Zeitschrift für das vereinigte Deutschland

Mit der deutschen Vereinigung wurde auch für das *Deutschland Archiv* ein neues Kapitel aufgeschlagen. Ein neuer Untertitel kennzeichnet seit Januar 1991 die veränderte Situation: *Zeitschrift für das vereinigte Deutschland*. Der mühselige, widerspruchsvolle Prozess des Zusammenwachsens, voller Enttäuschungen und Rückschläge, aber auch mit Erfolgen und Hoffnungen, ist in den zehn Jahrgängen seit der „Wende" facettenreich aufgezeichnet und kritisch begleitet worden. Zwei Schwerpunkte ergaben sich schnell – die Geschichte der DDR und der Deutschlandpolitik und die Probleme des Vereinigungsprozesses.

DDR und Deutschlandpolitik als nunmehr historische Themen erlebten durch die Öffnung der Archive eine bis heute anhaltende Konjunktur. Die bisherige westliche Geschichtsschreibung erwies sich, bedenkt man die frühere Quellenlage, als erstaunlich treffsicher, die großen Linien halten der

Nachprüfung stand. Aber mit Hilfe der Akten wird das Wissen genauer, detailreicher, viele Zusammenhänge und Hintergründe, die früher nur zu vermuten waren, werden nun erschlossen, Geheimnisse entschleiert. Am besten dokumentiert und ausgewertet sind die Praktiken des Ministeriums für Staatssicherheit, bearbeitet von Mitarbeitern der Forschungsabteilung in der Behörde des Bundesbeauftragten für die Stasi-Unterlagen, und, vor allem, von Karl Wilhelm Fricke, ferner die Arbeitsweise der SED-Führung, ihr Verhältnis zu Moskau, die Deutschlandpolitik und die innerdeutschen Beziehungen. Überraschendes Hintergrundmaterial steuerten russische Zeitzeugen bei, so Oberst Iwan Kusmin, bis 1991 Leiter der Informationsabteilung der KGB-Vertretung in Ost-Berlin, Michail Semiryaga, Militärhistoriker, fünf Jahre lang Mitarbeiter der SMAD, Igor W. Maximytschew, von 1987 bis 1990 Gesandter an der sowjetischen Botschaft in Ost-Berlin, und der Deutschlandpolitiker Wjatscheslaw Daschitschew.

Bereits gut dokumentierte ältere Vorgänge wie die sowjetische Deutschlandpolitik 1952/53 oder der 17. Juni 1953 wurden um weitere Detaildarstellungen und Interpretationen bereichert, insbesondere von Gerhard Wettig und Elke Scherstjanoi. Aus der Fülle der anhand bisher unbekannter Quellen entstandenen neuen Untersuchungen seien einige hier beispielhaft erwähnt.

Fred Oldenburg fand neues Material zum Konflikt zwischen Ost-Berlin und Moskau 1984, als die Sowjetführung Honecker zur Absage der bereits fest terminierten Reise in die Bundesrepublik zwang. Armin Volze, bis 1990 Leiter des Wirtschaftsreferats im innerdeutschen Ministerium, analysierte in mehreren sorgfältig recherchierten Beiträgen die heiklen finanziellen Beziehungen der beiden deutschen Staaten sowie, zusammen mit Johannes Kuppe, die Dissertation des Devisenbeschaffers Schalck-Golodkowski an der Juristischen Hochschule des MfS über Methoden zur Erwirtschaftung zusätzlicher konvertierbarer Währung. Hans-Hermann Hertle beschrieb anhand von Gesprächen mit dem letzten Planungschef der DDR, Gerhard Schürer, sowie der Auswertung von dessen einschlägigen Politbüro-Vorlagen eindrucksvoll den „Weg in den Bankrott der DDR-Wirtschaft" und beleuchtete, u.a. durch Interviews mit Offizieren des MfS, der DDR-Grenztruppen und mit dem Westberliner Polizeipräsidenten, lückenlos die Ereignisse und die sicherheitspolizeilichen Hintergründe in der Nacht der Maueröffnung. Walter Süß dokumentierte ein gespenstisches Gespräch zwischen Stasi-Chef Mielke und dem Spionagechef der sowjetischen Geheimpolizei, Schebarschin, vom April 1989 über den drohenden Untergang des Sozialistischen Lagers („*Vielleicht werden wir morgen schon überrascht*") und lieferte fesselnde Analysen des Verfalls und der Entmachtung des MfS im Spätherbst 1989, der Oktoberrevolution und der anschließenden Doppelherrschaft von Modrow-Regierung und Rundem Tisch in der zerfallenden DDR.

Die Probleme der Vereinigung, der andere Themenschwerpunkt des *Deutschland Archiv*, offenbarten sich nur allzu bald. Friedrich Haffner, München, entwarf in Heft 1/1990 verschiedene Szenarien für die Zusammenführung der beiden Wirtschaften, darunter die Schockstrategie des kurzfristigen, radikalen Übergangs zur Marktwirtschaft, die dann tatsächlich gewählt worden ist: *„Die Konsequenzen wären für die DDR ein Schock im Hinblick auf die sozialen Lebensbedingungen: Preissteigerungen, Realeinkommenssenkungen, starker Strukturwandel mit Stillegungen und Massenarbeitslosigkeit sowie branchenmäßige und regionale Verschiebungen."* Leider hatte er damit Recht.

Gisela Helwig beschrieb im März 1991 das politische Klima in den östlichen Bundesländern: *„Nur wenige Monate nach der staatlichen Vereinigung Deutschlands gehen die Menschen in der ehemaligen DDR wieder auf die Straße. Sie demonstrieren gegen Arbeitslosigkeit und soziale Mißstände, sie fordern höhere Löhne und Perspektiven für die Zukunft. Von Aufbruchstimmung keine Spur, Resignation und Verbitterung machen sich breit."*

Peter Jochen Winters skizzierte zur gleichen Zeit vier Problemkreise, *„die die krisenhafte Entwicklung in den ostdeutschen Ländern kennzeichnen und sich gegenseitig bedingen: die dramatisch zunehmende Arbeitslosigkeit, die fehlende Investitionsbereitschaft wegen ungeklärter Eigentumsverhältnisse, der zu schleppende Aufbau, die permanente Überforderung der Verwaltung und die dramatische Finanzlage vor allem der Kommunen".* Er schloss daraus: *„Jetzt rächt sich, dass in beiden Teilen Deutschlands keine planerischen Vorbereitungen auf den Tag X der deutschen Einheit getroffen worden waren, dass sämtliche Schubladen leer waren, als es darum ging, die Chance der geschichtlichen Stunde zu ergreifen."*

Auch danach, so muss hinzugefügt werden, hat es nie ein systematisches Gesamtkonzept für den Aufbau Ost gegeben. Die Angleichung der Konsumgüterversorgung, der Infrastruktur und der Kommunikationssysteme schritt relativ schnell voran, allerdings vorwiegend zum Nutzen westlicher Unternehmen. Das ökonomische Ungleichgewicht dauert fort. Zum einen ist das dem DDR-Erbe geschuldet, doch auch das Interesse der westlichen Wirtschaft an den „blühenden Landschaften" im Osten hielt sich in Grenzen, wegen der Eigentumsproblematik und aus Konkurrenzgründen, auch kriminelle Machenschaften hat es gegeben. Der selbsttragende Aufschwung ist bis heute nicht in Sicht, ein Drittel der Arbeitsplätze ist vernichtet, Vermögen und Einkommen sind nach wie vor höchst ungleich verteilt.

Als vielleicht folgenschwerstes Langzeitproblem stellten sich systembedingt gewachsene Mentalitätsunterschiede heraus, mit denen so nicht gerechnet worden war. Die Verwurzelung in völlig andersartig organisierten sozialen Sicherungssystemen, Rechtsordnungen und Arbeitswelten war und ist offenbar ein größeres Hindernis für gegenseitige Akzeptanz als das Gefälle des Lebensstandards. *„Die meisten Westdeutschen denken kaum darüber nach, welche immensen Lernprozesse die Ostdeutschen in wenigen Jahren bewältigen mußten. Vielen fehlt es auch einfach an Wissen, um das einschätzen zu* *können. In den Jahrzehnten der Teilung hatte sich stets nur eine Minderheit kontinuierlich für die Lebensbedingungen in der DDR interessiert. Die friedliche Revolution im Herbst 1989 und der Fall der Mauer überdeckten für kurze Zeit das Ausmaß der Entfremdung.* " (Gisela Helwig, DA 5/1998)

Der Ostberliner Kulturwissenschaftler Thomas Koch machte schon früh auf eine zu erwartende DDR-Nostalgie aufmerksam, die in vielen Ausdrucksformen wahrscheinlich sei, auch in unpolitischen. *„Aber eine politische Rolle wird der bewußte, freilich selektive Rückbezug auf Ostdeutsches schon spielen – als Widerstand gegen Okkupantenmentalitäten und kolonisierende Praxen, als Anspruch auf Akzeptanz von Besonderheiten, Leistungen und Erfahrungen der Menschen zwischen Oder und Werra.* " (DA 1/1991)

Damals war das eine kühne These. Aber kurz darauf war der Begriff „DDR-Nostalgie" in aller Munde. Im *Deutschland Archiv* der neunziger Jahre lässt sich gut verfolgen, wie das mühselige mentale Zusammenwachsen nach ermutigenden Anfängen in der Mitte des Jahrzehnts, parallel zur wirtschaftlichen Entwicklung, ins Stocken geriet und die Kluft zwischen Ost und West wieder größer wurde. Rüdiger Pohl, Präsident des Instituts für Wirtschaftsforschung Halle, und seine Mitarbeiterin Cornelia Lang sehen wie Koch und andere Autoren in diesem Trend durchaus auch Chancen: Ostidentität könnte *„als Emanzipation der Ostdeutschen Triebkräfte freisetzen, die die ‚innere Einheit' Deutschlands voranbringen"* (DA 1/2000).

Die Autoren und die Redaktion

In der DDR-Forschung und unter den Autoren des *Deutschland Archiv* haben Fachjournalisten stets eine besondere Rolle gespielt. Sie hatten sich durch langjährige Beobachtung – auffallend viele als Rundfunkredakteure – ein Fachwissen erworben, das dem der Wissenschaftler keineswegs nachstand. Wir hätten unsere Aufgabe, aktuelle Entwicklungen kompetent zu interpretieren, ohne sie nicht erfüllen können. An erster Stelle ist hier Karl Wilhelm Fricke vom Deutschlandfunk Köln zu nennen, der unserer Redaktion durch fünf Jahrzehnte als politischer Beobachter und Kommentator die Treue hielt. Darüber hinaus war er in den Zeiten der Teilung der einzige, der sich des von den Wissenschaftlern ungeliebten Themas Staatssicherheitsdienst annahm. Seine in mühsamer Detektivarbeit gewonnenen Erkenntnisse sind nach Öffnung der Archive vollauf bestätigt worden.

Hans-Dieter Schulz aus der Berliner Redaktion des Deutschlandfunk hat die Wirtschaftspolitik der DDR scharfsinnig enträtselt und bewertet, Willi Ph. Knecht vom RIAS Berlin und Hans-Dieter Krebs vom Deutschlandfunk Köln haben über den politisch instrumentalisierten DDR-Sport informiert. Dettmar Cramer von der „Frankfurter Allgemeinen Zeitung" (FAZ), später Intendant des Deutschlandfunk, war einer der besten Sachkenner der neuen

Ostpolitik, auch persönlich involviert in die Anbahnung der ersten Kontakte „nach drüben". Er hat uns manchen Informationsvorsprung verschafft. Sein Nachfolger als Leiter der Berliner FAZ-Redaktion, Peter Jochen Winters, setzt die Zusammenarbeit mit uns als politischer Kommentator bis heute fort. Zu nennen sind auch Wilfried Schulz vom RIAS Berlin und Heinz Lippmann von der Deutschen Welle Köln für die SED und ihre Ideologie, Heinz Klunker, Deutschlandfunk Köln, für die literarische wie politische Analyse von DDR-Theaterstücken, die leider früh verstorbene Wilfriede Werner-Beth für die bildende Kunst, Heinz Kersten für den DDR-Film, der Literaturkritiker Jürgen P. Wallmann und vor allem Manfred Jäger, einer der besten Kenner und subtiler Kritiker der DDR-Literatur wie der DDR-Kulturpolitik.

Für die kontinuierliche Zusammenarbeit auf wissenschaftlicher Ebene waren wir vor 1990 auf Mitarbeiter von Instituten angewiesen, die die DDR als Schwerpunktthema bearbeiteten. Das waren neben den Forschungsstellen des Forschungsbeirats in Berlin und Bonn mit Maria Haendcke-Hoppe, Hannsjörg F. Buck und Kurt Erdmann vor allem das Gesamtdeutsche Institut in Bonn mit Johannes L. Kuppe, Thomas Ammer, Wolfgang Stinglwagner, Katharina Belwe und Irene Streul, das Deutsche Institut für Wirtschaftsforschung in Berlin und das Bundesinstitut für ostwissenschaftliche und internationale Studien in Köln mit Fred Oldenburg und Gerhard Wettig. Schon für das *SBZ-Archiv* schrieb der Jurist und Verfassungsrechtler Siegfried Mampel. Eine wichtige Rolle spielte in den siebziger Jahren Peter Christian Ludz mit seinen Mitarbeitern und später Hartmut Zimmermann vom Zentralinstitut für sozialwissenschaftliche Forschung an der Freien Universität Berlin, der bis zu seinem frühen Tod 1995 ein guter Freund war. Ebenfalls schon zu Zeiten des *SBZ-Archivs* begann die Mitarbeit von Hermann Weber mit seinen Forschungen zur Geschichte des Kommunismus.

Ab 1990 kamen ostdeutsche Autoren hinzu wie der Wirtschaftshistoriker Jörg Roesler, der Außenpolitiker Siegfried Schwarz, die Sozial- und Kulturwissenschaftler Thomas Ahbe, Monika Gibas, Annette Kaminsky, Bernd Lindner und Thomas Koch, die Ökonomen Rainer Schwarz und Rüdiger Pohl, jüngere Historiker, die die Geschichte der SBZ/DDR, der SED und des MfS bearbeiten, wie Gerd-Rüdiger Stephan, Detlef Nakath, Andreas Malycha, Michael Herms, Hans-Uwe Feige, Elke Scherstjanoi oder Rainer Eckert sowie viele Mitarbeiter der wissenschaftlichen Abteilung des Bundesbeauftragten für die Stasi-Unterlagen, des Hannah-Arendt-Instituts für Totalitarismusforschung in Dresden, des Zentrums für Zeithistorische Forschung in Potsdam und der Außenstelle Berlin des Instituts für Zeitgeschichte München.

Seit 1994 präsentiert Ulrich Mählert im *Deutschland Archiv* dreimal jährlich den Newsletter „Aktuelles aus der DDR-Forschung", zunächst zusammengestellt am Arbeitsbereich bzw. Forschungsschwerpunkt DDR-Geschichte der Universität Mannheim, seit 1999 bei der Bundesstiftung zur Aufarbeitung der SED-Diktatur. Der Newsletter ist ein unverzichtbares Medium für Informationen und Kontakte in einer ständig wachsenden Forschungsland-schaft, die sich zudem immer weiter internationalisiert.

Ein Wort sollte gesagt werden über die Beziehungen der Redaktion zum Ministerium für gesamtdeutsche Fragen, später innerdeutsche Beziehungen. Die Konstruktion war ja einigermaßen heikel, denn das Ministerium garan-tierte die Existenz der Zeitschrift. Daraus ist aber niemals ein Problem ge-worden, niemand mischte sich in redaktionelle Dinge ein. Es kam vor, dass wir einen Beitrag zu rechtlichen Fragen brachten, die zwischen der DDR und der Bundesrepublik strittig verhandelt wurden – meist betrafen sie den Status von West-Berlin –, und die Meinung des Autors stimmte mit der Haltung der Bundesregierung nicht überein. Dann bat das Ministerium um Veröffentl-ichung eines Gegenartikels aus dem Haus, um in Ost-Berlin den Eindruck zu korrigieren, der offizielle Standpunkt Bonns habe sich geändert. Unser souve-räner Status war das Verdienst von Hermann Kreutzer und Dieter Haack, die bei der Gründung der Zeitschrift die Unabhängigkeit der Redaktion festge-schrieben hatten. Auch das Verhältnis zu unseren im Laufe der Zeit wech-selnden Gesprächspartnern im Ministerium war stets angenehm und unkom-pliziert.

Nach einer etwas problematischen Übergangszeit im Zusammenhang mit der Auflösung des Ministeriums fanden wir in Rüdiger Thomas von der Bun-deszentrale für politische Bildung einen engagierten und erfahrenen Förderer unserer Interessen, der schon in den achtziger Jahren unser Autor war. An-fang 1996 wechselte die Zeitschrift zum Verlag Leske + Budrich und er-scheint nun zweimonatlich, allerdings mit jeweils mindestens 168 Seiten. Der Verlag Wissenschaft und Politik, in dem das *Deutschland Archiv* seit 1969 er-schienen war, musste wegen finanzieller Schwierigkeiten aufgeben. Ein Jahr später mussten wir Abschied nehmen von unserem ehemaligen Verleger Claus-Peter von Nottbeck, der tödlich verunglückte. Er hatte den Verlag nach dem Ausscheiden seines Vaters übernommen und war uns ein guter Verlags-chef und ein persönlicher Freund.

24 Jahre lang war die Redaktion fest in weiblicher Hand. Zusammen mit Christel Marten, die 1980 zu uns kam, waren wir ein harmonisch aufeinander abgestimmtes Team mit einer Arbeitsatmosphäre, um die uns viele aus größe-ren Häusern beneideten. 1992 kam Hans-Georg Golz in die Redaktion, er ge-hörte in kürzester Zeit problemlos dazu. Die Thematik der Zeitschrift wird noch lange aktuell bleiben. Ich wünsche meinen Kollegen, dass ihnen der Er-folg treu bleibt und auch das kleine Stückchen Glück, das selbst die Tüchtigen brauchen.

Die Autorinnen und Autoren

Thomas Ahbe, geb. 1958; Dr. phil.; Sozialwissenschaftler und Publizist, Leipzig.

Oskar Anweiler, geb. 1925; Prof. Dr. phil.; Erziehungswissenschaftler, Bochum.

Peter Bender, geb. 1923; Dr. phil.; Journalist, Berlin.

Susanne Blancke, geb. 1965; M.A.; Politikwissenschaftlerin, Tübingen.

Rainer Eppelmann, geb. 1943; MdB; Vorstandsvorsitzender der Stiftung zur Aufarbeitung der SED-Diktatur, Berlin.

Karl Wilhelm Fricke, geb. 1929; Dr. phil. h.c.; Publizist, Köln.

Monika Gibas, geb. 1951; Dr. sc. phil.; Historikerin, Leipzig.

Hans-Georg Golz, geb. 1961; M.A.; Anglist, Journalist; Redakteur des Deutschland Archiv, Köln.

Hans-Hermann Hartwich, geb. 1928; Prof. Dr. rer.pol., Dr. phil. h.c.; Politikwissenschaftler, Hamburg.

Manfred Jäger, geb. 1934; Journalist und Literaturkritiker, Münster.

Annette Kaminsky, geb. 1962; Dr. phil.; Sozialwissenschaftlerin; stellvertretende Geschäftsführerin der Stiftung zur Aufarbeitung der SED-Diktatur, Berlin.

Heinz Klunker, geb. 1933; Publizist und Theaterkritiker, Hemmerich.

Willi Ph. Knecht, geb. 1929; Publizist, Berlin.

Johannes L. Kuppe, geb. 1935; Dr. rer. pol., Diplom-Politologe; leitender Redakteur der Wochenzeitung „Das Parlament", Berlin.

Erich Loest, geb. 1926; Schriftsteller, Leipzig.

Ulrich Mählert, geb. 1968; Dr. phil.; Historiker; wissenschaftlicher Referent der Stiftung zur Aufarbeitung der SED-Diktatur, Berlin.

Peter Maser, geb. 1943; Prof. Dr. theol.; Kirchenhistoriker, Münster.

Detlef Nakath, geb. 1949; Dr. sc. phil.; Historiker, Berlin.

Ehrhart Neubert, geb. 1940; wissenschaftlicher Referent bei der Bundesbeauftragten für die Stasi-Unterlagen, Berlin.

Jörg Roesler, geb. 1940; Prof. Dr. rer. oec.; Wirtschaftshistoriker, Berlin.

Josef Schmid, geb. 1956; Prof. Dr. rer. soc.; Politikwissenschaftler, Tübingen.

Siegfried Schwarz, geb. 1934; Prof. Dr. phil., Historiker und Politikwissenschaftler, Berlin.

Ilse Spittmann-Rühle, geb. 1930; Journalistin; von 1968 bis 1995 leitende Redakteurin des Deutschland Archiv, Köln.

Gerd-Rüdiger Stephan, geb. 1961; Historiker; Geschäftsführer des Brandenburger Vereins für politische Bildung „Rosa Luxemburg" e.V., Potsdam.

Irene Charlotte Streul, geb. 1944; Dr. phil.; wissenschaftliche Mitarbeiterin im Bundesarchiv, Koblenz.

Siegfried Suckut, geb. 1945; Dr. rer. pol.; Leiter der Abteilung Bildung und Forschung bei der Bundesbeauftragten für die Stasi-Unterlagen, Berlin.

Rüdiger Thomas, geb. 1940; Arbeitsgruppenleiter in der Bundeszentrale für politische Bildung, Bonn.

Hermann Weber, geb. 1928; Prof. Dr. phil.; Politikwissenschaftler und Historiker, Mannheim.

Peter Jochen Winters, geb. 1934; Dr. phil.; Journalist, „Frankfurter Allgemeine Zeitung", Berlin.

Was wird aus der Demokratie?